W0047254

Wolfgang Hörner / Jürgen Jonas · Dagegen!

Wolfgang Hörner / Jürgen Jonas

DAGEGEN!

Der große Zitatenschatz des Abscheus, Widerwillens und Ekels

 Eichborn.

Die Herausgeber sind sich der Willkür ihrer Auswahl bewußt. So manches Zitat flog hochkant raus. Andererseits haben wir wahrscheinlich auch eine Menge schöner Gehässigkeiten übersehen. Zusendungen von Fundstücken bitte an Eichborn Berlin, Redaktion »Dagegen!«, Oranienburgerstr. 4-5, 10178 Berlin. Aber nur von Fundstücken! Ganze Manuskripte werden mit dem Vermerk »Dagegen!« abgelehnt.

Die Anordnung der Zitate erfolgte nach kompositorischem Feingefühl, nicht nach chronologischen oder sonstigen systematischen Vorgaben. Die meisten Zitate wurden der Lesbarkeit halber gemäß den Regeln der alten Rechtschreibung vereinheitlicht, wobei Zeichensetzung und Betonungen in der Regel wie im Original belassen wurden. In Einzelfällen gab die Orthographie des Originals dem Text eine spezielle Patina – dann wurde sie gewahrt.

Für Abdruckgenehmigungen nicht rechtefreier Texte danken wir den Rechteinhabern.

Leider konnten nicht alle ermittelt werden. Wir bitten nichtabgegoltene Rechteinhaber, sich gegebenenfalls beim Verlag zu melden.

1 2 3 4   05 04 03

© Eichborn AG, Frankfurt am Main, September 2003
Umschlaggestaltung: Moni Port unter Verwendung
eines Fotos einer Fotografie von © Corbis
Lektorat: Judith Schneider
Layout: Monika Säuberlich
Satz: Fuldaer Verlagsagentur, Fulda
Druck und Bindung: GGP Media, Pößneck

ISBN 3-8218-3947-3

Verlagsverzeichnis schickt gern:
Eichborn Verlag, Kaiserstr. 66, D-60329 Frankfurt am Main
www.eichborn.de

Alle, die sich ein Zitatenlexikon anschaffen, haben jährlich vielleicht 50 000 Zitate auf 1 600 Seiten zu verzehren, Zitate von oft sehr bedeutenden Blötschköpfen, die ihnen bei ihren Workshop-Eröffnungsstatements, Beerdigungsstellungnahmen und einführenden Worten für arschoffene Vernissagengäste wohlfeil die Möglichkeit eröffnen, »imitatorisch ihre Kleinheit zu maskieren« wie Carl Einstein sagte. In der Werbung heißt es: »Sie brauchen nicht nur auf Schiller oder Goethe zurückzugreifen; von Archimedes bis Helmut Kohl haben Zeitgenossen treffende Zitate geprägt, die sie für Ihren Erfolg einsetzen können – bei offiziellen Anlässen ebenso wie im Privatbereich.« Man möchte, bei diesen Aussichten, denn doch in keinem Zitatenlexikon stehen!

Benjamin Kammerloher

Bei erschreckend vielen deutschen Zitaten sind die Flügel längst von Motten zerfressen.

Hans Reimann

Zitate sind Eis für jede Stimmung.

Christian Morgenstern

Denkt man sich bei deprimierter Stimmung recht tief in das Elend unserer Zeit hinein, so kommt es einem oft vor, als wäre die Welt nach und nach zum Jüngsten Tage reif. Ich sehe die Zeit kommen, wo Gott keine Freude mehr an ihr hat und er abermals alles zusammenschlagen muß zu einer verjüngten Schöpfung.

Johann Wolfgang Goethe

INHALT

Vorwort wider das Vorwort

»Lesen ist schrecklich!«, hat Arno Schmidt gesagt, dieser »Idiot« (Hans Reimann). Aber Vorworte lesen ist noch viel blöder. Und nun gar sie verfassen.

.

»Man fragt sich in unserer heutigen schweren Zeit, soll man überhaupt noch Bücher machen, wo doch die Regale der Menschheit zu bersten drohen?« Diese »interessante Frage« (J. B. Kerner) stellte Ingo Insterburg, der ja nun wirklich nichts von dieser noch von einer andern Sache verstand.

.

»Je dicker das Buch, desto dünner der Geist«, sagt ein Sprichwort. Ein Vorwort macht das Buch nur dicker. »Dagegen!« sagt: Ein Vorwort kann dieses Buch nicht haben. »Zu lange Einleitungen erschöpfen die Frische des Geistes.« Das wußte bereits Sankt Peter Hille. Zu kurze Einleitungen wiederum sind eben dies: zu kurz. Und kommen damit sowieso nicht in Betracht. Die den »Mittelweg« (Angelus Silesius) beschreiten, sind von vorneherein zum Scheitern verurteilt und enden in Fäulnis und Verwesung.

.

Die hassenswertesten aller »gemeinen abgemuckefuckten Kreaturen« (Benjamin Kammerloher) sind diejenigen »ferngesteuerten Elemente« (F. J. Degenhardt), die in den Büchern nur die Vorworte lesen. Sie werden in all ihrer Scheusäligkeit nur übertroffen von den »üblen Hyänen« (Luther), die diese Vorworte schreiben.

.

Am allerschlimmsten sind jene »wabbelweichen Sülzknies« (H.C.Artmann), die ihre Vor- bzw. Nachworte irgendwo und irgendwann zu Büchern zusammenfassen. Diese »obstinaten Halbdackel!« (Clemens Kieser).

.

Mit welcher Verachtung ruft Thomas Bernhard aus: »Ich bin doch kein Vorwortschreiber.« Wer möchte das schon sein, außer ein paar Professoren der Universitäten Tübingen, Würzburg und Trier hinter dem Wald? Das gilt auch für das fachmännisch-gründliche »Bei-, Zu-, Mittel- und Hinterwort«, das C. Morgenstern bei den Literaturwissenschaftlern anmahnte, um endlich die dringendst nötige Ganzerschließung der sog. Klassiker zu erreichen. Beim Zwang zum Vorwortschreiben handelt es sich um eine schwere Erkrankung des Hinterhauptlappens.

■

»Dagegen!« sagt: Ein Vorwort schreiben ist wie ein »Bettlaken der Betroffenheit« aus den Fenstern zu hängen.
»Dagegen!« sagt: Wer Bevorwortung befürwortet, stellt sich selbst unwiderruflich außerhalb der menschlichen Gemeinschaft, falls es eine solche gibt.

Wider die Welt im Allgemeinen

Dann zuletzt ist unerläßlich,
Daß der Dichter Manches hasse;
Was unleidlich ist und häßlich,
Nicht wie Schönes leben lasse.

Johann Wolfgang Goethe

»Unsere Erde ist ein Stern unter anderen Sternen.« Mit dieser Tatsachenbehauptung beginnen Herders »Ideen zur Geschichte der Philosophie der Menschheit«. Das galt damals, 1784, als ganz schön gemein, als fiese Spitze gegen den Glauben an die Auserwähltheit von Menschheit und Schöpfung. Großkalibrige Universalverdammer folgten Herder auf dem Plattfuße. Hegel hat die gesamte Sternenschar zum »leuchtenden Aussatz am Himmel« ernannt, Nestroy den Sinn der Himmelsbeleuchtung gehörig in Zweifel gezogen: »Die übrige, gleichgültige Welt nimmt sich im Halbdunkel noch am erträglichsten aus; wozu also die Beleuchtung?«.

Inzwischen sind viele Jahre vergangen und man ist, in Erkenntnisintensität und Wortwahl, entscheidende Schritte weiter gekommen. »Die Welt ist eine Kloake, aus welcher es einem entgegenstinkt«, meiert Oberabkanzler Thomas 'The Bruddler' Bernhard die Erscheinungen in Zeit und Raum in Bausch und Bogen ab. Walter Serner macht gleichfalls aus seinen Geruchsempfindungen keinen Hehl: »Um einen Feuerball rast eine Kotkugel, auf der Damenstrümpfe verkauft und Gauguins geschätzt werden.« Der Mond verspricht natürlich gar nichts Gutes: »Freunde – unser aller Feind ist der Mond!« Auch Mondgegner Kurt Schwitters mußte sich hier unten einrichten, im Angesicht des Mondgesichts, auf »dieser kleinen, ekelhaften Banditenzwiebel, genannt Erde« (Detlev von Liliencron) mit ihrer »›Schöpfung‹, die sich derart abgeschmackte Witze geleistet hat, wie etwa die Organe der Liebeskraft gleichzeitig als ›Harnröhren‹ anzulegen, und sie zusätzlich noch ausgerechnet am Popo zu befestigen!« So Arno Schmidt, der es von Lichtenberg hat.

»Dagegen!« also versammelt auch »Ideen zur Geschichte der Philosophie der Menschheit«, genaugenommen eine ganze Menge Ideen gegen die Menschheit und ihre Hervorbringungen. »Dagegen!« nimmt sich, was es braucht, aus dem unerschöpflichen Vorrat des Abscheus, Ekels, Widerwillens, der wie Schneckenschleim aus Mündern und Hirnen deutschsprachiger Dichter oder Denker quoll. Für »Dagegen!« gilt ganz einfach: »Die bisherigen Zitatenschätze haben die Welt nur verschieden beaugenzwinkert; es kömmt aber darauf an, sie insgesamt zu verfluchen.« »Dagegen!« bestätigt deshalb aus voller Mördergrube Walter Serners trübtassige Behauptung: »Die Welt ist langweilig« und Ernst Blochs trostlose Fundamentalaussage: »Die bestehende Welt ist nicht wahr«. Andererseits zeigt »Dagegen!«: Es ist eine Menge los hier, Unangenehmes, Grausiges sowie Entsetzliches; und alles ist fürchterlich wahr, wahr wie der Schmerz, der entsteht, wenn man sich mit der Dampframme auf Daumen oder Darm haut.

»Das gab es also wirklich! Auf demselben Gestirn mit Gasrechnungen, Ex- und Import, Hundesteuer und Leitartikeln.« So sagt eine der Abscheu-Entdeckungen dieses Buches, Bertha Eckstein-Diener, genannt Sir Galahad, die ihren Mißmut simriweise in die Welt schleuderte. »Dagegen!« liefert vielfach den Beweis für Lion Feuchtwangers Behauptung: »Man kann die Welt nicht für dumm genug anschauen, sie ist noch dümmer.« »Dagegen!« gibt, nach gründlicher Bestandsaufnahme, Ludwig Marcuse recht: »Das Pathos für die Zukunft ist einer der zwielichtigsten Affekte aller Zeiten«. »Dagegen!« glaubt Thomas Bernhard aufs Wort: »Es scheitert letzten Endes alles, alles endet am Friedhof.« Und »Dagegen!« beginnt seine Zitatenarbeit mit dem endgültigen Urteil des Obermuffbolzens Gottfried Benn: »Wie soll man da leben? Man soll ja auch nicht.«

Die Welt entstand aus nichts, ist im Grunde auch nicht viel; und wir?
Karl Julius Weber

Die Welt ist zum Ersticken voll.
Franz Marc

Die Welt war immer so schlecht, wie sie jetzt ist.
August von Platen

Ein Sündenbock muß sein, sagte der Junge, ich will's nun gestehen, daß ich die Welt geschaffen habe.
Karl Friedrich Wander

Ich bin nicht zu dieser Welt gemacht, wie man aus seinem Haus tritt geht man auf lauter Koth.
Johann Wolfgang Goethe

War hadd ick mit de Welt tau dauhn? Rein gor nicks.
Fritz Reuter

Eng ist die Welt.
Friedrich Schiller

Es ist ein allgemeines Gerede: die Welt sei so klein. Sie ist viel zu groß.
Friedrich Spielhagen

Die Welt ist ein Narrenhaus! All das unverschuldete Elend und all die prunkende Lumperei!

Karl Morre

Ich verstehe die Welt nicht mehr!

Friedrich Hebbel

Welt! Wie wirst du angefangen? Ach! Dein Anfang ist ein W!

Karl Julius Weber

Die Welt ist eine tote Trompete!

Franz Werfel

Draußen in der Welt fehlen uns die Anhaltspunkte.

Karl-Heinz Ott

Die Welt wird immer fremder.

Novalis

Welt: immer neue Gedärme, durch die das Alte geht.

Friedrich Hebbel

O burg der sterbligkeit!
O kercker voll von leid!
O erden! leichen-volle grufft!
O schlachtbank! stock und see!
O abgrundtiefes weh!

Andreas Gryphius

Weil Gott die Welt aus nichts gemacht hat, steht das Nichts darin auch immer oben an.

Friedrich Hebbel

Die Welt ist's auch nicht wert, daß wir die Kraft Gottes ihr vor die Füße werfen.

Johann Kaspar Lavater

Die Außenwelt ist Tand.

Karl Lappe

Die Welt ist ein Hospital.

Heinrich Hoffmann

Die Welt ist ein großes Wirtshaus, darinnen der Teufel der Wirt und viel gottlose Menschen die Gäste sein.

Abraham a Sancta Clara

Die Welt ist nichts als Träume, die uns trügen
ihr ganzes Tun ist List, Betrug und Lügen.

Martin Optiz

Die Welt war mir nur eine Marterkammer.

Heinrich Heine

Es ist nicht geheuer auf der Welt.

Hans Reimann

In der Welt sind mehr Narren als Menschen.   *Seelsorger Schupp*

Der Teufel bläst seinen Dudelsack und die Welt tanzt dazu.
Alexander Fürst von Hohenlohe

Diese Welt, unser Werk, ist ohne Frage mangelhaft; sie besteht durch und durch aus einem unersättlichen Begehren, aus lauter Wünschen, welche niemals befriedigt werden können.   *Wilhelm Busch*

Die Welt ist schon oft mit einem Narrenhaus verglichen worden. Der Vergleich ist für uns nicht schmeichelhaft, aber leider ist er passend. Schauen wir nur um uns! Wo wir hinsehen, finden wir die charakteristischen Kennzeichen eines Tollhauses; überall rennen wir gegen verschlossene Türen, überall erblicken wir vergitterte Fenster und drohend geschwungene Peitschen eines Aufsehers, wenn wir etwas zu unternehmen trachten, was gegen die Hausordnung verstößt.   *Otto von Corvin*

Die Welt ist eben die Hölle, und die Menschen sind einerseits die gequälten Seelen und andererseits die Teufel darin.   *Arthur Schopenhauer*

In der Welt steht's so, daß ich gar nicht hinsehen mag.
Friedrich Theodor Vischer

Die Welt ist ein Carneval. Der unfähigste Kopf, der einfältigste Sclave seiner Begierden sitzt in der Kutsche. Der klügste, redlichste und ehrlichste Kerl steht hinten auf, unter der Anzahl seiner Bedienten.   *Johann Christoph Gottsched*

Die ewige Gerechtigkeit waltet: wären sie nicht, im Ganzen genommen, nichtswürdig; so würde ihr Schicksal, im Ganzen genommen, nicht so traurig seyn. In diesem Sinne können wir sagen: die Welt selbst ist das Weltgericht. Könnte man allen Jammer der Welt in eine Waagschaale legen, und alle Schuld der Welt in die andere; so würde gewiß die Zunge einstehn.   *Arthur Schopenhauer*

Die Welt tut immer so schön und entzückt, aber sie läßt mich verdorren wie jeden Poeten.   *Berthold Auerbach*

Komm her! wir setzen uns zu Tisch;
Wen möchte solche Narrheit rühren!
Die Welt geht auseinander wie ein fauler Fisch,
Wir wollen sie nicht balsamieren.

Johann Wolfgang Goethe

Die Welt ist Hottentottendreck
und Menschenwürde Handgepäck.

Hans Reimann

Schreie brechen uns nieder. Irrende Rufe umkrallen uns. Des Weltenwahnsinns
Orgeldröhnen rüttelt Tage und Nächte.

Edlef Köppen

Oh Weltenlauf! Oh Weltenlauf! Hätten wir Gott gegen ein angemessenes
Honorar beratend zur Seite stehen können, so wäre die Welt ordentlicher eingerichtet. Die Erkältung der Erdrinde bzw. rührt unzweifelhaft von der Über-
handnahme der Sünde her. Wir gehen aber davon aus, daß das Innere des Erd-
balles hohl ist, um den armen Seelen kräftig einzuheizen.

Stammtisch Unser Huhn

Wider das Dasein
Wozu braucht es denn eigentlich die Seinerei, die Existiererei?

Friedrich Theodor Vischer

Das ganze Leben auf dieser Erdenrinde ist eine einzige, große lächerliche
Schweinerei. Und demjenigen, der solch ein Dreckleben für erträglich erklärt –
dem sollte man sofort mit der Axt ins Gesicht schlagen. *Paul Scheerbart*

Das Sein ist eine aus lauter Knoten bestehende Linie. *Friedrich Hebbel*

Wenn man aber wie ich so hinter die Negativheit allen Seins gekommen ist, weiß
man so recht nicht, warum man lebt. *Hermann Löns*

Das ganze Leben ist ein Selbstmord *Jean Paul*

Überall
Es ist all und überall Lumperei und Lauserei. *Johann Wolfgang Goethe*

Überhaupt
Überhaupt was kümmert mich euer ganzer Saft- und Sargladen!

Jakob Haringer

Alles übrige halte ich für Nonsens. *Detlev von Liliencron*

Alles übrige ist Thorheit und führt zum Verderben.

Adolph Freiherr Knigge

Wider die Grundlagen

Wider das Nichts
Wie hab' ich als Student über dem Nichts gebrütet! Oft Pistole schon geladen
... Der Unsinn mit dem Nichts kommt nur daher, daß man zuerst verlangt, die
Einheit aller Dinge solle neben den Dingen auch Etwas sein, und dann sich darüber erzürnt, daß sie Nichts ist, wenn man die Dinge, deren Einheit sie ist, von
ihr wegdenkt. Es ist latenter Theismus. Davon kommt alles her. Man sieht große
Übel in der Welt, negiert einen persönlichen Gott, meint aber doch jemand verantwortlich machen zu müssen, und stürzt in die Narrheit, ihn heimlich zu
glauben, aber für einen schlechten Kerl zu halten.

Friedrich Theodor Vischer

Das wahre Verhältnis vom Denken zum Sein ist nur dieses: das Sein ist Subjekt,
das Denken Prädikat. Das Denken ist aus dem Sein, aber das Sein nicht aus dem
Denken. Sein ist aus sich und durch sich – Sein wird nur durch Sein gegeben, –
Sein hat seinen Grund in sich, weil nur Sein Sinn, Vernunft, Notwendigkeit,
Wahrheit, kurz alles in allem ist. – Sein ist, weil Nichtsein Nichtsein, d. h. nichts,
Unsinn ist.

Ludwig Feuerbach

Habe auch oft über das Nichts geträumt, aber es ist nichts mit dem Nichts.

Friedrich Theodor Vischer

Wider die Schöpfung aus dem Chaos
Jener sogenannte Urschleim, aus dem man früher alle organischen Wesen glaubte entstehen lassen zu müssen, ist ein vollkommner chemischer Unsinn und
nicht existierend.

Karl Büchner

Das Chaos ist eine fürchterliche Parodie auf die Gleichheit aller! Im Chaos hat
man kein eigenes Antlitz.

Gertrud von le Fort

Ein Chaos kann nie erhaben sein.

Professor Carl Lemcke

Mein Freund Otto E. Rössler hat gesagt: »Alles, was im Winde flattert, ist cha-
otisch, auch die lange Unterhose eines alten, wilden Weibs.« Soweit gehe ich
mit. Aber dann hat er dem Chaos tief in den Hals geblickt und festgestellt: »Das
Chaos ist heiser.« Na, da denke ich gleich, soll diese verflixte Einrichtung doch
gefälligst Halspastillen nehmen, wenn's beliebt! Aber sie weiß mit ziemlicher
Sicherheit gar nicht, wo ihr Maul sich befindet.

Jürgen W. Jonas

Wider das Licht

Die Priester lügen, wenn sie sagen, mit dem Licht kam die Freude in die Welt. Es kam die Angst in die Welt! Die Angst vor der Nacht nach diesem Licht.

Paul Zech

Wider die Finsternis

Finsternis würde mich in kürzester Frist um alles Glück und um allen Verstand bringen.

Christian Morgenstern

Dunkel ist uns verhaßt für die Lebenstätigkeit. Nur für ein relatives Aufhören derselben im Schlaf ist gemindertes Licht uns angenehm. Aber die absolute Finsternis, die Grabesnacht wird gräßlich; sie gähnt uns an wie ein Abgrund des Nichts, in dem unser Sein aufhört. Wer je in einem unterirdischen Verließ war, oder in einer Höhle wie etwa der Baumannnshöhle, der weiß welches Schauergefühl uns beschleicht und das Herz bedrückt, wenn die letzte Lampe ausgelöscht wird. Das Auge spannt sich an, einen, nur den schwächsten Schimmer zu suchen; kann es nichts entdecken, so sind wir in unserem Thun wie vernichtet. Der erste graue Schein der Dämmerung, und Todeslast ist von unserer Brust gewälzt. Wohl kann man sich daran gewöhnen, d. h. durch das Bewußtsein die instinktive Angst bezwingen, wie ja heutigen Tages Jeder durch die Tunnelfahrten der Eisenbahnen an sich selbst gewahrt. Schön aber wird die Lichtlosigkeit niemals.

Professor Carl Lemcke

Wider Raum und Zeit

Raum und Zeit sind doch etwas Schreckliches. Sehnsüchtig reckt man die Arme aus nach einem Plato, einem Sokrates, einem Jesus, einem Hutten, einem Göthe; wir recken sie aber in die leere Luft. Die Jahrhunderte liegen auf ihnen wie Schutt und Balken auf einem zusammengestürzten Hause eines Verschütteten. So ist es mit dem Raum. Wir haben liebe Menschen gehabt, sie haben in die Ferne gehen müssen, und damit sind sie für uns halbtot; man hört ihr Wort nicht mehr, ist ihrer Liebe nicht mehr sicher.

Professor Gustav Krüger

Raum

Und dann: der »Raum«. Ohne »Raum« macht ihnen das ganze Leben keinen Spaß. Raum ist alles, und alles ist im Raum, und es ist ganz großartig. »Rein menschlich gesehen, lebt die Nation nicht mehr im Raum...« Man versuche, sich das zu übersetzen: es bleibt nichts, weil alles aufgeblasen ist.

Kurt Tucholsky

Was ist der Raum denn anderes, als die unverschämte Einrichtung, vermöge derer ich, um den Körper a hierherzusetzen (– er zeigte es an Tassen, Kannen,

Körbchen, Flaschen, Gläsern, die etwas dicht auf dem Tische standen –), vorher b dort weg, um Platz für b zu bekommen, wieder c da hinweg stellen muß und so mit Grazie in infinitum -? Und die Zeit? Das ist dasjenige, was man dazu doch nicht hat. Denn Donnerwetter und alle tausend Teufel, leben wir dazu, um zehn Griffe nötig zu haben zu dem, was kaum eines Griffs wert ist!

Friedrich Theodor Vischer

Zeit

Die Diskontinuität im Zeitverlauf ist das Unsittliche an ihm; deswegen gibt es auch keine Heiligkeit von Fall zu Fall.

Otto Weininger

Wir haben das Wort Zeit erfunden dafür, daß alles immer wechselt. Wenn alles immer wechselt, ist sich im Wechseln alles gleich. Ist also eigentlich nur eines, das immer wechselt. Es ist mir eigentlich ebenfalls langweilig. Die Zeit ist eben langweilig. Darum sollte man in der Zeit aus der Zeit hinaus!

Friedrich Theodor Vischer

Wider die Ewigkeit

Es wird mir ganz angst um die Welt, wenn ich an die Ewigkeit denke.

Georg Büchner

Wider die Zukunft

Grause Riesengebilde schlummern im dunkeln Schoße der Zukunft, und ich mag sie nicht erleben.

Karl Julius Weber

Oh, für die Zukunft gibt's schon ein Mittel. Gar nicht dran denken! Die Zukunft ist eine undankbare Person, die grad nur die quält, die sich recht sorgsam um sie bekümmern.

Johann Nestroy

Die Zukunft riecht nach Juchten, nach Blut, nach Gottlosigkeit und nach sehr vielen Prügeln. Ich rate unseren Enkeln, mit einer sehr dicken Rückenhaut zur Welt zu kommen.

Heinrich Heine

Die Zukunft dehnte sich vor mir aus wie ein unendlicher leerer Raum.

Johann Carl Wezel

Wider Gott und die Götter

Das wäre ein sauberer Gott, der nichts Besseres darstellte, als diese zappelnde, leidende, blutende, sterbende Welt, deren Wesen eines das andre fressen und nur dadurch bestehn.

Arthur Schopenhauer

O ihr Götter! Ich verachte euch –   *Jakob Haringer*
Gott wird's schon wissen

wie er MICH beschissen.   *Jakob Haringer*

Und so will ich, ein- für allemal,
Keine Bestien in dem Götter-Saal!
Die leidigen Elefanten-Rüssel,
Das umgeschlungene Schlangen-Genüssel,
Tief Ur-Schildkröt im Welten-Sumpf,
Viel Königs-Köpf auf *einem* Rumpf,
Die müssen uns zur Verzweiflung bringen,
Wird sie nicht reiner Ost verschlingen.   *Johann Wolfgang Goethe*

Der unfreiwillige Gründer des akademischen Realismus war Adam, dieses
mißglückte Foto eines boshaften Gottes. Dem Hermaphroditen Adam fiel nur
eine Eva, in seine Projektion verliebt, ein; er bildete sie durch Selbstteilung und
idealisierte monoton seine perte rose …   *Carl Einstein*

Was sagst Du überhaupt zum »Schicksal« oder wie man diese gemeingefährli-
che, geschmacklos idiotenhaft boshafte Macht nennen soll?
           Fritz Ritter von Herzmanowsky-Orlando

Wider den Menschen und seinen Körper

»Das Mieseste ist die Menschheit an und für sich.« So eröffnet ein gewisser Thomas Bernhard den Abneigungsreigen in Sachen Menschheit. Paukenschlagartig fast, könnte man sagen, wenn man dieses dumme Wort unbedingt verwenden will. »Die Menschheit ist krank. Sie windet sich in höllisch böser Besessenheit auf ihrem Lager und erbricht Ströme Bluts.« Wer vermöchte der Diagnose Arthur Holitschers zu widersprechen? Es klingt auch recht gut, was Gottfried Benn zum Thema abläßt: »Ausdruckskrisen und Anfälle von Erotik: das ist der Mensch von heute, das Innere ein Vakuum, die Kontinuität der Persönlichkeit wird gewahrt von den Anzügen, die bei gutem Stoff zehn Jahre halten.« Das läßt sich feinsäuberlich am Kneipentisch zitieren, wenn da jemand sitzt, der seine Modetorheit ausbreitet und vom Fabrikschnäppchenverkauf bei Hugo Boss faselt.

■

»Es reuet mich, den Menschen gemacht zu haben.« Das sagt einer, der es wissen muß, weil er nach eigenen Angaben dabei war, Jehova Gott nämlich. Der Odemeinbläser. Brauchen wir eine neue Sündflut? »Das beste, um die Menschheit erfreulicher zu gestalten, wäre, sie zehn Minuten unter Wasser zu halten.« Das hat nicht etwa der Wasserfrosch Hans Hass gedichtet, sondern der Auch-Dichter Hermann Hesse. Und er, die trockenste unter den Dichterprimeln, mußte es schließlich wissen. Zumindest ahnen. Der häufigste Gedanke, der dem Schweizer Ludwig Hohl beim Anblick eines Menschen aufstieg, hieß: »Wie das nur leben kann.« Er hatte allen Grund dazu, denn, so fragte er, selbst keineswegs eine Schönheit: »Sind diese Leute nicht fürchterlich, denen ich begegne, wenn ich durch die kleinen Stadtwälder gehe?« Und Hohl gab die Antwort: »Sie sind grauenerregend. Ihre Gesichter, ihre Augen, ihre Stimme, die Worte, die sie einander zurufen, ihr watschelnder Gang, die Form ihrer Hände, ihre Lippen, ihre Kleidung!« Na, alles eben.

■

»Sieben Stück Seife enthält der Mensch.« Das fand Hans Natonek heraus. Und dennoch ist der Mensch nicht ganz sauber. Was allein schon daraus ersichtlich ist, daß gerade die größten Menschenhasser auch nur Menschen waren.

Der geradezu unmenschlich große Satiriker Peter Rosegger hat verschiedentlich bekanntgegeben: »In der Menschheit steckt ein guter Kern; von Geschlecht zu Geschlecht reift er der Vollendung entgegen.« Rosegger war glattrasiert, Nietzsche trug einen Langhaardackel unter der Nase. Und zarathustrarate ein

Sils-Maria-Windchen in die Welt hinunter: »Unheimlich ist das menschliche Dasein und immer noch ohne Sinn: ein Possenreißer kann ihm zum Verhängnis werden.« Das Verhängnis kann aber auch vom Bezirksvertreter für Herrenunterwäsche kommen oder vom Heilpraktiker, der gerade um die Ecke biegt. Weh, weh, Windchen... Oh ja, »diese ganze Zeitgenossenschaft, die ihr bißchen Lebensraum als Umschlagplatz für Waren betrachtet«, ist ausgestattet mit dem »sittlichen Niveau eines Güterbahnhofs.« So Hans Wollschläger, selbst Mensch und Zeitgenosse. »Dagegen!« hält fest: Wenn der Mensch selbst nicht weiß, was für eine Null-Nulpe er ist, muß man es ihm ordentlich beistoßen.«Man hat's mit lauter Idioten zu tun.« Soviel steht halt mal fest. Wenn Th. Bernhard recht hat. Und er hat. Der gutmütige Hans Reimann meinte, nur »jeder dritte Mensch ist ein Schweinhund oder ein Hottentott.« Ein scharfsichtiger Fachmann wie Alfred Polgar weist das zurück: »Dieser Mensch ist ein Mensch – zerschmetternde Leumundsnote ... «

■

»Gar nicht so übel wäre es auch, gar nicht geboren zu sein. Aber das kommt immer seltener vor.« So Wolfgang Hildesheimer, dem Erich Kästner beitritt: »Wer nicht zur Welt kommt, hat nicht viel verloren.« Denn, mit Karl Valentin zu sprechen: »Das Unschöne geht schon mit der Geburt an.« Karl Kraus stellt fest: »Die meisten meiner Mitmenschen sind traurige Folgen einer unterlassenen Fruchtabtreibung.«

■

Eines Tages fuhr es furios aus Gottfried Benn, dem Arzt für Haut- und Geschlechtskrankheiten, heraus: »Schauerliche Tragödie! Ich kann nicht mehr mit! Gewisse Dinge haben mir den letzten Stoß gegeben.« Nämlich wahrscheinlich schon als er »die Nase in den Brunnenschacht des Lebens voll gefährlich gift'ger Gase«, steckte, wie Morgenstern den Zustand nach der Geburt nannte. Der sehr oft angeführte Bernhard, Thomas beschließt: »Ich mein', das Leben hat an und für sich lauter Nachteile.« Wahrscheinlich denkt jeder miserable Klippdachs ähnlich. Er sagt es bloß nicht. Dafür aber Thomas Mann: »Ich habe dies Leben nicht gemocht. Ich verabscheue es. Man muß zu Ende leben so gut es geht.«

■

Schwer geschlagen ist man, wenn man, wie Mann, so aussieht wie ein »magenkranker Rittmeister« oder ein »Postobersekretär« (Hans Mayer). Und auch »ein Riese ist kein geschmackvoller Anblick«, so Egon Friedell. Alle anderen haben ebenso Probleme. Franz Werfel ganz unten mit den Füßen: »Ich schaue meine Füße wie zwei Fremde an.« Auch Karl Kraus stöhnte allerweil: »Was tan mr jetzt?

Jetzt tan mr die Füß weh.« Alfred Kerr ging, sein Kritikeramt ausübend, weiter nach oben: »Meistens ist der Brägenschwund für das Amt kein Hemmungsgrund.« Deshalb stellt »Dagegen!« mit Gottfried Benn fest: »Das Gehirn ist ein Irrweg.« Und fordert mit ihm: »Eiert die Hirne ab, diese Sackluden!« (Zur Erinnerung: Benn ist der, der gedichtet hat: »Ich bin der Stirn so satt.«) Das Lippenrot kommt, in Verbindung mit Hirnlichem, auch nicht gut weg: »Wenn wir überlegen, verbergen wir das Lippenrot, weil es sinnlich und den Gedanken zuwider ist.« (J. v. d. Wense). Mit den Bärten sieht es nicht besser aus: »Man hat nicht viel zu bestellen, hängt aber hinter der Tür den Gottvaterbart um.« (Robert Musil). Das hindert nicht daran, so wie Jakob Haringer angeekelt auszurufen: »O wie mich ekelt vor euren Metzgerfressen.« Und, in Selbstbetrachtung versunken, anzuschließen: »Mein Körper, du faules Vieh! Geh weg!« Zugleich dessen Wahrheit bedenkend: »Wenn nur das Herz nicht so feig, ach so feig wär.« Das blöde Herz! Nicht zu vergessen: »An der Wiege stehen die Verhängnisse, in den Eingeweiden sind sie gebildet.« (Reinhold Schneider). Die Gedärme und der Magen sind also gleichfalls nicht zu ertragen.

∎

Der Vers:«Wie wär geblieben alles gut, / hätt' Gott am sechsten Tag geruht! / Er wär gekommen nur zum Affen – / der Mensch wär' blieben unerschaffen« ist aus all diesen Gründen natürlich »ein Schritt in die richtige Richtung« (Guido Westerwelle). Er ist unverkennbar von Eugen Roth, »der ansonsten doch eher ein unerträgliches Augenzwinker-Einverständnis über die menschlichen Schwächen in Seniorenwohnheimen der gehobenen Preisklasse herstellt, wo man nie landen möchte« (Benjamin Kammerloher).

∎

Gibt es Hilfe? Kaum. »Wie piepe ist unser Mühen! Wir wähnen bei unseren Zeitgenossen Haß wider Dummheit, Gewalt und Schweinerei, während diese lieben Zeitgenossen sich im Dreck säuisch wohl fühlen, die Peitsche und jede andere Erniedrigung ruhig hinnehmen, wenn nur der Wanst vollgepfropft werden kann.« (Franz Pfemfert). Die Eindämmung des Menschen, nach Albert Ehrenstein »diese Dreckgeburt aus Spott ohne Feuer«, als solche »immer schlecht und lau« gewesen, erfordert derbe Maßnahmen: »Der Krieg ist etwas Humanes. Er dient der Ausrottung des Menschen Blödiana.«

Wider den Menschen

O Menschsein, o Verdammtsein. *Iwan Goll*

Mich ergreift Entsetzen. Menschen! *J. C. F. Haug*

Diese Canaille! Ich meine die geehrte Menschheit. Hyänen und Wölfe sind Engel gegen die Menschen; u. so wird es ewig bleiben. *Detlev von Liliencron*

Mein Gott! rief ich innerlich, ist das unser Loos? Wir keifen uns das ganze Leben herum und beißen und bellen und fressen und sind lustig auf Kommando, bis dieses geheimnisvolle Tier in unserem Kopfe genug hat und nicht mehr mag und davonläuft. Und dann gehen wir zu Grund. *Oskar Panizza*

Möge die Gerechtigkeit ihren Lauf nehmen! Möge sie zerbrochen werden, diese alte Welt, wo die Unschuld zugrunde ging, wo die Selbstsucht gedieh, wo der Mensch vom Menschen ausgebeutet wurde! Mögen sie von Grund aus zerstört werden, diese übertünchten Grabstätten, in denen die Lüge und die Verderbnis herrschten. *Heinrich Heine*

Mensch ist ferner auch ein Wurm, denn er krümmt sich häufig im Staube und kommt auf diese Art vorwärts. *Johann Nestroy*

Die Geschichte der Menschheit macht zuweilen einen Eindruck auf mich, als ob sie der Traum eines Raubtieres wäre. *Friedrich Hebbel*

Ein Pygmäenkonglomerat ist die ganze Menschheit! *Dr. Hanns Maria Truxa*

Ich verachte die Menschheit in allen ihren Schichten. *Alexander von Humboldt*

Vor lauter Haß zwei Stunden zu früh aufgewacht. Hab in schneller Geschwindigkeit zwanzig Todesurteile unterzeichnet, und einem Berittenen aufgegeben, er solle die Sporen geben, die Urteile sofort vollstrecken lassen, bevor mich wieder ein Sinneswandel umbiegt. Er galoppiert davon. Reue überkommt mich. Aber nur noch der Staub ist zu sehen, den die Hufe aufwirbeln. Morgenidyll im napoleonischen Feldlager. Genau so. *Helmut Krausser*

Ich flanierte heute auf der Gasse. – Vor einem Bücherladen fand ich ein Buch, betitelt: »Sammlung aller gemeinnützigen Erfindungen der neueren Zeit, für die Jugend.« – Das Titelkupfer stellte die *Guilloutine* vor.
Friedrich Fürst Schwarzenberg

Mephisto hat Recht. Mensch sein heißt krank sein, und nur das Tier ist gesund. Es wird nur krank durch den Mißbrauch, den der Mensch mit ihm treibt. Noch gesünder ist die wildwachsende Pflanze, der kein eigenwilliger Übergriff in den natürlichen Gang ihres Wachsens und Welkens gestattet wird. Am gesündesten ist der Stein.

Hieronymus Lorm

Denke nicht, daß ich scherze oder bildlich rede, wenn ich die am Höhern hangenden Menschen, und weil die ungeheure Mehrzahl hierher gehört, fast die ganze Menschenwelt für veritable Narren im Tollhaus ansehe. Was nennt man denn eine »fixe Idee«? Eine Idee, die den Menschen sich unterworfen hat. Erkennt ihr an einer solchen fixen Idee, daß sie eine Narrheit sei, so sperrt ihr den Sklaven derselben in eine Irrenanstalt. Und ist etwa die Glaubenswahrheit, an der man nicht zweifeln, die Majestät z. B. des Volkes an der man nicht rütteln, (wer es tut ist ein – Majestätsverbrecher), die Tugend, gegen die der Zensor kein Wörtchen durchlassen soll, damit die Sittlichkeit rein erhalten werde usw., sind dies nicht fixe Ideen? Ist nicht all dieses dumme Geschwätz, z. B. unserer meisten Zeitungen, das Geplapper von Narren, die an einer fixen Idee der Sittlichkeit, Gesetzlichkeit, Christlichkeit usw. leiden, und nur frei herumzugehen scheinen, weil das Narrenhaus, worin sie wandeln, einen so weiten Raum einnimmt? Man taste einem solchen Tollen an seine fixe Idee, und man wird sogleich vor der Heimtücke des Tollen den Rücken zu hüten haben. Denn auch darin gleichen diese großen Tollen den kleinen sogenannten Tollen, daß sie heimlich über den herfallen, der ihre fixe Idee anrührt. Sie stehlen ihm erst die Waffe, stehlen das freie Wort, und dann stürzen sie mit ihren Nägeln über ihn her. Jeder Tag deckt jetzt die Feigheit und Rachsucht dieser Wahnsinnigen auf, und das dumme Volk jauchzt ihren Maßregeln dazu.

Max Stirner

Ich würde begrüßen, wenn die Menschheit zu Ende käme; ich habe die begründete Hoffnung, daß sie sich in na – in 500 bis 800 Jahren restlos vernichtet haben wird; und es wird gut sein.

Arno Schmidt

Man sollte überhaupt die meisten totschießen in der schönen Jugend, ausgenommen die wenigen Männer, die genial wären, und die wenigen Frauen, die sanft wären.

Jean Paul

Da erfahre ich, daß einer, sonst ein erbaulicher Herr, mir einen Polizeidiener besticht, und zwar erst noch ganz unnötig, da der Mann doch ganz dienstfertig ist und von selbst bereit war, auf begründete Klage über störenden Lärm gegen den Nachbar einzuschreiten. Ich habe die zulässig schärfste Strafe gegen Bestechungsversuch in Anwendung gebracht. – So sind die Menschen! Der A besticht, der B noch flotter, der C überbietet beide, die Menschen in Dienst und

Amt werden verderbt und tun endlich ihre Pflicht nicht mehr, wenn ein Armer, der nicht bestechen kann, oder ein redlicher, der es nicht will, ihrer Dienste bedarf. – Eine allgemeine Kette der Charakterlosigkeit, der breiigen Schlechtigkeit.

Friedrich Theodor Vischer

Denn was sind die Menschen anders als alte Kleider? Der Wind muß durchstreichen.

Georg Christoph Lichtenberg

Die Schlechtheit der Menschen hat mich von dem Schritte gerettet mich für sie zu opfern. Etwas Großes wäre es freilich nicht gewesen, da ich es fast auch für eine Leidenschaft getan hätte.

Johann Gottfried Seume

Du Idealmensch comme il faut,
Ich zähl' dich zu den Tieren,
Du bist so dumm wie Bohnenstroh,
Kröchst richtiger auf Vieren.
Dein Leben darfst du faul verlungern
Wenn Hunderttausende verhungern:
Wie schad', daß du nicht adelig,
Dann wärst du ganz untadelig.

Hermann Löns

Wenn ich die Menschen betrachte, möchte ich der Despotie verzeihen; und wenn ich die Despotie sehe, muß ich die Menschen beklagen. Es wäre eine schwere Frage, ob die Schlechtheit der Menschen die Despotie notwendig macht oder die Despotie die Menschen so schlecht macht.

Johann Gottfried Seume

In jedem Menschen steckt der Keim,
zu seiner eigenen und anderer Pein.

Friedrich Schröder-Sonnenstern

Wie tief ist der Mensch gefallen!

E. T. A. Hoffmann

Ach Gott, was sind wir heutigen Menschen doch für ein nervöses, aufgeregtes, bissiges Geschlecht.

Robert Hamerling

Schönen Witz gehört: Treffen sich zwei Planeten. Fragt der Ältere: Wie geht's? Sagt der Jüngere: Schlecht, ich hab' Homo sapiens. Sagt der Ältere: Das vergeht wieder.

Helmut Krausser

Der Mensch stammt keineswegs vom unrasierten und dennoch gesellschaftlich würdigen Affen ab, sondern von der Hyäne.

Hans Reimann

Könnte den Pessimisten noch viel Stoff liefern: hab' oft Ekel an den Menschen, an allem. *Friedrich Theodor Vischer*

Der häßliche Mensch – und es gibt entsetzlich viele häßliche Menschen, die mittellosen und die mittleren Klassen bestehen fast durchwegs aus häßlichen Menschen; man betrachte die Passagiere der bescheidenen Fuhrwerke, des Omnibus, der Vergnügungszüge – der häßliche Mensch ist Individuum; er betätigt persönlichen Geschmack in Leben, Wohnung und Kleidung, er meditiert, spricht, urteilt, unterscheidet sich, betont irgendwie seine Existenz, deren Erhaltung er sein Leben widmet, die er, zeugend und die Erzeugnisse erziehend, befriedigt verlängert. Die »Krone der Schöpfung«, en masse auftretend, bei Versammlungen, als Publikum der Singspielhallen: wie deprimierend! *Richard von Schaukal*

Wenn ein Mensch sich totschießen will, so hat er dazu immer hinlängliche Gründe. Aber ob er selbst diese Gründe kennt, das ist die Frage. Bis auf den letzten Augenblick spielen wir Komödie mit uns selber. Wir maskieren sogar unser Elend, und während wir an einer Brustwunde sterben, klagen wir über Zahnweh. *Heinrich Heine*

Ihr Menschen! Ihr pißt wie Freigeister und denkt wie Saffianstiefel! *Heinrich Heine*

Zuerst erlebt der Mensch, dann käut er's durch,
erlebt im Durchkäun Neues, käut dann wieder,
und so in infinitum, käut sich so
allmählich durch, das göttliche Kamel. *Christian Morgenstern*

Wir sind alle Menschen und treiben am liebsten, was für uns nicht paßt, was wir nicht verstehen und wobei wir uns lächerlich machen. *Heinrich Heine*

Das Menschenbataillon hat eben wie jedes mehr Gemeine als Offiziere. Erst wenn diese faul werden, steht es schlecht. *Friedrich Theodor Vischer*

Haupteigenschaften des Menschen: Geselligkeit, Spieltrieb, Faulheit; Geilheit; Doofheit, Grausamkeit. *Arno Schmidt*

Der Mensch ist von Natur nichts. *Bernhard Heinrich Blasche*

Der Mensch verträgt es nicht einmal, in die Sonne zu schauen – so schwach und unreif ist er. *Otto Weininger*

EdelMenschen.

»Und das hätten bisher nur die Kapitalisten verhindert. – Ach nein; die Menschen sind sehr verschieden – viele dumm, schlecht, grausam; und werden noch lange so bleiben: ›Vererbung‹ ist kein leerer Wahn! Sinn und Geschmack für Kulturgüter sind einfach nicht vorhanden; auch nicht anzuerziehen; ja, schon das simple ›NaturGefühl‹ ist recht selten. Ob Arbeiter, ob Bauern, ob ›Akademiker‹ sind Barbaren, die sich nicht binnen einer halben Generation in Schnellkursen zu Roten RenaissanceGiganten machen lassen; sondern wie EntwicklungsVölker angesehen werden müßten; die man langsam, so 3–400 Jahre lang zu züchten & schulen versuchen müßte.« (Ja, vielleicht wäre sogar *das* mit in Anschlag zu bringen: Wir haben eine fette Milliarde Jahre hindurch in so manchen TierVerkleidungen auf Erden gelebt, und sind nicht gut geworden – : vielleicht *sollen* Wir nicht gut sein?). *Arno Schmidt*

Der Mensch befindet sich nur da wohl, wo er nicht ist. *Moritz Gottlieb Saphir*

Die Philosophen sind doch sonderbare Käuze. Den Egoismus der einzelnen Menschen will keiner gelten lassen, da schreien alle, er wäre sündlich, wider Moral und Christentum. Den Egoismus der Menschheit hingegen predigt ein jeder. Schon mit der Ammenmilch wird er uns eingeflößt: »Wir Menschen sind die Kronen der Schöpfung, und die ganze Welt ist unser wegen da; drum preiset, ihr Kinder, Gott den Herrn und bewundert seine Weisheit.« O Eitelkeit der Eitelkeiten! Die Erde ist das Komödienhaus in der großen Himmelsstadt, und du, o Mensch, spielst den Hanswurst darin. *Ludwig Börne*

Die Mehrzahl der Menschen ist so! Im Straßengedräng lernt man's am besten von dieser Seite kennen: bittet man bescheiden um Platz, so stoßen s' einen mit Unverschämtheit zurück, schiebt man sich mit Ellbogenstößen vorwärts, so ziehn s' mit Devotion den Hut herab. *Johann Nestroy*

Es gibt Leute, die sich immer wieder dafür entschuldigen, daß sie auf der Welt sind. Und man findet es auch wirklich immer wieder unverzeihlich. *Richard von Schaukal*

Die Menschen taugen nichts bis auf ein paar. *Hermann Löns*

Man kann einen Tiger durch Predigen vielleicht überreden, auf den Gebrauch seiner Pranken und seines Gebißes zu verzichten; das menschliche Raubzeug nicht. *Kurt Hiller*

Was für ein träges, ungeistiges Tier ist doch noch der Mensch. *Christian Morgenstern*

Die scheußlichen, zerkauenden Kinnbacken der Kriegsbestie werden niemals ruhen, weil wir – Menschen sind. Und deshalb: Vis pacem parabellum. Der Krieg wird ewig dauern; und immer massenmörderischer werden.

Detlev von Liliencron

Ich habe allmählich einen Schauer davor bekommen, wenn ich fort und fort sehe, wie wir unglücklichen Menschen uns nur dadurch helfen, daß wir durch und durch Heuchler, Lügner und Betrüger sein müssen. Können wir, alle, auch nur einen Tag, eine Stunde ohne die vollendetste Heuchelei, ohne Lug und Trug atmen? Wären wir nicht sofort verloren, wenn wir uns einander ohne Masken zeigten? Ah, die Klugen und die Dummen. Ich weiß immer noch nicht und schwanke immer noch, ob ich uns aufs tiefste bemitleiden oder aufs tiefste verachten soll. Die Heuchelei ist für das öffentliche wie für das einzelne Wesen unerläßlich. Warum schelten wir sie denn? Alle brauchen sie: der Staat, jede Partei (welcher Art sie sei), jeder Einzelne in seinem Innersten.

Detlev von Liliencron

Verehrtes Fräulein, wir Menschen sind ja leider wandelnde Kloaken, körperlich und – geistig (erst recht).

Detlev von Liliencron

Sonst halt' ich von den ekelhaften, kleinen Viehbiestern, den Menschen zu wenig, als daß ich an irgend eine Zukunft, auch ahnungsvoll, in »500 Jahrhunderten« nur glaube. Dieses kleine, unangenehme Raubzeug steht bei mir tief unter Ottern und Schakalen.

Detlev von Liliencron

Wenn ich etwas an Christus verstehe, so ist es das: »Und er entwich vor ihnen in die Wüste.«

Christian Morgenstern

Wo man den Menschen nur wiederbegegnet, möchte man von ihnen und ihren kümmerlichen Werken gleich davon fliehen.

Johann Wolfgang Goethe

Die Mehrheit der Menschen besteht nicht gerade ganz aus Betrügern, Räubern, Dieben und Mördern, aber aus sozialen Ungeheuern, und zwar durch alle Stände und beide Geschlechter, die Weiber treiben's ärger, aber die Männer kaum um ein Haar besser.

Friedrich Theodor Vischer

Niemand war und ist mir eine empfindlichere Geißel als der richterlich geartete Mitmensch. Er ist für mich der personifizierte böse Blick. Vor ihm erschrickt alles Lebendige in mir so tief, als hätte der Tod selbst es gestreift. So mag eine Pflanze aufhören zu wachsen, wenn sie ein schlimmer Zauberer anhaucht. Sie will gern von Wind, Regen und Kälte vernichtet werden, und wenn sie jemand zertritt, so wird sie es als etwas Natürliches hinnehmen; aber sich bei lebendigem Leibe von einem andern lebenden Wesen schlechtweg in Frage stellen, verneinen, für unfähig, für einen Irrtum erklären lassen zu müssen und das nicht etwa unter einem Feuer von Leidenschaft, sondern kalt, vorbedacht – das ist unerträglich.   *Christian Morgenstern*

Was ist der Mensch?
... ein fauler Madenkäs' ...   *Johann Ludwig Prasch*

... ein kleinliches, grämliches, banales, kindisches, eitles, zanksüchtiges, gedankenloses, planloses, durchaus noch dumpfes und niederes Wesen.
                                                          Christian Morgenstern

... ein Schleim, gespuckt auf eine Schiene ...   *Albert Ehrenstein*

... eine lästige, zu früh verkalkte Bestie ...   *Alfred Kerr*

... unsagbar schlecht ...   *Robert Hamerling*

... ein viehisch Zerrbild ...   *Gerhart Hauptmann*

... Frost in Gott ...   *Friedrich Hebbel*

... ein besmireter binstock, ein ganzer unlust, ein kotfaß, ein wurmspeise, ein stankhaus, ein unlustiger spülzuber, ein faules as, ein schimelkaste, ein bodenloser sack, ein locherte tasche, ein blasebalk, ein geitiger slund, ein stinkender leimtigel, ein übelriechender harnkrug, ein übelsmeckender eimer, ein betriegender tockenschein, ein leimen raubhaus, ein unsetig leschtrog, ein gemalte begrebnüss sowie auch und vor allem ein balde faulender erdenknollen ...
                                                          Johannes von Tepl

Wider das menschliche Leben
Das Leben ist schwer! Wehe dem, der nicht in jedem Augenblick geladen, Zündhütchen auf, Finger am Drücker hat!   *Friedrich Theodor Vischer*

Ist es nicht ungereimt zu leben?   *Friedrich Nietzsche*

Es ist ja nur aus Blindheit und Gleichgewichtsmangel und Lossprung vom Mittelpunkt, daß die Menschen Toren werden und wilde Narren, und lügen, betrügen, stehlen, ehebrechen, rauben und morden, im Rausch, im Taumel leben, nach Glück haschen und das Elend erhaschen.   *Friedrich Theodor Vischer*

Wenn jedem geschäh, wie er's eigentlich verdient, da wär schwer zu bestehen.

Ludwig Anzengruber

… und wenn es köstlich gewesen ist, dann nur fünfzehn Jahre Krieg und bloß dreimal Inflation.

Arno Schmidt

Was Ein'n im Leben so Alles erwartn kann; und wie das dann gegebenenfalls *riecht?* Ich fürchte, Du schtehst manchma immer noch vor Monaazbindn, Klos & männlichstn Gliedern; und heulst & erschtarrst & erzeuxt Dir n Schock = uff = eewich: *da* gieptz gans andere Dinge noch = Du!

Arno Schmidt

Antwort des Experten, was man nach dem Schweinemastskandal überhaupt noch essen kann: »Das Leben ist eine sexuell übertragbare Krankheit mit tödlichem Ausgang«.

Helmut Krausser

Leben ist eine schwere Gehirnkrankheit.

Albert Ehrenstein

Das Leben ist furchtbar, es ist nur noch die Frage, ob es unumgänglich nötig ist.

Albert Ehrenstein

Das Leben ist langweilig. Menschen stieren sich an, befühlen sich und gehen wieder auseinander. Und jeder ist einsam.

Iwan Goll

Nur wer das Leben überstinkt, wird siegen.

Hermann Conradi

Was frag ich nach der welt? sie wird in flammen stehn.
Was acht ich reiche pracht? der todt reißt alles hin.

Andreas Gryphius

Wer des Daseins fürchterlichste Bitterkeit gekostet hat; wer endlich weiß, wie brutal kalt, wie grausam scharf das wirkliche Leben in unser zuckendes Herz schneiden, es zerreißen kann, dem kommt seine sogenannte Poesie, von der man glaubte, daß sie, alles in allem, doch ein Spiegelbild der Realität sei, vor wie ein an der Wand verhuschendes Schattenspiel. Und, endlich wissend, was das Leben wirklich ist, das Schattenspielerkunststück weiter treiben – es erscheint mir lächerlich, unwürdig, blasphemisch. Und wird's doch weiter treiben müssen als ein geschminkter Komödiant, dem das geliebte Weib hinter der Bühne kalt und bleich und starr im Sarge liegt. Gibt es ein elender Handwerk?

Friedrich Spielhagen

Wenn man die Menschen am Abend ihr Butterbrot essen sieht, so kann die Bemühung, das Leben zu erklären, sehr lächerlich erscheinen. Butter und Brot erklären alles.

Friedrich Hebbel

Schwarz zusehen, dazu hätte ich ja wohl Grund genug ... mein ganzes Leben der ewige Schund, Marterkampf mit den teuflischen Zwerggeistern des kleinen und doch so furchtbar großen Übels ist doch auch ein Abbüßen. Es muß ja ein Nest irgendwo geben, wo sie brüten, von wo sie ausgehen.

Friedrich Theodor Vischer

Auch ist das ganze Leben ein russischer Feldzug. Allgemeiner wilder Stoß und Schub im Menschengetümmel ist die Beresinabrücke. Kanonenschläge dazwischen: das Unglück rechter Art, das drastische Übel; dies Glück wäre mir nicht widerfahren. Für mich Lanzen der Kosakenschwärme, die Wespenstiche des kleinen Übels. Das Ärgste soll aber doch gewesen sein ein beständiger, fein messerscharf schneidender Wind, und – wer nicht fiel, nicht verhungerte, nicht am Typhus starb – hinsiechend in beständigem Katarrhfieber.

Friedrich Theodor Vischer

Das Leben hat seinen Sinn verloren ... Selbst der Diebstahl ist nicht mehr rentabel.

Hanns-Erich Kaminski

Das Leben ist eine Fußreise mit einem Dorn oder Nagel im Stiefel.

Friedrich Theodor Vischer

Das Leben ist eine mißliche Sache: ich habe mir vorgesetzt, es damit hinzubringen, über dasselbe nachzudenken.

Arthur Schopenhauer

Für euren Krempel war ich nicht auf der Welt!!

Jakob Haringer

Und wie ein Kind mit dem kleinen Fuße eine Scherbe vor sich hin treibt, so töricht stößt uns das Leben vorwärts.

Friedrich Nietzsche

Warum leben wir eigentlich und sind dann wieder tot? Gott! Das ist ja doch wunderlich!

Ernst Storm

Wär's nicht besser,
Tausendmal besser,
Statt langsam hinzusiechen,
Abzusterben Glied für Glied –
Dieses verschleuderte,

Sündenbesudelte,
Elende Dasein
Schnell zu enden?

Felix Doermann

Mein Todfeind ist in meine Faust gegeben,
Doch dies auch langweilt, wie das ganze Leben.

Nikolaus Lenau

Ich erwarte Nichts vom Leben als Aerger, Ekel, Schändlichkeiten. Die Menschen – always excepted the present company – alle sind für mich die größten Schufte (– ich selbst an der Tete –), die nur darauf ausgehen, zu betrügen. Ich sage aber – weil ich Atheist bin, wenigstens Atheist, wie es die blöde Menge auffaßt – das Menschenvieh ist so angelegt von Hause aus. Also wir – always excepted the present company – Bestien können ja gar nicht anders.

Detlev von Liliencron

Was kann man von einer Welt erwarten, in der fast Alle bloß leben, weil sie noch nicht haben sich ein Herz fassen können zum Totschießen!

Arthur Schopenhauer

Mein Leben gähnt mich an wie ein großer weißer Bogen Papier, den ich vollschreiben soll, aber ich bringe keinen Buchstaben heraus. Mein Kopf ist ein leerer Tanzsaal, einige verwelkte Rosen und zerknitterte Bänder auf dem Boden, geborstene Violinen in der Ecke, die letzten Tänzer haben die Masken abgenommen und sehen mit todmüden Augen einander an. *Georg Bücher, Leonce*

Man ist doch im Grunde hier ein erbärmliches Geschöpf. *E. T. A. Hoffmann*

Unsereins ist doch einmal unselig in der und der anderen Welt.

Georg Büchner

Das Göttliche besteht eben darin, daß wir uns aus diesem materiellen Geschwür wieder ins Nichts resorbieren. *Gottfried Keller*

Ich weiß nicht, warum wir eigentlich leben. *Aenne Gebhard*

Das Leben ist eine Plünderung des inneren Menschen. *Friedrich Hebbel*

Allenthalben zeigen sich Individua, die stänkersüchtig sind, mindest aber sich durch Glotzen lästig zu machen wissen. *Heimito von Doderer*

Eine Verwüstungsorgie ohnegleichen hat die Menschheit ergriffen, die ›Zivilisation‹ trägt die Züge entfesselter Mordsucht, und die Fülle der Erde verdorrt vor ihrem giftigen Anhauch.

Ludwig Klages

Man liest Folianten und Quartanten durch und wird um nichts klüger, als wenn man alle Tage in der Bibel läse, man lernt nur, daß die Welt dumm ist, und das kann man in der Seifengasse hier zunächst auch erproben.

Johann Wolfgang Goethe

Ich stehe wie vor einem Raritätenkasten und sehe die Männchen und Gäulchen vor mir herumrücken, und frage mich oft, ob es nicht ein optischer Betrug ist.

Johann Wolfgang Goethe

Was ist das beste Leben? Zu Tode gekitzelt zu werden.   *Friedrich Nietzsche*

Es kommt mir ein entsetzlicher Gedanke: ich glaube, es gibt Menschen, die unglücklich sind, unheilbar, bloß weil sie sind.   *Georg Büchner, Lena*

Ja, schmerzlicher als der Verlust durch den Tod ist der Verlust durch das Leben.

Heinrich Heine

Hoffentlich ist bald Schluß, das wäre das beste.   *Hans Erich Nossack*

Wider das Geborenwerden
Das Unglück vieler Menschen beginnt schon neun Monate vor ihrer Geburt.

Karl Julius Weber

Gut ist der Schlaf, der Tod ist besser – freilich das beste wäre, nie geboren sein.

Heinrich Heine

Bei jeder Geburt wird eine Leiche angesagt.   *Karl Friedrich Wilhelm Wander*

Viel besser, nie geboren sein,
denn ewig leiden Not und Pein.   *Georg Henisch*

Johannes Aventinus pflegte dies gemeiniglich auf der Zungen zu haben: Der Mensch ist eine Wasserblasen, sobald er geboren ist, fängt er an zu sterben.

Johann Zincgref

Nicht geboren werden übertrifft alle irdische Glückseligkeit; und wenn du da sein wirst, so ist, je geschwinder, je besser, wieder dahin zu kehren, wo du herkommst.

Wilhelm Heinse

Es ist immer eine sonderbare Empfindung, wenn man als so Alter ein kleines Kind betracht; unwillkürlich kommt einem die Idee, wie schad es is, daß man auf die Welt kommen is. Ich sag immer, man richtet's viel leichter, wenn man gar nie dagewesen wär.

Johann Nestroy

Weh dir, daß du geboren bist!
Das große Narrenhaus, die Welt,
erwartet dich zu deiner Qual.
Nicht Wissenschaft, nicht Tugend ist
ein Bollwerk für der Bosheit Wut,
die dich bestürmen wird.

Ewald von Kleist

Die Geburt ist eine Feigheit: Verknüpfung mit anderen Menschen, weil man nicht den Mut zu sich selbst hat. Darum sucht man Schutz im Mutterleibe.

Otto Weininger

Der Seligste von allen ist, wer schon als Kind die Arme schließt, wes Fuß nie auf die Erde tritt, wer von der warmen Mutterbrust unmittelbar und unbewußt dem Tode in die Arme glitt

Nikolaus Lenau

Wider den Selbstmord

Ich mag mich nicht einmal umbringen: es ist zu langweilig.

Georg Büchner, Lenz

Der Selbstmord erscheint uns als eine vergebliche und darum törichte Handlung.

Arthur Schopenhauer

Unsere Selbstmörder machen den Selbstmord verrufen – nicht umgekehrt.

Friedrich Nietzsche

Manche Selbstmorde können nur Kopfschütteln erregen.

Bruno Bürgel

Der Selbstmord ist kein Zeichen von Mut, sondern von Feigheit.

Otto Weininger

So berechtigt, wie das Niesen, das Spucken. Es muß eben geschehen ...

Oskar Panizza

Selbstmordgegner
Es gibt wohl viele, die ganz stolz den Selbstmord eine Feigheit nennen, sie sollen's erst probieren, nachher sollen's reden. *Johann Nestroy*

Wider den Körper und seine Funktionen

Körper
... die auswendige, alltäglichkeitsabgehärtete Humanitätslarve ...

Johann Nestroy

Wozu ernähren sich eigentlich die Leute? Schade um all die Kälber, den herzigen Salat, von den Radieschen ganz zu schweigen. Das ist doch bei weitem erfreulicher als der Zellhaufen: Regierungsrätin Dostal, oder Herr von W., oder Frau Dr. K., in den es sich dann umsetzen muß. *Sir Galahad*

Die schöne Murauer Zeit brachte in jeder Hinsicht Fortschritt und Vorteil. Physisch war ich zu Anfang und Ende allerdings gehindert, ein nervöses Jucken plagte mich, und kaum zuhause angekommen, bemächtigte sich meines Hinterbackens ein wilder Furunkel, der nach Fieber und Eitererguß nun endlich dem Salbentopf wich. – ICH, – groß geschrieben – will mich aber den elenden Körperbedingungen partout nicht unterwerfen ...

Fritz Ritter von Herzmanowsky-Orlando

Aus der großen Welt gelangt eine Kunde stark fleischlichen Inhalts in unsere Klosterzelle. Ein junger Mann, noch in tanzlustigen Jahren, doch schon gesetzterer Apoll, der diesen Winter in zwei größeren Städten Deutschlands Bälle der gewähltesten Gesellschaft besucht hat, tut uns zu wissen, daß heuer die Ballkronleuchter auf das denkbar Äußerste an Entblößung herunterleuchten, ja daß man – ich frage noch einmal, ob es für das Schamlose ein schamhaftes Wort gibt? – daß man bei den Damen das Haar unter den Achseln gesehen habe; es gelte für Pflicht, so zu erscheinen, weil es vornehm sei, und für sehr bürgerlich, ein Ärgernis daran zu nehmen. Aber kein Glanz und kein Adel macht das Gemeine vornehm, und da eine vermeintliche Vorschrift des feinsten Tones zur Folge hat, daß auch das verblühte und überreife Weib seine Reize (?) bloßlegt, so wird das Gemeine zum Ekelhaften, ja zum Schweinischen. Das gehört in den Schmutzwinkel der feilen Schande, nicht in ein Haus der Ehre.

Friedrich Theodor Vischer

Kleines Körper-Abscheu-ABC

Atem

Der Mensch ist ein so unsauberes Tier, daß schon selbst die nach oben ausgeatmete Luft so verdorben ist, daß sie, aus einem stark besetzten Zimmer, durch eine Röhre abgeleitet, zum stärksten Gift gemacht werden kann, der gerade Gegensatz zur Lebenslust. *Karl Julius Weber*

Welcher stinckt der Mund, die ist im Leib nicht g'sund. *Johann Fischart*

Schlechter Atem, der einem furchtbaren Greuelschlund enthaucht, ist weitaus schlimmer als wenn einem Wilhelm Wieben im Traum erscheint. Das preußische Landrecht war einst so human, einen stinkenden Mund als Scheidungsursache anzuerkennen. Wohin ist es mit unserer Justiz gekommen?
Benjamin Kammerloher

Auge

Wenn mir ein Optiker ein Werkzeug verkauft, das so nachlässig und sorglos hergestellt ist wie das menschliche Auge, würde ich es ihm mit vollem Recht zurückgeben. *Hermann von Helmholtz*

Groß aufgetan starrend Augen bedeuten einen hässigen und unschamhaftigen, widerspenstigen, trägen Menschen, besonders so sie bleifarben sind. So einer breite Augen, nach der Breite des Antlitzes, der ist ein boshafter Schalk. Item, wer Augen hat, die gleich sind eines Esels Augen, der ist unweiser und harter Natur. Augen, die sich oft auf und zu tun, bedeuten einen blöden, furchtsamen Menschen. Augen, die sich auftun und starren, bedeuten Torheit und einen Menschen, da kein Weisheit innen ist. *Bauernkalender*

Bart

... Gesichter paradierend mit Bärten oder mit einer anderen Wichtigkeit ...
Max Picard

Ein übel geschickter Bart, dünn von Haar, bezeichnet einen weibischen Menschen. *Bauernkalender*

Keinen Mann mit Vollbart – man verheddert sich darin. *Kurt Tucholsky*

Bartlosigkeit
Freier ohne Bart und Tugend
Reizen unsrer Töchter Jugend

Zur verliebten Tändelei.
Werden's junge Dinger inne,
Denken sie in ihrem Sinne,
Wunder welch ein Glück es sei.

Gottlieb Fuchs

Bauch

Übermäßige Befriedigung des Nahrungstriebes macht die Gestalt wampig, wanstig, häßlich. Schon Aristoteles sagt, daß Komiker es sich mit der Anwendung von Dickbäuchen zu leicht machen.

Karl Rosenkranz

Wenn etwas expandiert am Menschen, dann ist das der blöde Bauch.

Hans Schmid

Bein

Man kann nur die Forderung aufstellen, daß die Frauen sich häßlicher Beine bewußt sein und sie aus Rücksicht für ihre Nebenmenschen nicht so stark zur Schau stellen sollten!

Kurt Adelfels

Nur wenige Beine genügen der Forderung, die gebildeter Schönheitssinn an sie erhebt.

Richard von Schaukal

Bizeps

»Ich habe meinen ›Biceps‹ im Kopf«, sagte der Weise.

Peter Altenberg

Brüste

Sie verheißen viel und geben wenig.

Martin Luther

Was ist es, das zum Sklaven macht,
Wohl anders denn der Brüste Macht?

Celander

Brustkasten, flacher

Flache Brustkasten und gewölbte Brustkasten sind größere Gegensätze als Goethe und ein Hallstädter Trottel!

Peter Altenberg

Brustwarzen

Brustwarzenvergoldung lehne ich ebenso streng und kategorisch ab wie Onkel Lidenbrock den Gedanken der Zentralwärme zurückwies.

Benjamin Kammerloher

Damenbart

Die bärtigen Weiber sind hitziger Complex, unkeusch, starker und männlicher Natur, Höllriegel, ho ho, den Kochlöffel in der Hand.

Bauernkalender

Ein Schnurrbart auf der weiblichen Oberlippe, und wäre es auch nur ein moralischer, gefällt uns nicht. Ein Weib, welches das Kind säugt und zugleich an dem eigenen Schnurrbart trutzige Hörnlein dreht – welch ein hübsches Bild!

Peter Rosegger

Ein Mägdlein zählte vierzig Jahr,
Derweil sie stets noch Jungfrau war,
Noch keusche Jungfrau war.
Um sie dafür zu strafen hart,
Schuf Gott ihr einen Knebelbart,
Ihr einen Knebelbart.

Frank Wedekind

Darm
Ich werde, soweit mein Darm es zuläßt, von Griechenland träumen.

Emanuel Geibel

… meine Gedärme, die mich Tag und Nacht frieren machen.   *Max Dauthendey*

Eingeweide
An der Wiege stehen die Verhängnisse, in den Eingeweiden sind sie gebildet.

Reinhold Schneider

Fettleibigkeit
Das Wesen des Lebens ist Bewegung. Demach muß alles Dichte, was der Durchflutung mit Geist entgegensteht, als fehl empfunden werden. Fett ist demnach eine schwere Erkrankung oder ein Charakterfehler. Im Wohlgeratenen muß es unaufhörlich zu Temperament verbrannt werden.   *Sir Galahad*

Heilige Magerkeit, getreueste Beschützerin unserer Beweglichkeiten! Werde das Ziel kommender Generationen!   *Peter Altenberg*

Bei groß gewachsenen, aufgeschwemmten und bei dicken Männern muß man im allgemeinen immer einseitige Entwicklung annehmen. Diese Männer sind zweibeinige Tiere, sie sind schwach wie das Tier, unterliegen ihren Leidenschaften und sind geistig minderwertig.   *Maxie Freimann*

Figur
Falsche Vorstellungen davon, was eine »gute Figur« ist, die grausame und gesundheitsschädliche Mode und die verkehrte Erziehung, setzen der Verwüstung der menschlichen Gesundheit die Krone auf.   *Sylvanus Stall*

Fleisch

Nur das Skelett am Menschen ist schön. Das Fleisch ist das, was man sich schleunigst abgewöhnen muß!

Peter Altenberg

Fünffingerdarm

»Lächelnd hört sie, wie der Arme ihr auf dem Fünffingerdarme eine Serenade bringt« – das ist die einzige Zeile, die in der deutschen Lyrik seit Herrn Walther zu finden ist. Und ausgerechnet stammt sie von dem Schwabenonkel Ed. Mörike, der Gedichte schrieb, süß wie ein lösendes Klistier auf dem Totenbett. Na, der Fünffingerdarm hat es auch nicht besser verdient. Warum nennt er sich nicht, um sein Image etwas aufzumöbeln, wenigstens nach dem berühmtesten Stinkefinger Effenbergdarm?

Benjamin Kammerloher

Fratzen

Es ist davon auszugehen, daß Zweck der Erziehung allseitige Veredelung des Menschen ist. Durch Grimassen stellt das Kind aber nicht Edleres dar, sondern sucht sich dem Niederen, Tierischen zu nähern. Es liegt im Fratzenschneiden der Kinder somit etwas Gemeines, darum verwerfliches. Der Erzieher sollte verhüten, daß das Kind Wohlgefallen an der Fratze findet. Schlechte Bilderbücher, die zahlreiche Struwwelpeter-Literatur mit ihren Bildern, desgleichen die Karikaturen, welche die Geburtstags- und Weihnachtstische für unsere Kleinen leider noch in Form von Bilderbogen zum Ausmalen oder Ausschneiden bedecken, verderben schon frühzeitig den guten Geschmack und bereiten das Wohlgefallen an der Fratze vor.

Bernhard Heinrich Blasche

Fuß

... verdammte, unbesonnene Füße! ...

Heinrich Heine

Im Eilwagen darf man gar keine Füße haben.

Moritz Gottlieb Saphir

Werde ich je froh auf den Füßen stehen?

Max Dauthendey

Kalte Füße sind lästig, besonders die eigenen.

Wilhelm Busch

Kaum eine Frau unter hundert hat gute Füße.

Richard von Schaukal

Manche Dame zeigt kokett ihr schmales, kleines Füßchen und freut sich, wenn sie es bewundert glaubt – würde aber der für das Füßchen begeisterte wissen und sehen, wie viele Hühneraugen, verbogene, eingewachsene Nägel es zieren, wie zerquetscht und verunstaltet dieses Füßchen ist, seine Begeisterung würde sofort sich in Gruseln verwandeln und die Dame würde vor Entsetzen alles

Mögliche tun, um ihre scheußlich verunstalteten Füßchen zu verstecken. Wer sich ernüchtern will, der braucht nur die verschiedenen Seebäder zu besuchen, und er wird oft Gelegenheit haben, sich zu denken: »Wie schade, hübsch wäre das Mädchen, aber die Füße, die Füße, – es ist ein Jammer!«

Rudolf M. Arringer

Gedächtnis

Goldenes Gewächshaus meiner Seele, die mit der Jauche der Erinnerung begossen wird.

Fritz Ritter von Herzmanowsky-Orlando

Gehirnfleck

Alle gesunden Menschen haben die Überzeugung ihres Daseins und eines Daseienden um sie her. Indessen gibt es auch einen hohlen Fleck im Gehirn, das heißt eine Stelle, wo sich kein Gegenstand abspiegelt, wie denn auch im Auge ein Fleckchen ist, das nichts sieht. Wird der Mensch auf diese Stelle besonders aufmerksam, vertieft er sich darin, so verfällt er in eine Geisteskrankheit, ahnet hier Dinge aus einer andern Welt, die aber eigentlich Undinge sind und weder Gestalt noch Begrenzung haben, sondern als leere Nacht-Räumlichkeit ängstigen und den, der sich nicht losreißt, mehr als gespensterhaft verfolgt.

Johann Wolfgang Goethe

Genitalien

Die Genitalien sind der Resonanzboden des Gehirns.   *Arthur Schopenhauer*

Gesicht

Wenn man die sich sieh dahinschleppenden »Herren« moderner Großstädte betrachtet, genügt meistens ein Blick auf ihr Äußeres, besonders das Gesicht, sich von dem selbstverschuldeten Elend des Patienten zu überzeugen … Die körperliche Entstellung bringt die unbestreitbare Umwandlung zu einem dem Tier ähnlichen Äußeren mit sich, und zwar eine Ähnlichkeit mit dem Vieh, das der Mensch in gesundem Zustande als das niedrigste und schmutzigste unter dem ihm bekannten bezeichnet, dem Schwein.   *Maxie Freimann*

Man nennt manches Bosheit, was mit einem häßlichen Gesicht getan wird.

Georg Christoph Lichtenberg

Wer viel Fleisch an dem Antlitz hat, der ist nimmer weise, ungestüm und lügenhaft. Wer ein klein Antlitz hat, das sich zu der Gelbe neigt, der ist der allerböseste, lästerlichste Betrüger und Trunkenbold. Ein Haupt, das oben breit ist, bedeutet Hoffart und Untreu. Item, ein langes Haupt bedeutet Unweisheit und nit fürsichtig.

Bauernkalender

O Gott, was ist man geplagt, wenn man so ein fatales Gesicht hat, wie ich.

Ludwig von Beethoven

Frauengesichter, aus denen man lange, schreckliche Romane herauslesen kann ...

Theodor Fontane

Glatze

Die Glatze ist eine Degenerationserscheinung, die immer mehr an Verbreitung gewinnt, die aber den »gebildeten« wie dem ungebildeten, dem Wissenschaftler und dem Laien immer noch ein vollständiges Rätsel ist. Man möchte fast sagen, die Glatzköpfe haben den Verstand verloren – mag man nun annehmen, daß ihr Gehirn im Winter aus Mangel an einem wärmenden Schutze eingefroren, oder im Sommer aus dem entsprechenden Grunde durch die Hitze verdampf sei – weil sie selber den Grund ihrer Degeneration nicht entdeckt haben, und man könnte mit Recht davon überzeugt sein, daß dies die Ursache der menschlichen Dummheit sei, wenn man nicht bestimmt wüßte, auch die von dieser Entstellung vorläufig verschonten den barhäuptigen an Dummheit nicht nachstehen, und daß bei den meisten der mit Kopfhaaren versehenen männlichen Kulturtiere es nur noch eine Frage der Zeit ist, bis auch über ihrem Intelligenzthron der Mond aufgeht.

Maxie Freimann

Glatzenmittel

In seiner Dummheit begeht der zivilisierte Mann meistens nach Entdeckung der Glatzenbildung erst recht die schädlichen Fehler. Sobald er gemerkt hat, daß ihm die Haare ausfallen, nimmt er von dem ersten Fachmann, dem Doktor, den guten Rat an, die erkrankte Stelle vor Erkältung zu schützen, zieht von jetzt ab täglich mit großer Gewissenhaftigkeit den Hut fest über sein Dach, hütet sich sehr, die erkrankten Stellen der kühlen Luft auszusetzen, so daß die durch das Huttragen verursachte Hautspannung oft stundenlang ununterbrochen fortdauert, und läßt sich von dem zweiten Fachmann, dem Friseur, beweisen, daß durch das Abschneiden der Haare wieder besser wüchsen; das verschlimmert natürlich den Zustand noch mehr, denn wenn die Haare kurz geschnitten sind, kühlt sich die Kopfhaut, besonders an den nicht bedeckten Stellen, in der kalten Jahreszeit stark ab; dadurch zieht sich die Haut abermals beträchtlich zusammen. Die Spannungen lassen sich nicht mehr weiter dehnen, die Spannungen selber hören aber nicht auf, solange noch eine Kopfbedeckung getragen wird; die Kahlköpfigkeit muß sich also immer weiter ausbreiten.

Maxie Freimann

Haar

Welcher Mensch viel Haar hat an der Stirne, der ist einfältig, schnöd, unkeusch, glaubt bald, hat eine bäurische Red und groben Verstand. Welcher Mensch viel

Haars allenthalben hat auf seinem Haupt, der ist unkeusch, bös, schneller Grimmigkeit, träg in seinen Werken, hat ein schlechtes Gedächtnis, ist geizig und unglückhaftig. Rotes Haar bedeutet einen neidigen, giftigen, betrüglichen, hoffärtigen und übelredenden Menschen. *Bauernkalender*

Ich möchte wissen, weshalb Komponisten immer Mähnen haben? Warum sie sich schlecht kleiden, weiß ich: weil sie sich über derlei Dinge erhaben fühlen oder, wie ich es mir auszudrücken erlaube, davon keine Ahnung haben. Aber ich frage Sie, warum tragen Komponisten immer Mähnen? *Richard von Schaukal*

Härchen
Ich setze mich nach dem Frühstück frisch, wohlgemut an die Arbeit, ahne den Feind nicht. Ich tunke ein, zu schreiben, schreibe: ein Härchen an der Feder, damit beginnt es. Der Teufel will nicht heraus, ich beflecke die Finger mit Tinte, ein Flecken kommt aufs Papier, – dann muß ich ein Blatt suchen, dann ein Buch und so weiter, der schöne Morgen ist hin. *Friedrich Theodor Vischer*

Hand
Man muß keinem Menschen trauen, der bei seinen Versicherungen die Hand auf das Herz legt. *Georg Christoph Lichtenberg*

Ist das nicht lächerlich, daß die Menschen im gewöhnlichen Leben so viele Umstände mit einander machen, und wenn sie nun einmal die rauhe Seite herauskehren, daß sie sich mit denselben Händen totschlagen, mit denen sie sonst so viele Höflichkeitsgebärden veranstalten! *Ludwig Tieck*

Ich hasse schlechte Manieren und ungepflegte Hände. *Richard von Schaukal*

Haut
An diesem Tag kam er aus dem Bad und wusch sich vor Tische die Hände mit den Worten: Wie wird das Wasser so unrein nach dem Bade! Ja, ich habs vergessen, daß Haut und Fleisch von Dreck sein, wie die Schrift sagt: Staub und Asche.

Martin Luther

Herz
Das Herz des Menschen ist nichts nutz und die Sinne des Menschen sind auch nichts nutz. *E. T. A. Hoffmann*

Das Herz ist der Magnet der Leiden. *Friedrich Hebbel*

In den Lüften gibt es keine bösen Geister, solche gibt es nur in abergläubischen, rohen, übelgesinnten Menschenherzen.

Peter Rosegger

Die pragmatische Geschichte meines Herzens zerfällt in drei miserable Kapitel: zwecklose Träumereien, abbrennte Versuche und wertlose Triumphe.

Johann Nestroy

Hintern
Man kann den Hintern schminken, wie man will, es wird kein ordentliches Gesicht daraus.

Kurt Tucholsky

Keinen oder einen schlechten Hintern zu haben, ist immer ein ästhetisches Unglück.

Friedrich Theodor Vischer

Hirn
Eure Gehirnschale ist ein Napf unreinlicher Gedärme, aus dem beschmutzt jedes noch so strahlende Bild wiederkehrt.

Rudolf Kurtz

... gefräßiger Kormoran ...

Leslie Meier

Mein Gehirn ist wie eine Wunde.

Friedrich Nietzsche

Mein Gehirn war Rührei.

Boris Becker

Das Verheerende am Menschen ist sein Hirn.

Alexander Spoerl

Das Gehirn des Autofahrers ist über den Geldbeutel direkt zu erreichen.

Michael Schiffmacher

Hühnerauge
Wer kann Schönes sehen, Schönes fühlen, wenn ihn ein Hühnerauge brennt!

Friedrich Theodor Vischer

»Hühneraugen« bleiben »Hühneraugen«, auch wenn sie unter dem Namen »Leidhörner« unter die Leute gehen.

Moritz Gottlieb Saphir

Das Holzbein bietet zumindest einen Vorteil. Es bekommt keine Hühneraugen.

B. J. Koller

Hygiene
Hygiene schmeckt eklig. Man küßt eine schöne Achselhöhle, und bitteres Deodorant zergeht einem auf der Zunge.

Helmut Krausser

Intime Bereiche

Ein mitleidiges Bedauern, wenn nicht Verachtung zeigt sich in den Gesichtern aller erfahrenen Männer und Frauen, wenn ein schlechtberatenes Hascherl die Intimitäten seines Leibes ahnungslos in die Gesellschaft trägt. Alles Niedliche, was in der Intimität beglücken könnte, wird hier kümmerlich, alle Kraft frech und schamlos.

Oscar A. H. Schmitz

Kinn

Es ist zu wissen, daß ein lang Kinn bezeichnet einen zornigen Menschen, der niemand getraut. Ein Kinn, das kurz ist, bezeichnet einen neidischen, unbarmherzigen Menschen.

Bauernkalender

Ein zurückliegendes, gleichsam weggeschnittenes Kinn ist besonders widerlich, weil *mentum prominulum* ein ausschließlicher Charakterzug unserer Spezies ist.

Theodor Gottlieb Herder

Lila, die mich so gern hat, kann ich nicht mehr anschauen, seit ich an ihrem Kinn gegen das Licht zwei Haare bemerkt habe.

Richard von Schaukal

Kleinwüchsige

Je kleiner die Leute, desto größer der Klamauk.

Kurt Tucholsky

Knie

Bei mageren Personen ist das Kniegelenk meist breiter als die angrenzende Oberschenkel- und Unterschenkelpartie und wirkt so sehr häßlich. Das Knie selbst darf von Fettmassen nicht überlagert sein, die Kniescheibe muß deutlich sichtbar bleiben, ohne jedoch ein sogenanntes »spitzes« Knie zu bilden.

Rudolf M. Arringer

Körpergröße

Von dem Überschuß der körperlichen, bedrückenden Stoffansammlung muß sich der menschliche Körper wieder durch tierische Kraftausgaben Erleichterung zu verschaffen suchen; die unausbleibliche Folge ist dann die Vertierung. Alle Versuche, große Menschen nach Analogie der Viehzucht zu schaffen, sind an dem Mißverhältnis der geistigen Eigenschaften zwischen den beteiligten Eltern jämmerlich gescheitert ... Die großen Männer sind schlechte Ehemänner.

Maxie Freimann

Körperkultur

Die Glorifizierung physischer Tugenden verlor für mich jeden Reiz, wenn sie sich mit einem militant-heroischen Pathos verband, was leider häufig der Fall war.

Klaus Mann

Kopf
Erst durch den Kopf entstehn vorm Kopf die Bretter.   *Hans Reimann*

Uh dieses skizzenhafte, vexatorische Phantomding da auf'm Hals (»caput«
nannten es die Alten Römer onomatopoetisch), das man nie zu Gesicht kriegt,
es sei denn, man schaut in den Spiegel: Wozu ist das eigentlich gut? Nur dazu,
daß 'n fleischfarbener stumpfer Winkel Lalas Hüftwackeln imitiert, wenn man
niedergeschlagenen Auges linksrechtslinksrechts blinzelt?
»Kopf«, pff. Satan, n' störender Korken! Ziehen, und dann das ganze Zeug
direkt in den Hals! Und hätte man ferner Augen an den Finger, würd man ja
auch nichts danebengießen!   *Frank Schulz*

Kretin
Der Kretin ist noch häßlicher als der Neger, weil er zur Unförmigkeit der Figur
noch die Stupidität der Intelligenz und Schwäche des Geistes hinzufügt. Seine
stumpfen Augen, seine niedrige Stirn, seine hängende Unterlippe, seine gegen
den Stoff indifferente Fressgier und sexuelle Brutalität stellen ihn unter den
Neger und nähern ihn dem Affen, der ästhetisch vor dem Kretin voraushat,
nicht Mensch zu sein.   *Karl Rosenkranz*

Libido
Allzu große Anhänglichkeit ans weibliche Geschlecht ist bei allen Nationen der
Vorbote gewesen, daß der Geist der Nation von der Mannheit zur Weiblichkeit
ausarte. Man denke nur an die weibischen Perser und an die Griechen zur Zeit,
als Psychen und Aspasien ihre Männer beherrschten.   *C. F. D. Schubart*

Lippen
Meine Lippen sind zu groß.   *Richard von Schaukal*

Auf den Lippen gischtet Spülichtschlamm.   *Johannes R. Becher*

Lippenrot
Wenn wir überlegen, verbergen wir das Lippenrot, weil es sinnlich und den
Gedanken zuwider ist.   *Jürgen von der Wense*

Mädchenauge
Es gibt Mädchenaugen, die eine Million von Gefühlen versprechen und Cant
ansagen müßten, sollten sie ein einziges bar auszahlen.   *Otto von Leixner*

Magen

... dieser Vater der Trübsal ...   *Friedrich Nietzsche*

... die Bestie ...   *Fritz Mauthner*

Wenn mich mein Magen schmerzt, so ist es eigentlich nicht mehr mein Magen.
Franz Kafka

Warum gibt es noch keine dicken Doktorarbeiten über das Thema, wer den
bösesten Magen hatte? Der Klohocker Luther mit diesen grandiosen Verstop-
fungen, der vom Speiseekel geschüttelte Pascal mit seinen ulcerösen
Geschwüren, der hastig schlingende Napoleon mit seinem schwarzen Magen-
saft-Geschleim, der katholisch zerrüttete Reinhold Schneider, der jahrzehnte-
lang nur Brot und Kunsthonig fressen konnte. Oder wer? Ach, es ist etwas
unsagbar Beschissenes um den Magen.   *Benjamin Kammerloher*

Maske

Eine häßliche Maske ist etwas furchtbar-häßliches, weil das Tote der Maske zum
Häßlichen kommt.   *Professor Carl Lemcke*

Milz

Do ist mir weh!   *Albrecht Dürer*

Mund

... im unteren Drittel aller Gesichter ein fuchsrotes Lächelloch ... blanke Wurm-
paare all ihrer Lippen hielten sich an den Enden gefaßt ...   *Arno Schmidt*

... das teure Loch unter der Nase ...   *Karl Julius Weber*

Ein übelriechendes Lächeln spielte um ihren Mund.   *Heinrich Heine*

Mundgeruch

Von ** tu ich euch kund;
Derselbe hat einen gar stinkenden Mund.   *Johann Wolfgang Goethe*

Der Geruch von Knoblauch kann mich so weit treiben als gewisse Männer-
böcke, die ohne alle Tapferkeit alles in die Flucht schlagen durch den allmächtigen Geruch ihres Mundes, auf den sich selbst Fliegen nicht zu setzen wagen.
Manche riechen wie die Aaspflanze oder unser Gänsefuß (Vulvaria), und ich
könnte da anpissen wie ein Hund.   *Karl Julius Weber*

Auch wenn keine unmittelbare Lebensgefahr für die Umgebung besteht, halte man bei starker Geruchsentwicklung die Speiseluke geschlossen. Im Falle der Zuwiderhauchung wird sonst erst mal ein strenges Fernsehverbot ausgesprochen! Aber wir kennen noch andere, happigere Methoden!

Benjamin Kammerloher

Muskeln
Die Parole des Jahrhunderts laute: auf »Muschkeln« wird verzichtet!

Peter Altenberg

Nacktheit
Kein Frosch, keine Kröte kann so häßlich sein wie ein verkrüppelter, vertierter Mensch, kein Raubtier ist so grausam wie ein fanatischer oder krankhafter Zweifüßler. Aber sie können auch nicht so herrlich sein wie Lionardo da Vinci oder Shakespeare. So kann man mit genau demselben Recht sagen: »Der nackte Körper ist das Häßlichste, was es gibt. Also muß er möglichst verhüllt werden.«

Oscar A. H. Schmitz

Nacktheit, lehrt eine neue Ästhetik oder Ethik, sei das Natürliche. Sie findet sich jedoch vollständig in kaum einer primitiven Gemeinschaft, ihre Schönheit und Hygiene werden erst auf intellektuell-ästhetischer Kulturstufe – wie in der Renaissance – entdeckt. Wenn die Natur wollte, daß wir Kleider trügen, so wird erörtert, dann hätte sie uns, wie den Tieren, ein Fell gegeben. Darauf kann man erwidern: Wenn die Natur wollte, daß wir uns mit Nahrungsmitteln füllen, dann würden in unserem Bauche junge Hasen mit Kohlköpfen spielen ... In unserer Zeit ist Nacktheit unnatürlich und darum anstößig. Abgesehen davon ist sie meistens häßlich. Aus diesem Grunde werden gerade stark ästhetisch veranlagte Menschen für ihre Verhüllung eintreten müssen. Die Apostel der ›Nacktkultur‹ lassen nur ihre unnatürliche, häßliche Sinnlichkeit toben und vergessen, daß natürliche Menschen nicht phanerogam sind.

Oscar A. H. Schmitz

Die Menschen werden mir durchsichtig. Es fällt mir wie Schuppen vom Auge. Denn seit die Menschen nackt vor mir stehen, weiß ich erst recht, daß die Mehrheit Lumpenpack ist. Kommt dazu das sichtbar beschleunigte Wachstum der Schlechtigkeit in jetziger Zeit. Es ist schon zum Bitterwerden

Friedrich Theodor Vischer

Es ist eine eigentümliche Erscheinung im Leben der Völker, daß immer mit Niedergangserscheinungen, vielmehr als ein Zeichen des Niederganges, die Vorliebe für den nackten menschlichen Körper sich zeigt; nie tritt das ein bei Völkern, die in aufsteigender Linie sich bewegen. Als Griechenland seine höchste Kulturstufe erreicht hatte, da bildete es seine Götter und Göttinnen nackt, und die Hetären – nicht nur die Hetären – badeten vor dem Volke nackt. Die höchste Spitze dieses Nacktkultus zeigte sich wohl in der lächerlichen Hochschätzung der Venus Kallypigos (Schön ...) seitens der gebildeten Griechen. Die Scham war zu den Hunden geflohen, da sie bei den Menschen keine Stätte mehr fand. Neben dem Nacktkult und der Darstellung des Nackten in der Kunst geht und ging noch zu allen Zeiten ein großes Maß Geilheit und Lüsternheit einher und sind diese wohl als Wegbahner für das Nackte anzusehen.

Zeitung für den Malerlehrling, Dezember 1926

Nase
Eine Stumpfnas wie ein Aff bedeutet einen ungestümen, bösen, verlogenen, unkeuschen, schwachen, unstandhaftigen Menschen, der leichtlich glaubt und hin und her fallet von einem zum andern. Welches Nas in der Mitten breit ist, derselbig ist verlogen, unstet, unkeusch, kläffig und hat bös Glück. Welches Nas in der Mitte fast erhebt ist, bedeutet einen verlogenen, schnöden, unsteten Menschen, welcher behend glaubt, ungebührlich, eines groben Verstands, grober Nahrung und mehr einfältig denn weise ist.

Bauernkalender

Wenn ich so ein Riechgerät wie Sie mitten am Kopf hätte, würd' ich mich überhaupt einmauern lassen.

Gustav Ernst

Niesen
Auch der geistreichste Mensch macht beim Niesen ein dummes Gesicht.

Eufemia von Adlersfeld-Ballestrem

Notdurft
Bei der Verrichtung der Notdurft zeigen Männer nicht gar selten eine unglaublichen Mangel an Anstand. Am hellen Tage kann man auf dem Lande Männer stehen sehen, darunter vielleicht gar noch Erzieher, die jede feine Art und alle männliche Vornehmheit im Alkohol ersäuft haben.

Albert Gutmann

Oberschenkel
Walzenförmig runde Oberschenkel sind unschön. Sie dürfen nicht schwappig, nicht zu weich sein, aber auch nicht so fest, daß die einzelnen Muskelpartien deutlich sichtbar werden. Häßlich ist die große Fettanhäufung gegen die Hüften hin.

Rudolf M. Arringer

Ohren
Welcher sehr große Ohren hat, der ist ein Tor, einfältig, faul, grober Speis, har-

ter Begreiflichkeit und unverhüter Rede. Wer aber kleine Ohren hat, der ist boshaft, dumm, unkeusch. Item, Ohren, die sich fest an das Haupt legen, bezeichnnen Traurigkeit und einen verdrossenen faulen Menschen. Item, Ohren, die recht rund sind, bedeuten Ungelehrsamkeit.   *Bauernkalender*

Wie viel Wahres und Köstliches darf vor weiblichen Ohren gar nicht gesagt werden   *Karl Rosenkranz*

Penis
Das geschlechtliche Gefühl erregt und gibt dem männlichen Schamglied eine häßliche Form.   *Karl Rosenkranz*

Der alte Naturkündiger Plinius behauptet, daß der Biber, wenn ihm der Jäger nachsetzt, selbst mit eigenen Zähnen sein männliches Werkzeug unter dem Bauch herausreiße und sich also freiwillig zu einem Castraten oder zu einem Beschnittenen mache. O Himmel! Wie notwendig wäre es, daß zur Vermeidung so vieler tausend Todsünden und so vieler Ärgernisse an euch ein gleiches vollzogen würde?   *Bauernpredigt*

Der Phallus ist das, was die Frau absolut und endgültig unfrei macht.
              Otto Weininger

Was ist das faulste Wesen auf Erden? Der Schwanz. Gewöhnlich liegt er auf dem Sack und ruht; gelegentlich steht er einmal auf, spuckt aus und legt sich wieder hin.   *Rätselfrage aus Hessen*

Wenn der Schwanz steht, ist der Verstand im Arsche.
              Marschall Leberecht Blücher

»Niedriger hängen!« Das ist mein Kommentar zum Thema Phallus, vom Großen Fritz inspiriert.   *Benjamin Kammerloher*

Prothesen
Besser mit Hühneraugen auf dem Stein, als hinken mit hölzernem Bein.
              Karl Friedrich Wilhelm Wander

Schädel
Die Tatsache, daß Verbrecherschädel oft denen der Gelehrten an Umfang und Gewicht gleichwertig sind, beweist, jede Beschäftigung des Verstandes, auch wenn sie auf verbrecherische Handlungen gerichtet ist, kann eine Ausdehnung des Gehirnes zur Folge haben.   *Maxie Freimann*

Schnarchen

Das Schnarchen ist die ungeselligste aller menschlichen Eigenschaften.

Johann Wolfgang Goethe

Schönheit

Schönheit füllt wohl die Augen, läßt aber oft Mund und Bauch leer.

Maler Müller

Seele

Die wirklichkeitslose schöne Seele ist zur Verrücktheit zerrüttet und zerfließt in sehnsüchtiger Schwindsucht.　　*Georg Wilhelm Friedrich Hegel*

Man sagte einem Menschen, die Seele sei ein Punkt, worauf er antwortete, warum kein Semikolon, so hätte sie einen Schwanz.

Georg Christoph Lichtenberg

Ach, wir haben lauter zerflatternde Seelen!　　*Peter Rosegger*

»Was sind die Seelen eitler Weiber?« –
Bloß Kammerfrauen ihrer Leiber.　　*Friedrich Haug*

Ich mag die Seele nicht, die zu ihrem Gotte hinaufkniet.　　*Friedrich Nietzsche*

Ich glaube, daß wir den sauren Regen auch in unserer Seele haben.

Will Quadflieg

Sinneseindrücke

Das Zu-Grelle, respektive das ganz Lichtlose, das Zu-Laute, Betäubende, Schrille, das ganz Lautlose u.s.w. sind sinnlich mißfällig und können deshalb nie ästhetisch wohlgefällig werden.　　*Professor Carl Lemcke*

Stimme

Eine männliche Sopranstimme ist mir so unausstehlich als ein Mädchen ohne Zunge oder ein Claviermeister ohne Stimmhammer.　　*E. T. A. Hoffmann*

Es gibt wenig Stimmen, die in ihrer äußersten Anstrengung nicht widerwärtig würden.　　*Gotthold Ephraim Lessing*

Stirn
Der eine kleine Stirn hat, ist einfältig, zornig, grausam, begierig hübscher Dinge.
Stirn in den Ecken der Schläfe spitzig, der ist ein böser unbeständiger Mensch,
einfältig und schwacher Begreiflichkeit.   *Bauernkalender*

Taille
Ein Mann, welcher ein Mädchen mit enger Taille heiratet, darf mit Sicherheit für
den Rest seines irdischen Lebens auf eine Portion Elend als Mitgift rechnen.
Wer solch ein Mädchen heiratet, der gesellt sich nicht eine Gehilfin bei, sondern
er bürdet sich nur eine Last auf.   *Sylvanus Stall*

Träne
Die Träne auf den Wangen einer Frau ist für den Mann ein Tropfen Gift, den er
um alles in der Welt nicht verschlucken möchte.   *Justus Möser*

Tränen sind auch nur Wasser und beißen nur das Auge dessen, der sie weint.
                                                          Friedrich Maximilian Klinger

Überschnappen der Stimme
Das Überschnappen der Stimme, das war das Ärgste, das Auslachen. Alles andre
ertrüg' ich eher. Teufel!   *Friedrich Theodor Vischer*

Vagina
Das vielgenannte Etwas, jener Punkt, aus dem der Damen Weh und Ach so tausendfach kurabel sein soll, hat zu allen Zeiten große Verehrer gefunden. Sie
nennen das Gebilde »Pumperl« oder »Lustgrotte«. Manche sagen: »Mit der
Nudel in der Fut hören sich die Dummheiten auf.« Mich überzeugt das alles
keineswegs. Zum Pimpern kann man alles benutzen, einfach alles, oder? Und
die Dummheiten setzen ihr Geschäft unbeirrt und unbeeindruckt fort, ja sie
schrauben sich oftmals zur Superdummheit hoch. Warum also so ein Wesen
machen um den recht primitiven Klappmechanismus?
                                                            Benjamin Kammerloher

Es ist eine schöne Ehre, die die Frauenzimmer haben, die einen halben Zoll vom
Arsch abliegt.   *Georg Christoph Lichtenberg*

Verkrüppelungen
Wer sich ohne Sinn stellt, erscheint lächerlich. Wer etwa durch Trunkenheit
ohne weitere Gefahr sinnlos ist und dabei harmlos bleibt, lächerlich, oder auch
widerlich; wer durch Wuth sinnlos ist, schrecklich und häßlich, der Wahnsinn
aber ist entsetzlich – er ist durchaus der Idee vom Menschen widersprechend.

Ebenso bei der Wahrnehmung einer widersinnigen menschlichen Form, wobei die volle Verkrüppelung häßlich, entsetzlich ist. *Professor Carl Lemcke*

Waden

»Wadeln« sind ein moralischer Defekt. *Peter Altenberg*

Weinen

Das lange und öftere Weinen hat auch sehr üble Wirkungen auf den Körper. Man kann es den Kindern aber zulassen, wenn sie nur durch Läutung der Tränenglocke das Gegenmittel brauchen. Diese Glocke besteht aus einem gewissen Metall, dessen Erschütterung sehr gut für die Tränenkrankheit ist. Die Kinder müssen aber so lange läuten, als sie in gewissen Umständen weinen. Wenn das Übel aber, nachdem es aufgehört hat, wieder anfängt, so muß die Kur einige Minuten und immer länger gebraucht werden. Sie müssen aber selbst läuten, sonst hilft es so viel nicht. Sollte aber die Tränenkrankheit sie so schwach am Verstande machen, daß sie es nicht wollten, so muß entweder etwas Schmerzhaftes folgen, oder sie müssen doch wenigstens die Hand an der Glocke halten, so kann man ihnen läuten helfen. *J. B. Basedow*

Zahnlosigkeit

Falsche Zähne sind zweifellos schöner als zahnlose Kiefer, zwischen denen vielleicht hie und da wie ein bemoostes Felseneiland eine grünliche Spitze emporragt. *Oscar A. H. Schmitz*

Zehen

Im Alter sollen Zehen geschlechtlich erregend wirken. Deshalb lautet mein Ratschlag: abhacken! Beizeiten! Ohne Rest! *Benjamin Kammerloher*

Noch steht die böhmische Fasanenhändlerin bei einer gnädigen Frau im grünenden Andenken, die jedoch die Händlerin durch Tadeln und Feilschen böse gemacht hatte; als sie endlich auch die Füße der Fasanen auseinander machte, hinroch und rief: »Pfui, sie stinken ja schon!« brach der Händlerin die Geduld: »Gnädige Frau, riechen Sie da gut?« *Karl Julius Weber*

Zwischen Arno Schmidt seinen Zehen stank es beständig »zooisch« heraus. Oder noch ganz anders. Wie der Mann das nur ausgehalten hat? Wie überhaupt die Menschheit es mit diesem Gewimmel aushält, diesem verhurten Hornvieh, diesen verstockten Sockenzerreissern, diesen äzend sauren Cornichons, diesen schmutzsammelnden Stinkstiefeln. *Benjamin Kammerloher*

Viele denken nicht eher ans Abschneiden der Fußnägel, bis sie die Strümpfe durchbohrt haben und der Schuh zu enge wird. *Karl Julius Weber*

Wider das gesunde Leben
Gesund leben nach Nietzsche-Mussolini ist gefährlich leben gesund; ich mache jetzt die Erfahrung, gesund leben gefährlich ist! Durch jahrelanges Leben in bester Alpenluft wird der Organismus zu sorglos, paßt nicht auf u. schon haben ihn die Mikroben am Schlaffittchen.
Fritz Ritter von Herzmanowsky-Orlando

Hundertprozentige Gesundheit ist eine Stoffwechselerkrankung! *Curt Goetz*

Wider die Krankheit
Krankheit ist häßlich, darin liegt, daß sie Schuld sein muß. *Otto Weininger*

Der physische Schmerz ist mir bei einer Krankheit nichts das Schlimmste. Das Schlimmste dabei ist mir die Gefangenschaft. Der Zimmerarrest, die Vasallen-abhängigkeit. Ein altes lahmes Kind sein, für das andere Füße gehen, andere Hände anfassen, andere Köpfe sorgen müssen. *Peter Rosegger*

Die zweite Rücksicht ist die Gesundheit: akute Krankheiten stören nur vorü-bergehend, chronische oder gar Kachexien schrecken ab.
Arthur Schopenhauer

Krankheit ist das größte Gebrechen des Menschen.
Georg Christoph Lichtenberg

Oh, des ewigen Rezeptschreibens für Kranke, welche der Arzneien ekelt; wel-che sie nur beriechen, höchstens kosten, nicht hinunterschlucken, oder doch so viel Ungesundes nebenbei genießen, auch die heilsamsten Arzneikräfte dadurch wieder vernichtet werden müssen! *J. B. Basedow/ J. H. Campe*

Die Krankheit ist Ursache des Häßlichen allemal, wenn sie eine Verbildung des Skeletts, der Knochen und Muskeln zur Folge hat, z. B. bei syphilitischen Kno-chenauftreibungen, bei gangränen Zerstörungen. Sie ist es allemal, wenn sie die Haut färbt, wie in der Gelbsucht; wenn sie die Haut mit Exanthemen bedeckt, wie im Scharlach, in der Pest, in gewissen Formen der Syphilis, im Aussatz, in Flechten, im Weichselzopf usw. *Karl Rosenkranz*

Wider einzelne Krankheiten

Exantheme und Eiterbeulen
Sie sind der Krätzmilbe vergleichbar, die unter der Haut ihre Kanäle gräbt; sie sind gewissermaßen parasitische Individuen, deren Existenz dem Wesen des Organismus als Einheit widerspricht und in welche er auseinanderfällt. Die Anschauung eines solchen Widerspruchs ist überaus häßlich.

Karl Rosenkranz

Katarrh
Der Mensch mit seines Hauptes gewölbter Welt, mit dem strahlenden Auge, dem Geist, der in die Tiefen und Weiten blitzt, mit dem Fühlen, das mit Silberschwingen zum Himmel aufsteigt, mit der Phantasie, die ihres Feuers goldene Ströme ausgießt über Berg und Tal und sterblich Menschenbild zum Gott verklärt, mit dem Willen, dem blanken Schwert in der Hand, zu schlichten, zu richten, zu bezwingen, mit der frommen Geduld, zu pflanzen, zu wachen, daß der Baum des Lebens wachse, gedeihe und Himmelsfrucht jeder sanften Bildung trage, der Mensch mit der Engelsgestalt des ewig Schönen im ahnenden, sehnenden Busen – ja, dieser Mensch verwandelt in einen schleimigen Mollusken, zur klebrigen Auster erniedrigt, ein Magazin, ein Schandschlauch für vergärenden Drüsensaft, eine Schnäuzmaschine, im Hals ein zackig Kratzeisen, ein Nest von Teufeln, die mit feinen Nadeln nächtelang am Kehlkopf kitzeln, die Augen trübe, das Hirn dumpf, stumpf, verstört, der Nerv giftig gereizt und dabei erst nicht als Kranker geltend, noch geschont – und da soll es einen Gott – !

Friedrich Theodor Vischer

Es beginnt in der Nase und im Hals und will nicht heilen und gehet hinab in den Magen und in alle Gedärme und wird Stockschnupfen, bleibende Verschleimung, jahrelanger Husten, sei es einfacher oder Keuchhusten, Glutgift, das da dringet durch alle innere Haut und Fleisch, Blut, Mark und Knochen, und tötet öfters schmachvoll den Menschen im Wust, der da gleichet dem Urschlamm, woraus Grippo gezeugt ist.« *Friedrich Theodor Vischer*

Migräne
Lieber Wahnsinn als Migräne. *Martin Kessel*

Nasenbluten
Nichts macht den Menschen hilfloser als Nasenbluten. *Heinz Pollack*

Schmerz
Durch körperliche Leiden leiden alle objektiven Urteilsbildungen. Körperliches Leiden wirkt immer subjektiv, verzerrt und verkrüppelt. *Johannes R. Becher*

Syphilis

Die scheußlichsten Deformitäten werden unzweifelhaft durch die Syphilis hervorgebracht, weil sie nicht nur ekelhafte Ausschläge, sondern auch Faulungen und Knochenzerstörungen bewirkt.

Karl Rosenkranz

Trübsinn

Wo die Nebel des Trübsinns grauen, flieht die Teilnahme und das Mitgefühl. Der Kummer steht einsam und vermieden von allen Glücklichen wie ein gefallener Günstling.

Heinrich von Kleist

Wahnsinn

Denn leider ist bekannt, daß es fast nichts Ansteckenderes in der Welt als Wahn und Wahnsinn gebe.

Johann Gottfried Herder

Verstopfung

Verstopfung ist ein arges Übel,
wenn's dich plagt, so iß ne Zwiebel.
Und trink in Massen das edle Bier,
dann geht's bald durch die Obertür.

Studentenklo, Tübingen 1910

Zahnschmerzen

Zahnschmerzen haben zu allem ihrem sonstigen Übel noch das fatalste obendrein, daß sie uninteressant sind. Nicht einmal ein echtes Mitleid pflegen sie aufzurufen, und es gehört schon ungewöhnlich viel Erinnerung oder Güte dazu, wenn doch einmal Jemand ein wirkliches, das heißt immer: ein innerlich erschrockenes Mitleiden mit diesem prosaischen Leiden empfindet.

Moritz Heimann

Wider das Alter, Sterben, Tod

Alter

Wie ist das Alter widerlich und verächtlich! Ohne Selbststrenge in seinem mürben Fleisch!

Sir Galahad

Auch wir Menschen müßten geköpft werden: ganz schnell, ehe uns Alter oder Siechtum quälen, ganz sachlich, ohne Übergang. Im Schlaf. Oder am Waldrand, wenn man zum Bahnhof geht, von vier verkappten überfallen werden, unters Gerüst gezerrt: Kapp!

Arno Schmidt

Auf die Letzt überschleicht uns das unzufriedne, schwache, menschenscheue, verhaßte Alter, wo alle Übel zusammenwohnen. – So seufzte selbst der bewunderte Sophokles am Ende seiner glücklichen und glänzenden Laufbahn.

Wilhelm Heinse

Hat einer dreißig Jahr vorüber,
so ist er schon so gut wie tot.
Am besten wär's, Euch zeitig tot zu schlagen.

Johann Wolfgang Goethe

Kreuder sollte selbst alt genug sein, um schmerzlich gefühlt zu haben, wie Körper = und Geistesmaschinerie ab 40 – 50 zu versagen beginnen; und wenn er da freimütig empfohlen hätte, daß das Wahlrecht, aktiv wie passiv, ab 50 erlöschen sollte – dafür auf 18 heruntergesetzt werden; denn die eigentlichen, die schwersten Lasten, tragen ja einwandfrei die 20 – 40 = Jährigen! – ja, *dann* wäre er uns einsichtig und ehrwürdig gewesen.

Arno Schmidt

Vor mir, hinter mir, neben mir die Omis und Omas, vom Typ her: Unauffälligkeit mit Brille, Frau Laabs verzwanzigfacht, Normalität bis zum Gehtnichtmehr. Die eine da vorn hatte 1959 vielleicht mal erträglich ausgesehn. Aber diese Schlupfaugen, sardinendosenartig eingerollten Mundschlitze, Hautreserven – Marke Zebu – zwischen Kinn und Kragen, Pelzkragen, wofür mal wieder ein nett hin und her huschendes Nagetier bluten mußte, in summa: Endstation Abstellgleis — immer unterwegs! In Winterstarre verharrende Fahrgemeinschaft. Innen im Waggon: hausmausgraue, eternitbläßliche, milch-anthrazitfarbene Schutzkleidung, und außen: kilometerlange Großbaustellen, durch die wir bei Nieselregen im Schritttempo rollten. Was mich nicht anfechten konnte. Ich stand über den Dingen. Nicht schadenfroh – sowas sei ferne von mir! -, sondern mitfühlend … falls diese Hülsen überhaupt noch was fühlten. Keine fühlte sich beobachtet. Keine ahnte, daß ich trotz der metaphysischen Fernen, in die ich teilnahmslos zu blicken schien, mich zugleich haarscharf in diesen Knubbelvisagen und Gesichtern festbiß, abwechselnd, mit Gerechtigkeitssinn.

Ulrich Holbein

Man hat im Anfang der vierzger Jahre Krisen; der Körper muß sich an die beginnende Vertrocknung und Verholzung gewöhnen; hat noch ein paar Jugendträume, und das geht nicht mehr. Mir fehlt es namentlich an Motion. Bedenkt man, wie wir schleebauchen, wenn wir nur einen Hieb mit dem Rapier führen, bedenkt man, daß diesen Grad der Bewegung der Körper täglich hundertfach haben und daher kaum mehr spüren sollte, daß alles verstockt und versumpft, wenn es nicht täglich gewaltsam geschüttelt wird, so erhellt, daß wir erbärmliche Märtyrer unserer Geschäftsart sind. Wir müssen ja zum stinkenden Sumpf werden, mir ekelt an meinem verhockten Madensack.

Friedrich Theodor Vischer

Altersweisheit? ›Alters*frech*heit‹, das gibt es sehr wohl!   *Arno Schmidt*

Jede Periode des Lebens hat ihre Leidenschaften. Das Alter, das man für die weiseste halten sollte, hat gewöhnlich die schmutzigsten.

Johann Gottfried Seume

Sterben

Das Sterben ist etwas Schauderhaftes, nicht der Tod, wenn es überhaupt einen Tod gibt. Der Tod ist vielleicht der letzte Aberglaube.   *Heinrich Heine*

Sterben ist, wie wenn man einen Löffel aus dem Kleister zieht.

Kurt Tuchoklsky

Sterben ist nur Zeitverlust.   *Joachim Ringelnatz*

Tod

Der Tod ist ein Skandal, eine viehische Schweinerei. Wer ein Wort des Trostes spricht, ist ein Verräter an der Solidarität aller Menschen gegen den Menschen.

Bazon Brock

Vieles kann ich ertragen. Die meisten beschwerlichen Dinge
Duld' ich mit ruhigem Mut, wie es ein Gott mir gebeut.
Wenige sind mir jedoch wie Gift und Schlange zuwider:
Viere: Rauch des Tabaks, Wanzen und Knoblauch und †.

Johann Wolfgang von Goethe

Es gibt unter den Menschen keine größere Banalität als den Tod; zu zweit im Rang steht die Geburt ... , dann folgt die Heirat.

Friedrich Nietzsche

Der Gedanke an den Tod scheint mir deshalb meistens so verdrießlich, weil er einem die Laterne auspustet und einen in eine neue Haut steckt, von der man nicht weiß, ob sie besser ist als die, welche man ausgezogen.

Wilhelm Busch

Der Tod, der dürre Pedant, verschont die Rose ebensowenig wie die Distel, er vergißt auch nicht das einsame Hälmchen in der Wildnis, er zerstört gründlich und unaufhörlich.   *Heinrich Heine*

Ja, Tod, du bist eine eigene Sache, du Tod, du! – Schauerlich durch Rätselhaftigkeit, und wärst vielleicht noch schauerlicher, wenn das Rätsel gelöst wär; aber die Würmer können nicht reden, sonst verrateten sie's vielleicht, wie gräßlich langweilig dem Toten das Totsein vorkommt.

Johann Nestroy

Der Tod ist restloses Chaos.

Friedrich Christoph Oetinger

Der Tod ist ein schlechter Abschluß vom Leben,
es wäre viel schöner sicherlich,
erst sterben, dann hätte man's hinter sich,
und nachher leben.

Otto Reutter

Todesangst

Sie ist das entsetzlichste aller Übel. Einem Menschen den Tod auf eine bestimmte Stunde, Minute als unentrinnbar ansagen, das stürzt seine Phantasie in eine Hölle von Qualen, die kein Name nennt.

Friedrich Theodor Vischer

Wer den Tod fürchtet, hat das Leben verloren.

Johann Gottfried Seume

Leiche

Die Leiche wie einen Saukopf, mit einer Zitrone den Würmern anrichten.

Jean Paul

Begräbnis

Auch die besten Toten haben eine Unart, sie ziehen beim Begräbnis gern die Freunde zu sich hinunter, indem dabei gewöhnlich Zugluft geht, die Leute bei den Grabgebeten den Hut abnehmen müssen und sich verkälten. Wie Unzählige haben da den Tod geholt! – Ich werde testamentlich verordnen, daß man an meinem Grabe während sämtlicher Bestattungsformen den Kopf bedeckt halten darf. Ein Toter muß nicht anspruchsvoll, muß billig sein.

Friedrich Theodor Vischer

Einmal wieder bei einem Leichenbegängnis gewesen, im Zuge gegangen; sehr verdienstvoller Mann begraben. Es war wieder, als zöge man mit einer wandelnden Kaffeevisite; man schwatzt, gestikuliert, lacht, man mäßigt nicht einmal die Stimme. Und es sind lauter Männer aus den gebildeten Ständen. Also nicht einmal so lang, nicht einmal, wo es doch gilt, den Ernst des Todes, die Religion des pietätsvollen Andenkens auch nur wenigstens der Form nach darzustellen – auch das nicht! Könnt ihr denn auch absolut nur Ordnung halten, wenn ihr den Stock seht? Ein Beamter ging neben mir, redete mich immer an und begriff nicht, warum ich ihm keine Antwort gab. Der wird mich nun auch für ein

Ungeheuer halten, für einen Schweigetyrannen, während man mich da, wo Sprechen vergönnt ist, für einen Gesprächstyrannen hält.

Friedrich Theodor Vischer

Verwesung

Ein schrecklicher Gedanke, welcher den Damen Farbenschwinde und Ohnmachten verursacht.

Christian August Vulpius

Wider den Schlaf und die Träume

Schlaf

Warum fürchten wir uns vor dem Schlafengehen nicht weit mehr als vor dem Begrabenwerden? Ist es nicht furchtbar, daß der Leib eine ganze Nacht leichentot sein kann, während der Geist in uns das bewegteste Leben führt?

Heinrich Heine

Träume

Dem Traum wird nachgesagt, daß er ein genialer Bursche sei, der Unmögliches möglich macht. Nach meiner Meinung ist er ein Stümper, ein Taugenichts, ein Schwadroneur. Er verspricht allerhand und führt nichts durch.

Peter Rosegger

Hütet euch vor den Träumen der Krummen, Zertretenen, Verdrehten, Witzigen, Rachsüchtigen, wenn sie diese Träume als Schöpfertaten feilbieten!

Franz Werfel

Wider Sex und Liebe

Sei kein Karnickel!

Peter Altenberg

Sex kann ebenso gefährlich werden wie zu viel Fett auf dem Bauch. Wer hat das gesagt? Das ist im Moment nicht festzustellen. »Dagegen!« jedenfalls ist gegen Sex und alles, was damit zu tun hat. Vielmehr sehr willig, sich Thomas Bernhard anzuschließen: »Nur manchmal hat man so ein Pseudo-Lustgefühl, und je mehr Sie nachdenken, desto scheußlicher müssen Sie alles finden, logischerweise.«

Gewiß ist andererseits die Sexualmoral »Todfeindin unserer Freiheit«. Niemand vermöchte hier Karl Kraus zu widersprechen, nicht einmal Joseph Kardinal Ratzinger, wenn er bei Verstand wäre. Andererseits muß »Dagegen!« überall dort ein scharfes, durchdringendes Pfui! rufen, wo Menschen (soll man sie überhaupt Menschen nennen?) mit den angeblich dafür geschaffenen ekelhaften Organen die Sündenhefe ihrer Lust quellen lassen.

·

Die Krötin bringt vierzig Tage in den Umarmungen ihres Krötenmannes zu, der Spatz ist in einer Minute fertig. Da ist es doch wohl keine Frage, welches Tier man sein möchte, wenn man eins sein müßte. Was soll sich daran verlohnen, über den Zusammenhang von Zeugungsfähigkeit und fleischloser Ernährung zu reflektieren oder sich an Abortsprüchen aus dem Riesengebirge aufzugeilen? Oder gattungswidrige Paarungen in Erwägung zu ziehen? Alles wumpe und Pomade! »Dagegen!« fordert strikt: Schluß mit sämtlicher Vereinigungskriminalität! Zur allgemeinen Warnung will »Dagegen!« noch eine Erkenntnis ins Feld führen, die mancher Unbedarfte als »altes Ammenmärchen« abtun möchte: Durch Fischspeisen kann der Geschlechtstrieb angeregt werden. Laßt also die Harvesta-Fischdosen mit dem Knurrhahnfilet in Senfsauce hübsch in den Regalen stehen! »Dagegen!« will übrigens auch keinesfalls von Besenkammerpsychologen gesprächsweise hören, daß der sexuelle Vollzug einen »Zusammenbruch des Ich« und damit einen »kleinen Tod« bedeute.

·

Da tut sich »Dagegen!« lieber mit Friedrich Sieburg zusammen und sagt offenherzig: »Wir blicken in eine Welt, wo der Beischlaf meist unter dem Einfluß der Wärme und des Alkohols ausgeführt wird, wo nachher sie aufdringlich und er müde ist, wo es oft mit einem neckischen »Kiecks!« in die Seite anfängt, sich zu einem jovialen Klaps aufs Gesäß steigert und mit einer Drehung zur Wand und dem Streit um die Bettdecke endet. Der Ausdruck »tierisch« wäre hier wohl noch mehr als in den übrigen Fällen seiner Anwendung eine Beleidigung der wehrlosen Kreatur, denn das Tier grinst weder, noch hat es ethische Absichten.«

.

Friedrich Sieburg, für »Dagegen!« ein Gewährsmann in Sachen Sex, brachte zum Ausdruck: »Gut die Hälfte der Qual des menschlichen Zusammenlebens kommt von der kurzweg schweinischen Entartung der bürgerlichen Erotik.« Ja, wovon auch sonst? Denn »wie ist der tote Liebesweg der meisten Menschen, die heute in Ehren stehen und Recht sprechen?« Nun, er wird nach Sieburg »gegliedert durch einen oder mehrere Tripper, durch lärmende Einkehr im Bordell nach einem Herrendiner oder einer Kindtaufe, durch einige Brutalitäten gegen ein uneheliches Kind – und dann durch die Ehe, in der man bald erkaltet, ein Verhältnis hat und nur unter dem Einfluß der Wärme und des Alkohols bei seiner Gattin rückfällig wird.« Gleichfalls Homosexualität kommt »Dagegen!« nicht ins Haus. Der Vatikan, der es ja wissen muß, hat den amerikanischen Bischöfen schon im Juli 1992, unter deutscher Federführung, mitgeteilt, Homosexualität sei eine »objektive Unordnung, die moralische Besorgnis erregt.« Chapeau, Herr Papst!

.

»Alle Verirrungen sind sowieso Verirrungen und kommen für einen anständigen Menschen nicht in Betracht, falls es einen solchen geben sollte.« Sagt der Stammtisch Unser Huhn, einer der letzten großen Benimm-Lehrer unserer Zeit. »Dagegen!« will jedoch dieses Vorwort wider den Geschlechtsverkehr nicht abschließen, ohne noch einmal Friedrich Sieburg heranzuziehen, indem er sagte: »Auch auf dem Gebiet des Geschlechtsverkehrs gibt es einen Fortschritt, vor allem in der Tatsache, daß ethisches Pathos und Zweckmäßigkeitsideen mehr und mehr ausgeschaltet werden. Man wird in dreißig Jahren den Charakter der Menschheit nur dadurch erklären, wenn auch nicht entschuldigen können, daß die Eltern damals »unvorsichtig« waren und sich nachher damit abfanden, weil es zu spät war, oder weil es der Arzt nicht machen wollte. Es liegt eine Entwicklung darin, daß nunmehr Bidet, Irrigator, und antikonzeptionelle Mittel den Raum beherrschen, der zwar ein Stall ist, in dem aber Gottes Sohn wohl nie geboren wird.« Wahrlich, wahrlich, so könnte es sein. Vielleicht dauert es aber nicht einmal mehr solange.

Zum ehelichen Beischlaf hinwiederum nehmen wir, wenn's erlaubt ist, gleichfalls mit Sieburg wie folgt Stellung und sagen so: »Weiß Gott: in dem Verkehr, den die Prostituierte geschlossenen Auges und weggewandter Seele mit ihrem Kunden unterhält, steckt mehr von der reinen Gewalt des vertriebenen Eros als in dem, was im gemütlichen Heim als Liebe exekutiert wird.« Von den Bordellitäten aber schweigt »Dagegen!« an dieser Stelle. Aus gutem Grund.

.

Und Ende. Doch halt! Ein Zitat wenigstens will »Dagegen!« dem geringgeschätzten Leser nicht vorenthalten. »Die Erotik des Affen ist ja nur deswegen so widerlich, weil sie der des Menschen so ähnlich sieht«. Man rate, von wem es stammt. Der erste richtige Einsender erhält zur Belohnung ein Noppenkondom mit hohem Glaswolleanteil.

Wider den Geschlechtsverkehr

... schmutzige und nichtswürdige Angelegenheit ...   *Franz Kafka*

Ein für Geld vergönnter Spaß, welcher keinen reellen Endzweck hat.
                                                        Christian August Vulpius

Das Geschlechtliche aber lockt zu wildestem Handeln, weckt die zückendste Gier zur Vereinigung mit der Unvollkommenheit des andern, stürzt drum in elendeste Erniedrigung und Enttäuschung.   *Kurt Pinthus*

Frühzeitige Kapitulation vor dem Geschlechtstrieb – Hütet euch, Jünglinge beiderlei Geschlechts, vor der geschwinden Willfahrung eurer Konkupiscenz, noch einmal – haltet diesen Bogen mit dem eisernen Arm der Vernunft gespannt. Laßt euch den Gedanken nie aus dem Sinn, daß nur unter dieser Bedingung eine unbekannte Glückseligkeit auf euch warte ...   *Jakob Michael Reinhold Lenz*

Welche weite unerschöpfliche Welt umfaßt die platonische Liebe!
Welch enge die thierische! ...   *Jean Paul*

So wenig man die Seele eines Hundes verstehen kann, dadurch daß man ihn auspeitscht oder viviseciert, so wenig man die Seele eines Rehes verstehen kann, wenn man es meuchlings wegknallt, ausschlachtet und verzehrt, so wenig kann der Mann für die psychische Konstitution des Weibes durch den Koitus Verständnis gewinnen.   *Maxie Freimann*

Es gibt genug, die nichts Bessres wissen auf Erden als mit einem Weibe zusammen zu liegen: was wissen die vom Glücke?   *Friedrich Nietzsche*

Horch! Ein Wollustschrei aus tiefer Nacht-!
Glück zu! Ein Lumpe wird gemacht!   *Gustav Sack*

Was im dumpfen Ehebett erzeuget,
wecket ewig nur Erbarmung.
Denn der Genius des Lebens steiget
Nur herab zur ledigen Umarmung.   *Heinrich Heerwagen*

Ich wollte, der Teufel hole den sogenannten Geschlechtstrieb, er macht den
besten Menschen an sich irre und er denkt nicht an das Gute in sich selber.
                                                          Jean Paul

Quelle des größten Jammers auf Erden ist doch dieser dunkle, heiße Trieb zur
Erhaltung!   *Karl Emil Franzos*

Apropos – Erotik – ich kann das Wort bald nicht mehr hören. Schade, daß es
kein anderes dafür gibt. Die allerunmöglichsten Leute führen es schon im
Munde und schmücken ihre unsympathischen oder obskuren Erlebnisse damit.
Es geht nicht mehr, wir sollten es uns abgewöhnen.   *Franziska zu Reventlow*

Es haben doch zu viel Jammerseelen und Kopfhänger sich fortgepflanzt.
                                                  Friedrich Nietzsche

Ein Übermaß geschlechtlicher Genüsse ist weit schädlicher als ein Zuwenig.
                                                       August Bebel

Grobe Sinnlichkeit ist eine trübe Pfütze, in die man nicht treten kann, ohne sich
zu beschmutzen; gesunde Sinnlichkeit dagegen eine verschwiegene Waldquelle,
in der sich die umgebende Natur spiegelt, und die man nach kurzem Bade
erfrischt und guter Dinge wieder verläßt.   *Eduard Schalk*

Der Akt nun, durch den der Wille sich bejaht und der Mensch entsteht, ist eine
Handlung, deren alle sich im Innersten schämen, die sie daher sorgfältig verbergen, ja, auf welcher betroffen sie erschrecken, als wären sie bei einem Verbrechen ertappt worden. Es ist eine Handlung, deren man bei kalter Überlegung
mit Widerwillen, in erhöhter Stimmung mit Abscheu gedenkt.
                                                Arthur Schopenhauer

Was für ein Tor ist doch der Mensch, daß er lieber zeugt und zeugt und dann in
Eis und Schmutz sein Leben verbringen muß, der ewig anwachsenden Masse
wegen, statt sich einzuschränken mit einer Menschheit von drei oder dreißig

Millionen zufrieden zu sein und nur in Gärten der Erde zu wohnen.

Christian Morgenstern

Wer sein Glück in der sinnlichen Liebe sucht, der ist furchtbar betrogen. Keine Freude verlischt so plötzlich als diese, keine macht in so vielen Fällen unabsehbaren Enttäuschungen, Schmerzen, Verirrungen und sogar Verbrechen Platz, als die Liebe bei dem, der sie nur nach der Sinnlichkeit bemißt. *Peter Rosegger*

Das fortwährende Dasein des Menschengeschlechts ist bloß ein Beweis der Geilheit derselben. *Arthur Schopenhauer*

So – so war man also entstanden. So behäbig hingesudelt in eine träge Weite, gleich nach dem Disput über die letzte Hutrechnung, und vor dem ersten Gähnen verdrossener Abkehr.

Da lag man, gedemütigt in seiner ungetanen Jugend, die es so ganz anders wissen und wahrhaben wollte. Lag hilflos auf planen, toten Laken; in Empörung gegen ein weiheloses Nebenan. Aufspringen hätte man mögen, Türen aufreißen, drauflosschreien:

Da – da ist der »Kinderschlaf« meiner dreiundzwanzig Jahre, an den eure Faulheit zu glauben vorgibt. Ja ihr – ihr, zu träg in euren zu salopp gewordenen Körpern, um nur auch ein Glied selber zu straffen – anregen laßt ihr euch von dem Blut in unsren obszönen Tänzen, die wir am Schnürchen machen dürfen. Dann fragt ihr: »Nun Kleine, gut unterhalten? So, jetzt aber brav ins Bett.« O, wie widerlich – welch ein verlogener Käfig, dieses ganze Leben. Aber ausbrechen? Nein, zu riskant. *Sir Galahad*

Der Mann, dem es gelungen ist, ein Mädchen zu verführen oder die Frau eines andern so weit zu bearbeiten, sie sich auf einen tierischen Verkehr mit ihm einläßt, hält sich für schlau und wiederholt seine Abenteuer, so oft er kann. Er weiß gar nicht, daß sein Verstand mit jedem Koitus abnimmt, selbst wenn kein äußerer Schade sich als Rächer einstellen würde; er glaubt es nicht, daß sein Verstand um so rascher abnimmt, je öfter er seiner Leidenschaft fröhnt und je naturwidriger er seiner Passion nachgeht. *Maxie Freimann*

Wollust

Wenn du dem Gebote »Meide die Lüste der Jugend« folgen willst, dann mußt du auch die Menschen meiden, die lüstern in ihren Gedanken, in ihrem Wandel und ihren Reden sind. Gehe allem Schmutzigen aus dem Wege, ob es dein Auge beleidigt, deinem Denken zuwider ist oder deine Phantasie befleckt.

Sylvanus Stall

Der liebe zauberwerck ist tolle phantasie; Die wollust ist fürwahr nichts als ein schneller traum.

Andreas Gryphius

Die Lust raubt und verheert das Herz. Jedes Getümmel der Sinne endet mit einer Schlappe.

Jürgen von der Wense

Die Lust ist eine große Kokette; wer sie sucht, den täuscht sie, wer nicht nach ihr fragt, dem hängt sie an und wird am End' eine ordentliche Frau. – Das gibt zu denken über Eudämonismus.

Friedrich Theodor Vischer

Das Übermaß der sinnlichen Wollüste zerstöret die Werkzeuge der Empfindung; das Übermaß der Vergnügen der Einbildungskraft verderbt den Geschmack des Schönen, indem für übermäßige Begierden nichts reizend sein kann, was in die Verhältnisse und das Ebenmaß der Natur eingeschlossen ist. Daher ist das gewöhnliche Schicksal eines morgenländischen Fürsten, der in die Mauern seines Serails eingekerkert ist, in den Armen der Wollust vor Ersättigung und Überdruß umzukommen. Er vergeht vor langer Weile, indes die süßesten Gerüche von Arabien vergeblich für ihn duften.

Christoph Martin Wieland

Wir haben, wollen wir wahr und konsequent sein, nur eine Möglichkeit vor uns: Enthaltung! Der tägliche Geschlechtsverkehr, die Gewohnheit Tausender, ist nichts weiter mehr als maßlosester Triebdienst, gemeiner Sinnenkitzel und Unnatur: jede Frau, die sich noch sittlich einwertet, wird diesem Unmaß widerstehen.

Dr. Emanuel L. M. Meyer

Luthers immer wieder zitierte Regel ist ein zynisches Begehren. Wo bleibt da der höhere Zweck der Ehe bei solcher Versunkenheit in maßlose sexuelle Gemeinschaft! Es wird durch solchen Mißbrauch eine ehrwürdige Schöpferkraft lüstern zum täglichen Sinnestaumel herabgewürdigt, des Mannes Trieb durch stetes Willfahren ins Unmaß gesteigert und eine Gier großgezogen, die nicht nur allein schwere gesundheitliche Schädigungen, vor allem der Frau, sondern auch Verrohung des Charakters, nicht selten bis zur Vertierung, im Gefolge hat.

Dr. Emanuel L. M. Meyer

Der Geschlechtstrieb lockt den Menschen durch allerlei vergnügliche Versprechungen und spiegelt ihm vor, er diene dem Lebensglück und der Lebensfreude des Einzelnen; in Wahrheit ist ihm aber dieser Einzelne völlig gleichgültig, er mag zugrunde gehen an ruiniertem Körper, an schlechtem Gewissen, an Sklaverei des Leibes und andere mit sich reißen in den Abgrund.

Universitätsprofessor Dr. Förster

Fleisch und Wurst sei eure Speise
Nach der alten Väter Weise.
Doch das Herz in eurer Brust
bleibe frei von Fleischeslust.

Aus der Metzgerwerbung, 1912

Die jämmerlichste Seelenkrankheit ist die Hedypathie, das Wollustleiden, das in seiner Grobheit zu einem Grade steigen kann, den die alten Militäre das Bullenfieber nennen. Die Verwahrung des Sokrates dagegen ist eben nicht sehr asketisch; ob sie philosophisch ist, mag der alte Glatzkopf verantworten. »Hüten Sie ja um Gotteswillen meinen Sohn vor honetten Liebschaften, schrieb der alte General Puttkammer an seinen Freund bei der Armee. Die sind der Tod aller ernsthaften Beschäftigungen. Wenn der Junge sich nicht halten kann, so zahle er seinen Gulden und nehme eventuelle Rücksprache mit dem Regimentsfeldscher, der sein Freund sein muß.« Das ist nicht viel mehr als ein grob praktischer Kommentar zum Rate des Sohns des Sophroniskus und Phänarete.

Johann Gottfried Seume

Freie Liebe
Die freie Liebe ist gar nichts entsetzlich Wüstes, sondern die letzte Folge trauriger Spießbürgerei: gewissermaßen alkoholfreier Champagner. Dem Abenteuer soll sein Wagnis genommen werden. Gleiches Recht für alle, auch für die Feigen und Garstigen. Man soll die freie Liebe nicht bekämpfen, weil sie wild und sündhaft, sondern weil sie so bodenlos langweilig ist. Wird sie eingeführt, dann bleibt reinlichen Menschen nichts anderes übrig als die Askese des Klosters.

Oscar A. H. Schmitz

Polygamie
Wie entsetzlich gemein und langweilig wäre es, wenn Hans und Grete grundsätzlich zur Polygamie berechtigt wären und in der Volksschule lernen würden, wie man sich malthusianisch gegen ihre Folgen schützt.

Oscar A. H. Schmitz

Geschlechtsverkehr, tierischer
In bäuerlichen Kreisen wird oft dadurch gefehlt, daß man vor den Kindern vom Zuwachs im Stalle und allem, was damit zusammenhängt, redet; ja, es fehlt nicht an so blöden Eltern, die Kinder zur Begattung der Tiere usw. als Zuschauer unbedenklich mitzunehmen!

Arthur Gutmann

Hure
Eine Hur ist eine in die Futt hineinlassende, arschentgegenwackelnde Geschlechtstriebbefriedigungsbestie.

Siegfried S. Krauss, Anthropophyteia 1905

Buserant

Ein Buserant ist ein widernatürlich Männerarschloch statt Fut gebrauchender, nudelbeschissener wällischer Saumagen.

Siegfried S. Krauss, Anthropophyteia, 1905

Blasen

Im vierten Band der ›Anthropophyteia‹, erschienen 1907 in der Deutschen Verlagsactiengesellschaft, Leipzig, hat Dr. Heinrich Felder ein »Solinger erotisches Idiotikon« zusammengestellt. Danach wird die Ausübung des Beischlafs dort in Solingen bezeichnet als »fuscheln, fummeln, fimmeln, ficken, fuksen, faseln, fabeln, fukkeln, fippen, fuppen, foppen, fögeln.« Dr. Heinrich Felder stellt baß erstaunt fest, merkwürdigerweise begönnen »diese Worte ausnahmslos mit dem Blaselaut.« Als ich einmal in Solingen war, konnte von Blasen keine Rede sein.

Benjamin Kammerloher

Onanie

Unter allen Leidenschaften, die auf Schwächung, Verwüstung und Zerstörung des Körpers wirken, ist der einmal entstandene, und herrschende Hang a) zur gesetzlosen Befriedigung des Geschlechtstriebes und insbesondere b) zur Selbstbefleckung, und ganz besonders c) vor den Jahren der Reife diejenige Leidenschaft, die am stärksten und tiefsten auf Schwächung, Verwüstung und Zerstörung des Körpers wirkt.

Joachim Michael Sailer

Onanie aber fällt wie ein Fels auf die Stirn und betäubt sie. *Alfred Wolfenstein*

Je vortrefflichere Beweise unser Zeitalter für die Fortschritte in dem Erziehungsfache aufzuweisen hat, und je eifriger man von allen Seiten für das künftige Wohl der Menschheit in denselben noch täglich arbeitet, umso mehr muß man sich wundern, wie das Wichtigste in dem ganzen Erziehungsgeschäfte, ich meyne: *eine vernünftige und den Umständen angemessene, von Eltern oder Erziehern gegebene Belehrung über den Geschlechtstrieb*, so gänzlich bisher vernachläßigt werden konnte … Unumstößlich wahr ist der Satz: Ich muß die Gefahr kennen, die ich meiden soll … Noch muß ich zuvor erinnern, daß gegenwärtige Geschichte des Banseril nicht bloße Dichtung ist, sondern daß ihr wirklich eine wahre und treue Erzählung eines Unglücklichen durch Selbstbefleckung zugrunde liegt.

C. F. A. Dähne

Onanist

Ein Onanist ist ein Futeinbildung kräftig sich vorspiegelnder kalter Bauer und Abschleimungsmanipulation selbst eigenhändig betreibender Rückenmarküberfluß an die Wand Schleuderer. *Siegfried S. Krauss, Anthrophyteia 1905*

Päderastie

Die Päderastie ist ein Strategem der infolge ihrer eigenen Gesetze in die Enge getriebenen Natur, eine Eselsbrücke, die sie gebaut hat, um von zwei Übeln das geringere zu wählen. *Arthur Schopenhauer*

An sich selbst betrachtet nämlich stellt die Päderastie sich dar als eine nicht bloß widernatürliche und Abscheu erregende Monstrosität, eine Handlung, auf welche allein eine völlig perverse, verschrobene und entartete Menschennatur irgend ein mal hätte geraten können, und die sich höchstens in ganz vereinzelten Fälle wiederholt hätte. Wenden wir nun aber uns an die Erfahrung, so finden wir das Gegenteil hievon: wir sehn nämlich dieses Laster, trotz seiner Abscheulichkeit, zu allen Zeiten und in allen Ländern der Welt, völlig im Schwange und in häufiger Ausübung. *Arthur Schopenhauer*

Homosexualität

Ich verstehe nicht, wie man homosexuell sein kann. Das Normale ist doch schon unangenehm genug. *Egon Friedell*

Sodomie

Ja, ich wollte, daß die Erde in Krämpfen bebte, wenn sich ein Heiliger und eine Gans miteinander paaren. *Friedrich Nietzsche*

Geschlechtskrankheiten

Ihr Männer, haltet es euch stets vor Augen, daß die Geschlechtskrankheiten euren Leib zerstören, ja geradezu vernichten und mit einer solchen behaftet eure Frauen in schwere, körperliche Verderben stürzet, ja tötet. *Anton Baur*

Künstliche Befruchtung

Man kann die Eier gewisser niederer Seetiere bereits auf chemischem Wege befruchten. Wenn dies erst mit den menschlichen Eiern möglich sein wird, sind wir Männer vollkommen überflüssig. Wir werden dann wahrscheinlich versuchen, uns mit Hilfe des »schnöden Mammons« in den Besitz menschlicher Eier zu setzen und chemische Zeugungen vorzunehmen. Die Frauen, die sich für einen solchen Handel hergeben, werden von den Frauen, die dies nicht tun, der sozialen Ächtung überantwortet werden und eine neue Art Prostitution darstellen. Die Frauenfrage tritt in eine neue Phase und es wird ein kolossaler Überschuß von Ethos und Seele verpufft werden. *Oscar A. H. Schmitz*

Unfruchtbarkeit

Unfruchtbarkeit entsittlicht. *Heinrich Mann*

Unzüchtige Bilder

Verbanne aus deiner Wohnung und deinem Besitz alle unzüchtigen Photographien und Bilder, selbst wenn sie als Kunstwerke gelten oder unter dem Schutz einer ähnlich wohlklingenden, aber irreführenden Bezeichnung stehen: in Wirklichkeit sind sie nackt und unrein, sie bringen dich auf unreine Gedanken, sie vergiften die Einbildungskraft, sie besudeln das Edelste und beste des Beschauers, ob sie nun sonst auch in Gemäldegalerien hängen oder die Salons der Reichen zieren – oder vielmehr verunzieren. *Sylvanus Stall*

Zoten

Meint nicht, es sei schon witzig, anzudeuten, daß euch der Geschlechtsprozeß und seine Lust bekannt sei; das ist ja Kot. Das heißt ja, sich freuen, Tier zu sein, *unter* dem Tier, das Tier reißt keine Zoten! *Friedrich Theodor Vischer*

Verschließe deine Ohren dem verderblichen Einfluss gemeiner Zoten, die gerade deswegen, weil sie manchmal einen guten Witz, eine scharfe Pointe enthalten, das Allerinnerste des Empfindens und des Charakters vergiften.

Sylvanus Stall

Gewiß enthält das Geschlechtsleben des Menschen reichen Stoff des Komischen. Es wäre abgeschmackt, diese Quelle für Lachen und Witz verpönen zu wollen. Wo fängt nun aber das Gemeine, das Wachtstubenmäßige an? Was ist die Grenzlinie? Habe oft darüber nachgedacht, es ist schwer zu finden. Ungefähr so: das Gemeine beginnt, wo der Stoff nicht mehr durch zufälligen komischen Kontrast oder durch erzeugten, d. h. durch Witz verflüchtigt wird, sondern wo er als Stoff schon komisch interessant sein soll. Es muß ein Plus von komischem Kontrast oder über den puren Stoff da sein. Wie ekeln mich die Kerle an, die meinen, es sei an sich schon witzig, wenn man dies oder jenes auf das Geschlechtliche bezieht! Dann das Augenzwinkern, Zunicken: weißt, wir verstehen, wir kennen das! Dann das stinkige Bocksgelächter. Diese Schweine in Glacehandschuhen haben sogar vor dem Vater und Sohn, die neben einander saßen, Zoten gerissen. Schamlos; es sind Dreckseelen. *Friedrich Theodor Vischer*

Je älter ich werde, einen desto tieferen, bittereren, inbrünstigeren Widerwillen empfinde ich gegen die Zote. Weniger gegen die, welche etwa von Mann zu Mann kursiert, obschon ich auch sie vollständig entbehren könnte, als gegen die öffentliche Zote von der Bühne herab. Wenn plötzlich Hunderte versammelter Menschen jede Scham vor einander verlieren und in wiehernder Freude über eine nicht mißzuverstehende Andeutung übereinstimmen, dann sinkt mir der Mensch unter das Tier, und ein schmerzlicher Unwille zieht mir das Herz zusammen. *Christian Morgenstern*

69

Wider die Enthaltsamkeit

Bei solcher Intensität des Geschlechtstriebs darf es nicht verwundern, daß geschlechtliche Enthaltsamkeit im reifen Alter nicht selten bei dem einen wie bei dem anderen Geschlecht derart auf das Nervenleben und den ganzen Organismus einwirkt, daß sie zu schweren Störungen und Verirrungen und unter Umständen zu Wahnsinn und zum Selbstmord führt.

August Bebel

Die Rache der beleidigten und verletzten Natur drückt sich in den eigentümlichen Gesichts- und Charakterzügen aus, durch die sich sogenannte alte Jungfern wie aszetische Junggesellen in allen Ländern und unter allen Klimaten von anderen Menschen unterscheiden, und legen Zeugnis ab von dem mächtigen und verderblichen Einfluß unterdrückter Naturtriebe. Die sogenannten Nymphomanie bei Frauen wie zahlreiche Arten der Hysterie entspringen in den meisten Fällen dieser Quelle.

August Bebel

Wider die Liebe

Die Liebe kommt mir langweilig vor.

Friedrich Theodor Vischer

Das Verliebtsein ist eine abscheuliche Plage, bei der das Essen nicht mehr schmeckt und der Schlaf nicht mehr erquickt.

Georg Weerth

Jedes unverbrauchte Ei weint im Weib, verhaltener Same weint im Mann. Solche »Liebe«, die unter den Menschentieren fast nur sexuell: als selbstisch, mutuell verkommende Nächstenliebe (unverbrauchte Überkraft, entweichend durchs Lustventil) definierte ich vor zwanzig Jahren chemisch als »Selbstvergiftung durch überschüssiges Sperma oder Vergiftung durch Sekrete und Gase, die Strahlen und Düfte anderer«.

Albert Ehrenstein

Die eigentlich Liebe ist allein der Drang, mit einer Person vom andern Geschlechte ein Kind zeugen zu wollen; und dauert der Natur nach solange, bis das Kind ist und es den Eltern Freude macht. Wenn man unsere Heldengedichte, von den griechischen an, unsre Schauspiele und unsre Romane liest, so findet man diese Leidenschaft fast nie in ihrer Fülle. Alles ist darinnen gewissermaßen nur Vorspiel dazu, ein leeres Wortgeklingel, dem Leser und Zuschauer sein eigen Gefühl zu belegen, das nicht darinnen ist.

Wilhelm Heinse

Liebe und Haß verfälschen unser Urteil gänzlich: an unseren Feinden sehen wir nichts, als Fehler, an unseren Lieblingen lauter Vorzüge und selbst ihre Fehler scheinen uns Vorzüge.

Arthur Schopenhauer

»Avicenna beschreibt die aus einer mißlungenen Liebe zuweilen entstehende Krankheit, wie sie in ganz Europa sich äussert, und wie ich selbst (Hr. Zimmermann) sie mehrmale gesehen habe. Sie gränzt an die Melancholie und entsteht aus einer zu sorgfältigen Aufmerksamkeit auf eine angenehme Person, mit welcher man oft eine nähere Vereinigung wünschte, ohne dazu gelangen zu können. Sie verräth sich durch tief in ihre Höhlen gezogene Augen, durch die beständige und mit einem gewissen Lächeln begleitete Bewegung der Augendeckel. Der Athem wird oft unterbrochen, oft gleichsam mitten in seinem Laufe angehalten, und auch oft noch mehr angestrengt. Bald ist die kranke Person freudig und lacht, bald ist sie traurig und weint, besonders, wenn man ihr verliebte Lieder singt, oder von der gewünschten Person spricht. Ihr ganzer Leib zehrt ab, nur die Augen nicht, die zwar zurückgezogen, aber von vielen Wachen und Seufzen geschwollen sind. Alle Gemüthsbewegungen sind unordentlich. Der Puls ist ungleich und verwirrt, er verändert sich am meisten, wenn man der verlangten Person gedenkt, oder wenn sie plötzlich erscheint.« – Dieser Arzt räth die Vereinigung der beiden Personen als das einzige Heilungsmittel an, und versichert, daß er Liebende gesehn hätte, die alsdann zu ihren vorigen Kräften wieder gekommen wären, ob sie gleich schon ganz abgezehrt und dünner, mit einem langwierigen Fieber geplagt, und durch die Macht der Liebe aller Kräfte beraubt waren; er setzt hinzu, daß diese Wiederherstellung in sehr kurzer Zeit geschieht, woraus die Macht der Leidenschaften auf den Körper erhellet.

Johann Carl Wezel

Ein blöder Liebhaber, ein von Damen bemitleidetes Geschöpf, welches immer seltner wird.

Christian August Vulpius

Alle lieben die Liebe – ich nicht. Als kaltschnäuziger Zyniker würde ich Liebe als eine ephemere, durch Heirat heilbare Geisteskrankheit definieren, oder gern auch als das probateste Mittel, den Verstand auszuschalten, Schamgefühl zu überwinden und staatsbürgerliches Engagement zu vernachlässigen.

Als Evolutionsbiologe würde ich Liebe als eine bei Pflanze, Tier und oft auch Mensch extrem unnötige Randverzierung der vergleichsweise unwegdenkbaren Arterhaltung betrachten.

Ulrich Holbein

Die glückliche Liebe ist ein Verbrechen, die unglückliche verbrecherischer Wunsch.

Ludwig Börne

Ein Dieb ist gewest Judas, weil er Geld gestohlen; eine Diebin ist gewest die Rachel, weil sie ihrem Vater die goldenen Götzenbilder gestohlen; ein Dieb ist gewest der Achan, weil er bei Eroberung der Stadt Jericho neben anderen einen Mantel gestohlen; aber noch ein größerer Dieb ist die Lieb, dann diese stiehlt

den Menschen gar die Vernunft und macht sie zu einem Narren: »Amantes,
amentes.« –   *Abraham a Sancta Clara*

Es ist eine nichtswürdige Kreatur, die sich nicht schämt, ihr ganzes Glück der
blinden Zärtlichkeit eines Mannes zu verdanken.   *Gotthold Ephraim Lessing*

Wider die Eifersucht
Eifersucht ist eine Krankheit. Denn wieso kommt es sonst, daß man irgendein-
mal plötzlich gar nicht eifersüchtig ist und einem »alles ganz egal« wird?! Nur
weiß ich es nicht, ist man in diesem Zustande gesund oder erst krank, nämlich
ein Esel?!   *Peter Altenberg*

Die Eifersucht ... ist eine Art von Neid; und Neid ist ein kriechendes Laster, das
keine andere Befriedigung kennet, als das gänzliche Verderben seines Gegenstandes.   *Gotthold Ephraim Lessing*

Cum pleno titulo ist Eifersucht des Teufels Zuflucht, und fast in der ganzen
Welt kein größere Torheit als diese.   *Abraham a Sancta Clara*

Was die Eifersucht betrifft: so ist sie gewiß, wenigstens auf eurer Seite, eine
unnatürliche Leidenschaft und entsteht ganz allein aus armseliger Schwäche,
Mangel oder Vorurteil.   *Wilhelm Heinse*

Wider die öffentliche Welt

»Jede Gesinnung schändet«, trompetet Walter Serner in die Welt, und es assistiert ihm Gottfried Benn auf der Posaune: »Die Öffentlichkeit ist der Gestank einer Senkgrube und die Politik das Gebiet von Reduzierten.« Das paßt durchaus in die Rubrik »Treffend gesagt«, aber Vorsicht, der Geschlechtsarzt scheint sich vor allem in seiner Berufsehre angegriffen zu fühlen: »Diese Politiker und Minister, was verjauchen sie nicht alles rhetorisch vom Pfingstwunder bis zur Apokalypse ... jeden Tag ein Interview – glaubt irgend jemand, daß sie, nach Kukirol oder Hämorrhoidalbehandlung befragt, etwa weniger wichtigtuerisch sich aussprechen würden?« Auch Gottfried B. wirkt in der Medienkammer – das »Gegenglück, den Geist« suchend – ab und an durchaus ein wenig wichtigtuerisch. Erich Kästner, wie immer Anwalt des kleinen Mannes und seiner Mutti, führt die handliche Formel ins Seifenkistenrennen: »Wenn ein Kolonialwarenhändler in seinem kleinen Laden so viele Dummheiten und Fehler machte wie die Staatsmänner und Generäle in ihren großen Ländern, wäre er spätestens in vier Wochen bankrott.«

∎

Den »sogenannten kleinen Mann« (Wolf Biermann) hinwiederum kann so mancher nicht verknusen: »Man darf dem Pöbel nicht viel pfeifen, er tollet sonst gern; und ist billiger, demselben 10 Ellen abbrechen, denn 1 Hand breit, ja 1 Fingers breit einräumen in solchem Fall; denn der Pöbel hat und weiß keine Maße, und steckt in einem jeglichen mehr denn 5 Tyrannen« donnert Luther von ferne und »unser aller Gottfried« gibt es Kästner besagtem stante pede zurück: »Halte nichts von Diskussionen mit Krethi und Plethi, spielen sich alle so auf, sind so wichtig und in ihnen pulst das Leben – nichts für mich. Außerdem zahlt Herr L., wie ich höre, auch nichts, auch das ist nichts für mich: bin kein Fanatiker und kein Hydeparkredner.«

Weniger Ich-, mehr Uns-bezogen faßt Arnold Zweig Posto gegen den kleinen Mann: »... diese Art militarisierter Kleinbürger kennt keinen anderen Respekt als den, den scharfes Zuschlagen erzeugt. Der Dünkel, mit dem sie auftreten, fehlt nur noch an dem Krankheitsbilde, das sich dem Sachkenner bietet: ungezügelte Machtgier, Lustverlangen unter Ablehnung der Arbeit, Begeisterung für körperliche Funktionsfreuden, Bereitwilligkeit, sich die Güter der Welt durch den Einsatz des Lebens in einer Anzahl Kampfhandlungen zu verschaffen, und die Ahnungslosigkeit vor den wahren Werten, die unsereinem das Leben reich und schön machen.« Dafür kriegt der Bürgersmann von Herrn Detlef v. Liliencron ordentlich eine ans Haupt: »Dieser Scheißkerl von einem Philister; dieser infame »bourgeois«; ich hasse ihn, wie ihn nur ein Sozialdemokrat hassen kann.«

Genug des Hickhacks nun! Zurück ins große Ganzallgemeine, zur Frage: Wer erlöst uns aus den jämmerlichen Verhältnissen? Der Sozialismus? Nicht doch! Peter »die Blase« Sloterdijk hält dagegen: »Weil jeder Sozialismus ›wissenschaftliche Weltanschauung‹ sein will, erbricht er permanent sein eigenes Gift.« Der Kommunismus? Nie und nimmer: »Der Kommunismus ist zum entscheidenden Kampf gegen die Gesellschaft ganz unfähig, weil diese zu seinen Anschauungsformen gehört. Er ist kein Aufstand gegen die Ordnung, sondern ihr letzter und langweiligster Triumph«, mäkelt Ernst »der Stahlhelm« Jünger, der sich die Langeweile in Stahlgewittern vertrieb. Auch der Militarismus bringt nicht wirklich weiter: »Nur Dummköpfe lassen sich täuschen durch die äußere Straffheit des militant-archaischen Lebensstils«, formuliert Klaus »die Apotheke« Mann. Im Hintergrund wirkt schon wieder besagter Gottfried »der Kasernenhofhasser« Benn: »Uniform tragen, die die Blicke auf sich lenkt, Meldungen entgegennehmen, sich über Karten beugen, mit Gefolge durch Mannschaftsstuben und über weite Plätze traben – verfügen, besichtigen, bombastisch reden (»ich befehle nur einmal« – es handelt sich um Latrinenreinigen) das schafft die Vorstellung von Raumausfüllung, individueller Expansion, überpersönlicher Auswirkung, kurz jenen Komplex, dessen der durchschnittliche Mann bedarf.«

■

Auch der Parlamentarismus als »die Kasernierung der politischen Prostitution« (Karl Kraus) liefert naturgemäß keine Lösung, freie Wahlen erst recht nicht: »Aber mal ernsthaft: allgemeines und gleiches Wahlrecht ist Unsinn: zumindest müßte Jeder erst ne geschichtlich = geographische Prüfung ablegen; und mit 65 Jahren das Wahlrecht, aktiv wie passiv, überhaupt erlöschen!« (Arno Schmidt).

■

Ganz gesetzt wie ein Staatsmann faßt – na wer wohl? – zusammen: »Wirft man nun noch einen Blick auf die Führer der Völker, aller und in allen Regierungsformen, so muß man sich vorstellen, sie stünden zeitlich vor dem Auftreten einer der großen Menschheitsbewegungen und hätten machtmäßig die Möglichkeit, sie zu unterdrücken. Wie verhielten sie sich? Hinsichtlich des Christentums würden sie fragen, ob es steuerpolitisch vertretbar sei. Vor dem Buddhismus, wie die Schallplatten- und Fahnenindustrie dabei bestünde. Bei Mohammed, ob die Bananenernte nicht litte. Vor der Kunst, ob sie auch die Siedlungsfreudigkeit nicht untergrübe. Vor jeder Religion, ob sie nicht den Kartoffelexport verzögere. Vor der Abstraktion, dem zusammenfassenden Denken, ob es auch dem Kleinbürger die Gießkanne nicht verböge.«

Aus dem Off tönt zuletzt die Stimme von Karl Kraus mit der entsetzten Frage: »Ist es nicht die hoffnungsloseste und toteste aller Gewissheiten, unter einer Nation zu leben, die durch Schaden dümmer wird?« Er gibt auch Antwort, aber keine günstige Prognose: »Welch ein drückendes Bewußtsein, unter Menschen herumzugehen, deren Dummheit größer ist als ihre Not, und die nicht wissen und nicht spüren, nicht glauben und nicht verstehen, dass auf ein Jahrtausend hinaus alles was es leider nicht mehr gibt und was es leider gibt, eine Kriegsfolge sei und die allerfurchtbarste die eigene geistige Ausgeronnenheit, die des plansten Zusammenhangs nicht mehr gewahr wird!« Wahrlich! »Aber«, so rumpelt der »Fackel«-Mann weiter, »welch eine Politik, die an diesem Horizont ihre Fata Morgana etabliert und, um die Gläubigen nicht zu enttäuschen, ihnen das Blaue vom Himmel herunter lügt und durch Verleumdung aller Wahrheit und durch kriegsmäßige Ausschaltung aller Wirklichkeit immer das Prävenire spielen muß, damit die Dummheit nur ja nicht zur Besinnung ihrer selbst komme, weil doch schließlich einmal auch ein Kadaver die Natur nicht verleugnet.«

Wider alle Arten von Klassen und Regierungsformen

Der Teufel siegt, der Gott verliert,
Der blanke Rubel reist.
So ward von je die Welt regiert,
Solang die Sonne kreist.

August von Platen

Demokrat = Waschlappen
Monarchie = Weltkrieg
General = Schlachtmeister
Offizier = Henker
Anarchisten = ausgestorbene Edelrasse
Christentum = Munitionsfabrik
U-boot = made in Germany
Kriegsanleihe = Massenmordaktion
Kaiser = Unnötig.

Albert Ehrenstein

Wider den Pöbel, die Masse und die Arbeiterklasse

Es ist ein verzweifelt, verflucht Ding um einen tollen Pöbel, welchen niemand
so wohl regieren kann, als die Tyrannen: dieselbigen sind der Knittel, dem
Hunde an den Hals gebunden.

Martin Luther

Die Massen scheinen mir nur in dreierlei Hinsicht einen Blick zu verdienen:
Einmal als verschwimmende Kopien der großen Männer, auf schlechtem
Papier und mit abgenutzten Platten hergestellt, sodann als Widerstand gegen
die Großen und endlich als Werkzeuge der Großen, im übrigen hole sie der
Teufel und die Statistik! Wie, die Statistik bewiese, daß es Gesetze in der
Geschichte gäbe? Gesetze? Ja, sie beweist, wie gemein und ekelhaft uniform die
Masse ist.

Friedrich Nietzsche

Die Hoffnung soll man aufgeben: daß eine genügende Philosophie das Abbild
der Besinnung des Menschen, je dem dumpfen, besinnungslosen, taumelnden
Pöbel einleuchten könne und *de tout le monde* sein werde.

Arthur Schopenhauer

Den einzelnen Menschen, wie kann man, wie muß man ihn lieb haben; wo er
aber in Massen vorhanden ist, wo er sich mit seinen erbärmlichen, dummen
Eigenschaften gegenseitig ansteckt und sich zu einem vernunftlosen Riesenun-
geheuer potenziert, dort ist er für mich ziemlich das Widerlichste, was mir im
ganzen Naturreiche passieren kann.

Peter Rosegger

Vor einem Despoten zu kriechen ist niedrig; aber der Menge zu schmeicheln,
den Pöbel zu vergöttern, das ist noch unendlich verworfener.

Georg Friedrich Daumer

Oaner is a Mensch, mehra sein's Leut, viel sein's scho Viecher.

Peter Rosegger

Über das Niedere fühlen wir uns erhaben. Es zeigt noch nicht ganz verschobe-
ne, widersprechende Verhältnisse, steht aber schon hart an der Grenze, wo
unser Unmut sich in Widerwillen verwandelt. Es gibt das niederste Maß an; was
darunter fällt wird gemein, in des Wortes schlimmer Bedeutung und nicht als
»gewöhnlich« gefaßt. Niedrig ist der Ausdruck eines Menschen, in welchem das
Tierische der menschlichen Natur zum Vorschein kommt, ohne das Geistige
ganz zu verdrängen. Er wird gemein, wenn er sich in Sinnlichkeit und Rohheit
zum Viehischen steigert, in welchem Begriffe das geistige Element ganz ausgeschlossen ist. Das – im schlechten Sinne – Bäurische und Plebejische, dann das
Cynische, Unflätige, Pöbelhafte hat im Niedern und Gemeinen sein Wesen.

Hier agieren die Kärrner, die Gadshill die Laterne nicht leihen wollen und mit John Falstaff Bekanntschaft machen, hier der Pöbel des Coriolanus, oder die brüllende Masse, für welche der Pförtner in Heinrich VIII., ein Dutzend Dornstöcke, und starke, bestellt; hier die Figuren der Schenk- und Kirmeßbilder der holländischen Schule; hier finden die unflätigen Späße der Fastnachtsspiele und des Hans Wurst ein wieherndes Gelächter; hier flucht und säuft der Trunkenbold, keift das schmutzige Trödelweib – von all dem Gewöhnlich-Niederen abgesehen, mit welchem das Leben angefüllt ist. Es ist ein ungemein großes Gebiet.   *Professor Carl Lemcke*

Das Herdenleben zwingt in der Masse jedes Einzeltier, seine Besonderheiten zurückzudrängen, sich in allem dem Herdendurchschnitt anzupassen und zu einem fast wesenlosen Teilchen der Masse zu werden. Die Einzelpsyche tritt dann gänzlich hinter die Massenpsyche zurück, die bei Tieren wie bei den Menschen nur den rohesten Instinkten und urtümlichsten, irrationellen Antrieben folgt. Die Empfindung, Teilhaber und Mitträger der rohen Massenwucht zu sein, wird mit der Preisgabe aller Möglichkeiten zur Entfaltung geistiger Anlagen erkauft; was übrig bleibt, ist nur elementare, geistlose Tierheit, die an Auflehnung nur als Gesamtmasse denkt, gleichzeitig aber ohne Einzelwillen jedem Zwange durch ein paar Hetzhunde erliegt.   *Conrad M. von Unruh*

Pöbel – der Ballast des Staatsschiffes.   *Christian August Vulpius*

Das Proletariat hat versagt.   *Hans E. Lange*

Der Proletarier ist ein Mensch, dem das ganze Leben von Anfang bis zu Ende verdorben ist.   *Fritz Brupbacher*

Es handelt sich um die Kategorie von Menschen, die für die Gesamtheit der Bevölkerung nichts tut, oder deren Arbeit nur schädlich wirkt, Verbrecher, Dirnen, Zuhälter, Arbeitsscheue und so weiter. Diesen Abschaum menschlicher Gesellschaft fassen wir zusammen unter dem Namen ›Proletariat‹. Die Proletarier stehen psychologisch den Naturvölkern näher als den übrigen Gesellschaftsklassen der eignen Nation.   *Professor Basler*

Der Lehrer soll vor allem sorgfältig aufpassen, daß die Schüler nicht mit liederlichem Gesindel, übelerzogenen Gassenbuben, berüchtigtem, leichtfertigem Weibsvolk umgehen und dadurch natürlich zu groben Sitten und Lastern verführt werden.   *Philipp von Sulzbach*

Ganz unverständlich ist mir der Kultus, den die Dichter mit dem sogenannten Volke treiben. Damit kann's ihnen ja nicht ernst sein, es ist nur der plebejische Zug, der durch unsere Zeit geht, die Lust an schmutziger Materie und an sinnlicher Verrohung. Was gibt es denn Widerlicheres als dieses Landvolk in den Dörfern und Bauernhütten?

Peter Rosegger

Wenn ich untergehe, gehe ich in Lackstiefeln und Glacehandschuhen unter. Unter den Pöbel mich zu mischen, ist mir absolut unmöglich.

Detlev von Liliencron

Das Lumpenproletariat, dieser Abhub der verkommenen Subjekte aller Klassen, der sein Hauptquartier in den großen Städten aufschlägt, ist von allen möglichen Bundesgenossen der schlimmste. Dies Gesindel ist absolut käuflich und absolut zudringlich.

Friedrich Engels

Die Dummheit, die Instinkt-Entartung, welche heute die Ursache *aller* Dummheit ist, liegt darin, daß es eine Arbeiter-Frage gibt.

Friedrich Nietzsche

Wider den Kleinbürger
Sie sind höchst unzuverlässig, ausgenommen, wenn man gesiegt hat, dann ist ihr Geschrei in den Bierkneipen unermesslich.

Friedrich Engels

Dem Kleinbürgertum, groß im Prahlen, fehlt die Kraft zur Tat, und es scheut ängstlich vor jedem Wagnis zurück.

Friedrich Engels

Wider den Mittelstand
Der Mittelstand hat weder Herz noch Ohren.

Peter Gan

Die stumme, tierische, großlinige und massenhafte Feierlichkeit der Bauern sticht wundervoll wie alles Natürliche ab von der unbeholfenen, verlegenen, grimassierenden, unzusammenhängenden der bürgerlichen Mittelschicht.

Richard von Schaukal

Ich dachte heute wieder scharf an eine frühere Wahrnehmung, wie falsch die gewöhnliche, allgemein verbreitete Annahme ist, daß der sogenannte Mittelstand den größten Wert habe, die wahre Kraft des Staates bilde, den stärksten Halt der Sitten usw. Nein, alles geht in ihm unter, alles wird matt und klein, wo er herrscht. In der Fülle des Reichtums und der Macht und in der Armut und Bedrängnis, in beiden Gegensätzen, entwickelt sich Großes und Herrliches weit öfter und leichter als im elenden Mittelstande!

Varnhagen van Ense

Wider die Bourgeoisie und bürgerliche Gesellschaft

Die Bourgeoisie ist in keinem Lande sehr erfreulich. *Kurt Tucholsky*

Es gibt häßliche Menschen, die im Sterben schön werden. Von der Klasse, die gegenwärtig in Agonie liegt, kann man das nicht behaupten. Die Bourgeoisie stirbt noch schlechter als sie gelebt hat. *Hanns-Erich Kaminski*

Täuschung und Betrug sind Praktiken, die im Verkehr der bürgerlichen Gesellschaft überall im Schwange sind. *August Bebel*

Die Verblödung dieses Bürgertums ist vollständig. *Kurt Tucholsky*

Die ungeheure Bestialität der Bourgeoisie – wie soll unser Haß vergehn!

Peter Weiss

Ausgestoßene Verbrecher tragen oft mehr Menschlichkeit im Herzen als jene kühlen, untadelhaften Staatsbürger, in deren bleichen Herzen die Kraft des Bösen erloschen ist, aber auch die Kraft des Guten. *Heinrich Heine*

Der heuchlerische Anschein, mit dem alle bürgerliche Ordnungen übertüncht sind, wie als ob sie Ausgeburten der Moralität wären – z. B. die Ehe; die Arbeit; der Beruf; das Vaterland; die Familie; die Ordnung; das Recht. Aber da sie insgesamt auf die mittelmäßigste Art Mensch hin begründet sind, zum Schutz gegen Ausnahmen und Ausnahmebedürfnisse, so muß man es billig finden, wenn hier viel gelogen wird. *Friedrich Nietzsche*

Hat die Bourgeoisie je einen Fortschritt zuwege gebracht, ohne Individuen wie ganze Völker durch Blut und Schmutz, durch Elend und Erniedrigung zu schleifen? Erst wenn eine große soziale Revolution die Ergebnisse der bürgerlichen Epoche, den Weltmarkt und die modernen Produktivkräfte gemeistert und ihn der gemeinsamen Kontrolle der am meisten fortgeschrittenen Völker unterworfen hat, erst dann wird der menschliche Fortschritt nicht mehr jenem schrecklichen heidnischen Götzen gleichen, der den Nektar nur aus den Schädeln der Erschlagenen trinken wollte. *Karl Marx*

Alles soll leben – aber eins muß aufhören – der Bürger ...

Richard Huelsenbeck

Die bürgerliche Gesellschaft ist die verbrecherische. Das ist die wahre Beschreibung eines falschen gesellschaftlichen Zustands. Die bürgerliche Gesellschaft ist die verbrecherische – jeder hat eine Chance –: darum macht sie Spaß; oder vielmehr: der einzige Spaß dieser Gesellschaft ist, sich ihrem Prinzip des absoluten Egoismus entsprechend verbrecherisch zu verhalten. Das falsche Bewußtsein dieser Gesellschaft ist so durchsichtig, daß jeder es durchschaut, und es will auch durchschaut sein. Es erfüllt in etwa die Funktion des Tabus, das dazu da ist, gebrochen zu werden, und eben deshalb festgehalten werden muß. Wie Recht und Unrecht zusammengehören, so Wohlanständigkeit und Gangstertum. Die Entrüstung ist nur die Kehrseite der Empörung. Es ist die Epoche des Kriegs aller gegen alle, auf der Strecke bleibt, wer nicht mitmacht.

Gerd Bergfleth

Wider die Oberschicht und höhere Kreise

Wenn ich den Hergang der Dinge betrachte, und die Blindheit und Dummheit, die in den höheren Kreisen walten, so kommt es mir vor, ich säße vor der Bühne und sähe ein Drama aufführen, bei dem mir graust. Der Dichter hat es so machen müssen, um eine Handlung durch mannigfache Steigerung zu ihrem Gipfel zu bringen, er braucht eben auch die Verblendung und Dummheit dazu! »Laßt sie doch das dümmste Zeug reden, belehrt sie nicht, streite nicht mit ihnen, lacht nur dazu, sie sind ja für uns dumm, ohne solche Hornviehdummheit würde wir sie ja nicht los, ein bißchen Verstand würde sie retten, laßt sie doch!«

Varnhagen van Ense

Die Leithammel unserer Gesellschaft sind dynamisch und braungebrannt, wenn sie sich einen Augenblick nicht ganz wohl fühlen, essen sie schnell ein ›Mars‹.

Urs Widmer

Gib mir Juden, Russen, Franzmann,
Blut und Geist auf alle Weise,
doch erspar mir deine, Landsmann,
sogenannten bessern Kreise.

Christian Morgenstern

Die herrschende Klasse – sie sehen sich als Wesen besserer Art an, von der Natur begünstigt, zu herrschen, zu regieren, die niedere Klasse hingegen bestimmt, ihrem Egoism, ihrer Eitelkeit zu huldigen, ihre Launen zu ertragen und ihren Phantasie zu schmeicheln.

Adolph Freiherr von Knigge

Wider den Adel

Die schändlichste Erfindung der Halbbarbarei ist der Adel mit seinen Privilegien.

Johann Gottfried Seume

Die vornehme Abkunft ist ein eisernes Privilegium, alles, was man tut, auf die Rechnung der Größe seiner Vorfahren geschrieben zu sehen, ein Mantel, die abscheulichen Blößen zu bedecken, eine eherne Rinde, das Gehirn des Besitzers vor Dieben zu sichern und eine wohlgeschliffene Brille für blöde Augen.

Christian August Vulpius

Nichts ist unerträglicher als die klugen Fürsten, die anderen Menschen vordenken wollen.

Alexander von Humboldt

Der übelriechendste Proletarier, der nach zuchtloser Freiheit schreit, ist so gemein nicht, als jene Gewalthaber, die Hekatomben Menschenglücks und Menschenlebens opferten für die zuchtlose Fürstenfreiheit im deutschen Bund.

Friedrich Theodor Vischer

Der gewöhnliche Schlag der sogenannten Großen und Fürsten frißt, säuft, jagt, hurt, schimpft, prügelt und hat in dem Himmelreich der Privilegien das Privilegium der Dummheit; und daraus will man ein gutes Resultat für die Nation erwarten.

Johann Gottfried Seume

O der leidige Adel! Und gar die Schriftsteller, die noch – oder vielmehr schon wieder – Phrasen zu seiner Verteidigung aufbringen können! Ich habe nichts dagegen, es gibt Zeiten, wo er notwendig ist, es wird auch noch auf Jahrhunderte noch was in der Art bestehen; nur unser deutscher Adel, mein' ich immer, hat sich überlebt. Die Zeiten wo er sich durch Kriegstaten ausgezeichnetes Verdienst erwarb, liegen tief im Hintergrunde der Vergangenheit. ... Genug, mag dieser Adel untergehn, wie Roms Patrizier, da sie aufgehört hatten, starke Grundpfeiler des Staates zu sein, mich soll es kein Bedauern kosten!

Julius von Voss

Höfe
Ein Grindkopf und die Hofleute sind die Läuse darauf.

Johann Gottfried Herder

Hofleute
Entfernung von der Natur; Gleichgültigkeit gegen die ersten und süßesten Bande der Menschheit; Verspottung der Einfalt, Unschuld, Reinigkeit und der heiligsten Gefühle; Flachheit; Vertilgung, Verschleifung jeder charakteristischen Eigenheit und Originalität; Mangel an gründlichen, wahrhaftig nützlichen Kenntnissen; an deren Stelle hingegen Unverschämtheit, Persiflage, Impertinenz, Geschwätzigkeit, Inkonsequenz, Nachlallen; Kälte gegen alles, was gut, edel, groß ist; Üppigkeit, Unmäßigkeit, Unkeuschheit, Weiblichkeit, Ziererei, Wankelmut, Leichtsinn; abgeschmackter Hochmut, Flitterpracht als Maske der Bettelei; schlechte Hauswirtschaft, Rang- und Titelsucht; Vorurteile aller Art;

Abhängigkeit von den Blicken der Despoten und Mäzenaten; sklavisches Kriechen, um etwas zu erringen; Schmeichelei gegen den, dessen Hilfe man bedarf, aber Vernachlässigung auch des Würdigsten, der nicht helfen kann; Aufopferung auch des Heiligsten, um seinen Zweck zu erlangen; Falschheit, Untreue, Verstellung, Eidbrüchigkeit, Klatscherei, Kabale; Schadenfreude, Lästerung, Anekdotenjagd; lächerliche Manieren, Gebräuche und Gewohnheiten – das sind zum Teil die herrlichen Dinge, welche unsere Männer und Weiber, unsere Söhne und Töchter von dem liebenswürdigen Hofgesindel lernen – das sind die Studien, nach welchen sich die Leute von feinem Ton bilden.

Adolph Freiherr von Knigge

Wider den Kommunismus und die Volksherrschaft

Hat man einmal beobachtet, daß achtzig Leute, wenn sie vom Teufel der Kollektivität besessen sind, nicht mehr achtzig Leute sind. Daß sie zu einem neuen, unfaßbar schrecklichen Ding werden, das viele Köpfe, aber kein Gehirn hat, das ungestalt, schwerfällig, träge, sich und den anderen das Leben schwer macht? Da müssen Sie hineingetreten sein – das müssen Sie gesehen haben.

Kurt Tucholsky

Spitzbubenrotte mit kommunistischen Führern. Von Katzenmusiken nach und nach zu Diebstählen, Einbrüchen. *Friedrich Theodor Vischer*

Die Lehre von der Gleichheit! ... Aber es gibt gar kein giftigeres Gift: denn sie scheint von der Gerechtigkeit selbst gepredigt, während sie das Ende der Gerechtigkeit ist. *Friedrich Nietzsche*

Wider den Sozialismus

Der Sozialismus eine Sache der Übelriechenden. *Richard von Schaukal*

Das jüdisch-demokratische Gewinsel ist mir denn doch noch ekelhafter als die widerliche Kaiseransingung. Es ist ja sehr gut, daß der edelste Mensch, der nach Christus edelste Mensch: Kaiser Friedrich III. gestorben ist (an Krebs übrigens!!!). Sein Herz neigte stark zu dem gräßlichen Unsinn der sozialdemokratischen Langeweile und allgemeinen Verbrüderung. Und nun bitte ich Sie, an die Folgen zu denken! Die Bestiennatur unserer verruchten und verfluchten Menschenrasse hätte natürlich (– o, natürlich –) nur scheußlichen Undank für die allumfassende Liebe dieses unbeschreiblich herrlichen Kaisers gehabt. Gut, gut, daß er tot ist. Hoffentlich hat Kaiser Wilhelm II. die Knute für das Menschengezücht in der Faust. Die ist besser. *Detlev von Liliencron*

Was in den Köpfen heutiger Marxisten als Sozialismus herumspukt, ist ein wahrhaft gespenstisches Abstraktum, ein abscheulicher Absud aus Ökonomie und puritanischer Heilserwartung, der seine Herkunft aus der Giftküche des 19. Jahrhunderts nirgends verleugnet und seine Harmlosigkeit nur so lange bewahrt, solange jeder Blick auf die volkseigene Verwirklichung strikt verweigert wird.   *Gerd Bergfleth*

Mit einem Wort sollen die Lehren des Sozialismus und Communismus nicht von unter herauf sich Bahn brechen in die Wirklichkeit, für deren schreckenvolle Gräßlichkeit die Weltgeschichte bisher noch kein Beispiel hätte, so muß von oben herab dem Geist dieser Lehren mit weiser Einsicht entgegen gegangen werden. Er ist unleugbar dazu berufen in der Entwicklung der Menschheit eine praktische Bestätigung zu finden und wird ihm der Pfad dazu nicht sanft geebnet, so muß er in furchtbarer Zerstörungssucht Alles zermalmen, was sich seiner endlichen Erscheinung entgegenstemmt.   *Hieronymus Lorm*

Wider die Demokratie
Die Demokratie ist das Paradies der Schreier und Schwätzer, Phraseure, Schmeichler und Schmarotzer, die jedem sachlichen Talent und Verdienst den Weg weit mehr verlegen, als dies in irgendeiner anderen Verfassungsform vorkommt.   *Eduard von Hartmann*

Die Kategorie der Demokratie ist die *Quantität*, welche die schlechteste, seichteste, geistloseste von allen ist; sie stützt sich auf *Menge, Masse, Majorität*, und muß sich am Ende von dieser selbst aufs Jammervollste betrogen, verlassen und verraten sehen.   *Georg Friedrich Daumer*

Die Demokratie ist zum kleinsten Teil eine Entfesselung von Kräften. Zum größten Teil ist sie eine Entfesselung von Faulheiten, von Müdigkeiten, von Schwächen.   *Friedrich Nietzsche*

Das Volk ist nicht für Freiheit. Ein schaaler Haufen unüberlegter Geschöpfe ist nicht fähig, durch eigne Begriffe sich zu regieren. Er braucht die Rute des Treibers und die Furcht mangelnder Bedürfnisse. Niedrige Seelen müssen durch niedrige Mittel bezwungen werden.   *Wilhelm Friedrich Meyern*

Nichts ist widerwärtiger als die Majorität, denn sie besteht aus wenigen kräftigen Vorgängern, aus Schelmen, die sich akkommodieren, aus Schwachen, die sich assimilieren, und der Masse, die nachtrollt, ohne nur im mindesten zu wissen, was sie will.   *Johann Wolfgang Goethe*

Freie Wahlen im Westen

Ich bedarf keiner Belehrung. Ich habe, vielleicht als Erster, in meinem ›Steinernen Herzen‹ des Betrübten und Breiten beide geschildert, den Osten wie den Westen; ich kenne die Schwächen wie die Vorzüge von beiden. Ich weiß, daß im deutschen Westen wie Osten *keine* ›Freien Wahlen‹ stattfinden (und auch *keine möglich* sind: das ist ebenfalls keine ›Freie Wahl‹, wenn ich, von Großindustrie und den USA finanziert, neben 1 gegnerisches Plakat 10 von Yes = Männern kleben kann; das ist keine ›Freie Wahl‹, wenn ich neben eine simple politische Entscheidung die weltanschauliche schalte, und mit irgendeiner ›Hölle‹ drohe!).

Arno Schmidt

Fünf-Prozent-Klausel

»Ja, leider: die 5-Prozent-Klausel ist natürlich auch verwerflich« (und umgehbar, wie die ›Wahlbündnisse‹ beweisen; wenn eine Partei wie die KPD für 700000 Wähler – also immerhin für anderthalb Millionen Menschen – spricht: so ist es ein übler, unverantwortlicher Trick, sie damit mundtot zu machen. Man stehe zu ihr, wie man wolle!).

Arno Schmidt

Wahlpropaganda

Wahnsinn, Dein Name ist Wahlpropaganda.

Arno Schmidt

Wahlredner

Weitere Anregungen für heute waren: a) den Lügendetektor bei Wahlrednern und Bundestagsdebatten zu verwenden: da würden die Skalen platzen!; b) wann werden die Vereinigten Staaten endlich mal ne Präsiden*tin* wählen?!).

Arno Schmidt

Der Bundestag

Über die Organisation und Wirksamkeit des Bundestags; er ist von Haus aus verkrüppelt und krank, führt aber, wie manch siecher Mensch, unter günstigen Umständen sein elendes Leben ruhig und lange fort, bis einmal ein unerwarteter Stoß ihn umwirft.

Varnhagen van Ense

Parlament

Überall laufen Aktenmappen
Mit Gesichtern herum.
Du guckst dich feierlich um.
Wie im Panoptikum:
Attrappen!

Erich Weinert

Die sogenannte Volksvertretung und die Parteipresse haben im Schimpfen und Lästern das Äußerste geleistet, man ist abgehärtet und nimmt nichts mehr ernst.

Durch den Mißbrauch sind die abscheulichsten Schimpfwörter, die unbändigsten Ehrabschneidungen wirkungslos geworden, so daß eigentlich die Möglichkeit wirklicher öffentlicher Beleidigungen aus der Welt geschafft worden ist.

Peter Rosegger

Volksvertreter – Kann nichts vertreten als seine Stiefel.   *Johann Nestroy*

Wo der Streit des Tages wütet, wo der Eigennutz der Mächtigen schreit, wo bar der Menschenwürde und Vernunft die balgen im wüsten Rausche des Erfolges oder im haßerfüllten Knirschen der Ohnmacht! Wo bisweilen eine meutenhafte Hetze sich entwickelt zu einem öffentlichen Hohn der Gesittung.

Peter Rosegger

Reichstag
Wer das Unglück hat, einen Bericht über die Knallbude in Weimar zu lesen, schwitzt Wut. Eine Selektion feister Kleinbürger, Handschuhmacher und Mittelmässer, pfui Deubel.   *Richard Huelsenbeck*

Wider den Faschismus
... der mitleidloseste und brutalste Feind des Volks.   *Johannes Robert Becher*

Seit einiger Zeit sehe ich die völkischen Heldenbrüste und Schwanenbusen, auf denen Hakenkreuze baumeln, mit besonderm Vergnügen an. Es ist immer etwas komisch, wenn dem Menschen seine Gesinnung zum Halse heraushängt. Das Hakenkreuz aber ist ein ungewöhnlich gelungener Witz. Diese Pogromkokarde, diese Beurkundung teutonischer Geistesbeschnittenheit, dieses Zugeständnis, daß es mit dem Kreuz seinen Haken hat, diese Umwertung des Friedenssymbols in eine Metzgermedaille, dieses Vereinsabzeichen der geistig Kriegsverstümmelten, dieses Eiserne Kreuz des Antisemitismus – ist ein semitisches Produkt.   *Wilhelm Michel*

Hitlerianismus
Der Hitlerianismus ist die gesetzliche Sanktionierung der Hemmungslosigkeit unterm Hakenkreuz, er ist ein legalisiertes Über-den-Strang-Hauen.

Fritz Hampel

Wider Antinazis
Es gibt eine einzige Sorte, die mir noch widerlicher ist, als es die Hitlerischen sind: nämlich jene angeblichen Antinazis (auch Juden darunter), die den Haß auf Peiniger und Mörder verbieten möchten, für »Objektivität« plädieren, fein verzierten metaphysischen Stuß oder psychologischen Schmonz anbieten, der die Untaten des Gesindels »verständlich« machen soll und die Schuld auf Lagen,

Umstände, Verhältnisse, Verhängnisse schiebt – also fort von den Schuldigen.

Kurt Hiller

Wider den Imperialismus

Der Imperialismus ist die prostituierteste und zugleich die schließliche Form jener Staatsmacht, die von der entstehenden bürgerlichen Gesellschaft ins Leben gerufen war als das Werkzeug ihrer eigenen Befreiung vom Feudalismus und die die vollentwickelte Bourgeoisiegesellschaft verwandelt hatte in ein Werkzeug zur Knechtung der Arbeit durch das Kapital.

Karl Marx

Wider den Liberalismus

Liberalismus ist die politische Anschauung der Leute, die nicht kalt baden wollen.

Julius Levin

Ich finde den Liberalismus scheußlich. Ich esse mit der Gabel oder fresse mit der Hand. Niemals mit dem Messer.

Julius Levin

Wider die Politik

Politik macht die Leute blöd.

Frau Dorniger

Wir wollen keine Politik;
wir hassen diese Drachensaat;

Christian Morgenstern

Wer mit Politik sich beschäftigt, ist nicht bloß kein Genießer, sondern fast immer auch irgendwo ein Krüppel. Solltest du aber einen sadistischen Sektor besitzen, den du nicht zu aktifizieren wagen kannst, so schiebe ihn gleichwohl dahin ab. Du wirst ihn hier vollauf und gefahrlos befriedigen.

Walter Serner

Lassen wir indessen die politische Maschine ihren trägen Gang fortgehen, ist doch wenig Betrachtungswürdiges an ihr.   *Christian Friedrich Daniel Schubart*

Politiker sind Hoffnungsträger: Sie tragen unsere Hoffnungen zu Grabe.

Silvio Blatter

Die Engstirnigkeit von Regierungsleuten, ihr hohles Gequatsche, ihr Danebengreifen schaffen jene Skepsis, die tödlich wirkt.   *Hardy Worm*

Für'n Politiker faß ich mich nich an' Hintern!!　　　　　　*Arno Schmidt*

Herrschaft wird sitzend geübt. Die Betrachtungsart des Sitzers wird durch das Sitzen und das Organ des Sitzens bestimmt. Die breiten Gesäße beherrschen die Welt, kleben mit dem Niederlassungsorgan an ihren beherrschenden Stühlen.

Walther Rode

Wider den Staat an sich

Wie träumt der Mensch von Staat und Obrigkeit? Ich kann es von mir sagen: ich rieche üblen Duft und schaue eine strenge, in deutscher Fraktur plump geschriebene Tafel. Auf der Tafel steht: »Jede Verunreinigung des Ortes ist bei Strafe verboten. Der Rath der Stadt.« Rath mit th und Pissoirgeruch. Das ist, wenn ich schlafe, mein Staat.　　　　　　*Hans Reimann*

Verflucht die Ordnung, die den Geldsack schützt!　　　　　　*Hardy Worm*

O Staat! Wie tief dir alle besten fluchen!
Du bist kein Ziel. Der Mensch muß weiter suchen.　　*Christian Morgenstern*

Es wird in der Welt überall so sein: Wir Proleten können die Urwälder ausroden und die Länder kultivieren, wir können schuften und arbeiten, zum Schluß kommt der Staat und besteuert, macht uns zu Untertanen und nimmt uns das, was wir erarbeitet haben.　　　　　　*Oskar Maria Graf*

Die Moralisten schimpfen über die Betrügerin unserer Tage. Wenn aber der Staat oder die Blutegel, die sich den Staat nennen, beständig die Hände in den Taschen der Bürger haben, so müssen diese doch wohl, da die gebratenen Tauben niemanden in den Mund fliegen, auch ihre Hände in anderer Leute Taschen stecken. Unnennbar und unzählig sind ja die Erfindungen, alles, die Luft ausgenommen, doppelt und dreifach versteuern und verzollen zu lassen.

Georg Friedrich Rebmann

Da sie nur Lehrer für sechshundert Mark sich leisten können, bleiben die Völker so dumm, daß sie sich Kriege für sechzig Milliarden leisten müssen.

Christian Morgenstern

Wenn ich nur nicht zusehen müßte, wie die Narrenapostel den Pöbel berauschen und wie sie die schöne Saat eines neuen Staatslebens verwüsten!

Friedrich Theodor Vischer

Wider Staatsmänner, Politiker, Regierungen

Eine bankerotte Ehrlichkeit ist heutzutage etwas zu Gemeines, als daß ein Volksvertreter, der seinen Frack wie einen Schandpfahl auf dem Rücken trägt, noch jemand interessieren könnte.

Georg Büchner

Was ein seltsames Licht auf den ganzen Stand wirft: in jedem sonstigen ehrbaren Beruf hält man einen Menschen mit 65 für ausreichend abgenützt, und keiner nennenswerten produktiven Arbeit mehr fähig. Zum *Politiker* reicht's aber dann wohl immer noch: *sehr* merkwürdig! Sollte nicht endlich ein Gesetz angebracht sein: daß mit dem 65sten Jahre das Wahlrecht, aktiv wie passiv, erlischt?!

Arno Schmidt

Die Wörter Herr und Herrschen geben keinen vernünftigen Begriff unter vernünftigen Wesen. Man ist nur Herr und herrscht über Sachen und nie über Personen. Nur wer nicht gesetzlich gerecht regieren kann, maßt sich der Herrschaft an und begeht den Hochverrat an der Vernunft.

Johann Gottfried Seume

Wider die Parteien

Parteien: (Die ›Rechtn‹ sind *noch* ochsigere Arschlöcher, als die Linkn – wenn ich mir vorstelle, was dieser E. M. ARNDT über JEAN PAUL von sich gegebm hat.)

Arno Schmidt

Parteien haben manchmal ihre versteinerten Dogmen, die den Verhältnissen des wechselvollen Lebens nicht Rechnung tragen; oder sie haben ihre selbstsüchtige Praxis, andere zu übervorteilen. Ein Geist mit weiterem Weltblick und gerechtem Wollen kann mit solchen Parteien nicht Schritt halten.

Peter Rosegger

Ich stehe hoch über allem Parteiengetriebe. Es ist mir widerlich! Widerlich: die Kriecherei! Widerlich: die Herabsetzung! –

Detlev von Liliencron

Die Reihen der kommunistischen Führerschaft lichten sich: aber ob Gemäßigte oder Ultra-Linke, immer sind es die Intelligenzen, die aussortiert werden, und nur die Dienerschaft der heiligen Apparatur, die Sozietät der Funktionäre steht unerschütterlich. Die Parteisultane und ihre Paschas steigen und stürzen; die Janitscharen und Eunuchen bleiben und behaupten sich als Verwalter von Kasse und Kartothek oder als Wächter vor dem Serail der buhlenden Phrasen.

Carl von Ossietzky

Freunde und Feinde vereinigen sich manchmal, um die Wahrheit zu verstümmeln. Entweder schneiden sie ihr die Beine ab oder ziehen sie so in die Länge, daß sie so dünn wird wie eine Lüge. Der Parteigeist ist ein Prokrustes, der die Wahrheit schlecht bettet.

Heinrich Heine

Unsere heutigen Parteien, die mit rasender Leidenschaft sich gegenüberstehen, entbrannt fast bis aufs Messerzücken, sie haben alle Objektivität, alle Ruhe, folglich alle Vernunft verloren. Es ist erschreckend, wie viele Gewissenlosigkeit, wie viele Dummheit und Aufgeblasenheit und wie viele Lächerlichkeit im Streite der Parteien zum Vorscheine kommt. Man glaubt's oft kaum, daß es sonst leidlich vernünftige Leute sind: sobald sie auf ihr Kampffeld kommen, sind sie blinde Zänker, Spitzbuben und Toren.

Peter Rosegger

Deutsche Demokratische Partei
Du schufst die Eiche und den Schimmelpilz,
Den kleinen Goethe und den großen Külz:
Bloß bei der deutschen Demokratischen Partei,
Du lieber Gott: Da warst du nicht dabei.

Werner Arendt

Sozialdemokratie
Zum größten Teil – außer einigen Schwärmern und wirklich edlen Herzen – sind die sozialdemokratischen Führer Bestien, die es nur auf den Augenblick abgesehen haben, wenn die große Plünderung beginnt. Und dann – gesetzt, der Wahnsinn einer sozialdemokratischen Gleichstellung ließe sich durchführen – wie grenzenlos langweilig wäre das! Nein, den sozialdemokratischen Unsinn verstehe ich nicht; es ist darin von einigen infamen, schlauen Führern auf die völlige Vernichtung des unglückseligen Volkes abgesehen. Was ich verstehe, ist der Anarchismus. Ei, ei, d a s läßt sich sehen.

Detlev von Liliencron

Die Welt starrt von Unsinn; meinetwegen ist Unsinn von A bis Z. Aber es gibt in dem Unsinn Grade: verzeihlichen; erträglichen, kaum noch erträglichen, unerträglichen – die Sozialdemokratie gehört unbedingt zu der letzten Kategorie. Sie ist durch und durch Phrase, deren Hohlheit evident ist, sobald man sich durch ihr Schillern nicht blenden läßt.

Arno Schmidt

SPD – Sie glauben gar nicht, was die mir können …

Kurt Tucholsky

Wider die Revolution
… die hysterische Rauferei organisch zu kurz Gekommener …

Walter Serner

Schwache Menschen haben oft revolutionäre Gesinnungen: sie meinen, es wäre ihnen wohl, wenn sie nicht regiert würden, und fühlen nicht, daß sie weder sich noch andere regieren können.

Johann Wolfgang Goethe

Revolte ist nichts anderes als Überbetonen, als Fanatism. Ein solcher ist bemüht, sich katastrophal auszusprechen, gänzlich primitiv und undialektisch. Erhaltende Momente zu bilden vermögen konstitutive Ideen ebensowenig, wie Revoltengesinnung irgend etwas mit Fortschritt zu tun hat.

Carl Einstein

Jede Revolution endet mal in einer Kneipe.

Hans Schmid

Wider Völkerführer und Diktatoren
Je substanzloser ein solcher Hoheitsträger ist, desto voller saugt er sich, in seiner rabiaten Großmannssucht, mit allen jenen Gewohnheiten, die zu seinem Amt gehören, und ohne Witz und Humor nimmt er sich selbst feierlich ernst in einem Grade, als ob er zu seinem eigenen Abgott geworden wäre.

Johannes R. Becher

Wider staatliche Instrumente

Wider den Staatsapparat
Die Vergottung der Institution und ihrer Spielregeln ist etwas unsagbar Widerwärtiges.

Kurt Tucholsky

Vernunft empört sich immer wieder über die dumme Umständlichkeit, mit welcher die Welt verwaltet wird.

Lion Feuchtwanger

Berlin wird immer mehr eine Behörde; jedes Ministerium, außer einem Hauptprachtgebäude, dehnt sich auf Nebengebäude aus, kauft und mietet, und hunderte der schönsten Zimmer dienen bloß zur Ablagerung von Akten. Dies Gebrechen, die weitschichtige, umständliche, nutzlose, ja schädliche Anhäufung der Geschäftsbetriebe, der Behörden, dies sollte im preußischen Staate aufgegriffen und geheilt werden.

Varnhagen van Ense

Zu alledem kommt noch das drückende Akzisesystem. Die Herren Sachsen, deren Entusiasmus für ihren Landesherrn keine Grenze kennt, sehen mit stolzem Hohnlächeln auf ihre Nachbarn, die Preußen herab, die sie nicht viel anders als Sklaven betrachten, wobei die alte, schon tausendmal vorgeworfene Regie immer mit allen Scheußlichkeiten ausgemalt und in den Vordergrund gestellt wird. Ich weiß wahrlich nicht, ohne der Regie das Wort reden zu wollen, ob sie weit schlimmer sein kann als die sächsische Akzise. Hier wie dort Störung und Aufenthalt des Handels, Privilegierung des Diebstahls und Ernährung einer Menge unnützer Müßiggänger, die zwei Drittel des vom Schweiße des Bürgers erzeugten Reichtums verzehren, während der Staat kaum eines bekommt. Dabei dünkt mir, daß die preußische Akzise mehr Artikel des Luxus' betrifft, die sächsische aber notwenige Lebensbedürfnisse erfaßt. Wer Champagner trinkt, mag die Flasche doch um sechs oder acht Gulden teurer bezahlen, wenn aber ein armes Bauernweib von dem trockenen Brot einen Dreier abgeben soll, das sie ihrem Sohn in die Stadt bringen will, den der Fürst zum Soldaten genommen hat, so empört das mein Herz.

Georg Friedrich Rebmann

Wider Ämter und Beamte

Sperren Sie hundert Beamte in ein Verwaltungsgebäude ein, und in einem halben Jahr werden sie untereinander so beschäftigt sein, daß sie keinen Kontakt mit der Öffentlichkeit mehr brauchen.

Karl Baurichter, Düsseldorfer Regierungspräsident

Es ist nichts so absurd, daß Gläubige es nicht glaubten. Oder Beamte täten.

Arno Schmidt

Es geht drunter und drüber in unsern Staaten, weil die Beamten nicht verstehen, auf das Volk zu wirken. Sie schlagen darauf los, und das nennen sie verwalten. Verstimmen ist leicht, aber stimmen kann nicht jeder. Und wie sollte es anders sein? Schuster, Schneider, Schlosser, müssen in Deutschland einen großen Teil ihres Lebens in der Lehre stehen und wandern, bis ihnen verstattet wird, ihr Handwerk auszuüben; Bierbrauer und Faßbinder lernen, der Himmel weiß wie viele Jahre, an einer einzigen Suppe kochen, an einem einzigen Gefäße schnitzen, und das Regieren, denkt man, sei eine angeborene Fähigkeit. Oder etwa das Studieren auf der Universität bilde den Beamten? Regieren ist eine Kunst, keine Wissenschaft, und ein Schneiderjunge, der lesen und schreiben gelernt hat, versteht darum noch keinen Rock zu machen. Das Regieren von ehemals steht von dem gegenwärtigen so weit ab, wie die Schiffahrt auf Strömen von der auf dem Meere. Unsere Beamten sind Ruderknechte, sie verstehen die Segel, den Kompaß, das Steuerruder nicht zu gebrauchen, und die Vornehmen in der Kajüte verstehen es auch nicht. Sie wissen nichts von Sandbänken und Klippen und Meeresstille. Sie haben ein paar Brezeln, die hinreichen nach Offenbach oder Niederrad, aber nicht Mundvorrat genug für große Seereisen.

Steckbriefe schreiben, die Schatzung einnehmen, eine Schildgerechtigkeit erteilen oder oder abschlagen, einen bettelnden Handwerkspurschen ins Loch stecken, einen Wirt bestrafen, der abends nach zehn Uhr noch einem Bürger den Durst gelöscht, eine Hure auspeitschen, das sind freilich leichte Sachen. Aber jetzt sind Staatsverbrecher zu verfolgen, Schuldentilgungen von tausend Millionen anzuordnen, die Rechte der Völker zu bestimmen, Millionen Bettler zu befriedigen, berauschte Länder in Achtung zu erhalten, und zu diesem allen ist euer Konzept- und Stempelpapier viel zu klein.   *Ludwig Börne*

Der Weg zum Amte, Freund! – das pred'ge deinen Kindern!
ist sehr beschwerlich jetzt; er führet durch den H-t-n.
Theodor Heinrich Friedrich

Das sterbende Beamtentum verbreitet den Aasgeruch seiner ›Akten‹ und ›Zuständigkeiten‹ überall.   *Henriette Welskopf-Henrich*

Die krankhafte Sucht, von der das Land besessen ist, diese Gier, Ämter zu gründen, auszubauen, aufzublasen und wieder neue zu gründen, hat ihre tiefe Ursache in der Lebensschwäche der Funktionäre. Man sieht diesen matten und unausgearbeiteten Gesichtern auf hundert Schritt an, daß sie nicht nötig haben, sich im harten Kampfe mit Konkurrenten ihr Brot zu verdienen. Sie verzehren die Zinsen eines fiktiven Kapitals und sitzen im Trockenen.   *Ignaz Wrobel*

Es ist kein Unsinn so absurd, daß er nicht einer Behörde einfallen könnte!
Arno Schmidt

Wohnungsamt – Man mache einen Versuch und erlasse eine Rundfrage an das Publikum, was es über diese Behörde denkt – die Antwort wird lauten: Eine Plage der Menschheit! Eine Geißel Gottes! Das mittelalterliche Halseisen!
Albin Gorter

Das Schmalz, mit dem der mittlere deutsche Parteiführer das Wort »Berufsbeamtentum« ausspricht ... wenn doch nur jeder Arbeitslose so viel Fett auf seinem Brot hätte!   *Kurt Tucholsky*

Verwaltungen
Wie dumm Verwaltungen sein müssen, bei denen Alles schlecht geht, kann man an der Dummheit derjenigen ermessen, bei denen Alles gut geht.
Julius Levin

Wider das Militär und den Krieg
Das aber, womit am ehesten gebrochen werden muß, ist der Militarismus.
Theodor Fontane

Die Bestie Militarismus lebt immer noch. Bestien muß man totschlagen.
Otto Flake

Der Militarismus ist der Kultus der rohen Gewalt. *Wilhelm Liebknecht*

Die unsägliche Gemeinheit der Telephongenerale, ihre Fehler der Kohlrübenheimat aufzubürden, wird noch verstärkt durch die persönliche Verlogenheit der Legendenträger, von denen nachweislich keiner eine revolutionäre Propaganda großen Stils im Heere gesehen hat und gesehen haben kann: denn es hat sie nicht gegeben. Sie haben sich einen Bubu erfunden – aber sie sind es selbst gewesen. Viel wichtiger erscheint mir die kulturelle Gefährlichkeit, veraltete und verrottete Grundsätze des Offizierscorps ins Zivil zu pflanzen. *Ignaz Wrobel*

Die gradezu groteske unseren Kriegführern unverantwortlicherweise gelassene Macht zeigt sich weniger daran, was sie in andern Ländern anrichten, als daran, daß sie ihr eignes Land wirtschaftlich und, soweit dies überhaupt noch von Nöten war, geistig und sittlich verwüsten durften, ohne zur Verantwortung gezogen zu werden, ja, ohne auch nur eine Spur von Verantwortung vor sich selbst zu empfinden. *Julius Levin*

Seitdem man dem modernen Spießer die Tötungsmaschine zum Spiele gegeben hat, ist er nicht mehr zu halten. »Denn wer die Waffe hat, der schlägt die Wunde«, heißt es bei Karl Kraus. Wenn man nur ein Maschinengewehr besitzt, das Schußfeld wird sich schon finden. (Um es ethisch zu basieren, dazu sind Geistliche aller Konfessionen, Universitätsprofessoren, Erzieher, Journalisten, Volk und Knechte gern bereit.) Die unbestimmte Hoffnung, mit bewaffneten Haufen unbequeme Wirtschaftserscheinungen aus der Welt zu schaffen, Arbeitslosigkeit, Sehnsucht nach dem verantwortungslosen Abenteuer, das im Fall des Gelingens die Teilnehmer bei allen Ausschreitungen straflos läßt; das ballte entlassene Offiziere, Nichtstuer, Schieber, Emigranten, unzufriedene Beamte, faulenzende Studenten zusammen. Ein wüster Waffenhandel begann. *Kurt Tucholsky*

Der deutsche Offiziersgeist, diese Mischung aus Brutalität, Stumpfsinn, Überhebung und Mangel an Zivilcourage ... *Ignaz Wrobel*

Das Volck ist hin vnd her geflohn mit hellen hauffen /
Die Töchter sind bey Nacht auf Berge zugelauffen /
Schon halb für Schrecken todt / die Mutter hat die Zeit /
in der sie eynen Mann erkandt / vermaledeyt.
Die Männer haben selbst erbärmlich müssen flehen /
Wann sie jhr liebes Weib vnd Kinder angesehen.
Die Kinderlein / gelegen an der Brust /
So noch vor keinem Krieg' vnd Kriegesmacht gewust /

Sind von der Mutter Leid auch worden angereget /
Vnd haben alesampt durch jhr Geschrey beweget;
Der Mann hat seine Fraw beweynt / die Fraw den Mann /
Vnd was ich weiter nicht aus Wehmut sagen kan.
Viel minder werd' ich nun des Feindes harte Sinnen
Vnd große Tyranney beschreiben können /
Dergleichen nie gehört: Wie manche schöne Stadt /
Die sonst das gantze Land durch Pracht gezieret hat /
Ist jetzund Asch vnd Staub? Die Mawren sind verheeret /
Die Kirchen hingelegt / die Häuser vmbgekehret.
Wie wann ein starcker Fluß / der vnvorsehens kömpt /
Die frische Sääte stürtzt / die äcker mit sich nimbt /
Die Wälder nieder reißt / läufft außer seinen Wegen /
So hat man auch den Plitz vnd Schwefelichte Regen
Durch der Geschütze Schlund mit grimmiger Gewalt /
Daß alles Land vumbher erzittert vnd erschallt /
Gesehen mit der Lufft hin in die Städte fliegen:
Des Rauches Wolcken sind den Wolcken gleich gestiegen /
Der Fewer-Flocken See hat alles vberdeckt /
Vnd auch den wilden Feind im Lager selbst erschreckt.
Das harte Pflaster hat geglüet vnd gehitzet /
Die Thürme selbst gewanckt / daß Ertz darauff geschwitzet:
Viel Menschen / die der Schaar der Kugeln sind entrant /
Sind mitten in die Gluth gerathen vnd verbrannt /
Sind durch den Dampff erstickt /verfallen durch die Wände:
Was vbrig blieben ist / ist kommen in die Hände
Der ärgsten Wüterey / so / seit die Welt erbawt
Von GOtt gestanden ist / die Sonne hat geschawt.
Der Alten grawes Haar / der jungen Leute Weynen /
Das Klagen / Ach vnd Weh / der großen vnd der kleinen /
Das Schreyen in gemein von Arm und Reich geführt
Hat diese Bestein im minsten nicht gerührt.   *Martin Opitz*

Warum muß es denn gerade Krieg sein? Krieg ist ein gefährliches Spiel: ich kann
schon das bloße Wort nicht leiden.   *Ludwig Tieck*

Krieg, Krieg, es ist halt doch eine greuliche Sach'…   *Gustav Meyrink*

Erste Gesinnung: Abscheu gegen den Krieg   *Johann Gottfried Herder*

Von allen Spielen ist das Verlierendste der Kriegshalbkunst trauriges Würfel-spiel: Denn welcher Wurf auch falle: fällt doch selber dem Siegenden Tod und Elend. *Friedrich Gottlieb Klopstock*

Kriegsrecht

Es gibt kein Völkerrecht zum Kriege. Recht ist Friede. Der Krieg ist überhaupt kein rechtlicher Zustand, wäre dieser zu erhalten, so wäre kein Krieg.
Johann Gottlieb Fichte

Drill

Preußischer Drill und Gedächtnisballast. Je weniger man davon schleppt, desto besser. *Theodor Fontane*

Der militärische Drill kann der Anfang vom Ende sein, worin man immer tiefer einsinkt, bis einem ein dummer Tod ganz ungefühlt rasch oder schleppend den AbSchluß bringt. *Norbert von Hellingrath*

Dieser Geist des marschierenden Spießers, ob er sich nun im Kriegerverein, in der Schützengilde oder im langsam, aber sicher verfettenden Stahlhelm doku-mentiert, ist die stärkste Stütze jenes Systems, das sich in der Ausbeutung des Menschen täglich fluchwürdig offenbart. *Walther Victor*

Wenn wir hören: dort haben die Männer nicht Zeit zu den produktiven Geschäften; Waffenübungen und Umzüge nehmen ihnen den Tag weg, und die übrige Bevölkerung muß sie ernähren und kleiden, ihre Tracht aber ist auf-fallend, bunt und voller Narrheiten; dort sind nur wenige unterscheidende Eigen-schaften anerkannt, die Einzelnen gleichen einander mehr als anderswo oder werden doch als Gleiche behandelt; doch verlangt und gibt man Gehorsam ohne Verständnis: man befiehlt, aber man hütet sich zu überzeugen; dort sind die Strafen wenige, diese wenigen aber sind hart und gehen schnell zum Letzten, Fürchterlichsten; dort gilt der Verrat als das große Verbrechen, schon die Kritik der Übelstände wird nur von den Mutigsten gewagt; dort ist ein Menschenleben wohlfeil, und der Ehrgeiz nimmt oft die Form an, daß er das Leben in Gefahr bringt – wer dies Alles hört, wird sofort sagen: Es ist das Bild einer barbarischen, in Gefahr schwebenden Gesellschaft. Vielleicht, daß der Eine hinzufügt: Es ist die Schilderung Spartas; ein Andrer wird aber nachdenklich werden und ver-meinen, es sei unser modernes Militärwesen beschrieben, wie es inmitten uns-rer andersartigen Kultur und Sozietät dasteht, als ein lebendiger Anachronis-mus, als das Bild, wie gesagt, einer barbarischen, in Gefahr schwebenden Gesellschaft, als ein posthumes Werk der Vergangenheit, welches für die Räder der Gegenwart nur den Wert eines Hemmschuhs haben kann.
Friedrich Nietzsche

Ich verachte jeden Menschen, der gern Uniform trägt. *Arno Schmidt*

Wider den Frieden
Oder sei es auch nur, daß man einen Krieg begänne, er kann ungerecht sein. Dieser Friede ist so faul, ölig und schmierig wie eine Leimpolitur auf alten Möbeln. *Georg Heym*

Ruh und Frieden ist ein herrlicher Stand zu genießen und sich zu sammeln; aber der Mensch ohne gereizt zu werden, versinkt dabei in Untätigkeit. Besser, daß immer etwas da ist, das ihn aus seinem Schlummer weckt. Wir sollten einander bekriegen, weil kein höher Geschöpf es kann. *Wilhem Heinse*

Wider Recht, Richter und das Justizwesen
Der Herr wird mir nichts weiß machen. Ich kenne alle Advokatenstreiche und lasse mich nicht verblenden. Hier ist ein Exempel nötig. Ein Justitiarius, der schikanieren tut, muß härter als ein Straßen-Räuber bestrafft werden. Denn man traut sich am Erstern, und vor Letzterm kann man sich hüten. *Friedrich II.*

Man kann eher ein Schwein am eingeseiften Schwänzchen festhalten, denn einen Advokaten am Fuß. *Sprichwort*

Wer zu blöd fürn ärgsten Mist,
wird ein teutscher Saujurist *Jakob Haringer*

Die Kriminaljustiz sollte sich bemühen, die Unschuld zu entdecken statt der Schuld. *Friedrich Hebbel*

Weitläufiges Schreiben der Advokaten zugleich Dummheit und Diebsinn, lange Finger und Ohren. *Jean Paul*

Nie wölbt sich meine Lippe zu einem Lächeln tieferer Verachtung, als wenn ich von Richter und Recht bei uns sprechen höre. Galeerensträflinge scheinen mir sehr ehrenwerte Leute im Verhältnis zu unseren Richtern zu sein. *Ferdinand Lassalle*

Wer vor dieser Welt der Verwesung sinnliche Regungen aufbringt oder für möglich hält, der muß ein Leichenschänder sein oder ein Richter. *Friedrich Sieburg*

Es geht nicht an, daß der Staat den sokratischen Männern weiter bei Strafe lebenslang Enthaltsamkeit oder lebenslange Selbstbefriedigung verordnet.

Wenn eine Anzahl Sexuologen und Rechtsphilosophen seit Jahrzehnten sich den Mund fusslig geredet und Bibliotheken über eine Frage verfaßt haben, aber die Justizmandarine so tun, als wären alle diese vom Beifall der Intelligenz einer ganzen Nation begleiteten Forschungen und Beweisführungen einfach nicht vorhanden, dann ist das wahrhaftig, um sich die Haut vom Schädel zu reißen.

Kurt Hiller

Niemals kann einem richtigen Menschen in Kopf, Herz und Magen so schlecht werden, wie es die Urteile preußischer Richter sind. Diese durchbohren mit dem Gefühl ihres Nichts den Angeklagten, um sich dadurch am Außergewöhnlichen für die Mittelmäßigkeit des eigenen Lebens zu rächen. Denn schon der Verdacht, eine strafbare Handlung begangen zu haben, mutet ja wie ein Versuch an, aus dem Leben ein Kunstwerk zu machen, im Vergleich zur aalglatten und Gott in keiner Weise auffälligen Existenz eines Normaluntertans, wie er dem richterlichen Rechtsbegriff zu Grunde liegt.

Friedrich Sieburg

Der Dreck, den einst beim Weltgericht die irdischen Urteilssprüche Gott angehen werden, stinkt heute schon zum ewig verriegelten Himmel. So ein Staatsanwalt macht sich keinen Begriff davon, was er anrichtet, wenn er nur den Mund öffnet.

Friedrich Sieburg

Man sei äußerst vorsichtig im Schreiben, Reden, Versprechen und Behaupten gegen Rechtsgelehrte. Sie kleben am Buchstaben; ein juristischer Beweis ist nicht immer ein Beweis der gesunden Vernunft; juristische Wahrheit zuweilen etwas mehr, zuweilen etwas weniger als gemeine Wahrheit; juristischer Ausdruck nicht selten einer anderen Auslegung fähig als gewöhnlicher Ausdruck und juristischer Wille oft das Gegenteil von dem, was man im gemeinen Leben Wille nennt.

Adolph Freiherr von Knigge

Eine der unangenehmsten Peinlichkeiten in deutschen Gerichtssälen ist die Überheblichkeit der Vorsitzenden im Ton den Angeklagten gegenüber. Diese Sechser-Ironie, verübt an Wehrlosen, diese banalen Belehrungen, diese Flut von provozierenden, beleidigenden und höhnischen Trivialitäten ist unerträglich.

Kurt Tucholsky

Schöffen
Gott schütze uns vor diesen Schöffen. Reißt die Fenster auf –! Es mufft.

Ignaz Wrobel

Rechtssystem
Die Justiz ist in Deutschland seit Jahrhunderten die Hure der deutschen Für-

sten. Jeden Schritt zu ihr müsst ihr mit Silber pflastern, und mit Armut und Erniedrigung erkauft ihr ihre Sprüche.

Georg Büchner

Da widmen sich denn die schiefsten Köpfe dem Studium der Rechtsgelehrsamkeit, womit sie keine anderen feinen Kenntnisse verbinden, dennoch aber so stolz auf diesen Wust von alten römischen, auf unsere Zeit wenig passenden Gesetzen sind, daß sie von dem Manne der die edlen Pandekten nicht am Schnürchen hat, glauben, er könne gar nichts gelernt hat. Ihre Gedankenreihe knüpft sich nur an ihr Buch aller Bücher, an das Korpus Juris an, und ein steifer Zivilist ist wahrlich im gesellschaftlichen Leben das langweiligste Geschöpf, das man sich denken mag. In allen übrigen menschlichen Dingen, in allen den Geist aufklärenden, das Herz bildenden Kenntnissen unerfahren, treten sie dann in öffentliche Ämter. Ihr barbarischer Stil, ihre bodenlangen Perioden, ihre Gabe, die einfachste, deutlichste Sache weitschweifig und unverständlich zu machen, erfüllt jeden, der Geschmack und Gefühl für Klarheit hat, mit Ekel und Ungeduld.

Adolph Freiherr von Knigge

Die Anmaßung, daß der Staat im Besitz der rechtlichen Norm sei, ist dem weitaus schlimmeren Grundsatz gewichen, daß jede Persönlichkeit als ein Feind der Ordnung zu betrachten sei, der Ordnung also, wo die Diebe nur in handelsrechtlich zugelassenen Formen und die Pornographen nur bei gelöschten Lichtern geduldet werden dürfen.

Friedrich Sieburg

Prozesse sind Ekzeme am Körper der bestehenden Gesellschaft. Sie bilden sich nicht etwa von schlechter Luft oder vom Straßenstaub – sie zeigen sich dem prüfenden Auge als Symptome von Blutverseuchungen.

Alexander Werner Thull

Man soll auch in Deutschland als Sozialkritikus und sozusagen Kulturheilgehilfe das Strafrechtskind nicht mit dem Bade ausschütten; das Bad allerdings ist in eminentestem Grade ausschüttenswert. Es schillert olivbraun und stinkt.

Kurt Hiller

Todesstrafe

Mord ist verabscheuenswert; verabscheuenswerter aber ist die Todesstrafe. Der Verbrecher tötet in wenigen Sekunden. Die Todesstrafe faßt ihr Opfer in Monaten – oft in Jahren – Sekunde für Sekunde an die Kehle, drückt zu, läßt wieder los, grinst höhnisch und beginnt das mörderische Spiel immer wieder von neuem: Millionen Tode für einen. Das ist eine unendlich langsame Zersetzung des Körpers und des Geistes. In dem lebendig-toten, zwischen Hoffnung und gräßlichster Todesangst hin und her pendelnden Wrack nistet sich der Geistliche ein. Die Kirche – die salbadernde Vertreterin der christlichen Nächstenliebe – betreibt ohne Scham die widerwärtigste Leichenfledderei. Es gibt Narren, die in einer Reform der Hinrichtungsmethode eine Humanisierung der Todesstrafe sehen. Der elektrische Stuhl gleicht im Endeffekt dem Rad, Gift, Strick, Beil und der Kugel. Das Viehisch-Grausame der Todesstrafe liegt nicht in der Art der Hinrichtung, sondern in den seelischen Qualen des Verurteilten vom Augenblick des Todesurteils bis zur Hinrichtung. Da stirbt ein Mensch – bitte ein Mensch! – Millionen Tode!   *Adolf Meinberg*

Hals und Leben abgeschnitten!
Heißt das Strafe, möchte' ich bitten!   *Karl Mayer*

Gesetze

Der lächerliche Zufallsbrei, den da Beamte, parlamentarische Wichtigtuer und Duckmäuser zusammenkochen, heißt nachher Gesetz und wird einer mächtigen Bureaukratie willkommener Anlaß sein, auch weiterhin auf den schafsgeduldigen Deutschen herumzuregieren.   *Kurt Tucholsky*

Welch ein fürchterliches Buch ist das Korpus Juris, die Bibel des Egoismus!
                                    Heinrich Heine

Mit der Aufhebung des Faustrechts wurde an die Stelle des Rechts des Stärkeren das Recht des Klügeren gesetzt.   *Arthur Schopenhauer*

Durch schroffe Strafgesetze hat man wie mit einer Krätzsalbe die Mißetätigkeit der Menschen zurückgetrieben. Die Haut ist zivilisiert, die Psore schleicht in den dunkeln Eingeweiden umher, die Verbrechen haben sich vermindert, aber die Menschen sind lasterhafter geworden.   *Ludwig Börne*

Soweit es Gesetze in der Geschichte gibt, sind die Gesetze nichts wert und ist die Geschichte nichts wert.   *Friedrich Nietzsche*

Nirgends findet sich ausdrücklich die Bestimmung: Politische Freiheit besteht darin, daß die Dummen die Gesetze machen, denen alle zu gehorchen haben.
                                    Fritz Mauthner

Und es bleibt nichts als die hohle Deklamation, daß das Gesetz um des Gesetzes willen, die Pflicht um der Pflicht willen erfüllt werden müsse, und wie das Ich sich über das Sinnliche und Übersinnliche erhebe, über den Trümmern der Welten schwebe usw. Diese erhabene Hohlheit und einzig konsequente Leerheit muß denn so viel nachgeben, auf Realität Rücksicht zu nehmen, und wenn der Inhalt als ein System der Pflichten und Gesetze zu wissenschaftlichem Behuf aufgestellt werden soll, wird entweder die ideale Realität oder der Inhalt der Gesetze, Pflichten und Tugenden empirisch aufgerafft, wie Kant es vorzüglich tut, oder von einem endlichen Ausgangspunkt aus, fortlaufend an Endlichkeiten, wie Fichte willkürlicherweise von einem Vernunftwesen, und einem solchen, das keinen Leib hat usw., anfängt, deduziert.

Georg Friedrich Wilhelm Hegel

Jedes Ausnahmegesetz ist eine Torheit und ein Verbrechen.

Johann Gottfried Seume

Völkerrecht = Papierfetzen   *Albert Ehrenstein*

Gefängnis
Ein Todesurteil, ein Schafott, was ist das? Man stirbt für seine Sache. Aber so im Gefängnis auf eine langsame Weise aufgerieben zu werden! Das ist entsetzlich!

Georg Büchner

Wider die Menschenrechte und die Freiheit
Wie? Was? He? Etwa: Menschenrechte? Ha, ha, ha, Menschenrechte! Wann denn ist einmal ein Mensch – Mensch? Niemals. 100 000 Rücksichten walten hier. Wie? Was? He? Brüderliche Liebe etwa? Köstlich, köstlich ist dies »brülljante« Wort. Brüderliche Liebe? Bei dieser schändlichen Mörder- und Mordgesellschaft: Menschen genannt? Brüderliche Liebe? Wie? Was? He? Gleichheit etwa? Die Hyänen der Sozialdemokraten – die Anarchisten, wie gesagt, verstehe ich, das sind himmlische Kerle – wollen Gleichheit? Wie? Was? He? So wie mit 10 000 000 000 Tonnen Menschenblut auf eine Minute Gleichheit war, gleich schlagen sich die »Führer« die Brandfackeln und Petroleumfässer um den Kopf; dann wieder
100 000 000 000 Tonnen Menschenblut, und es entsteigt aus ihnen der Diktator – Praesident – König pp. Nein, Nein! Die Knute ist gut.

Detlev von Liliencron

Wir haben keine Wahrheit mehr, die alte Notdürfte und Verpflichtungen des Instinkts sind abgeblaßt. Die Wünsche hängen hohl und weitfaltig um gemagerte Dinge. Man lernte die Gebundenheit zugleich als Wille zu verstehen, und da man alles wollen konnte, verloren wir die Werte. – Die allzugroße Freiheit hat uns verarmt, Phantasie gestattet, alles ohne tatsächliche Realität zu genießen.

Carl Einstein

Wie die Religion und am entschiedensten das Christentum den Menschen mit der Forderung quälte, das Unnatürliche und Widersinnige zu realisieren, so ist es nur als echte Konsequenz jener religiösen Überspanntheit und Überschwenglichkeit anzusehen, daß endlich die Freiheit selbst, die absolute Freiheit zum Ideale erhoben wurde, und so der Unsinn des Unmöglichen grell zutage kommen mußte.

Max Stirner

Wider die Arbeitswelt, das Geld und den Handel

Gottfried Benn dichtete: »Dumm sein und Arbeit haben, das ist das Glück.« Und was bringt Arbeit? Etwas Geld. Aber, wie der staubtrockene Hermann Hesse lehrte: »Das Staubschlucken und Geldzählen macht einen zum elenden Kerl.« Auch Oskar Maria Graf hat recht: »Das Geld! Das verfluchte Geld, das war an allem schuld! Das war die Hölle!« Alfred Döblin sagte es komplizierter: »Der Aneignungsfanatismus übt seine stärkste und raffinierteste Wirkung im kleinen, in der Zermürbung von Vertrauensbeziehungen. Er nagt an der Wurzel unserer gesellschaftlichen Existenz.« Deshalb »wäre eine beschreibende Analyse der Banknoten zu liefern. Ein Buch, dessen grenzenlose Kraft der Satire ihresgleichen nur in der Kraft seiner Sachlichkeit hätte. Denn nirgends mehr als in diesen Dokumenten gebärdet der Kapitalismus sich naiv in seinem heiligen Ernst. Was hier an unschuldigen Kleinen um Ziffern spielt, als Göttinnen Gesetzestafeln hält und an gereiften Helden vor Münzeinheiten sein Schwert in die Scheide steckt, das ist eine Welt für sich: Fassadenarchitektur der Hölle.«

Kleines Arbeits-Abscheu-ABC

Die Arbeit ist eine Schmach, weil das Dasein keinen Wert an sich hat.

Friedrich Nietzsche

Wer mechanische Arbeit am eigenen Leib kennengelernt hat, wer das Gefühl kennt, das sich ganz und gar in einen einschleichenden Minutenzeiger einbohrt, das Grauen, wenn eine verflossene Ewigkeit sich in einem Blick auf die Uhr als eine Spanne von zehn Minuten erweist, wer das Sterben eines Tages nach einem Glockenzeichen mißt, wer Stunde um Stunde seiner Lebenszeit tötet, mit dem einzigen Wunsch, daß sie rascher sterbe, der wird das Märchen von der Arbeitslust mit Hohn beiseiteschieben.

Walther Rathenau

Arbeitslosigkeit, Folgen der

Eine der schauerlichsten Folgen der Arbeitslosigkeit ist wohl die, daß Arbeit als Gnade vergeben wird. Es ist wie im Kriege: wer die Butter hat, wird frech.

Kurt Tucholsky

Armut

Wo Geld ist, da ist der Teufel, wo keines ist, da ist er zweymal.

Sebastian Sailer

Aufschwung

Die Lüge von der neuen Prosperität ist gescheitert, der großmäulige Wiederaufstieg-Optimismus mit der pompösen expansiven Geste jäh versackt. Das System der Rationalisierung, dieser schamlosesten Auspowerung der arbeitenden Massen, hat seinen schwarzen Freitag gefunden. Der deutsche Kapitalismus, eben noch in siegestrunkener Weltbeherrscherpose gespreizt, steht plötzlich in grauem Entsetzen erstarrt.

Carl von Ossietzky

Bankrott

Von allen vier Winden erschallt die klagende Stimme: Es sind itzt harte Zeiten; der Handel steckt, die Gewerbe wollen nicht fort; die alten Fabriken verfallen, und niemand hat Mut und Kräfte genug, neue anzulegen. Diese Klagen sind gerecht und werden täglich durch die traurigste Erfahrung bestätiget. Welche schreckliche Bankrotte sind nicht in wenig Jahren in Europa ausgebrochen, und welche traurige Folgen wirkt nicht oft ein einziger Bankrott! Nie kann das Kolossengebäude einer großen Handlung zerfallen, ohne daß nicht die herabstürzenden Quader die kleinern Handlungshäuser zerschmettern. Und was das betrübteste ist: so sieht man oft um diesen Schutt Witwen und Waisen jammern, die den Verlust ihres Vermögens beklagen.

Christian Friedrich Daniel Schubart

Berufsverbände

Denn es hat sich mit diesen Tausenden von »Berufsverbänden« eine große Bureaukratie gebildet, die täglich wächst, Menschen, deren Tätigkeit zu nichts nutze ist, die mit zahllosen Neben- und Gegeneinandervorschlägen die Wirtschaftsverwirrung steigern und die noch stolz auf diesen Unsinn sind. Eine Bureaukratie, viel größer als eine Staatsverwaltung, mit ihrem Zweck in sich, eine Blähung über den Naturreichtümern und Arbeitskräften, sozusagen eine Wirtschaftskirche mit fünfzigtausend verschiedenen Dogmen, ein Blutegel. Saugen und nicht fördern, es sei denn die eigene Karriere bis ins Diätenparlament oder auf einen Direktorensessel.

Alfons Goldschmidt

Bureauzeit

Über die Arbeit klage ich nicht so, wie über die Faulheit der sumpfigen Zeit. Die

Bureauzeit nämlich läßt sich nicht zerteilen, noch in der letzten halben Stunde spürt man den Druck der 8 Stunden wie in der ersten. Es ist oft wie bei einer Eisenbahnfahrt durch Tag und Nacht, wenn man schließlich, ganz furchtsam geworden, weder an die Arbeit der Maschine des Zugführers, noch an das hügelige oder flache Land mehr denkt, sondern alle Wirkung nur der Uhr zuschreibt, die man immer vor sich in der Handfläche hält ... Alle Menschen, die einen ähnlichen Beruf haben, sind so. Das Sprungbrett ihrer Lustigkeit ist die letzte Arbeitsminute. *Franz Kafka*

Eigentum
Eigentum ist kein Fetisch, sondern legitimierte und vererbbare Räuberei.
Rudolf Augstein

Freier Handel
Keine Geschichte, keine freie Wissenschaft, keine freie Kunst! Freier Handel ist die ganze Freiheit, ein Gott von Pappe, in allerlei kleinen Buchbinderausgaben, ein Gott, dem man keinen Geschmack zutraut, weil man selbst keinen hat – eine neue Welt, welche von der alten nur ein Paar Zahlen geerbt hat; was nicht Geld einbringt, ist überflüssig! O schöne Freude einer edlen Bildung, warum habe ich Dich mit Füßen gestoßen, eine Kaufmannsschule, welche sich für eine Welt ausgibt, rächt Dich an mir! *Heinrich Laube*

Handel und Geschäfte
An den täglichen Nachrichten kann man ablesen, was diese Gesellschaft regiert: Geschäft und Geschwätz – das Geschäft der Händler und das Geschwätz der Unterhändler. *Gerd Bergfleth*

Alle Begierden, alle lasterhaffte Neigungen unserer Hertzen werden durch Handel und Wandel nicht nur unterhalten, sondern mehr und mehr gereitzt und verstärcket ... Alles, was die Zunge und den Gaumen kützelt, alles, was zur Gemächlichkeit des Cörpers, ja zur überflüßigen Verzärtelung weichlicher Gliedmaßen dienet, wird uns durch das Gewerbe der Handelsleute über See und Land, viel tausend Meilen weit zusammengebracht. *Johann Christoph Gottsched*

Haie schlucken ständig die Kleinen. Daran ist einerseits das transnationale Amok-Nashorn des Gigantismus, Monopolismus, Zentralismus, Turbo-Kapitalismus schuld, andererseits bleibt dieses Monstrum selber nur ein klitzekleiner Tante-Emma-Laden im noch x mal komplexeren Makrosystem Natur. Und die läuft selten auf anderes als Staatsqualle und Rattenkönig hinaus. Denn Atome werden von Molekülen aufgekauft, diese von Molekülverbänden, diese von Zellen, diese von Bindegewebe, diese gehen so widerspruchslos wie unvermeidlich (ob mit, ob ohne Übernahmeangebot) in Lebewesen auf, diese fusionieren zu Fortpflanzungsmeuten, Stämmen, Völkern, Bevölkerungsexplosionen — hört sich alles ziemlich dubios und notbremsenlos an. *Ulrich Holbein*

Die Eile und Sorge verderben das Leben. Alles ist durch Allkonkurrenz auf die höchste Schnelligkeit und auf den Kampf um die Minimaldifferenz angewiesen. Zugleich aber, durch Einwirkung der großen Städte, kommt die Wut des schnellen Reichwerdens auf, l'amour du million, weil dies eben der Maßstab des Daseins ist. Ein naives Zugeständnis ist überall wahrzunehmen. Das »anständige Leben« wird bis ins Schwererschwingliche hinaufgeschraubt; man bedraf wenigstens des Anscheins des Reichtums. Schwindel aller Art ist mit diesen Erscheinungen und Zuständen verbunden. Bei irgend kritischen Zeiten stürzt dann eine Menge Kartenhäuser ein. *Jakob Burckhardt*

Inflation
Der Idioten Ingredienz –
Erst Inflation, dann Insolvenz. *Cazotte (Pseudonym)*

Kanzleipapier
Die Fesseln der gequälten Menschheit sind aus Kanzleipapier. *Franz Kafka*

Kaufleute
Diese werden von ihrer ersten Jugend an gewöhnlich so mit Leib und Seele nur dahin gerichtet, auf Geld und Gut ihr Augenwerk und für nichts anderes Sinn zu haben, als für Reichtum und Erwerb, daß sie den Wert eines Menschen fast immer nach der Schwere seiner Geldkasten beurteilen, und bei ihnen »der Mann ist gut« soviel heißt als »der Mann ist reich«. Hierzu gesellt sich noch ... eine Art Prahlerei, eine Begierde, es anderen ihresgleichen, da wo es in die Augen fällt, an Pracht zuvorzutun, um zu zeigen, daß ihre Sachen fest stehen. Da sich aber mit dieser Neigung noch Sparsamkeit und Habsucht verbinden, und sie, sobald es nicht bemerkt wird, in ihren Häusern äußerst eingeschränkt und hungrig leben und sich sehr viel versagen, so bemerkt man da einen Kontrast von Kleinlichkeit und Glanz, von Geiz und Verschwendung, von Niederträchtigkeit und Stolz, von Unwissenheit und Prätension, der Mitleiden erregt, uns so industriös auch sonst die Kaufleute sind, so fehlt es ihnen doch mehrenteils an der Gabe, ein kleines Fest durch Geschmackvolle Anordnungen glänzend und mit wenig Kosten einen anständigen Aufwand zu machen.
Adolph Freiherr von Knigge

Konferenz/Gemeinschaftsleben

Mit einem Wiesel, einer Katze, einigen Hunden, drei Hänflingen, zwei Drosseln, vierzehn Kohlmeisen, zwei Blau- und zwei Waldmeisen, einer Fledermaus und einer zahmen Raupe, kann ich Stunden – ja Tage -, Jahre verbringen. Was aber ist das, wenn Menschen bei etwas zusammensitzen, das Konferenz heißt und Tortur ist, insbesondere, und das tut es immer, wenn es sich um eine Angelegenheit handelt, die Geld bringen und nichts kosten soll oder selbst etwas Begehrtes, das nicht nur Geld ist, zu bringen hat, das in Gottes Namen welches kostet. Bei jeder Konferenz finden sich u.a.: ein Stier, der nicht viel sagt, aber den Kopf gesenkt hält, eine schmale Schlange, die Blicke wirft, meistens zwei magere Käfer, die vor lauter Anstrengung die Fühler spreizen und kreuzen und eine Respektsperson, der man sagen möchte: »Himmelherrgott, mach's doch so!« Aber dann wäre es keine Konferenz mehr.

Bei Konferenzen liegen oft für jeden Beteiligten wunderschöne Kohinoore da und neues Blockpapier; aber es wird nichts aufgeschrieben, das man sich nicht auch so merken könnte oder schon vorher gewußt hätte. Gewöhnlich malen die mageren Käfer schattierte Karos auf das Papier, während die Schlange ihre Unterschrift übt.   *Mechtilde Lichnowsky*

Konsumenten

Wie die Eroberer des Pekinger Kaiserpalastes bis in die Knie in seidenen Stoffen wateten, so stampft der erwerbende Mensch durch Ströme von Waren, mit denen ihn keine eingewohnte Liebe zum Gerät verbindet, und läßt Ströme von Abfällen hinter sich.   *Walter Rathenau*

Leihwesen

Um dem Armen schließlich noch die Trümmer abzunehmen, die er noch gerettet haben könnte, existiert die Leihkasse. Schon längst ist das Kapital durch die ungeheuren Akzisen bezahlt, aber wer wird eine gute Zwickmühle eingehen lassen? So ist es mit einer Menge Abgaben, die in einzelnen Fällen und auf eine gewisse Zeit gestundet sind. Muß dies nicht endgültig allen Gemeinsinn töten? Muß es den Bürger nicht verdrießen, wenn er sieht, daß man die Stadt gerade wie einen Fischteich betrachtet, den man nur deswegen nicht ganz leert, weil man im nächsten Jahr wieder das Netz auswerfen will? Muß es den Bürger nicht mißtrauisch machen, wenn er mit eigner Aufopferung zu diesem oder jenem Notfall eine Gabe bewilligt, die nun zur beständigen Last wird, nachdem jener Unfall längst verschmerzt ist! Man kann keine Himbeere verzehren, ohne dem Magistrat etwas abzugeben.   *Georg Friedrich Rebmann*

Mittellosigkeit

Ich versteh es einfach nicht, wie ein ziemlich gebildeter Mensch sich ohne das nötige Kleingeld auf die Straße wagen kann – eine ganz unglaubliche Frechheit!

Paul Scheerbart

Offenbarungseid

Der Offenbarungseid ist furchtbar. Ich muß bis auf die letzte verrostete Stahlfeder angeben, was ich habe. Habe ich auch nur einen alten Bleifederstumpf vergessen anzugeben, so kann ich sofort wegen Meineides verklagt werden.

Detlev von Liliencron

Spesenritter

Wer in die rauschenden, internationalen Züge und dort in die Abteile erster Klasse lugt, wer seine Nase an die Fenster der großen Hotels drückt, wer neidisch in den Hallen der pompösen Flughäfen herumstreunt, wer sich das Herz faßt und die Prunkrestaurants unserer Bundesstädte durchwandert – überall sieht er ihn sitzen: den Nutznießer fremden Wohlstandes, den legeren Schmarotzer der feinen Lebensart, den Träger der Aktentasche aus Saffian, den heimlichen Herrenmenschen von heute – den Spesendeutschen. *Friedrich Luft*

Teuerung

In Schwaben wird die Klage über die täglich überhandnehmende Teuerung der Lebensmittel immer himmelschreiender. An Gott fehlt's nicht, denn der gab Frucht und Most in Hülle und Fülle; an wem fehlt's dann? – Leider muß irgendwo der verfluchte Geiz im Hintergrunde lauern, seine Speicher und Keller füllen, die Schätze des Landes verschließen und so die Viktualienpreise zu jener Sündlichkeit hinauftreiben, worunter der mittlere Mann seufzt, der geringere aber zugrunde geht. *Christian Friedrich Daniel Schubart*

Vorzimmer

Am Vorzimmer erkennt man des Mannes Wert. Wer außerhalb der geltenden Vorzimmer-Spielregeln zu existieren versucht, heutzutage, hat ein schweres Leben. Mit dem Vorzimmer haben sich die Mächtigen und haben sich die vielen Aufgeblasenen ein Vorgelände, ein Niemandsland geschaffen, hinter dem sie clever operieren können. Im Vorzimmer werden wir mürbe gemacht. Da ist die geplante Vorhölle unserer Tage. Erst hinter der Doppeltür wohnt der Bescheid, der Auftrag, der Stempel. Wer wartet, wird weich. *Friedrich Luft*

Vorstand

Was steht denn da vor, an so einem? Was soll das überhaupt sein? Nur Aufsichtsräte sind schlimmer! *Wolf Frey*

Werbung

Wollte sich, sagen wir, Hölderlin einen neuen Anzug machen lassen vor 150 Jahren, ging er zum Schneider und hörte dort, was er für sein Geld an Kleidung bekäme. Benötigte Lessing ein paar Stiebel, setzte er sich in Braunschweig mit einem wackeren Schuster ins Benehmen und handelte mit dem Art, Zuschnitt, Preis und Datum der Fertigstellung aus. Damit hatte es sich. Heute aber sind Vorgänge wie diese, sind fast alle einfachen Anschaffungen in eine laute Wolke von Werbung gehüllt. Die dröhnt andauernd in unserem Lebenslauf von allen Seiten. Wo wir hinschauen, sollen wir überredet, überlistet, angeworben, zu Kauf und pekuniärem Leichtsinn verführt werden. *Friedrich Luft*

Wirtschaftsverbände

Man hat den Eindruck, daß neue Industrien eigens gemacht werden, damit es wieder Verbände gibt. Und kaum ist ein andrer Hosenknopf entdeckt, so wird auch schon der Verband der Fabrikanten von Hosenknöpfen mit innerer Beleuchtung gegründet. Womit Du dich kleidest, was du ißt, der Filmton, die Flimmerleinwand, die Schirmzwinge, die Rasierklinge, der kußfeste Lippenstift, Du bist drin in dieser Verbundenheit, Du lebst inmitten einer irrsinnigen Kontrolliererei und mußt das alles bezahlen. *Alfons Goldschmidt*

Zwischenhändler

Heute, in der Zeit, da der Staat einen unsinnig dicken Bauch hat, gibt es in allen Feldern und Fächern, außer den eigentlichen Arbeitern, noch »Vertreter«: z. B. außer den Gelehrten noch Literaten, außer den leidenden Volksschichten noch schwätzende prahlerische Tunichtgute, welche jenes Leiden »vertreten« – gar nicht zu reden von den Politikern von Berufs wegen, welche sich wohlbefinden und Notstände vor einem Parlament mit starken Lungen »vertreten«. Unser modernes Leben ist äußerst kostspielig durch die Menge Zwischenpersonen; in einer antiken Stadt dagegen, und im Nachklang daran noch in mancher Stadt Spaniens und Italiens, trat man selber auf und hätte nichts auf einen solchen modernen Vertreter und Zwischenhändler gegeben – es sei denn einen Tritt! *Friedrich Nietzsche*

Wider das Geld

Wenn wir doch das Geld abschaffen könnten! *Ludwig Tieck*

Jald macht's Herz äijennützig! *Herr Burdinski*

O Mensch, das Geld ist nur Schimäre! *Christian Morgenstern*

Der Geldmob sitzt auf goldnem Thron und frißt sich voll. *Hardy Worm*

Geld und Güter sind Müßiggänger- und Gutschmeckerprivilegien, für die wir arme Sünder die Kosten bestreiten müssen. *Wilhelm Weitling*

Geld! Entsetzliche Erfindung! Du bist das wahre Übel in der Welt.

Justus Möser

Ein schwerer Beutel macht leicht eitel. *Abraham a Sancta Clara*

Das Gold ist ein Talisman, worin Dämonen hausen, die alle unsere Wünsche erfüllen, aber uns dennoch gram sind ob des knechtischen Gehorsams, womit sie uns dienen müssen, und diesen Zwang tränken sie uns ein durch geheime Tücke, indem sie eben die Erfüllung unserer Wünsche zu unserem Unheil verkehren und uns daraus alle möglichen Nöte bereiten. *Heinrich Heine*

... die Wollust unseres geschändeten Lebens ... *Frank Warschauer*

Wie hoch steht ein spielendes Tier über einer Geldseele, hoch im Idealreich des Zwecklosen! *Friedrich Theodor Vischer*

Sturm und Drang nach kommerziellen Unternehmungen, Bereicherungssucht, Taumel des neuen bürgerlichen Lebens, dessen erster Selbstgenuß noch keck, leichtsinnig, frivol, berauschend ist; wirkliche Aufklärung des französischen Grund und Bodens, dessen feudale Gliederung der Hammer der Revolution zerschlagen hatte und welchen nun die erste Fieberhitze der vielen neuen Eigentümer einer allseitigen Kultur unterwirft; erste Bewegungen der freigewordenen Industrie – das sind einige von den Lebenszeichen der neuentstandenen bürgerlichen Gesellschaft. *Karl Marx*

Wie nobel ist selbst die verrückteste politische Leidenschaft gegen die Gelbsucht der Geldsucht! Gestern ein paar solcher Gesichter in der Gesellschaft. Zum Erbrechen. Ein grausig Mördergesicht ist flott dagegen. – Und um was drehen sich die Unterhaltungen dieses Geschlechts! Nicht daß sie vom Kleinen reden, ist das Niedrige, sondern daß sie vom Kleinen nicht zum Bedeutenden aufsteigen, vielmehr umgekehrt jedes Bedeutende ins Kleine zerren. Spricht man etwas, das Inhalt hat, so übersetzen sie es gütig nachhelfend erst ins Platte, dann verstehen sie es. – Ihr liebstes Element aber ist der Klatsch.

Friedrich Theodor Vischer

Die Profitwut ist die feigste und frechste Leidenschaft unter der Sonne.

Franz Mehring

Reichtum macht ein Herz schneller hart als kochendes Wasser ein Ei.

Ludwig Börne

Die innere Zufriedenheit der Menschen hat mit der Besserung der materiellen Existenzbedingungen nicht Schritt gehalten. *Ludwig Erhard*

Je länger der sogenannte Volkswohlstand dauert, je häßlicher wird das Land. Die Wälder werden abgeholzt, die Berge aufgeschürft, die Bäche abgeleitet, verunreinigt. Die Wiesen werden mit Fabriken besetzt, die Lüfte mit Rauch erfüllt, die Menschen unruhig, unzufrieden, heimatlos gemacht. Und so fort. Und alles des Geldes wegen. Ja, zum Teufel, was ist denn an dem Gelde, daß ihm die ungeheuren Opfer bebracht werden! *Peter Rosegger*

Dann gab ich jedem 2 Mark: da der menschliche Scharfsinn noch kein Verfahren ausgemittelt hat, wodurch wir unsere Habe in die andere Welt mitnehmen könnten, muß man Kinder beizeiten die Verachtung des Geldes lehren, vorsichtige Verschwender: »Und gebt es aus: Sparen ist Unsinn!« fügte ich hinzu. Und wenn sich Euch sämtliche Haare sträuben: ich habe als Kind genug unter dem verfluchten Sparbüchsenkomplex geduldet! *Arno Schmidt*

Wider das Kapital und den Kapitalismus

Der Kapitalismus ist der Generalangriff des Nihilismus auf alles, was irgend Bestand hat – ein Zerstörungswerk, das die Geschichte ebensowenig schont wie die Natur. *Gerd Bergfleth*

Wer den unergründlichen Schlund des Ausbeuters Kapitalismus in seiner ganzen Brutalität sehen will, muß auf die Fördersohle eines Schachtes hinuntersteigen. Hier, wo es darauf ankommt, die mit Schweiß und Flüchen der Erde abgerungenen Schätze zutage zu fördern, reißt er sein bluttriefendes Maul am weitesten auf. *Ludwig Turek*

Der Kapitalist. Er handelt nur nach den Geboten. Er kennt nicht Sentimentalität, nicht Tradition. Er würgt, wenn es sein muß, schnell und sicher den Verbündeten von gestern ab und fusioniert sich mit dem Feind. *Carl von Ossietzky*

Ich kann mir denken, daß man ohne viel Mühe ein Sündenregister des Kapitalismus zusammenstellt, groß genug, um gegen dieses Wirtschaftssystem in manchem Herzen Abscheu und Haß zu erzeugen. Der Kapitalismus hat uns die Masse beschert, er hat unser Leben der inneren Ruhe beraubt, er hat uns der

Natur entfremdet, er hat uns den Glauben unserer Väter genommen, indem er die Welt in ein Rechenexempel auflöste und eine Überwertung der Dinge dieser Welt in uns wach rief, er hat die große Masse der Bevölkerung in ein sklavenartiges Verhältnis der Abhängigkeit von einer geringen Anzahl von Unternehmern gebracht.

Werner Sombart

Wenn das Geld, nach Augier, »mit natürlichen Blutflecken auf einer Backe zur Welt kommt«, so das Kapital von Kopf bis Zeh, aus allen Poren, blut- und schweißtriefend.

Karl Marx

Eine Gesellschaft, die Hunderttausende umkommen läßt, um Tausend zu bereichern, ist faul bis ins innerste Mark. Sie kann nicht geheilt, sie muß zertrümmert werden.

Franz Mehring

Es muß doch etwas faul sein im Innersten eines Gesellschaftssystems, das seinen Reichtum vermehrt, ohne sein Elend zu verringern, und in dem die Verbrechen sogar rascher zunehmen als seine Bevölkerungszahl.

Karl Marx

Auch die Lüge von der neuen Prosperität ist gescheitert, der großmäulige Wiederaufstieg-Optimismus mit der pompösen expansiven Geste jäh versackt. Das System der Rationalisierung, dieser schamlosen Auspowerung der arbeitenden Massen, hat seinen schwarzen Freitag gefunden. Der deutsche Kapitalismus, eben noch in siegestrunkener Weltbeherrscherpose gespreizt, steht plötzlich in grauem Entsetzen erstarrt.

Carl von Ossietzky

Kinderarbeit
Unter den vielen schweren Verbrechen des Kapitalismus, über welche die Geschichte zu Gericht sitzen wird, ist keines brutaler, grausiger, verhängnisvoller, wahnwitziger, mit einem Wort himmelschreiender als die Ausbeutung der proletarischen Kinder.

Clara Zetkin

Luxus
Luxus und Korruption wurden die ersten Grundpfeiler des Despotismus.

Adolph Freiherr Knigge

Sonderbar, daß Fürstlichkeiten fast immer unerlaubt langweilig aussehen.

Theodor Fontane

Wider Berufe

Vielleicht ist »Agitator« gar kein richtiger Beruf. Aber auf jeden Fall eine Tätigkeit, die kaum Wohlgefallen finden kann, denn immerhin Karl Kraus hat notiert: »Das Geheimnis des Agitators ist, sich so dumm zu machen, wie seine Zuhörer sind, damit sie glauben, sie seien so gescheit wie er.« Politiker, Beamte, Industriekapitäne und Bankregenten gelten schon eher als Menschen, die mitten im Berufsleben stehen. Für diese gilt Otto Flakes Anweisung: »Die Kastraten im Parlament versagen. Man vergesse aber nicht, für ebenso wichtig und gefährlich die Beamten, Industriekapitäne und Bankregenten zu halten«. Apropos Bankregenten. Da ist das Stichwort Dieb nicht weit, das Egon Erwin Kisch treffend serviert: »Ein Dieb ist das Abscheulichste, was ich kenne. Ein Dieb ist ein schleichendes Gift, ein Dieb ist feige und heimtückisch. Leise zu sein, ist seine ganze Kunst«.

■

Um noch den Gerichtsvollzieher nachzuschieben, schrieb Carl von Ossietzky: »Der Nachrichter dieser Zeit ist nicht der Revolutionär, sondern der Gerichtsvollzieher. Alles wandert in einen großen Korb.« So wie abgeschlagene Köpfe: »Daß es die Todesstrafe gibt, ist weniger bezeichnend für unsere Gesittung, als daß sich Henker finden« (Franz Werfel). Vom Henker zur Hure: »In den angelsächsischen Ländern sehen die Dirnen so aus, als ob sie mit der Sünde zugleich die Höllenstrafe mitlieferten«. Die Frage ist nur, ob Theodor W. Adorno da in eigener Person die Probe aufs Exempel gemacht hat und wie oft. Jürgen von der Wense sah die Lehrer so: »Lehrer: Schwarz, hohe Kragen, schwarze Binder, schreckenerregend hart, grinsend: Du endest im Zuchthaus«.
    Hermann Hesse, »der Schwabe, der sich immer als Schweizer aufspielt« (Alfred Kerr), hatte auch keine gute Meinung von ihnen: »Macht besaßen sie, daran war nicht zu zweifeln, eine gewaltige, durch nichts verdiente, oft furchtbar und unmenschlich mißbrauchte Macht – es kam damals noch häufig vor, daß Aufdiehändeschlagen oder Andenohrenreissen bis zum Blutfließen betrieben wurde -, aber diese Lehrermacht war lediglich eine feindliche, gefürchtete und verhaßte.« Und Brecht sagte gar: »Deutschlehrer sind die geschlechtlosesten aller Wesen.«

■

Sie liegen nicht weit entfernt vom Kritiker: »Kritiker zu sein ist ein dummer Beruf, wenn man nichts ist, was darüber hinausgeht«. Dies die Meinung des Kritikers Alfred Kerr. Walter Serner hingegen konnte Kutscher nicht ausstehen: »Mit Kutschern und Chauffeuren unterhalte dich nicht einmal zu deinem Vergnügen.« Für Roda Roda waren die Oberkellner unbegreiflich. Er fragte Gott:

»Herr: in Wien die Oberkellner; genügt ein einziger bedienender Kellner nicht?«
Besonders verhaßt sind die Polizisten. E. E. Kisch: »Die Polizei ist ausführen-
des Organ der Machthaber, und schrankenlos wütet sie in ihrem Wirkungsbe-
reich«. Und Jakob Haringer spuckt aus: »Rührt euch Polizisten noch ein Maro-
nibrater- senkt ihr vor Gott noch eure Scheißgesichter? Leckt mich am Arsch ihr
Arschlöcher, nein, er ist für euch zu gut – .« Da fehlt nur noch der Staatsanwalt, vor dem Friedrich Sieburg entsetzt die Hände über dem Kopf zusam-
menschlug: »So ein Staatsanwalt macht sich keinen Begriff davon, was er
anrichtet, wenn er nur den Mund öffnet«. Nach einem Staatsanwalt fällt es sehr
schwer, in der Berufswelt schlimmeres zu finden. Lassen wir es denn also vor-
erst dabei.

Man hat mir stets Sennisblätter vorgesetzt unter dem Namen Blumentee.
Dummköpfe unter dem Namen Professor, Bösewichter unter dem Namen
Landgerichtsdirektor, Menschenmörder unter dem Namen Medizinalrat.

Theodor Lessing

Alles, was man regelmäßig und berufsmäßig tut, versteinert.   *Kurt Tucholsky*

Jeder Beruf züchtet seine eigene Dummheit: dem Arzt droht die Dummheit des
Materialismus, dem Juristen der Formalismus, dem Gelehrten der Dünkel der
Autorität, dem Kaufmann die Beschränktheit des Krämergeists, dem Künstler
der weltfremde Ästhetismus, dem Schriftsteller die ärgste der Dummheiten, die
literarische.   *Oscar A. H. Schmitz*

Berufsberatung
Die amtliche Berufsberatung ist geradezu grotesk: Männer und Frauen, die
ihren Beruf verfehlt haben, raten andern, welchen Beruf sie erwählen können.
Was bei dieser Berufsberatung herauskommt, ist schlimmste Bureaukratie, die
jenseits von Gut und Böse steht. Ihre Methode überwältigt sogar den gesunden
Menschenverstand.   *Gottlieb Scheuffler*

Kleines Berufe-Abscheu-ABC

Ackerbauer
Der Ackerbau gefällt mir nicht, diese erste und notwendige Beschäftigung der
Menschen ist mir zuwider; man äfft die Natur nach, die ihre Samen überall aus-
streut, und will nun auf diesem besonderen Feld diese besondere Frucht her-
vorbringen. Das geht nun nicht so; das Unkraut wächst mächtig, Kälte und
Nässe schadet der Saat, und Hagel zerstört sie. Der arme Landmann harrt das

ganze Jahr, wie etwa die Karten über den Wolken fallen mögen, ob er sein Paroli gewinnt oder verliert. Ein solcher ungewisser zweideutiger Zustand mag den Menschen wohl angemessen sein, in unserer Dumpfheit, da wir nicht wissen, woher wir kommen, noch wohin wir gehen. Mag es denn auch erträglich sein, seine Bemühungen dem Zufall zu überlassen, hat doch der Pfarrer Gelegenheit, wenn es recht schlecht aussieht, seiner Götter zu gedenken und die Sünden seiner Gemeinde mit Naturbegebenheiten zusammen zu hängen.

Johann Wolfgang Goethe

Agent
Wer gar nichts ist und gar nichts kennt, der wird Agent.   *Volksmund*

Apotheker
Mit den Apothekern, die jeden Augenblick »Schiller und Goethe« im Mund haben, kann man weder über Schiller noch über Goethe sprechen. Ein Zahn-Apotheker fiel mich einmal mit wütendem Geschimpfe an, Schillerundgoethe hätten gut dichten gehabt, da sie *schön reich* gewesen seien! So gut hätte er es auch gekonnt – das sei doch alles ein großer Quatsch mit den Schwierigkeiten – wenn nur seine Praxis besser ginge! Es war in einer Wirtschaft. Ich sagte: Ja ja.

Ludwig Hohl

Arbeiter
Arbeiter in Arsenikgruben, Bleiweißfabriken, Kloaken, Schornsteinfeger, usw. sind gewiß höchst ehrenwert in ihrer Tätigkeit, werden sie aber durch dieselbe verschönt?   *Karl Rosenkranz*

Arzt
Ein von Fakultäten und Obrigkeiten pivilegierter Menschenmörder, der das Vergnügen hat, Geld einzustreichen, er mag helfen oder nicht.

Christian August Vulpius

Läuft dir ein unbändiger Jurist mit seinen Processen, ein solcher abgeschmackter Arzt mit seinen Krankengeschichten auf den Leib, so denke mit Lammessinn: Diese guten Herren haben das Gleichgewicht ihrer Seele verloren, womit man seine Reden und Handlungen immer nach den Umständen und Personen anordnen muß. Als Pedanten oder leidenschaftliche Menschen ziehen sie kleine Umstände zu Rate; sie richten sich bloß nach sich selbst.

Johann Gottlieb Zimmermann

Astronomen

Schwatzet mir nicht so viel von Nebelflecken und Sonnen!
Ist die Natur nur groß, weil sie zu zählen euch gibt? *Friedrich Schiller*

Bankiers

Es ist das Unglück der Tätigen, daß ihre Tätigkeit fast immer ein wenig unvernünftig ist. Man darf zum Beispiel bei dem geldsammelnden Bankier nach dem Zwecke seiner rastlosen Tätigkeit nicht fragen: sie ist unvernünftig. Die Tätigen rollen, wie der Stein rollt, gemäß der Dummheit der Mechanik.
Friedrich Nietzsche

In der Geschichte des Bankiers unter den Aposteln hat das Evangelium symbolisch die unheimliche Verführungsmacht, die im Geldsack lauert, offenbart und vor der Treulosigkeit der Geldgeschäftsleute gewarnt. Jeder Reiche ist ein Judas Ischariot. *Heinrich Heine*

Bauer

Ein Baur, der zu reich wird, ist ein tolles Tier. – Wenn die Bauern in einem Lande nicht mehr zu Fuß gehen mögen, wenn sie ausländische Weine trinken und herrische Leckerbissen essen, wenn sie um große Taler karten oder würfeln, dann muß man dem Tier Zaum und Gebiß ins Maul legen, sonst leiden andre Stände drunter Not; denn das Geld, das der Baur verschlingt, müssen diese hergeben. *Christian Friedrich Daniel Schubart*

Die Neger können unmöglich dümmer sein als unsere Bauern.
Karl Julius Weber

Zehn Ochsen und ein Bauer sind zwölf Rindviecher. *Eduard Mörike*

Berufspfaffe

Es gibt kein widerwärtigeres Schauspiel, als wenn aus einem Menschen ein Berufspfaffe wird. *Christian Morgenstern*

Buchbinder

Ich will die Lumpenhunde einmal alle zuhauf treiben und ihnen eine Strafpredigt halten. *Johann Wolfgang Goethe*

Buchhändler

Die Hauptberufskrankheiten der Buchhändler sind Hautausschläge, Alkoholismus und Beinleiden, in dieser Reihenfolge. Das sagt fast alles über diese saubere Gesellschaft. *Benjamin Kammerloher*

Ich bin eben kein Freund von Buchhändlern und Buchhändlergeist und weiß wohl, daß die meisten sich nur deshalb so sehr über die Nachdrucker ärgern, weil diese ihnen einen Teil von demjenigen Gelde wegnehmen, um welches sie das Publikum lieber selbst prellen als es einem andern überlassen wollen ... Die ganze schiefe Richtung unseres Lesegeschmacks hängt zum Teil von dem Handelsinteresse einer Menschenklasse ab, die vielleicht in mancher Hinsicht etwas zum Besten der Literatur wirken könnte, wenn der merkantilische Geist nicht allzusehr bei ihr herrschte. Und auf der anderen Seite privilegieren Kaiser und Reich Diebe und Diebshehler. Doch – was ist dem größten Teile unserer Fürsten an der Literatur gelegen! Könnten sie den ganzen Buchhandel zugrunde richten und alle Druckerpressen vernichten, sie würden gewiß den Nachdruckern noch gerne beträchtliche Kapitalien vorschießen.

Georg Friedrich Rebmann

Ja ich frage: wer soll denn Interesse haben für unsere Litteratur. Die Buchhändler stecken ihren Kunden Baumbach pp in die Hand. Anderes kennt Deutschland nicht.

Detlev von Liliencron

Bürokrat
Der Bürokrat tut seine Pflicht
Von neun bis eins! Mehr tut er nicht.

Ludwig Held

Dichter
Unsere Dichter zwitschern Liebesgedichte, d. h. sie treiben Gehirnonanie, statt ein starkes Leben des Geistes zu führen.

Friedrich S. Krauss

Fachmann
Jeder Fachmann ist in seinem Fach ein Esel.

Jean Paul

Unter einem Fachmann hat man sehr oft einen Menschen zu verstehen, dem schon seit längerer Zeit das selbstständige Denken abgewöhnt worden ist.

Julius Levin

Geistliche
Menschen ohne Erziehung und Sitten, aus dem niedrigsten Pöbel entsprossen, ohne gesunde Vernunft und ohne andere Kenntnisse, als die dazu gehören, sich nach einem elenden Schlendrian examinieren zu lassen, drängen sich in diesen Stand ein, haschen nach reichen Pfründen und Pfarreien und erlauben sich, um dahin zu gelangen, alle Arten von Schleichwegen und Niederträchtigkeiten. Haben sie nun ihren Zweck erreicht, dann fährt der echte Pfaffengeist in sie. Geizig, habsüchtig, wollüstig, gefräßig, Schmeichler der Großen und Reichen,

übermütig und stolz gegen Niedere, voller Neid und Scheelsucht gegen ihresgleichen, sind sie größtenteils schuld, wenn Verachtung der heiligsten Religion so allgemein einreißt. *Adolph Freiherr von Knigge*

Gelehrte

Die größten, die gefährlichsten, die unerträglichsten sind die räsonnierenden Narren. Ohne weniger Narren zu sein als andre, verbergen sie dem undenkenden Haufen die Zerrüttung ihres Kopfes durch die Fertigkeit ihrer Zunge und werden für weise gehalten, weil sie zusammenhängender rasen als ihre Mitbürger im Tollhaus. Ein ungelehrter Narr ist verloren, sobald es so weit mit ihm gekommen ist, daß er Unsinn spricht. Bei dem gelehrten Narren hingegen sehen wir gerade das Widerspiel. Sein Glück ist gemacht und sein Ruhm befestigt, sobald er Unsinn zu reden oder zu schreiben anfängt. *Christoph Martin Wieland*

Generalmusikdirektoren

Der albernste Titel, der in deutschen Landen vergeben wird, ist der Titel »Generalmusikdirektor«. Die militärische Charge »Musikdirektor« war barbarisch genug. »Musik« und »Direktor«: das paßt zusammen wie Rotationsmaschine und Gelbveigelein. Generalmusik gibt's nicht. Der Direktor von Generalmusik ist unvorstellbar. *Hans Reimann*

Germanisten

Die Aasgeier und Germanisten mästen sich von den Leichen der Klassiker, niemand scheucht die Hunde und Fliegen, tausendmal wird ihr Leichnam um ihre Geburtsstädte geschleift, niemand löst ihn aus, um ihn ehrlich zu bestatten. Die germanistischen Hof- und Geheimräte leben tausendmal besser als die Lessinge und Altenberge ihrer Zeit. Man gibt ihnen goldene Rektorsketten und sie hängen sich nicht daran auf. *Albert Ehrenstein*

Handlungsreisende

So wie manche geheime Weisheit heute auf die Stufe der Kartenschlägerinnen und Kaffeeschwestern hinabgesunken ist, so finden wir auch das Wissen von der Magie des Anzugs, zur Unmöglichkeit entwürdigt, nur noch von einer Klasse bewußt angewendet, dem Handlungsreisenden, der je nach den Kunden bald achtbar-bürgerlich, bald ›schneidig‹ flott auftritt. *Oscar A. H. Schmitz*

Handwerker

Schuster, Schneider, Kürschner, Müller, Becken und allerlei Handwerker werden viel lügen, und solches werden sie tun des Gewinns wegen.

Kalenderspruch

Ballast! Ein für allemal zu viel Ballast! – So stark bin ich nicht, daß mir nicht manchmal eine Sehnsucht aufstiege: nur ein Jährchen lang nach dem Tode noch auf einem Planeten, wo man keinen Schneider, Schuster, Schreiner braucht und wo es überhaupt gar kein Wetter, also auch keinen Katarrh gibt! Nicht unsterblich, o nein, nur dies Jährchen! – Aber das sind schwache Stunden.

Friedrich Theodor Vischer

Es herrscht aber unter den Handwerksleuten die unartige Gewohnheit, des Lügens. Sie versprechen, was sie weder halten können noch halten wollen, und übernehmen mehr Arbeit als sie in der verheißenen Frist zu liefern imstande sind.

Adolph Freiherr von Knigge

Hauswirt

Der Hauswirt besitzt Häuser, die er gern um teures Geld vermietet. Er will sein Anlagekapital gut verzinst sehen. Alles andere ist ihm gleichgültig oder lästig. Er bietet dem Wohnungsbedürfnis des Großstädters das dürre Schema seiner Mieträume; ›ausgestattet mit allem Komfort der Neuzeit‹: Wasserleitung und elektrischer Beleuchtung. Etwa noch Lift oder Luftheizung, Vakuumreiniger (dies bei märchenhaften Preisen). Der Aspekt der Wohnung ist nach der Devise ›öder Prunk‹ gestaltet, d. h. Türen und Fenster überlebensgroß, (falsche) Stuckorgien auf dem Plafond, Parkettfußboden, Milchglas- oder reichverzierte Renaissancetüren, Ofenburgen, Tapeten mit viel Gold. Eigentlich gehörte in die Hand des Mieters ein Beil.

Richard von Schaukal

Historiker

Jetzt streiten sich die Blätter, die auf einer zweitausendjährigen christlichen Kultur zu fußen glauben, darüber herum, ob Jesus wirklich gelebt habe. Das ist schon nicht mehr Sekt und nicht mehr Kognak, das ist Fusel. Dümmer können solche »Historiker« ihren Beruf nicht mehr bloßstellen. Wenn diese Herren schon die weltgeschichtlichen Persönlichkeiten, die so viel Positives geleistet haben, leugnen, welche Not wird es erst geben, wenn man einmal ihre Existenz und Arbeit nachweisen soll, die nur negativ gewesen ist!

Peter Rosegger

Kleine Anfälle von Verdummung: zum Beispiel bei den Deutschen von heute bald die antifranzösische Dummheit, bald die antijüdische, bald die antipolnische, bald die christlich-romantische, bald die wagnerianische, bald die teutonische, bald die preußische (man sehe sich doch diese armen Historiker, diese Sybel und Treitschke und ihre dick verbundenen Köpfe an –) und wie sie alle heißen mögen, diese kleinen Benebelungen des deutschen Geistes und Gewissens.

Friedrich Nietzsche

Hofbediente

Hofbediente mit ihren immer gesenkten Häuptern sehen so aus, als ob sie schon halb geköpft wären.

Friedrich Hebbel

Höhere Angestellte

Das Ideal eines Höheren Angestellten ist, so viel zu verwalten und so wenig zu tun, daß er schon beinah einem Beamten gleicht

Kurt Tucholsky

Innenarchitekt

Wenn Ihr Innenarchitekt bei Ihnen innen dunkel streichen lassen will, fragen Sie ihn nach der Höhe der zu erwartenden Lichtrechnung.

Hans Schmid

Inneneinrichter

Die moderne Maske des Erbfeindes. Der Künstler tritt zu dem, der den Tapezierer hinausgeworfen hat, und bietet seine Dienste an. Er will ›individuell‹ einrichten. Alles, was schon da ist, erfindet er. Alles, was gut ist, entfernt er, aus künstlerischem Prinzip. Er komponiert immer Gesamteindrücke. Sein Materialienkasten enthält, was die Wilden ködert: Glas, Metall und bunter Farbstoffe. In jedes Spind schneidet er einen Spiegel ein, jede Fläche erhält drei, vier Beschläge, alles Holz wird gebeizt. In der ganzen Wohnung verstreut er Bibelots. Wenn er weggegangen ist, spiegelt ihn noch jede Politur. Wer dem ›Künstler‹ einmal die Hand gereicht hat, dem bleibt sie lange verrenkt. Vor seinen geschlossenen Augen wirbeln Farbenflecke einen Schlängeltanz, seine Kinder sieht er nur mehr als künstlerisches Spielzeug. Er denkt nichts mehr, ohne sich's vom Berater entwerfen zu lassen. Selbst die Bartbinde erhält ein schwarzweißes Würfelmuster. Der Mann geht elend zugrund an Gehirnarabesken.

Richard von Schaukal

Journalisten

Die jetzigen Zeitungsschreiber – sag's grad raus – sind frostige, furchtsame Kerls, die, wenn sie'n Zipfel vom Sammetrock eines Großen sehen, vor Angst pissen, Schwenkfelder, hirnlose Sammler, Steckbriefschreiber, Lottoknechte.

Christian Friedrich Daniel Schubart

Was geht mich die Meinung der Schnorralisten an? Zehn haben neun verschiedene, und ich habe lange genug zugesehn, um genau zu wissen, wie es gemacht wird.

Ludwig Thoma

Ein Zeitungsschreiber ist ein Mensch, der seinen Beruf verfehlt hat.

Otto von Bismarck

Wenn mein Freund Louis ›Journalist‹ sagte, meinte er eigentlich ›Drecksau.‹ bzw. »Arschlöcher, Kanaillen, Hühnerdreckskerle, Schweine«. Oder auch ›glatzköpfige Wanzen und bärtige Läuse‹. Zu dem aber, was sie taten, bemerkte er: »All das stinkt. Nach Tinte. Zerquetschter Kakerlake. Nach Abfall.« Und schloß zu Recht mit den Worten: »Nieder mit Euch allen, ihr lebt vom Leben der andern, von dem, was sie lieben und von dem, was sie langweilt und ärgert.« Was hätte ich da noch viel hinzuzufügen? *Benjamin Kammerloher*

Juristen

Es ist daselbst nicht gut,
wo viel Juristen leben:
es muß daselbst viel Zänk
und wenig Rechtens geben. *Friedrich von Logau*

Kaufmänner

Der Kaufmann hat in der ganzen Welt dieselbe Religion. Sein Comptoir ist seine Kirche, sein Schreibpult ist sein Betstuhl, sein Memorial ist seine Bibel, sein Warenlager ist sein Allerheiligstes, die Börsenglocke ist seine Betglocke, sein Gold ist sein Gott, der Kredit ist sein Glauben. *Heinrich Heine*

Köche

Von den Personen, die zum Kochen gebraucht werden, ist zu wissen: wenn sie sich unterstanden haben, die Speisen zu vergiften und das abscheuliche Laster der Vergiftung begangen haben, haben sie ohne Zweifel die Todesstrafe verdient. Nach der Peinlichen Hals-Gerichts-Ordnung Karls V. wird ein Mann mit dem Rad, das Weib aber durch Ertränkung oder auf andere Weise hingerichtet. *Philipp von Sulzbach*

Kulturdezernenten

Heute gibt es in jeder Stadt einen Kulturdezernenten, der immer nur darüber nachdenkt, mit welchem Schnickschnack er die Bürger unterhalten kann. Die haben den Ehrgeiz, die Leute aus dem Haus zu locken. Es erscheint – von unserem Kulturverständnis aus – nicht erstrebenswert, daß jemand nach Hause geht, sich einschließt, in den Sessel setzt, eine Flasche Rotwein öffnet und Bücher liest. *Michael Krüger*

Kunsthändler

Kennen Sie die großartige Geschichte von den Offiziersburschen und den Zündhölzeln? Ein Leutnant schickt seine Bedienten um Zündhölzeln und fragt sich, wie er sie bringt, ob er auch was Ordentlichs gekauft habe. Antwort: Gut sein's, i hab's alle probiert. So sind die H ... von Kunsthändlern. Sie können erst die probierten Zündhölzchen brauchen. Und von diesem Standpunkt aus sind mir auch meine Mörike-Zeichnungen als unverkäuflich zurückgeschickt worden. Jetzt hol sie alle miteinander der Teufel! Abgedroschene Heilige und Weibsbilder mag ich nicht machen, und anderes mögen sie nicht, es sei denn Pferde und Hunde.

Moritz von Schwind

Konfektionsreisender

Siehe da, der Konfektionsreisende! Wie er seine Ware preist. Wie meine geliebte, von ihm schmählich genotzüchtigte Sprache herhalten muß zum Preise seiner Wohlanständigkeit, die ihn ernährt. Er hausiert mit Lodenjoppen und Kunsturteilen. Und praktisch ist er – ich sage Ihnen! Stets trägt er sein Notizbuch in der Hand, in dem er jeden Pfennig bucht, den er ausgibt. Nicht etwa, daß er wenig ausgäbe – oh, er sorgt aufs üppigste für seine Verdauung. Er schmatzt seine Poularde mit so feistem Behagen herunter, daß jeder schon von ferne den deutschen Konfektionsreisenden in ihm erkennt. Aber er achtet wohl darauf, daß sein persönlichstes Recht an seinem Geld ihm nicht geschmälert werde … Die Moral des deutschen Konfektionsreisenden: Geld gibt Rechte. Hast du Geld, so darfst du die Welt sehen, deinen »Horizont erweitern« und im Kreise der deinen mit Bildung renommieren.

Erich Mühsam

Landbaumeister

Solche Idioten und Schelme wie die Landtbaumeisters bei denen Cameren Seindt in der Welt nicht zu finden, und ich befele es So Schtrickte als Möglich das in denen Provintzen So Wohl als in Berlin die Kerels Kürtzer gehalten werden, und die Schlechten wek gejaget.

Friedrich II.

Alle unsere landtbau Meisters sindt Idiohten oder betriger, also erneüere ich die orders Ehrliche Maurer und Zimmermeisters zu solchem bau zu Employieren, paleste seind nicht zu bauen, Sondern Schaf Ställe und Wirtschaftsgebeude, das kann ein Maurer So guht als paladio.

Friedrich II.

Landschaftsplaner

Es gibt eine Menschenklasse, welche bloß überall auf unserer so eckigen Erdenkugel zu existieren brauchte, um das ganze Leben und alle Tabors und Tempes in eine kahle platte Heide von Lüneburg zu verkehren und einzuplätschen.

Jean Paul

Lehrer

Er kann die Tinte nicht halten, und wenn es ihn ankommt, jemand zu besudeln, so besudelt er sich gemeiniglich am meisten.

Georg Christoph Lichtenberg

Literaten

Unsere Literaten verstehen es, die einfachsten Dinge höchst unlebendig zu sagen. Ihre Hilflosigkeit verbergen dann diese armen Knaben hinter einem mächtig hallenden Geknatter von allerkräftigsten Schimpfwörtern.

Fritz Brupbacher

Maurer

Maurerschweiß ist kostbarer als der Wein von Anno elf.

Volksmund im Kometenjahr

Die Bauleut und die Maurer,
das sind die rechten Laurer!
Eine Stunde tun sie messen,
eine Stunde tun sie essen,
drei Stunden rauchen sie Tabak
und so vergeht der Arbeitstag.

Kindervers

Sie gaffen und bieten Maulaffen feil, treiben lotterbübische Scherzreden und lockeren Zeitvertreib und lassen sich das alles so angelegen sein, als wären sie dafür mit gedungen.

Erwittern sie aber den Meister, den Baumeister oder Bauherrn, so wird alles rege und lebendig, da hauet und bauet alles, da hat keiner jemandem einen Streich gespielt, und es würde jedem leid tun, wenn er etwas nicht gut gemacht hätte. So wird die Arbeit so gut wie sie kann, nicht, wie sie sein sollte. Und es wäre besser nicht gebaut, als so übel gebaut.

Philipp von Sulzbach

Mediziner

Der Artzney rühmen sich jetzt fast jede Haluncken
So sie nicht g'lernt han
wagens auff jhr gut duncken.

Ludwig von Hörnigk

Irren ist ärztlich!

Curt Goetz

Verdammt Philistermedizinerpack,
Die ganze Welt ist euch ein Knochensack,
Habt ihr mit Wasserstoff das Blut gekühlt
Und auch nur erst den Puls in Gang gefühlt,
Dann glaubt ihr, nun habe sich alles gegeben,
man könne doch ganz gemächlich leben,
Der Herrgott sei ein Witzkopf gewesen,
er so sehr in der Anatomie belesen,

Und jede Blume sei ein brauchbar Instrument,
Wenn ihr sie zu Kräuterbrühe erst brennt.

Karl Marx

Es ist etwas viel zur Theorie der Sexualität geschrieben worden, und sowohl der findige Psychoanalytiker, der sich zumutet, ein Seelenleben wie einen Kehlkopf auszupinseln, als auch der gelehrte Physiologe haben aus der allereinfachsten Sache der Welt mit deutscher Gründlichkeit sofort eine Weltanschauung gemacht. Warum so viel Wichtigkeit? Der Zerfall der alten Bürgermoral hat das Leben freier und freundlicher gemacht. Man geht nicht mehr mit Nietzsche-Zitaten als Übermensch ins Bett, um als verdüsterter Strindbergbüßer wieder in die Pantoffel zu fahren. Heute sind wir auf dem Wege, den Schwafel von Seelenproblematik durch den medizinischen zu ersetzen. Diese schreibenden Herren Doktoren sind gewiß tüchtige und gewissenhafte Rezeptverfasser, und ihr langweiliger Stil läßt unbedingt an ihre handwerkliche Zuverlässigkeit glauben. Man kann ihnen blind die Nase anvertrauen, aber unterhalb des Magens hört ihre Zuständigkeit auf.

Lucius Schierling

Mörder

Der politische Mord ist in Deutschland für die Söhne der besseren Stände zu einem aussichtsreichen Beruf geworden. Ein bequemer Beruf. Risikolos. So risikolos fast, wie hier zu Lande die Entfesselung und der Verlust eines Weltkrieges ist. Und ein einträglicher Beruf. Wer so ein republikanisches »Schwein abgekehlt hat« – wie es im deutschnationalen Apachenjargon heißt – hat sein Abstandssümmchen mitsamt den nötigen Teuerungszuschlägen in der Tasche und kann unter dem Horthy der Reaktion: in München, in Budapest, oder wo sonst es sich leben läßt, auf seinen Lorbeeren ausruhen. Und wenn er gefaßt wird, wird er befreit. Und wenn er nicht befreit wird, wird er freigesprochen. Und wenn er nicht freigesprochen wird, wird er nach kurzer Zeit amnestiert.

Morus (d. i. Dr. Lewinsohn)

Nachtwächter

Verhaßt seid ihr mir Alle, ihr Nacht- und Grabwächter und wer nur immer in düstre Hörner tutet.

Friedrich Nietzsche

Offiziere

»Hunde und Offiziere dürfen nicht mitgebracht werden,« hieß es einst erstaunlicherweise im Statut der kaufmännischen Gesellschaft ›Harmonie‹ in Magdeburg. Dieses auf meine hundehasserischen Verhältnisse übertragen, hieße: wenn schon, dann lieber doch der Hund.

Benjamin Kammerloher

Patienten
Den Hals umdrehen könnte ich ihnen allen.   *Sigmund Freud*

Perückenmacher
Die Perückenmacher und Haarkräusler sind jetzt in Europa so wichtige Leute geworden, daß sie wirklich einen eigenen Staat bilden. Sie sind stolzer auf ihre Kräuseleien und ihre Puderquaste als der Professor auf seinen akademischen Zepter. Freilich, da es in unsern windichten Zeiten mehr auf einen gut gebildeten Kopf von *außen* als von *innen* ankömmt, so ist ein Friseur im Puderkittel und im bestäubten Hute ein sehr wichtiger Kerl. – Pudergott, wie sehr hat sich seit Zachariä Zeiten dein Gebiet unter uns erweitert!
Christian Friedrich Daniel Schubart

Polizisten
Polizei üben ist ein gar enttäuschendes Tun.   *Friedrich Theodor Vischer*

Die Polizei – oh, mir kocht das Herz, eine vaterländische Träne stürzt, und ich schließe vor Unmut, weil ich nicht alles sagen darf, was ich wollte, diesen tragischen Monolog.   *Christian Friedrich Daniel Schubart*

Priester
Die geniale Idee der katholischen Kirche. Ihre erlauchten Symbole. Die göttliche Gnade und ihre geadelten Träger. Dagegen Pastorenliberalismus, Kompromißlerschweifklemmerei.   *Richard von Schaukal*

Propheten
Es gibt Leute, die sich über den Weltuntergang trösten würden, wenn sie ihn nur vorausgesagt hätten.   *Friedrich Hebbel*

Prostituierte
Ihr Frauen, erniedrigt euch nicht bis zur Dirne herab, und gebt euch nicht der allgemeinen Verachtung preis, indem ihr euch der Prostitution und so dem Abschaum der Menschheit in den Arm werfet, und damit der Volksgesundheit unersetzlichen Schaden zufüget. Euer Leib ist und bleibt geschändet, auch wenn ihr später euch eines besseren besinnt.   *Anton Baur*

Psychologen
Psychologie ist nichts anderes als eine Reaktion gegen die Logik. Man hofft zu bestimmteren Ergebnissen zu gelangen, wenn man einzelne Fähigkeiten oder Funktionen konstruiere. Die Psychologie begründete ihre Erkenntnis zumeist auf Tatsachen, die gänzlich außerhalb des Philosophischen liegen, die wohl

Bestandteile unseres Seins ausmachen, jedoch niemals den Bestand gesetzmäßig totaler Gebiete erklären können, da sie vielleicht Bedingungen erörtert, aber nicht den unmittelbaren Bestand. (Es ist einzufügen, daß Psychologie häufig mit Mischbegriffen operiert). Sie verfällt ebenso wie die Logik dem Irrtum, eine Wissenschaft sei fähig, mehr als über sich selbst auszusagen. *Carl Einstein*

Schamanen
Alle sibirischen Dörfer haben ihren Schaman oder ihre Schamanin, das ist Teufelsbeschwörer. Diese stellen sich wie rasend an, machen grausame Gebärden, murmeln Worte her und dann geben sie vor, den Teufel ausgefragt zu haben. *Immanuel Kant*

Scharfrichter
Daß es Leute gibt,
die einem anderen den Kopf herunterschlagen,
beschämt mich tief-
wie, kann ich gar nicht sagen.
Ich komme mir so ausgeliefert vor.
Da lebt solch ein Mensch
mit Weib und zwanzig Kindern,
raucht, trinkt Kaffee
und singt Tenor,
spielt Bratsche, geht zur Messe, liest Geschichten ...
und alles das
kann diesen Mann nicht hindern,
sein grauenhaftes Handwerk zu verrichten. *Arnold Weiß-Rüthel*

Schauspieler
Was sind unsere Schauspieler anders als Drahtpuppen?
Christian Friedrich Daniel Schubart

Einen unsäglich läppischen Eindruck machen auf mich die Bilder von Schauspielern, die diese wahrhaftig entbehrlichen Mitmenschen in ihren Rollen zeigen. Herr X als Hamlet, Fräulein Y als Gretchen...! Welches unglaubliche Interesse wird da befriedigt? Schein des Scheines, mit einer Wichtigkeit vorgetragen, daß man zu lächeln versucht wäre, wenn die Kläglichkeit der Sache einem Heiterkeit nicht unmöglich machte. Ist schon der Schauspieler Nr. 2731, jemand, der sich einen Bart anklebt, seine Wangen bemalt und Maskenstücke an seinem Leibe befestigt, um dann etwas vorzustellen, was er nicht ist, eine dem Theaterfremdling höchst unwahrscheinliche Erscheinung, wie albern wirkt erst auf den Unbefangenen ein solches überflüssiges Gesicht »als Richard III.« photographiert! *Richard von Schaukal*

Schauspieler sind Huren. Sie müssen gefallen und treiben die Putzsucht ihr Leben lang. *Oskar Maria Graf*

Schmarotzer
Denn schmutzig ist vor allem der, der auf Kosten eines anderen lebt und der eine auf dieser Grundlage aufgebaute Gesellschaftsordnung zu rechtfertigen versucht. *Johannes Robert Becher*

Sozialpädagogen
Die schlimmsten Pesterreger
sind die Jugendpfleger! *Kindervers*

Staatsminister
Kein Mensch in Deutschland ist mehr so kühn, nach Menschenrechten zu schreien. Die Revolutionäre sind Exzellenzen geworden. Man muß sie »Herr Staatsminister« nennen, sonst ärgern sie sich. *Klaus Römer*

Tanzmeister
Tanzmeistern und Musikern traue ich nicht über den Weg. *Karl Julius Weber*

Tapezierer
Der Gesamtbegriff deckt alle die ruchlose Tätigkeit, die man unter ›fertiger Wohnungseinrichtung‹ versteht. Der Tapezierer: damit ist ausgedrückt, was seit vierzig Jahren unser Elend heißt – falscher Glanz, staubbedeckter Firlefanz, geleimte Pracht, genagelt Vorhänge, gepresste Stoffe, alles ›artige‹ (lederartig, Holzpapier), jeder Schwindel des bloß Äußerlichen. Vom Tapezierer datiert die schier unausrottbare Krankheit des ›Salon‹, alles, was unpraktisch, ordinär und bald ›hin‹ ist. *Richard von Schaukal*

Türklinkenhersteller
Wer eventuell denkt, die Türklinkenhersteller würden von gar niemand gehaßt, ist schief gewickelt. Bernhard gibt in diesem Hinblick den berechtigten Rat, man solle nur einmal an die Türklinken denken, »die man heute zu kaufen bekommt, man macht die Tür auf, und man hat die Klinke in der Hand.« Und? »Und alles ist peinlich.« Mir jedenfalls leuchtet das unmittelbar ein. *Benjamin Kammerloher*

›Verleger‹? – ich kenne zwar nur 10 des Näheren; möchte sie aber doch dahingehend definieren, daß es sich bei ihnen um eine (leider einflußreiche) Unterabteilung der ›Schlechten Leser‹ handele; die sich, im allertiefsten Herzen, nach jener Zeit der Großen Kolportage zurücksehnen. *Arno Schmidt*

Vogelsteller

Pickt und kratzt und krammt und hacket,
Bohrt und krallet den verwegnen,
den verfluchten Vogelstellern
Ungesäumt die Augen aus!

Johann Wolfgang Goethe

Weinfälscher

Einen Schandschuft von Weinfälscher erwischt. Seinen ganzen Keller voll herausgerissen, in die Gosse auslaufen lassen! Hätten wir ein strengeres Strafgesetz! Einst stand auf gesundheitsschädliche Fälschung Todesstrafe! O, wie Äpfel im Herbst sollten mir die Schurkenköpfe fallen!

Friedrich Theodor Vischer

Wirte

Wer nichts wird,
wird Wirt.
Wer gar nichts wird,
wird Bahnhofswirt.
Ist ihm dieses nicht gelungen,
reist er in Versicherungen.
Wer auch das letztere nicht packte,
kommt halt mit seiner Stasi-Akte.

Jürgen Wissarionowitsch Jonas

Wissenschaftler

Wissenschaftler brauchen freilich die Zerstörung der Natur, um den Aufbau der »Kultur« durchführen zu können. Sie reißen der Pflanze die Blätter ab, zerlegen sie in tausend Teile, untersuchen sie darauf, wie viel Sauerstoff, wie viel Stickstoff, wie viel Eiweiß, wie viel fett, wie viel Kohlehydrate in ihr enthalten sind, sie coitieren und anatomieren den Körper des Weibes und schreien mit pharisäerhafter Genugtuung: »das hat die Wissenschaft bewiesen, etwas anders gibt es nicht!«

Maxie Freimann

Witwenaussauger

Wer den Armen aus Übermut drückt und elenden Leuten Fallstricke legt und die Häuser der Witwen aussaugt, der ist schlimmer als Diebe und Mörder, deren Lohn der Tod ist.

Heinrich Pestalozzi

Zahnärzte

Wer will zweifeln, daß unter den Zahnärzten auch Fromme und gottesfürchtige Leut anzutreffen sein; zwar von heiligen Zahnärzten wird man wenig lesen, außer, daß die heilige Jungfrau und Appolonia sehr vielen die Zahnschmerzen gewendet, welche ihre Zuflucht zu ihr genommen. Im übrigen aber findet man unter diesen Leuten etliche liederliche und nichtswürdige Gesellen, die sich auf das Lügen und Betrügen stattlich verstehen ... *Abrahm a Sancta Clara*

Zeitungsschreiber

Wenn's nicht noch Hochzeiten und Leichen, Galatäge und Maskeraden, Erdbeben und Mordgeschichten gäbe oder wenn man nicht die Schellen an den Kappen der Narren im Vademekum klingeln hörte, so würden die zweihundert Zeitungsschreiber in Deutschland wirklich eine erbärmliche Figur machen.

Christian Friedrich Daniel Schubart

Zensor

Ein Zensor mit moralischem Gemüt,
nicht wissend, was noch keusch, was schon gemein ist,
ist unbrauchbar, weil er nur Reines sieht,
wie ja dem Reinen alles rein ist.
Daraus erhellt, was von der Gabe
Des Zensors man zu halten habe:
Er muß im Grund ein größres Schwein
als alle Zensurierten sein.

Erich Weinert

Wider die Technik

»Auch der große Dulder Odysseus wäre wahrscheinlich wahnsinnig geworden, wenn er einmal, sagen wir, zehn Stunden ohne Unterbrechung dem amerikanischen Fernsehen zugesehen hätte.« Ja, gewiß doch, Herr Erwin Chargaff, aber das deutsche Fernsehen entwickelt in dieser Beziehung ebenfalls einen gewissen Ehrgeiz. Man arbeitet auch hier fleißig daran, die Stundenzahl zu senken, bis die Umnachtung eintritt. Obwohl ja schon Egon Friedell, der sein Leben auf der Liege lesend verbrachte, notifizierte:»Der ›Siegeslauf der Technik‹ hat uns völlig mechanisiert, also verdummt.« Eugen Gottlob Winkler wußte bereits, was alle halblebigen Zivilisationskritiker vertreten:»Im Grunde ist die Empfindung, die die Geschwindigkeit auslöst, das Rasen an sich, primitiv.« Seither ist es nicht besser geworden. Die liebe Oda Schäfer hat das klar genug für den Bereich Computer, »dieses weite Feld« (W. Jens) gesagt:»Die Elektronen-Gehirne rechnen den Untergang aus, Der Mensch hat 'ne weiche Birne Und kann nicht mehr nach Haus.« Da ist Thomas Mann nicht fern mit seiner naserümpfenden Aussage:»Eine Welt, der der kosmische Raum gerade gut genug ist, um strategische Basen darin anzulegen, und die die Sonnenkraft äfft, um Vernichtungswaffen daraus herzustellen, erregt mir Widerstandsgefühle, die ich, mit einiger Geniertheit, nicht anders als religiös zu erklären und zu bezeichnen weiß.« Der Grinsekater Peter Hacks hat übrigens noch gesagt:»Ehret, rat ich, die Frau, doch entzieht ihr die Fernsprecherlaubnis.«

Kleines Technik- und Fortschritts-Abscheu-ABC

Anrufbeantworter
... sind ja nun völlig indiskutabel.   *Benjamin Kammerloher*

Dosenöffner
Dosen sind Scheiße. Aber noch viel verderbter sind Dosenöffner.
                                                        Benjamin Kammerloher

Drei Dinge
Es sind drei Dinge, die mich am Ende bestimmen, den Okzident zu verlassen und irgendeine unzivilisierte Oase im Morgenlande aufzusuchen: Diese drei sind nämlich die Gasbeleuchtung, der Dampfmaschinenrauch und das liebe Klavierspiel!
                                                        Heinrich Heine

Eisenfeilstäubchen

Und wie der Tiger im ersten Moment, wo er sich unbeobachtet sieht, mit Wutsprung auf den Unglücklichen stürzt, so das verfluchte Objekt: plumper oder feiner, wie es kommt, diabolisch fein zum Beispiel das Eisenfeilstäubchen, das mir ins Auge flog am Morgen, als ich eine Fußreise antreten wollte, auf die ich mich lange gefreut, und das mich ums Auge zu bringen drohte.

Friedrich Theodor Vischer

Elektrizitätswerke

Die Stromschnellen und Wasserfälle, und wäre es selbst der Niagara, haben elektrische Sammelstellen zu speisen; Wälder von Schloten steigen an ihren Ufern empor, und die giftigen Abwässer der Fabriken verjauchen das lautere Naß der Erde.

Ludwig Klages

Erfindungen

Ich glaube ja, daß man alles mögliche erfinden kann, will aber damit ungeschoren bleiben. Wenn man mir aber damit kommen will, daß mir die Resultat solcher Erfindungen, wie Eisenbahnen usw., doch auch schmecken, so antworte ich, je älter ich werde, mit umso größerer Entschiedenheit: Als wir das alles noch nicht hatten, war die Welt glücklicher und zufriedener, die Ankenwecklein besser und der Markgräfler so gut wie er nicht mehr ist.

Jacob Burckhardt

Fabriken

Man besuche einmal eine Fabrik, in welcher die Teilung der Arbeit aufs Höchste gebracht, wo also das schöne Prinzip vollkommen ausgeführt ist, (aber freilich nicht, wie die Natur es fordert, sondern wie die Verkehrtheit der Menschen die Weisheit derselben zur Torheit macht), und sehe die Arbeiter an, diese blutlosen, zusammengeschrumpften, entstellten, verkrüppelten, stupiden Gestalten, und frage sich: ob hier das Heil der Welt sei?

Heinrich Luden

Aus dem Systeme der geteilten Arbeit ergeben sich in der Folge notwendig die Maschinenstürmerei, die Greuel einer alles Produktion mehr und mehr verschlingenden Armentaxe, und revolutionäre Aufwallungen der Völker, Reaktionen der mechanisch-entwürdigten Menschheit, welche sich für die ihr aufgedrungene Einseitigkeit durch die schrankenlosesten, politischen und religiösen Schwärmereien entschädigt.

Adam Müller

Vor allen Dingen sollen die Fabriken eingehn und die Ländereien dem Ackerbau zurückgegeben werden. Jene Anstalten, künstliche Bedürfnisse künstlich zu befriedigen, erscheinen mir geradezu verderblich und schlecht. Die Erde gehört dem Pfluge, dem Sonnenschein und Regen, welcher das Samenkorn entfaltet, der fleißigen, einfach arbeitenden Hand.

Karl Leberecht Immermann

Fahrscheinautomaten

Die Aufstellung von Fahrscheinautomaten, die den Schlitz nicht voll kriegen, ist zweifellos ein großangelegtes Betrugsmanöver. Diese keinarmigen Banditen tragen nicht einmal Krawatten, an denen man sie ziehen könnte. Man sollte ihnen und ihren Aufstellern jeden Tag eine Mahlzeit aus Knüppelsuppe und Besenstielpastete verabreichen.   *Benjamin Kammerloher*

Fortschritt

Der Fortschritt trifft das Leben in allen seinen Erscheinungsformen, rodet Wälder, streicht die Tiergeschlechter, löscht die ursprünglichen Völker aus, überklebt und verunstaltet mit dem Firnis der Gewerblichkeit die Landschaft und entwürdigt, was er von Lebewesen noch überläßt, gleich dem ›Schlachtvieh‹ zur bloßen Ware, zum vogelfreien Gegenstande eines schrankenlosen Beutehungers. In seinem Dienste aber steht die gesamte Technik und in deren Dienst wieder die weitaus größte Domäne der Wissenschaft. So hätten wir denn beisammen die Früchte des ›Fortschritts‹! Wie ein fressendes Feuer fegte er über die Erde dahin, und wo er die Stätte einmal gründlich kahl gebrannt, da gedeiht nichts mehr, solange es noch Menschen gibt! Vertilgte Tier- und Pflanzenarten erneuern sich nicht, die heimliche Herzenswärme der Menschheit ist aufgetrunken, verschüttet der innere Born, der Liederblüten und heilige Feste nährte, und es bleibt ein mürrischkalter Arbeitstag, mit dem falschen Flitter lärmender ›Vergnügungen‹ angetan.   *Ludwig Klages*

Ihr Fortschrittseifrer, wie, wenn eines Tages
erhellt, daß ihr bergab stürmt wie besessen?   *Christian Morgenstern*

Gewerbeparks

Was in viel weiterem Umfange und viel energischer als bisher gegen die Verwüstungen durch den Kapitalismus zu schützen wäre, ist das Land, richtiger die Landschaft. Ich denke hier an die Verunstaltungen, die unausgesetzt durch die Anlage gewerblicher Etablissements den schönsten Gegenden unseres Landes zuteil werden; den Mißbrauch geweihter Stätten zu Reklame- und anderen Geschäftszwecken, denke aber vor allem an die Verwüstung der Wälder.
                                                            Werner Sombart

Kaffemaschinen

Die Geräusche der Kaffeemaschine erinnern vielerorts an die Glucksereien in den Leibern von Leichnamen, die bereits nach kurzer Zeit in den Zustand der Verwesung geraten sind. Und das den Durchlauf abschließende Pffft an den letzten, durchdringenden Leibwind, der denen entfährt, die auf dem Totenbett die Kontrolle verlieren.   *Benjamin Kammerloher*

Maschinen
Die Maschinen lassen nicht mit sich spaßen.

Gustav Meyrink

Maschinenwesen
Nachdem der europäische Mensch sich entschlossen hatte, zum Maschinenwesen zu werden, füllte sich der Planet mit lauter toten Ebenbildern der neuen Menschenrasse, mit dem Tumult stampfender Kolben und ratternder Räder, kreischender Kurbeln und kreisender Riemen und unendlichen Wolken von Ölrauch und Dampf.

Egon Friedell

Mühlrad
Woyzeck, ich kann kein Mühlrad mehr sehn, oder ich werd melancholisch.

Georg Büchner

Rasenmäher
Der Lärm ist unerträglich. Die Verpestung. Die Verschleuderung der Grasstaubmilben. Die Verbissenheit der Gesichter der Rasenmäherführer. Die Kahlgeschorenheit der armen Gräser. Undsoweiter. »Gartennazis« sollte ein Aussteigerprogramm angeboten werden.

Benjamin Kammerloher

Starkstromleitungen
Starkstromleitungen durchschneiden mit roher Geradlinigkeit Wald und Bergprofile, sei es hier, sei es in Indien, Ägypten, Australien, Amerika.

Ludwig Klages

Rundfunk
Der dicke Chesterton hat einmal in bezug auf den Rundfunk den herrlichen Satz geschrieben, daß Herr Soundso, wenn er vom Nordpol her spricht, nicht weniger trivial wirkt, als wenn man ihn aus dem Nebenzimmer hört. Da die höchst entwickelte Technik sich vornehmlich darauf beschränkt, uns gesprochene, gedudelte oder gesungene Idiotismen zu vermitteln, so ist es also nur in der Ordnung, daß der Geist den alten Weg über das Druckpapier nehmen muß.

Carl von Ossietzky

Das war ja vorauszusehen, daß die deutsche »Radio-Stunde«, oder wie dieses Wortungetüm sonst heißt, in die Hände von teutschen Spießern fallen würde. Da wird jeden Abend die Nationalhymne gesungen, und keine Woche vergeht, ohne daß ein nationalistisches Lied, ein fürstenleckerisches Gedicht, eine Kaiser-Anekdote oder ähnlicher Unfug aufgesagt, gesungen oder gegeigt wird. Das Niveau dieser Darbietungen? Vereinskaffeepause.

Carl von Ossietzky

Schiefertafel

Das Kind soll zur Ordnung, wo möglich auch zur Reinlichkeit erzogen werden. Das bequeme Fortwischen falscher Züge von der Schiefertafel mit den durch Speichel genässten Fingern ist ekelhaft (man denke nur an die Kinder in Dorfschulen, wo Schwämme zu den Seltenheiten gehören) und verleitet zur Unsauberkeit, von welcher späterhin die ersten Schreibhefte jedes Mal Zeugnis geben. Durch die auf der Tafel nicht immer deutlich hervortretende Schrift leiden die Augen, und Kurzsichtigkeit, Schiefsitzen und Krummwerden sind oft die Folgen hiervon. Man verbietet zuweilen, klappernde, Geräusch verursachende Federkästen und Pennale in die Schule zu bringen, aber die klappernde Schiefertafel ist gestattet. *Heinrich Strahlendorff*

Technik

Je älter ich werde, umso mehr bewundere ich die verloren gegangene Urreligion der lichten Götterwelt die unseren heutigen Schweißfußbigungen – besonders der »Technik« weichen mußte. Nun, Du als alter und behördlich erhobener & anerkannter Mystiker weißt ja ganz bestimmt, daß alle 2100 Jahre eine andere »religio« = Rückkoppelung zur Gottheit eintritt. Ob wirs spüren! Bis jetzt nur in der makabren Auswirkung der Todesnacht, die einem neuen Morgen entgegengeht. *Fritz Ritter von Herzmanowsky-Orlando*

Mir gehn fast alle Creationen und Segnungen des 20. Jahrhunderts völlig am Gesäß vorbei: weder brauch ich E-Gitarre, Teebeutel, Kreditkarte noch Klettverschluß. Pizzabringdienste beanspruch ich nie. Auf Fischstäbchenkonsum verzichte ich. Mars-Riegel mag ich nicht. Als Vegetarier brauch ich null Eisschrank, als Bartmensch weder BH, Tampons noch Trocken- oder Naßrasierer – Problem hierbei halt nur: ab und zu, fürchte ich, bin ich in der Nähe von Verkehrsampeln erwischt worden, Staubsaugerbeutel, Dübel, Waschpulver, Tesafilm und weiches Toilettenpapier einkaufend, Oberhemden der Neuzeit tragend, Reißverschlüsse an mir habend, Snickers-Riegel kauend, Heftpflaster tragend. *Ulrich Holbein*

Was gibt es Schlimmeres, als dem stumpfen Monolog der Motoren ausgesetzt zu sein! Nichts greifbar Schönes in Sicht. *Erhard Schümmelfeder*

Mensch, mit deinen Künsten, wie machst du Erd' und Himmel kalt! *Justinus Kerner*

Der Prunkpalast der modernen freiheitlich-technischen Zivilisation ist in Wahrheit ein ungeheures Gefängnis, in dem ein jeder lebenslänglich Zwangsarbeit zu verrichten hat, aber auch einer leidlichen Ernährung gewiß ist. Jede Ausdehnung der Technik macht den Menschen zu einem willigeren, unpersönlicheren Rade, Staubkorn und Nichts vor Alleingott, Obrigkeit und Masse. Entpersönlichung, das ist der letzte Geist der Technik. *E. von Mayer*

Der ›Siegeslauf der Technik‹ hat uns völlig mechanisiert, also verdummt.
Egon Friedell

Telefon

Freud mochte das Telefon nicht, wie ich gelesen habe. Ich kann das wirklich sehr gut verstehen. Freud kann ich auch nicht leiden, aber das Telefon ist ja nun doch noch eine Stufe entsetzlicher. *Jürgen Jonas*

Das Telefon klingelt. Ich gehe nicht hin, denn entweder weiß ich, wer es ist oder ich weiß nicht, wer es wieder sein könnte. Das geht dann in einem Aufwasch. Warum ich überhaupt ein Telefon habe? Ich freue mich, wenn die Leut', immer wieder in mein Leeres klingelnd, auflaufen und vielleicht anfangen, über die Nichtigkeit ihres insgesamten Tuns nachzudenken. *Benjamin Kammerloher*

Waffen

Der Mensch ist unsinnig genug, zu seinem Unglück die Waffen zu ergreifen, sich seinen Untergang zu erkämpfen. *Georg Forster*

Windrad

Die unerhört doofen Windräder auf der Schwäbischen Alb finde ich doch noch einen Zacken häßlicher als das ehemalige Gebiß von Peter »Hosengesicht« Härtling. *Benjamin Kammerloher*

Wider verschiedene Fortbewegungsmittel

Automobil

Nur die Dummen unter Euch werden sich ernsthaft mit der Idee eines pferdelosen Wagens beschäftigen. *Wilhelm Launhardt*

… die unter allen Umständen unbequemste, dümmste und anstrengendste Art der Fortbewegung. Was haben doch die Menschen für Begriffe von Freiheit, da meinen sie, frei zu sein, weil sie die Beine nicht rühren! *Friedrich Theodor Vischer*

Die mausgraue Jetzt = Zeit benimmt viel entschiedener mittelalterlich sich als jedes andere Mittelalter zuvor! In fünfhundert Jahren gesamteuropäischen Mittelalters wurden zweihunderttausend Hexen ermordet. Hingegen fordert der Gott der europäischen Autobahnen dieselbe Opferzahl nicht innerhalb eines halben Jahrtausends, sondern – in bloß fünf Monaten! So blutdurstig war zu keiner Zeit jemals ein Mittelalter, auch nicht in seinen schwärzesten Nischen!

Ulrich Holbein

Hiermit sei gebeichtet, daß auch ich schon Plastikmüllsäcke gefüllt und Sicherheitsgurte angelegt, also mich als Kind meiner Zeit erwiesen habe. Was meinen generellen Autohaß um nichts verkleinert. Schon immer stand ich lieber im 18. Jahrhundert (Donizetti!) als im 19. (Daimler und Benz!!), und keiner leidet wie ich am Faktum, daß ab spätestens vorgestern unter jedem Mozartrequiem keine Tiefgarage mehr wegzudenken sein wird. Autos – Paradebeispiel und Inbegriff jeder Fehlentwicklung. Nur weil jeder Säftli sein Gesäß möglichst fix vom Fleck gehievt haben will! Millionen ungepeitschter, gar nicht erst aufgezogener Schindmähren, Ackergäule, Zugpferde senken dankbar den Kopf.

Ulrich Holbein

Das Zeug tat einen Ruck und rollte davon wie der Satan, wenn er die arme Seele hat. Das ist wieder einmal so ein moderner Faustmantel, auf dem man lustig in die Hölle fährt.

Peter Rosegger

Ein Sinnbild entarteter Naturbetrachtung ist die Kilometerjagd des Automobils.

Walter Rathenau

Straßenbau

Der Herr Verkehr, ein Zwillingsbruder des Kapitalismus, und Hauptvertreter der Firma Materialismus, hat sich zu einer weltbeherrschenden Stellung aufgeschwungen, hat sich der Wissenschaft und Technik bemächtigt, hat sich Produktion und Verwaltung dienstbar gemacht, und ist vom Diener zum Herrn geworden. Sein Name braucht nur genannt zu werden, und alle Welt erstirbt in tiefster Devotion, und macht ihm Platz, damit er ungehindert den von ihm geliebten kürzesten Weg einschlagen könne.

Karl Henrici

Straßenverkehr

Alles schnelle Fahren in Städten ist eigentlich Unfug, Unverschämtheit gegen die Fußgänger, Beschämung, Beleidigung. Wäre ich mächtiger Tyrann, in meiner Stadt dürfte nicht im Trab gefahren und geritten werden.

Friedrich Theodor Vischer

Heute kann man auf Landstraßen so wenig wandern, wie in den Straßen unserer Städte spazierengehen. Man ist auf Schleich- und Seitenwege angewiesen, also vom Auto um die Möglichkeit gebracht, ungestört eine Raum sich entfalten und bedeutsam werden zu lassen. ... Die Wunden, die das Auto der Landschaft zugefügt hat, sehen wir; das Land wird von Straßen durchschnitten, die immer mehr Wälder und einsame Täler verzehren und auf denen die großen gepanzerten Tiere einem imaginären Ziel zueilen. ... Die Wunden, die das Auto den Seelen schlagen wird, lassen sich noch nicht klar absehen; sicherlich aber werden sie tief sein ... Der Verkehrstod ist eine ebenso eindrucksvolle wie unumgängliche Erscheinung unseres Lebens geworden, und so sehr man versteht, daß niemand die großen Zahlen ohne Gegenmaßnahmen hinnehmen will, so sehr erkennt man auch, daß alles menschliche Bemühen hier eitel sein muß. Die täglichen Toten und Verletzten sind der Tribut, den die Menschheit dafür bezahlen muß, daß sie sich Geschwindigkeiten anmaßte, die die Natur ihr versagt hat. Für jede Überschreitung seiner natürlichen Grenzen hat der Mensch zu bezahlen, und es ist rationalistisch zu glauben, man könnte diese Erscheinung mit dem Willen oder der Organisation bekämpfen.   *Gerhard Nebel*

Eisenbahn
Die schnelle Bewegung muß bei den Reisenden unfehlbar eine Gehirnkrankheit, eine besondere Art des delirium furiosum erzeugen. Wollen aber denn Reisende dieser gräßlichen Gefahr trotzen, so muß der Staat wenigstens die Zuschauer schützen; denn sonst verfallen diese beim Anblick des schnell dahinfahrenden Dampfwagens genau derselben Gehirnkrankheit. Es ist daher notwendig, die Bahnstrecke auf beiden Seiten mit einem hohen, dichten Bretterzaun einzufassen.   *Obermedizinal-Collegium München 1835,*
nach dem Start der ersten deutschen Eisenbahn, Nürnberg Fürth

Ich will keine Eisenbahn im Lande! Ich will nicht, daß jeder Schuster und Schneider so rasch reisen kann wie ich!   *Ernst August von Hannover*

Alles soll Carriere gehen; die Ruhe und Gemütlichkeit leidet aber darunter. Kann mir keine große Seligkeit davon versprechen, ein paar Stunden früher von Berlin in Potsdam zu sein.   *Friedrich Wilhelm III.*

Durch die Eisenbahnen wird der Raum getötet; und es bleibt uns nur die Zeit übrig.   *Heinrich Heine*

Blickt die Welt schöner durch den Maschinendunst? Bleibt ein ruhiger Blick auf die Welt und auf sich selbst möglich, wenn das Leben in allen Richtungen wie Dampf auf Schienenbahnen nach lauter Zielen ohne Ende durchflogen wird? Das Rechnen allein, sagt Plato, führt nicht zur Glückseligkeit.
Neue Jahrbücher der Geschichte und Politik

Cholera und Kartoffelkrankheit, verkehrte Witterung, Erdbeben, teure Zeit. Krieg und Aufruhr der letzten Jahrzehnte sind dem Aberglauben des Bauern häufig genug als das natürliche Gefolge dieser titanischen Neuerung erschienen. Da ist ihm die Anlegung der Eisenbahn das letzte Wahrzeichen der himmelstürzenden Vermessenheit, mit welcher der übermütige Mensch den ewigen Naturgesetzen Gottes eine Wette anbietet. Sie ist ihm der Turmbau von Babel ins Neumodische übersetzt.   *Wilhelm Heinrich Riehl*

Ja, ja! in den modernen Kram paßt die Dampfwagen-Erfindung! Sie nivellirt und zentralisirt und das sind die beiden fixen Ideen derjenigen, welche sich Liberale nennen. Als ob die Zentralisation nicht die abschreckendste Tyrannei übte! Nivellirt werden dann auch alle Schranken, Stände, Genüsse, Bedürfnisse. Für ein geringes rutscht Greis und Kind, vornehm und gering, reich und arm, Mensch und Vieh auf Dampfwagen umher.   *Ida Gräfin Hahn-Hahn*

... so klage ich hiermit die Leipzig-Dresdener Eisenbahn-Companie an, daß sie mir mit ihren Dampfwagen unmöglich macht, meiner Mühle den notwendigen Wind zu gewährleisten.   *Hans Friedrich Terpest*

Ich betrete diese Dampfbahn nicht. Ich bin von Berlin nach Potsdam in der Diligence gefahren. In einem Dampfwagen würde ich ersticken.   *Ludwig Tieck*

Wir warnen gegen den Bau eines Eisenbahntunnels, weil Personen im Alter über 45 Jahren infolge des jähen Wechsels im Luftdruck der Gefahr eines Schlaganfalls unterliegen.   *Professor Gottlieb Guter*

Wider die Eisenbahngegner
Sehen Sie nur unsere Vornehmen und Exklusiven, wie erbittert und mit Recht sie gegen die Eisenbahnen sind. Daß sie rasch zu irgend einem Ort hinkommen daran liegt ihnen wenig, aber daß sie nicht mehr auf ihre Weise die Reise machen sollen, das ist ein Gräuel. Wie? Ein Häuflein untergeordneter Kreaturen, Krämer, Handwerker, Künstler, reisender Possenreißer, alles hat sich zusammengefunden, und zwingt einen Vornehmen, mit ihnen gemeinschaftliche Sache zu machen? Er muß so recht eigentlich nach der Pfeife der Menschen tanzen, denn sie wollen reisen, und er soll mit ihnen reisen, wenn er überhaupt reisen will. Und der Staat, was tut er? Er begünstigt diese teuflische und revolutionäre Erfindung, ja auch noch mehr, das Oberhaupt desselben fährt selbst mit Gevatter Schneider und Handschuhmacher zugleich ab. Früher bewegte sich der Wagen, wie der Herr es wollte, langsam oder schnell. Aber jetzt, wenn man noch so teuer ein Kupee mietet, das Fatale ist, man muß anhalten, wenn die Menge anhält, man muß fahren, wenn die Menge fährt.   *Alexander von Ungern-Sternberg*

Wider Flugzeuge

Könnten die Menschen auch noch durch die Luft fahren, so wäre ihre Schlechtigkeit rein nicht mehr zu zügeln. *Gottfried Wilhelm Leibniz*

Man sollte Prügelstrafen für die Narren einführen, welche noch immer behaupten, daß der Mensch jemals dem Vogel gleichkommt und fliegen wird. *Gustav Adolf Borelli*

Wider Schiffsverkehr/Kanalbau

Es hat früher deutsche Dichter gegeben, die den Rheinfluß besungen haben; sein grünes Rauschen geht klingend durch das deutsche Schrifttum von der Zeit des verschollenen Nibelungendichters bis zu den Romantikern und Heinrich Heines schmerzlicher Strophe. Schön. Nun wird der Rhein aber allmählich abgeschafft werden und kann immer weniger Anlaß zu irgendeiner poetischen Betätigung geben. Es gibt da, wo dieser Strom einst floß, jetzt so eine Art von Mittellandkanal, auf dem die Schweizer Margarine nach Holland gebracht wird, ein rußiger Kanal, der die gelben Abwässer der Zementwerke zu Tal führt und sich zwischen Tausenden von Fabriken und dampfenden Schloten hinzieht. Und an der Lorelei ist ein Hafen für die Mörtelkähne. Schwer denkbar, daß je ein Dichter noch ein Lied singt auf diese Verkehrstraße, die nicht viel anderes ist als der Teltowkanal auch. Und tut es einer doch, so ist er ein Quatschkopf, der sich und uns eine Stimmung vorredet, die nicht mehr da ist, und der alten Literaturtratsch wiederkäut. Die Rheinpoesie ist tot und lebt nie wieder. *Victor Auburtin*

Der Ozean ist der bevorzugte Reiseweg der Dämonen. Deshalb werden nicht einmal sieben kanzlerkohlfette Walrösser mich dazu verlocken können, an einer Kreuzfahrt auf dem »Traumschiff« teilzunehmen. Und das »Traumschiff« ist vermutlich wesentlich Entsetzen erregender als die irrwichteligsten Tiefseedämonen. *Benjamin Kammerloher*

Wider Fußgängerzonen

Gehe ich durch Fußgängerzone, formt sich in mir angesichts der vorbeitreibenden Passanten das Wort »herdenhaft«. RATIO-Tüten und andere eindeutig menschliche Attribute rütteln kaum am zoologischen Fluidum. Kein Schlips, kein Brillengold, kein Vermummungsverbot, keine Lichterkette führt heraus aus solcher Naturwüchsigkeit – es sei denn, ich picke aus dem Schlachtvieh ein einzelnes heraus und frage nach dem Weg zur Konstabler Wache: alsbald wird Menschenähnlichkeit tröstlich hervortreten! Doch nein, zu früh gefreut, auch als Individuum bleibt der Mensch durch und durch Animalium, eingesperrt in sein schadstoffschwangeres Biotop, ein unruhig den Kopf werfendes, verzerrtes

Säugetier, voll mit Mimik, das mir mit wildbewegter Mundöffnung darlegt, daß ich dann in die 3 umsteigen müsse –   *Ulrich Holbein*

Wider die Bewegungslosigkeit
Was sich nicht bewegt, gilt uns im gewissen Sinne für tot. Leben und Regen und Bewegen erscheinen identisch. Das Leben an sich erfüllt uns mit Freude, wie der Tod mit instinktivem Mißfallen, mit Scheu, Furcht oder Haß. Die Bewegungslosigkeit erfüllt uns leicht mit widerwilligen Empfindungen.

Professor Carl Lemcke

Wider den Lärm
Und der Lärm macht mich fast verrückt.   *Erhard Schümmelfeder*

Was ist dieser ganze Lärm von Bauten, Schiffen, Bergwerken, Schlachten und Büchern vom Sternenraum aus gesehen: gegenüber der Erdrinde ein Nichts!

Oswald Spengler

»Wer den Lärm duldet, ist schon eine Leiche«, dieser Aussage von Guido Ceronetti wäre Goethe unbedingt beigetreten, ebenso wie der »Anti-Lärm-Liga« des Philosophen Theodor Lessing, dessen Kampfschrift »Der Antirüpel. Recht auf Stille« aus dem Jahre 1908 er gewißlich in den höchsten Tönen gelobt haben würde, wenn sein Kampf gegen wummernde Webstühle, kakophonische Kegelbahnen, Tumult und sinnloses Gekreisch nicht schon vor der Zeit mit dem knöchernen Pochen von Freund Hein beendet worden wäre. Er ruhe in Frieden!   *Benjamin Kammerloher*

Träger, schwerfälliger trauriger Nachmittag. Unten im Hofe wird Holz gemacht. Ich muß immer dem Sägen zuhören. Zuerst ein scharfkratziger Ton, dann tiefer, breiter, dann kommen hohe Klagetöne des Scheits, als riefe es: jetzt kann ich nicht mehr lange widerstehen! Es folgen noch einige kurze, gerupfte, schnell in der Skala sinkende, mürbe Laute und man hört die Klötze fallen. – So sind mir die Freuden des Lebens durchgesägt worden, eine um die andere, ich höre jetzt noch die Stümpfe zu Boden rumpeln.   *Friedrich Theodor Vischer*

Wider die Stille
Nur nicht absolute Klanglosigkeit! Nur keine Grabesstille! Sie wird für uns grauenhaft. In die tiefste Stille hinein horchen wir, sie scheint ferne zu summen und zu singen. Aber vernehmen wir Nichts, so wird uns peinlich zu Mut; Unser Sinn wird öde, leer und darüber nervös.   *Professor Carl Lemcke*

Wider die private Welt

Rudi Dutschke, der »Staatsfeind Nr. 1«, analysierte diese Gesellschaft im allgemeinen und hielt fest: »Heute hält uns nicht eine abstrakte Theorie der Geschichte zusammen, sondern der existentielle Ekel vor einer Gesellschaft, die von Freiheit schwätzt und die unmittelbaren Interessen und Bedürfnisse der Individuen und der um ihre sozial-ökonomische Emanzipation kämpfenden Völker subtil und brutal unterdrückt.« Was aber hat das Individuum damit zu tun? Den angemessenen Grundton in Bezug auf die Beteiligung des Einzelnen am Gemeinschaftsleben schlägt Thomas Bernhard an. »Schrecklich, wenn diese Leute da so herkommen.« Denn: »Jedesmal, wenn'S mit einem reden, ist es ein Idiot.« Grundverkehrt ist es daher, Gesellschaft zu suchen. Allseits bekannt ist doch, »was für einen Blödsinn man manchmal zusammenredet.« So daß Bernhard förmlich sagen muß: »Ich halte momentan niemanden aus. Und allein die Idee, daß da dann jemand herkommt…Grrrrrrr, das ist doch grauenhaft, das hält man ja nicht aus- »da müssen Sie dabei sein« – gar nirgends muß man, nirgends und nichts.« Ausgeschlossen war für ihn auch die Teilnahme an Klassentreffen: »Sie können ja nicht immer Omeletten essen, und ›Weißt noch‹, ›kannst dich erinnern« das geht einem auf die Nerven.« Für den vorbildlichen, ja heiligmäßigen Bernhard sind zwischenmenschliche Beziehungen generell »fürchterlicher Blödsinn.‹ Punktum!

■

Nicht daß er allein dagestanden wäre. Heimito von Doderer sagte: »Eine der niedrigsten Tendenzen des Menschen ist: irgendwo dazugehören zu wollen.« Und: »Wer sich mit Hemden zu Bett legt, steht mit Flöhen auf, und zwar mit Flöhen im Ohr. Schlechte Gesellschaft ist wie das Fliegenpapier, das man nicht loswird: Bald klebt es am Schuhabsatz, bald am Ellenbogen.« Karl Kraus schritt seinerzeit in eine ähnliche Richtung: »Nichts ist engherziger als Chauvinismus oder Rassenhaß. Mir sind alle Menschen gleich, überall gibt's Schafsköpfe, und für alle habe ich die gleiche Verachtung. Nur keine kleinlichen Vorurteile!« Genau!

■

Wo ist der Urgrund des Verdrusses? Thomas Bernhard fand einmal in einem gemütvollen Stündchen eine mögliche Antwort auf diese Frage: »Harmonie, das halte ich wirklich nicht aus, ich mag auch Familien nicht.« Denn Familie, »das ist ja auch alles verheuchelt, erstunken und erlogen.« Vorausschauend hatte in diesen Bereich Karl Kraus hineingerufen: »Das Familienleben ist ein Eingriff in das Privatleben.«

Auch deshalb weiß Rose Schwarz im Kampf gegen die Elternschaft zu gefallen mit ihrem empörten Ausruf: »Kinder werden niemals befragt, ob sie das Licht der Welt zu erblicken wünschen; ihre Zeugung und Geburt ist also bereits ein Vergewaltigungsakt, zu dessen Wiedergutmachung Eltern ein für alle Mal verpflichtet sind.« Direkt hinter ihr marschiert Arno Schmidt und krakeelt: »Eltern, die noch immer Kinder in diese Welt setzen, müßten bestraft werden, d. h. finanziell: fürs erste Kind müßten sie 20 Mark monatlich zahlen, fürs zweite 150, fürs dritte 800.« Sogar ein so harmloser Geist wie Franz Werfel kann sich dem anschließen: »Das Kind in seinen ersten Jahren lebt im ruhigen Austausch mit der Umwelt. Erst wenn es die Unterdrückung durch den Hochmut der Eltern, die Erniedrigung durch den egoistischen Eigenwillen der Eltern erfährt, erleidet seine Seele den unverbesserlichen Schaden, der jenes krankhafte Fieber erzeugt, das Machtwille, Ehrgeiz, Siegsucht und Menschenhaß heißt.«

.

Was ist eigentlich mit den Kindern selbst, »diesen holden Arschgesichtern« (Eckhard Henscheid)? Naja, Thomas Bernhard sieht die Kinderdinge so: »Kinder haben ja immer den Teufel im Leib.« Das ist noch irgendwie harmlos ausgedrückt, wenn man dieses Beispiel des geplagten Hans Reimann heranzieht: »... was das Grausige ist: Ich kann irgendeine Tür öffnen oder irgendein Zimmer betreten – immer krauchen Kinder bäuchlings umher, immer krauchen Kinder umher. Unsere Wohnung wimmelt von krauchenden Kindern. Die Stuben sind angefüllt von krauchenden Kindern. Der Korridor ist unpassierbar infolge krauchender Kinder. In der Küche blickt man nichts als krauchende Kinder. Überall, so weit das Auge bricht, krauchende Kinder. Sie verfolgen mich. Sie wollen mit mir spielen. Sie klauen mir meine Manuskripte. Sie leeren meine Tabaksbehälter. Sie entführen mir Uhr und Brieftasche. Sie probieren meine Hüte auf. Sie zerreißen die Belegnummern, die ich von den Zeitungen manchmal geschickt bekomme. Sie schütten Tinte über den Teppich. Sie verbeulen den Füllhalter. Sie lutschen an den Buntstiften. Sie räubern den Inhalt des Papierkorbes und garnieren damit das Schlafzimmer. Sie bekrakeln meine Bücher und reißen Seiten aus. Sie erbrechen Schubfächer und Schränke. Sie wimmeln um meine Knie. Sie beschmieren meine Kragen mit Schokoladepfoten. Sie zerstören meine Schreibmaschine.« Zum Wahnsinnigwerden! Da kann man nur Arno Schmidt beipflichten: »Solange der Staat noch Bockprämien zahlt, brauchen wir uns ja nicht zu wundern, wenn der Lebensraum immer knapper wird.« Eines Tages aber trat der bedeutende Schriftsteller Peter Handke, denn das war sein Name, einmal aus dem Hausflur und bemerkte regelrecht Entsetzliches: »Buben vor der Privatschule: und ich dachte: ›Das sind schon die zukünftigen Wirtschaftsverbrecher!‹

■

Wenn Friedrich Theodor Vischer ein Prachtweib erblickte, bebte ihm der Bart vor Empörung: »Ein Prachtweib, groß, durchaus stilvoll gebaut. Weg, will nichts davon! Will kein Rasseweib mehr sehen! Es ist ein Elend, daß unser einem kein Weibesgebild gefallen kann, wo der Teig sitzen geblieben; bei den Rasseweibern ist er gut gegangen, aber der Teufel hat den Herd geheizt.« Belehrt nicht schon das Sprichwort über die Lage im Frauensektor: »Lieber ein bärtiges Weib als ein gelehrtes!« Der große Paul Möbius lehrte dieserhalb bekanntlich: »Hat ein Weib mathematisches Talent, so ist es ebenso, als ob sie einen Bart hätte.« Und überhaupt: »Übermäßige Gehirntätigkeit macht das Weib nicht nur verkehrt, sondern auch krank. Wir sehen das leider tagtäglich vor Augen.« Andererseits gilt vielleicht auch des Sentenzenserenissimus Johann Wolfgang Goethe ratlose Frage: »Wer die Weiber haßt, wie kann der leben?« Er müßte denn ein Trottel sein.

■

Und wer ist an allem schuld: Die Männer!! »Die Männer dieser Zeit lassen sich in zwei deutlich unterscheidbare Gruppen einteilen: die Kragenschoner und die Hosenträger.« So der Statistiker Karl Kraus, sein Männerfreund Franz Werfel schrieb: »....was für Feiglinge die Männer sind... Eitle Schwindler... Feige Gaukler... Schweine.« Da darf Gottfried Benn auch noch ein Wässerchen lassen: »Uniform tragen, die die Blicke auf sich lenkt, Meldungen entgegennehmen, sich über Karten beugen, mit Gefolge durch Mannschaftsstuben und über weite Plätze traben – verfügen, besichtigen, bombastisch reden (»ich befehle nur einmal« – es handelt sich um Latrinenreinigen), das schafft die Vorstellung von Raumausfüllung, individueller Expansion, überpersönlicher Auswirkung, kurz jenen Komplex, dessen der durchschnittliche Mann bedarf.« Dabei muß bedacht werden, was der Klomann Jürgen von der Wense beobachtete: »Was ist die ungeselligste Gesellschaft? – Männer, die nebeneinander ihr Wasser lassen.«

■

Weltbühnen-Autor Eduard Saenger zwitschert der Menschheit zu: »Wenn man sieht, wie erwachsene Menschen den einfachsten allgemeinen Problemen gegenüber versagen, für die klarsten logischen Zusammenhänge unempfindlich sind und die abgelebtesten, widerlegbarsten Ansichten gegen ihre tägliche und stündliche Erfahrung festhalten, als wären sie entschlossen, mit ihrer Dummheit über Leichen zu schreiten: dann begreift man oft nicht, wie diese Menschen imstande sind, nützliche Arbeit zu verrichten, Familien zu versorgen, in ihrem Kreise Ansehen zu genießen, Verantwortungen zu tragen und, insbesondere, Kinder zu erziehen; oder man begreift eben, daß alle ihre Handlungen in einem wesentlichen Punkte unzulänglich geschehen, und daß die Welt von ihnen mit Notwendigkeit so verdorben wird, wie es eben ist.« Viel zu leise. Deshalb noch mal ganz langsam zum Mitschreiben: »Wenn man heiraten will, soll man sich's vorher überlegen. Wenn man sich's aber vorher überlegt, heiratet man nicht. Wenn man heiraten will, soll man sich's also nicht vorher überlegen.« So Oscar A. H. Schmitz an alle. An jeden einzelnen richtet Jakob Haringer die besorgte Frage: »Was brauchst du heiraten, wo du doch Zigarrn und Bier hast.«

.

Der vielerfahrene Stefan Zweig verzweifelte: »Es gibt nichts Entsetzlicheres als Alleinsein unter den Menschen.« Da helfen auch selbsternannte Freunde, von Alfred Polgar erkannt, keinen Deut weiter: »Jemandem Freund sein, heißt: ihm als Krücke für sein lahmes Selbstbewußtsein dienen. Die meisten Freundschaften sind degenerierte Gleichgültigkeit.« Und Feinde, wie sie Heinrich Heine beschrieb, schon gleich gar nicht,: »Meine Feinde sind gar zu lächerlich. Ich sage Feinde, ich gebe ihnen aus Courtoisie diesen Titel, obgleich sie meistens nur meine Verleumder sind. Es sind kleine Leute, deren Haß nicht einmal bis an meine Waden reicht. Mit stumpfen Zähnen nagen sie an meinen Stiefeln. Das bellt sich müd da unten.« Soll es doch, das Kroppzeug!

.

Wohin flüchten? Ach Gott, »kein Ort. Nirgends« (Christa Wolf). »Auf dem Land langweile ich mich entsetzlich.« Und »die Großstädte sind mir verhaßt.« So Thomas Bernhard stellvertretend für die paar Menschen guten Willens. Von der Provinz rät Gottfried Benn dringend ab: »Und noch etwas wird einem ja klar, wenn man die Provinz so durchfährt wie ich es jetzt tue: was für eine Bevölkerung, was für ein Menschenschlag!«
Das Oktoberfest kann ernsthaft nicht ins Auge gefasst werden: »Es ist so langweilig. Welche Abortwand-Visagen! Welch haustierische Stimmen! Attraktionsbuden pumpen die Romantik hoch, das Volk, dumm, lasterhaft, geduldig, läßt sich kitzeln.« Man kann Bertolt Brecht nachfühlen!
Auch das Herumhängen in Bars ist, spätestens seit Klaus Bär, selbstredend abgesagt: »Und während sich an der Bar das aufgedonnerte Elend in bierseligen Banalitäten und Beiläufigkeiten ergießt und man sich weismacht, es ginge

einem prächtig, während sich Angst und Größenwahn, Rausch und Langeweile, Sehnsucht und Enttäuschung, Genuß und Erbrechen ein trauriges Stelldichein geben, während diese eitle Show abläuft, erstarrt in all ihren Posen von Coolness und Lässigkeit, die nichts als Angst, Kälte und Koma sind, während sich Einsamkeit und Leere breitmachen hinter lüsternem Lack und Leder und der aufreizenden Schminke und den süßen Düften des Orients, greifst du in deine Gesäßtasche und holst den Flachmann mit dem Bourbon raus und rettest dich in die nächste Eckkneipe.«

Lächerlich und indiskutabel ist, nach allem, was wir wissen, aber dennoch die Weltflucht: »Die Weltflucht ist bedingt durch ein fragwürdiges Gewissen.« Zur Analyse Heinrich Manns gibt Bruder Thomas seinen Senf dazu: »Der Mächtige, steht er allein, bricht bald zusammen oder erstarrt zur unmenschlichen Kälte der Bildsäule.«

■

Dem sogenannten Guten Ton wird sich niemand, der sein Oberstübchen einigermaßen in Ordnung hält, anheim stellen wollen. Etwa der doofen Zeremonie des Grußes. Da warnte Lichtenberg: »Das Hutabnehmen ist eine Abkürzung unseres Körpers, ein kleinermachen.« Da schrillte Karl Kraus: »Eine Infamie ist so ein Gruß. Der Kerl hält mich für einen Erpresser und glaubt, es gehe ihm an den Kragen, wenn er den Hut nicht zieht.« Da anempfiehlt der Benimm-Lehrer Oscar A. H. Schmitz: »Das tiefe Abnehmen des Hutes beim Grüßen erweckt im Ausland Befremden und bringt manchem unter Umständen aus dem Munde eines ganz untergeordneten Menschen die gönnerhafte Bemerkung ein: »Bitte, bedecken sie sich doch!«

■

»Es wäre schrecklich, wenn der Mensch die Sprache der Tiere verstände. Ist er doch schon verdammt, das Geschwätz der andern zu verstehen, statt daß es wie die Naturlaute als Geräusch bloß an seinen Ohren vorüberginge.« Was Richard von Schaukal da geschwätzig von sich gab, trifft sicherlich in jeder Hinsicht zu, aber was ist eigentlich von der Redekunst zu halten? Nun, da redet Friedrich Luft folgendermaßen: »Der Redner sammelt seine Papiere ein und steigt herunter. Die Herren vom Schlohmann-Quartett, die, wie immer bei solchen Anlässen, umgeben von vier städtischen Taxusbäumchen, einen Satz von Haydn oder Ravel (je nachdem) zu spielen pflegen, stimmen ihre Instrumente ... Aber nun einmal ernsthaft: Was hat der Mann da gesprochen? Was hat er gesagt? Er hat Wind mit Worten gemacht. Er hat mit geölter Stimme nichts verlautbart. Er hat einen Toten gelobt, aber er hat ihn so gelobt und mit Tiefsinn beworfen, daß ein handfester Sinn davon nicht zurückgeblieben ist. Er tat streng, aber er war unverbindlich wie einer. Er plusterte sich mit wichtigen Worten auf, aber verlautbart hat er nichts als das große ›Blah-blah-blah‹. Es war der Quatsch in schöner Gestalt.« Und Luft fährt fort: »Der Quatsch in schöner Gestalt (die nur schön zu sein scheint) geht gewaltig um. Die parfümierte Kleisterrede findet sich in fast allen Bezirken. Der Leerlauf der ambitiösen, ausgequetschten Ausdrucksweise hat auf eine erschreckende Art an Tempo gewonnen.« Hier endet Luft. Man schnappt nach Luft. War er ein Dauerredner, ein Mensch jener Artung und Gesittung, wie sie Johannes Robert Becher, Kulturminister und Dauerdichter, weidlich anprangerte? »Der Dauerredner merkt nicht, wie vernichtend diese Art von Rededauer ist, welche er seinem Publikum zumutet. Bei jedem Satz, den er weiter spricht, hebt er die gute Wirkung des Vorhergesagten auf.«

∎

Manche Leute schließlich können es nicht unterlassen, besonders originell sich in der Welt gebärden zu wollen. Sie siegeln tatsächlich ihre Briefe, obwohl das schon Karl Kraus in der Nase juckte: »Es stinkt der Siegellack.« Andere wiederum schreiben immer noch und immer wieder Briefe und brüsten sich, daß doch, so wörtlich, jemand »die Briefkultur aufrecht erhalten« müsse. Ausgerechnet. Dabei wußte Carl Zuckmayer, nicht gerade der Hellste im Flecken: »Ein Briefkasten ist die Vorstufe des Papierkorbes.« Und Walter Serner wies besonders eine Briefspezialform weit von sich: »Liebesbriefe sind d i e Dummheiten.«

∎

Ein kurzes Wörtlein noch, von Carl von Ossietzky, zur Problematik der Mode: »Der letzte Schrei ist lange in einem unbeachteten Röcheln verklungen.« Bertolt Brecht war nie nach der letzten Mode gekleidet, aber selbst er sagte in seinem gefürchtet scharfem Tonfall: »Ich mag es nicht, wenn jemand zu mir sagt, die Farbe meiner Hose sei zu hellblau, sie müsse dunkelblauer sein, wenn die Hose grün ist.«

Wider Mitmenschen und Geselligkeit

Aller gesellschaftliche Verkehr hat den Charakter der Verlogenheit. Jener hat seine Wurzeln in der Herdentiernatur und dem Solidaritätstriebe des Menschen.

Maximilian Norden

Erinnern Sie sich meiner noch aus grauen Vorzeitstagen wo der erste Flaum der Götterwelt, die man neu zu ahnen begann, neben noch echten Weißwürsten emporsproß? Nun, ich bin dem Fäkalsturm der Zivilisation, mit der wohl das patriarchische Zeitalter krepiert sein dürfte, glücklich entronnen und lebe in Meran, wo ich wieder angefangen habe zu zeichnen.

Fritz Ritter von Herzmanowsky-Orlando

Ich bin körperlich und geistig verstimmt, muß mit Gewalt mich zur Tätigkeit aufraffen; zunächst bietet sich aber nur unwillkommne an; die Verkehrtheiten, Aufreizungen, Störungen, Quälereien, Widrigkeiten, die auf mich eindringen, sind nicht zu ertragen. Ich sitze den halben Tag mit dem Fliegenwedel, um mir diesen Schwarm abzuwehren, und kaum lasse ich die Hand ein wenig sinken, so fällt er auf mich. Fast keine Bekanntschaft hab ich, die mir nicht Verdruß macht, keine Beziehung, in der nicht einige Fäden sogleich sich verwirren! Was fordert nicht alles Bettina von Arnim von mir! Wie quälen mich die Schriftsteller, die Buchhändler! Immer soll ich rezensieren, forthelfen, beitragen, vermitteln! Diejenigen, welche bloß Geld von mir verlangen, sind mir noch die wenigsten lästigen Leute!

Varnhagen van Ense

Wählte ich meinen Umgang unter den ausgesuchtesten, aufgeklärtesten Menschen, so erwartete ich vergebens Schutz vor dem am Ruder stehenden Dummkopf; gab ich mich elenden Leuten preis, so wurde ich mit diesen in eine Klasse gesetzt. Menschen ohne Erziehung von niederem Stande mißbrauchten mich, wenn ich mich ihnen zu sehr näherte; mit vornehmeren verdarb ich es, sobald sie meine Eitelkeit beleidigten. Bald ließ ich zu viel Übergewicht den Dummen fühlen und wurde verfolgt; bald war ich zu bescheiden und wurde übersehen. Bald richtete ich mich nach den Sitten der Leute, nach dem Ton aller unbedeutenden Gesellschaften, in welche ich lief, verlor goldene Zeit, Achtung der Weisen und Zufriedenheit mit mir selbst; dann wurde ich zu einfach und spielte eine schiefe Rolle, da wo ich hätte glänzen können und sollen, durch Mangel an Zuversicht zu mir selber.

Adolph Franz Friedrich Freiherr von Knigge

Reiche nicht jedem deine rechte Hand dar. Umarme nicht jeden. Drücke nicht jeden an dein Herz.

Adolph Freiherr von Knigge

Erlauben Sie mir, daß ich vor 99/100stel meiner geehrten Zeitgenossen und namentlich meiner »engeren« Landsleute ausspucke. *Friedrich Schlögl*

Die Leute! Ein Götze, ein Ungeheuer, das im Dunkeln wirkt, und sich höchstens von Zeit zu Zeit durch seinen unwillkommenen Geruch bemerkbar macht; will man es fassen, so entgleitet es, denn niemand will zu den »Leuten« gehören. *Oscar A. H. Schmitz*

»Er ist sehr ungesellig«, besagt beinahe schon: »Er ist ein Mann von großen Eigenschaften.« *Arthur Schopenhauer*

Aus Verzweiflung dummerweise wieder mehr in Gesellschaft. Da die pure Parteikonfusion, links, rechts, überall; mir schwindelt das Hirn, wenn ich mich in die undialektischen Köpfe versetze. – Noch dummer: nehme gestern einmal wieder eine Einladung an in patente Gesellschaft. Nobles Haus, gastfreundlich, aber wie alle. Wer bewirtet, trägt bei aller Güte doch meist eine Tücke im Herzen; denkt: das alles erweise ich euch nun, und ihr dürft keinen Heller dafür zahlen; aber dafür verlange ich eines: ihr sollt euch verkälten. Es werden im Sommer Fenster, im Winter Türen aufgerissen, die einen Zug geben. Der arme Gast zahlt die Zeche nach mit Elend! O Elend! – 's fängt schon an, beißt in der Nase, ich spür's. O großer Buchbinder Weltgeist, warum hast du mich zu fein eingebunden! – In dieser Welt braucht's Schweinsleder. *Friedrich Theodor Vischer*

Da gibt es Leute, die haben die Pausenscheu. Was das ist? Das ist eine Geselligkeitskrankheit. Sobald in einer Gesellschaft das Gespräch stockt, wenn auch nur auf eine Viertelminute, wird gleich eines oder das andere im Kreise unruhig, es wird ihm unbehaglich, die Sache hat sich so verstimmt, so verstimmend, so geistlos. Als ob die Köpfe gesperrt wären. Es muß um jeden Preis ein Gespräch vom Zaun gebrochen werden, das oft viel geistloser ist als das kurze Schweigen; dieses kann ja sehr geistreich sein, sehr pikant. *Peter Rosegger*

In den Klubs, Kasinos, Ressourcen, Harmonien, Kollegien, Museen gesellen sich die Gleichgesinnten, die Gleichbegüterten, die Gleichbefähigten, die Standesgenossen. Da findet jeder nur, was er soeben verlassen und hört jeder nur das Echo seiner eigenen Gesinnung. Eine solche Unterhaltung ist bloß fortgesetzte Tagesbeschäftigung, nur mit dem Nachteile, daß sie nicht einbringt. – Aber sie sterben lieber aus Mangel an Unterhaltung, als daß sie ihre Tore öffneten; denn ihr Zweck ist nicht die Vereinigung, sondern das Exkommunicieren –
Wo nur Standesgenossen zusammen kommen, da wird immer sehr bald die Langeweile präsidieren und die Dummheit das Protokoll führen. *Ludwig Börne*

Es ist besser, einsam sein, als bei übler Gesellschaft sich aufhalten.

Abraham a Sancta Clara

Was gute Gesellschaft genannt wird, ist meistens nur ein Mosaik von geschliffenen Karikaturen. *Friedrich Schlegel*

Wir wissen, daß die Erdmänner auf einer sehr niedrigen Entwicklungsstufe stehen; sie bedürfen noch fester Nahrung – sie ernähren sich dadurch, daß sie verwandte Lebewesen als Leichen in ihren Körper stopfen und da vermodern lassen. Wir nennen das den Bestienzustand. Die Erdmänner sind aber viel schlimmer als gewöhnliche Bestien – sie richten einzelne ihrer Stammesgenossen dazu ab, andere Stammesgenossen durch Schuß-, Schlag- und Sprengwaffen zu töten, um ihnen das, was sich diese ihre Brüder geschaffen haben, fortzunehmen. Das sind saubere Brüder ... *Paul Scheerbart*

Die Menschheit ist krank. Sie windet sich in höllischer böser Besessenheit auf ihrem Lager und erbricht Ströme Bluts. *Arthur Holitscher*

Mich einmal wieder über die Menschen empört. Einige Herren, dabei Vater mit Sohn, am selben Tisch drüben im Kaffeehaus. Die Unterhaltung geht in Zoten über, ekelhaft. Man sollte gar nicht unter die Menschen gehen.

Friedrich Theodor Vischer

O Einsamkeit, wie gut bist du! *Friedrich Theodor Vischer*

Wider die Familie
Der häusliche Kreis ist so enge, so leer. *Wilhelm Hauff*

Das Bäschen auf einen Ball begleiten zu müssen. Schrecklich!

Friedrich Theodor Vischer

Wider Erben
Also so betrauern die Erben einen Dahingeschiedenen. Den möchte ich sehen, dem da nicht der Gusto zum Sterben vergeht! *Johann Nestroy*

Wider Eltern
»Undankbare! Ich hab dich aufgezogen, ich hab geraucht, während du gewachsen bist« – so ungefähr läßt Nestroy einen Onkel zu einer Nichte sprechen. Wenn doch alle Eltern so viel für ihre Kinder täten! *Max Reis*

Manche Eltern setzen eine gewisse Eitelkeit darein, ihre Kinder ganz oder halb nackt in mehr oder weniger anstößiger Haltung photographieren zu lassen. Wir müssen hierin eine Mißachtung des Schamgefühls erblicken. Der äußere Anstand wirkt auf die innere Reinheit, indem er die natürliche Schamhaftigkeit immer mehr zur bewußten entwickelt. *Eduard Ernst*

Nichts ist ekelhafter, als wenn knalldoofe Eltern, die Mutter Friseuse vielleicht, der Vater eventuell sogar Jeepfahrer, ihren ebensolchen Kindersamen weit, weit über deren Fähigkeiten hinaus mit wütender Unbedingtheit in so genannte weiterführende Schulen quetschen wollen. Schändliches Vorhaben. Der Lehrer schlägt die Hände über dem Kopf zusammen, die Beobachter der Szenerie wenden sich mit Grausen, manche machen Bemerkungen, das arme Kind weiß gar nicht, wie ihm geschieht. Die Eltern, nach Erreichung ihres Ziels, hocken sich wieder auf die Couchgarnitur, vor das kurzfristig in den »Standby-Modus« geschaltete Fernsehgerät, und atmen durch, im Bewußtsein, es »denen« mal so richtig gezeigt zu haben. Ja, wo leben wir denn eigentlich? *Benjamin Kammerloher*

Wider Mütter
Hier in Gilching gibt es kaum noch eine junge Frau, die nicht durch ein Kind entstellt ist. Tatsächlich steht in der Zeitung, es wäre die gebärfreudigste Gemeinde im ganzen Landkreis. Furchtbar … Überall Kinderwägen, kreischende Bälger, abgestempelte Frauen, nur noch Mütter gibt es hier, Mütter, es ist widerlich. Für das ganze Gewürm braucht es Kindergärten, Schulen, Supermärkte, Häuser – und irgendwann Friedhöfe. Vielleicht nehm' ich mir bald wieder 'ne Stadtwohnung. *Helmut Krausser*

Mein arme Mutter wart' g'wiß schon auf mich. Ich sollt eigentlich bös sein auf sie, weil sie mich geboren hat. *Johann Nestroy*

Antje erzählte neulich von einer Frau, die ihren vierjährigen Sohn noch stillte, der kam dann jeweils an und sagte: *Mama! Brust!* Was geht in so einer Mutter vor? Wahrscheinlich das Extrem dessen, was mir das Muttersein so widerlich macht – ich bin da beinahe pathologisch. *Helmut Krausser*

Wider Väter
Warum sind wir mit so vielen Stümpern und Dümmlingen im Reiche der Gelehrsamkeit überschwemmt? Weil nicht der Staat, sondern der Vater die künftige Bestimmung seines Sohnes entscheidet. Ein Schneidersknabe oder Schuhflickersjunge darf nur seinen Katechismus flink herunterplappern oder seinen Corderius frisch exponieren, so schwindelt gleich den dummen Eltern

der Kopf von künftigen Senioren, Konsulenten, und Leibärzten. Dann erbetteln sie sich Stipendien, die Söhnchen studieren, kommen mit einer verworrenen Systemsprache zurück und werden dem Vaterlande zur Last.

Christian Friedrich Daniel Schubart

Die meisten Konflikte, besonders in Familien, kommen dadurch zustande, daß der durch Macht oder Recht geheiligte Teil sich selbstverständliche Leistungen als Verdienste und als Entschuldigung für an sich ganz unverständliche, persönliche Ekelhaftigkeit anrechnet.

Julius Levin

Wider die Brut
Neuer Vorschlag alle neugeborenen Mädgen zu ersäufen.

Georg Christoph Lichtenberg

Neenich: ›Kinder‹ bitte nich; (daß ich jemals Kinderfreund gewes'n wäre, kann mir wohl niemand nachsagen).

Arno Schmidt

Die Kinder sind ja schon deswegen zu bedauern, weil sie einmal groß werden müssen.

Johann Nestroy

Kinder haben keinen Humor.

Kurt Tucholsky

Eine Hinderung, die der Erziehung großen Schaden antut, ist böse Gesellschaft und verführerische Zusammenkunft, weil der Zunder zum Bösen in aller Kinder Natur von ihrer Geburt her bereits liegt und durch einen einzigen Funken – verstehe: böse Gesellschaft – so er daran fällt, zum Ausbruch allerlei grober Laster und Sünden dermaßen angezündet werden kann, daß hernach ein solcher Brand, wenn er erst in lichter Lohe steht, so bald oder wohl gar nicht mehr zu löschen ist.

Philipp von Sulzbach

Was uns da unter den Füßen herumläuft, mit dem zerrissenen Höslein auf die Gasse, mit dem Büchertäschchen in die Schule, ist oft ein sehr naseweises Gezücht. Sie spötteln und nörgeln und kritteln und dünken sich klüger als die Alten.

Peter Rosegger

Ein Kind aus Deutschland war es anscheinend nicht, das in Andersens Märchen merkt, daß der Kaiser keinen Rock anhat. Dort verprügeln die Kinder jeden, der so etwas zu behaupten wagt.

Max Reis

Einen bösen Kettenhund in Ruhe zu lassen, ist vielen ganz unmöglich, ein wildes Tier zu plagen, ist den meisten Genuß; einen schwachen Menschen zornig zu machen, gilt als ein herrliches Gaudium, namentlich den unentwickelten Gemütern, also Kindern und Ungebildeten. *Professor Carl Lemcke*

Wider Jugendliche
Die Gegenwart eines Knaben in den Entwicklungsjahren ist oft, je vielverspre-chender er ist, desto weniger erfreulich. *Oscar A. H. Schmitz*

Mir war der verlorne Sohn immer verächtlich, aber nicht, weil er ein Schweine-hirt war, sondern weil er wieder nach Haus gekommen ist. *Johann Nestroy*

Mich ekelt vor allwissenden, rezitierenden jungen Herren, mit denen man denn so bisweilen das Unglück hat, in Gesellschaft zu kommen, die den bescheide-nen, zweifelnden Forscher mit Machtansprüchen zu Boden schlagen und die, besonders wenn sie von liebenswürdigen gelehrten Damen amüsant gefunden, ganz unausstehlich werden. *Adolph Freiherr von Knigge*

In der 8 sitzen zwei Plastinauten vor mir, die eventuell Björn und Mark hießen, oder auch Sven und Max. Welch Duo! Fabelhaft zueinander passend, vom Ste-rilitätsgrad her. Gebleicht im Windkanal, gefriergetrocknet im Halogenlicht Resopaliens. Fehlt kompositorisch bloß je ein Laptop auf den Knien – und als Dritter im Bunde irgendein Dirk oder Kay. Gemorphte Pickelfaces des Fischer-TB-Covers über Nerds: »Wie werde ich Bill Gates?« Früher liefen solche Wachsfiguren unter »Jugend forscht«. Was forschen Sven & Max? Auf dem Weg – wohin? Zur Tochterfirma oder zum VWL-Studium? Hochbegabungen unter uns? Klonlinge unter sich? Jedenfalls Inbegriff geschlossener Gesellschaft. Knapp aufgesetzte Frisuren – uff! Sieht wirklich irre aus! In Nanosekunden überblick ich ihr ganzes Leben: schon im Kindergarten sichtlich im Vorfeld der ersten Brille, Max ein Aufpasser, die sich nicht einmischt, Sven ein Spielverder-ber, der auf seine Chance lauert. Schon damals mit Lineal gezogene Mund-schlitze, tadellose Standby-Funktion, trotz Hautkontakt und Reformhausfraß –Obst-Allergie. Und Ohren aus Knetmasse von naturidentischer Weißlichkeit. Gesichtsform: oval. »Glotz nicht so!« knurrten Sven & Max, wenn Mama sie besorgt ansah. Geborene Fachidioten. Mindestens! Wenn nicht gar Fusionsstra-tegen! Schreibtischtäter! ... Wo aber hätte man solche Asphaltpflanzen in der Spätgotik hingesteckt? In lichtlose Kanzeleien? An Reißbretter gestellt zwecks Dombau? Was lief da irgendwann falsch? *Ulrich Holbein*

Hat sich die Jugend sattgenagt an den ihr zum Gegenstande des Spottes und zum Spielzeug gewordenen Werken der Natur und der Menschen, dann wird sie verbissen, griesgrämig, und Jungen und Fräulein mit fünfundzwanzig Jahren sind weltsatt. *Peter Rosegger*

Sobald die Jugend sich einstellt mit ihren tollen Streichen, wer windet sich mit aller Arbeit daraus? Wer steckt nicht in Plagen und Leiden? Morde, Parteien, Streitigkeiten, Gefechte und Neid.

Wilhelm Heinse

Schwachköpfe, die nach der Jugend Au'n
Mit bangem Sehnen zurücke schau'n!
Ein einzig klar Gefühl des Mann's
Wiegt auf den ganzen Puppenalfanz.

Gottfried Kinkel

Wider die Frauen
Der *sexus sequior* ist *sequior* in jedem Betracht: Warten Sie, daß Sie in meinem Alter sein werden, wie Ihnen dann diese kurzbeinigen, langhaarigen, schmalschultrigen, breithüftigen, mit Zitzen exornierten Persönchen vorkommen werden: auch ihre Gesichter sind *nichts*.

Arthur Schopenhauer

Selten denkt das Frauenzimmer, denkt es aber, taugt es nichts.

Friedrich Nietzsche

Ach, wenn ein Frauenzimmer schläft, da muß man froh sein.

Johann Wolfgang Goethe

Die geringste gesellschaftliche Erziehung verlangt von jedem, daß von seinem Körper nichts fremden Sinnen Peinliches bemerkbar werde. Warum dürfen denn gerade die Augen so sehr durch »organischen Formenausdruck« beleidigt werden, und dies vorzüglich von Fräuleins, deren drittes Wort »Ästhetik« lautet, und die nicht einmal wissen, welche Farben zu ihrem Haar und ihrer Hautfarbe passen?

Oscar A. H. Schmitz

Wir armen, armen Mädchen
Sind gar so übel dran;
ich wollt', ich wär kein Mädchen,
Ich wollt', ich wär ein Mann.

Albert Lortzing

Wenn Damen einkaufen, sei es in Krämerläden, allwo die Atzung des Leibes feilgeboten wird, sei es bei solchen Kaufleuten, die um ein geringes Entgelt schöngewebte Gewandung und Modes anbieten, so wird Kavalieren dringlich angeraten, solche Örtlichkeiten tunlichst zu vermeiden, da handelnde, und einkaufende Damen, während des Feilschens ihre Ungeduld mit unter schlecht zu zügeln vermögen, so daß es unhöflich wäre, Zeuge solcher Anlässe zu sein.

Adolph Freiherr Knigge

Die Tugendhafte ist heute leider in Mißkredit geraten. Der seelische Kommunismus unsrer Zeit begünstigt jene haltlos sinnlichen Geschöpfe, die meinen, weil sie nicht das Zeug dazu haben, tugendhaft zu sein, sie seien zur Geliebten oder zur Curtisane berufen. Ihr Leben ist meist ein ewig scheiterndes Abenteuer. Sie haben nicht das mindeste Recht, die Tugend zu verachten.

Oscar A. H. Schmitz

Der Kochlöffel von Lindenholz,
Rühriges Weiblein, verbleibe dein Stolz!
Besser Dir steht er
Als die Gänsefeder.
// Rupfe und brate die Gans recht fein,
Aber die Federn der Schwinge
Bringe
Dem Mann herein.

Justinus Kerner

Die meisten Ehemänner ziehen es nun einmal vor, wenn die eigene Frau lieber den Löffel in den Topf als die Gänsefeder ins Tintenfaß steckt, und überlassen den Prunk der blauen Strümpfe gerne den Frauen anderer.

Gerhard von Amyntor

Gegen ein feindlich gesinntes Weib helfen weder Säbel noch Pistolen.

Georg Weerth

Es ist schwer zu entscheiden, welches ein verdrießlicheres Geschäft sei, die Lichter putzen oder Weiber durch Gründe belehren. Alle zwei Minuten muß die Arbeit wiederholt werden, und wird man ungeduldig, so löscht man das kleine Licht wohl gar aus.

Ludwig Börne

Die Frauen haben keinen historischen Sinn, obgleich sie am besten wissen sollten, daß die Menschen nicht aus der Erde wachsen.

Jacob Bernays

Der Geist des Mannes ist sonnenlichter *Tag*; der Geist des Weibes gleicht mondheller Nacht – und der trübste Tag ist heller, als die hellste Nacht.

Georg Friedrich Daumer

Das Weib ist noch nicht einmal flach.

Friedrich Nietzsche

Ein Weib ohne Bescheidenheit ist dem Manne das Greuel aller Greuel.

Christian Morgenstern

Das, was am Weibe Respekt und oft genug Furcht einflößt, ist seine Natur, die 'natürlicher' ist als die des Mannes, seine echte, raubtierhafte, listige Geschmeidigkeit, seine Tigerkralle unter dem Handschuh, seine Naivität im Egoismus, seine Unerziehbarkeit und innere Wildheit, das Unfaßliche, Weite, Schweifende seiner Begierden und Tugenden ... Was, bei aller Furcht, für diese gefährliche und schöne Katze 'Weib' Mitleiden macht, ist, daß es leidender, verletzbarer, liebebedürftiger und zur Enttäuschung verurteilter erscheint als irgendein Tier.

Friedrich Nietzsche

Das wirksamste Gegengift gegen die Weiber sind die Weiber; freilich hieße das, den Satan durch Beelzebub bannen, und dann ist in solchem Falle die Medizin oft noch verderblicher als die Krankheit.

Heinrich Heine

Was die Weiber lieben und hassen,
das wollen wir ihnen gelten lassen,
wenn sie aber urteilen und meinen,
da will's oft wunderlich erscheinen.

Johann Wolfgang von Goethe

Wenn das Stachelschwein drohen will, so treibt es den Wald seiner Kiele auf, man vernimmt dabei ein Rauschen, viel zu stark, als daß es aus dem Aneinanderschlagen der vielen Hornspieße erklärt werden könnte, das Tier vermag Luft in die Röhren dieser Organe zu treiben, um durch den windsbrautähnlichen Ton den Feind zu schrecken. Eine ähnliche Vorrichtung müssen die dämonischen Weiber in den Poren haben, um bei heftigem Aufzucken Luft in ihre Gewänder zu pumpen, daß sie geisterhaft rauschen und sausen.

Friedrich Theodor Vischer

Es ist wirklich verdrießlich, wenn die Weiber zu viel fragen. Braucht eure Lippen zum Küssen, nicht zum Fragen, ihr Schönen. Schweigen ist die wesentlichste Bedingung des Glücks.

Heinrich Heine

Man darf nur auf der Straße Kinderspielen zusehen und die kleinen Fratzen beobachten, so wird man den Satz nicht bestreiten, daß Wohlweisheit ein Hauptlaster des Weibes ist. Ach, weil »Weibersinn spannenlang ist«, darum ist ihnen alles so schrecklich klar!

Friedrich Theodor Vischer

Es ist eine nichtswürdige Kreatur, die sich nicht schämet, ihr ganzes Glück der blinden Zärtlichkeit eines Mannes zu verdanken.

Gotthold Ephraim Lessing

Eine Weibsperson wird viel eher beliebt und verlangt, wenn sie eine Wirtschaft glücklich zu führen angewiesen und geschickt ist, als eine Spiegeldocke, die nichts Besseres gelernt hat, als das Haar zu krausen, sich zu schminken und vor dem Spiegel aufzuputzen, und sich dabei an Faulheit und Müßiggang gewöhnt hat oder nur von Romanen und Liebeshändeln zu reden weiß. Aber nachher, wenn sie nun ihren Zweck, den sie darin suchte, erreicht hat und einen Mann, der sich darein vergaffte, betrogen und weg hat, wird aus einem Pfauen und geputzten stolzen Pferd ein garstiger Wiedehopf und Schwein in ihrer Haushaltung.

Philipp von Sulzbach

Das junge Mädchen hat den natürlichen Wunsch, zu heiraten, und ehe diese Sehnsucht erfüllt wird, ist es nicht reif für den Reiz einer uninteressierten und darum interessanten Geselligkeit. Ferner legt ihre Anwesenheit oft eine lästige Schranke auf, sie ist kein Kind mehr, aber auch noch kein vollständiger Mensch. Der Zwang, die Unterhaltung stets so zu führen, daß junge Mädchen zuhören können, bringt diesen Gartenlaubenton hervor, von dem sich die Männer später im Wirtshaus erholen müssen; denn dieser Zwang, den die Anwesenheit sehr junger Mädchen ausübt, ist nicht befruchtend und bereichernd, wie der einer geistreichen oder welterfahrenen alten Dame, in deren Gegenwart kein Thema verpönt ist, wenn es ihm gelingt, ihm eine würdige Form zu geben.

Oscar A. H. Schmitz

Ja, die Frauenfrage! Wie wird das werden. Die Weiber sind bei mir immer nur da zum Techtelmechtel, zum Suppenkochen und Hosenflicken. Dazu hat sie die Natur geschaffen. Damit will ich aber nicht sagen, daß sie wie Sklavinnen behandelt werden. Dazu sind die Ungezieferchen denn doch ein zu süßes Völkchen.

Detlev von Liliencron

Gelehrte Frauen

Leider haben wir schon Philosophien, Naturlehren, Enzyklopädien vors *schöne Geschlecht*! Leider gibt es auch bei uns Gelehrte und Artisten, die so lang an Wissenschaften und Künsten schnitzeln, bis 's eine Porzellanfigur auf einem Putztische wird.

Christian Friedrich Daniel Schubart

Doch zehnfach arg wird's und verkehrt,
Wenn in ein Weib der Teufel fährt;
Gleich ist ihr zu gemein das Leben,
Muß immer in den Wolken schweben,
Kriegt die Vapeurs und hat das Maul
Voll Redensarten von Jean Paul,
Studiert den Hegel zum Zeitvertreib
Und trägt kein reines Hemd am Leib.
Am Feuer der Braten brennt zu Aschen,

Die Kinder laufen ungewaschen,
Und kommst Du erst zu ihr ins Haus:
So sieht's in keinem Saustall aus.

Emanuel Geibel

Unter hundert Männern – weil sie Gehilfinnen nicht in hochgelehrter Kunst, sondern in der Hauswirtschaft suchen – sich kaum einer finden mag, der eine solche studierte Jungfer zur Ehe verlangen dürfte, die – anstatt daß sie an ihre Haushaltung denkt, – Romane liest und etliche hundert galante Verse dichtet.

Philipp von Sulzbach

Man kann Liebhaber eines Weibes sein, die ein Buch geschrieben hat; aber Ehemann ist man besser von solchen, die Suppen, Hemden, Strümpfe oder Menschen liefern.

Karl Julius Weber

Über eine gelehrte Frau (die der gütige Himmel von allen, die ihn lieben, in Gnaden abwenden wolle!) lächeln, die in einer Entfernung von ihr stehen; denn man weiß, mit welchen Kälbern sie gepflügt hat. Was diejenigen machen, die sich in ihrem Zirkel bewegen, will ich nicht aus der Schule plaudern.

Theodor Gottfried von Hippel

Was die gelehrten Frauen betrifft, so brauchen sie ihre Bücher etwa so wie ihre Uhr, nämlich sie zu tragen, damit gesehen werde, daß sie eine haben, ob sie zwar gemeiniglich stillsteht oder nicht nach der Sonne gestellt ist.

Immanuel Kant

Die meisten gelehrten Frauen gleichen einem Kaufmann, der alle Waren in die Schaufenster aufstellt und den Laden leer hat. Ist man mit ihnen einige Stunden zusammen, so werfen sie uns all ihr Wissen nach dem Kopf.

Otto von Leixner

Mehr und minder geht es mir mit allen gelehrten Frauen so. Sie hören auf, Weiber zu sein.

Cristian Kosegarten

Wem eckelt nicht der fremde, verzärtelte Ton, den unsre Frauenzimmer aus ihrer Modelektüre angenommen haben, nachgeahmt den Meißneriaden, Grecourtschen Gedichten und Schultzischen Romanen? – Sentimentale, skurrilische Zweydeutigkeiten ist ihre Sprache. Alle Brauchbarkeit des Weibes zu den Geschäften ist dahin, wenn wenn sie diese Sprache kennt, es raubt ihr allen Muth bey den Mühseligkeiten des Lebens, alle Arbeitsliebe, allen ächten Sinn für das Wahre und Sittsame.

Johann Georg Heinzmann

Die weibliche Natur ist nur selten stark genug, um wirklichen »Geist« zu beherbergen. Meist wird sie von ihm zerfressen, wie die Wände eines Gefäßes von seinem zu scharfen Inhalt: der bedauerliche Blaustrumpf entsteht, womöglich mit erotischer Note, oder fürchterlichsten Falls die intellektualisierte spiritualisierte Curtisane, ein Auswurf der Hölle und Geniestreich Satans, mit der er die fleischliche Curtisane, dies Gottesgeschöpf, so entsetzlich verzerrt.   *Oscar A. H. Schmitz*

Studierte Frauen muß man eine Zeitlang in Quarantäne legen, ehe man sie zur Frau nimmt. Sie kommen aus pestverdächtigen Häfen, aber es kann natürlich vorkommen, daß sie trotzdem nicht angesteckt sind.   *Oscar A. H. Schmitz*

Sie wollen, indem sie sich hinaufheben, als »Weib an sich«, als »Idealistin« von Weib, das allgemeine Rangniveau des Weibes herunterbringen: kein sichereres Mittel dazu als Gymnasialbildung, Hosen und politische Stimmviehrechte. Im Grunde sind die Emanzipierten die Anarchisten in der Welt des »Ewig-Weiblichen«, die Schlechtweggekommenen, deren unterster Instinkt Rache ist.

Friedrich Nietzsche

Gott weiß, ich liebe das Frauenzimmer mit der innigsten Zärtlichkeit: aber wenn sie meine Richter in der Literatur und Kunst werden wollen; wenn sie meinen deutschen Geschmack mit ihrem Zuckerwerk, ihren Brühen und Sülzen verderben wollen; dann ruf' ich mit dem edlen Unwillen eines Archimedes: Zerstört mir meine Zirkel nicht!   *Christian Friedrich Daniel Schubart*

Die extremen Frauenrechtlerinnen Amerikas waren über die Haltung der Männer während der Katastrophe der »Titanic« empört: die Verruchten bestanden nämlich darauf, daß die Frauen zuerst gerettet würden.   *Rudolf Krauß*

Solange sie uns nur die ja allgemein bekannte Männerdummheit vorwerfen, geht es noch. Aber aller denkbaren Gemeinheiten werden wir beschuldigt, wir werden für herzlose, verantwortungslose Egoisten erklärt, die harmlose unschuldige Mädchen vernichten, die Frauen zur Ehe bereden, um sie dann als Mägde zu halten, während wir mit schnödester Kaltblütigkeit außer dem Hause unseren Vergnügungen nachgehen. Erinnerungen an die entsetzlichsten Haremsgreuel des Ostens werden bisweilen hervorgezogen, und der letzte Trumpf ist die indische Witwenverbrennung, die doch auch nur von Männern ersonnen werden konnte. Gerade diese Frauen vergessen, wie sehr sie noch die Ritterlichkeit in Anspruch nehmen, denn oft schützt sie nur ihr Geschlecht vor der männlichen Pflicht, für das Rasen der Zunge der Zunge Genugtuung zu leisten, möglicherweise mit der Waffe.   *Oscar A. H. Schmitz*

Die Frauenzimmer sollen uns nur nicht mit ihrem Gerede von Gleichberechtigung kommen, solange sie nicht einmal imstande sind, mit ihren dreckigen langen Kleidern zu brechen. Wem's noch so fehlt am notdürftigsten Gefühl für Reinlichkeit und Ziemlichkeit, und an der einfachsten Rücksicht auf die Gesundheit der Nebenmenschen, der gehört zu den Wesen zweiter Ordnung.

Professor Gustav Krüger

Dieser »fortschrittliche« Westen ist von sich wichtig machenden Weibern versaut. Geldgeile Schnepfen, die dem Leben gegenüber nichts vorzuweisen haben, als angeblich verletzte Seelchen. Die Hybris alldessen mündet in ein vergiftetes Klima aus Beklemmung, Gier, Bigotterie. Es gibt etwas wie ein Naturrecht der Geilheit. Der Fall Lewinsky ließ sogar erste Zweifel an der Zukunft der amerikanischen Demokratie aufkommen – jetzt muß Entspannung her, eine demonstrative Lässigkeit seitens der wirklich starken Frauen. Unbedingt.

In hundert Jahren wird man über hysterische Hennen, die Anzeige erstatten, weil im Spind des männlichen Kollegen ein Pin-Up-Girl hing, urteilen wie über finsterste Eiferer der Inquisition. *Helmut Krausser*

Philosophinnen
Incidit in Scyllam – noch viel schlimmer das Weib, das die Seichtigkeit der Gemeinplätze erkennt, aber nun den Weg der Unweiblichkeit einschlägt, das eigentliche Philosophieren anfängt und Blaustrumpf wird. Nein! nein!

Friedrich Theodor Vischer

Frau, politische
Die politische Frau mag lieben, wer will; ich bringe es nicht fertig. Aristophanes erfand jene neckischen Weiblein, die gegen den Kriegsmord ihren lustigen Streik mit Erfolg durchführten. Nur ein deutscher Dichter konnte – leider – eine Person imaginieren wie jene Madame Stauffacher, diesen verkleideten Feldwebel, und jene Bertha von Rudenz, die allen Ernstes ihre Gunst von der politischen Betätigung des Werbers abhängig macht.

Aber geben wir die politische Frau einmal zu: diese neueste Kreuzung zwischen gackerndem Huhn und giftbrennendem Schierlingskraut gehört doch wohl zu den infamsten Mißbildungen, mit denen ein ergrimmtes Geschick unser Land geschlagen hat. Die neudeutsche Megäre enthüllt schlagartig die schlimmen Möglichkeiten, die sich in der Frau unsres Himmelsstrichs angesammelt haben; ein Kriegssegen, gegen den die oft bejammerte Ausgelassenheit der Liebessitten ein Kinderspiel ist.

Deutsche, ruft eure Weiber zur Ordnung. Wenn Ihr selbst durchaus konspirieren und meucheln müßt, laßt euch das bißchen ewige Natur gereuen, das der Herr immerhin auch in eure Weiber gelegt hat; eine der Zufluchten, auf die sich der Mann immer wieder zurückziehen muß. Einstweilen wollen wir von euern verschlampten, leiblich und geistig ausgerutschten Genossinnen verehrungsvoll zu einer Charlotte Corday emporstarren. Die hatte wenigstens keinen Strickstrumpf bei sich, als sie zu Marat ging. Und sie mordete nicht anonym.

Wilhelm Michel

Alte Weiber

Die oberste, unsere Wahl und Neigung leitende Rücksicht ist das Alter. Im ganzen lassen wir es gelten von den Jahren der eintretenden bis zu denen der aufhörenden Menstruation. Wir geben der Periode vom achtzehnten bis zum achtundzwanzigsten Jahre entschieden den Vorzug. Außerhalb jener Jahre hingegen kann kein Weib uns reizen: ein altes, d. h. nicht mehr menstruierendes Weib erregt unseren Abscheu, Jugend ohne Schönheit hat immer noch Reiz.

Arthur Schopenhauer

Oberstudienratsgattin

Besser ein erregter Versprecher als eine fischkalte Oberstudienratsgattin!

Benjamin Kammerloher

Weiberhasser

Die da das Weib zu schmähen wagen, sie die so vieler Erfahrung sich berühmen, nie haben sie es kennen gelernt. Seine Verzerrung ja! *Peter Hille*

Wider den Mann

Die Männer sind blöde – sie möchten in einer Viertelstunde erreichen, wozu 10 000 Stunden nötig wären! Und dann sagen sie, daß wir keen Herz haben, während sie man bloß keene Zeit haben! *Peter Altenberg*

Man gewöhnt sich in der Gesellschaft an alles; selbst an das Lächerlichste, Bizarrste, Erbärmlichste … aber noch nie hat man sich an die Energie eines Mannes gewöhnt oder sie erträglich gefunden, der sich in Taten und Worten immer als ein Mann zeigt – der durch Tun und Betragen die Schwäche, Schlechtigkeit, Erbärmlichkeit und Dummheit der so Gebrechlichen in ein zu grelles Licht setzt. *Friedrich Maximilian Klinger*

Alle Männer sind dumm.
Weißt du warum?
Alle wollen freien
Und bereun's hinterdrein.
Der erste freit um die Dukaten,
Der zweite kann nicht länger warten,
Der dritte ist nicht gern allein,
der vierte will nur auch mal frein,

Der fünfte weiß selber nicht warum,
Und deshalb sind alle Männer dumm.   *Kindervers*

Wir Männer haben zu viel Stolz in uns. Das haben wir noch vom Tierreich bei-
behalten, da zeigt auch das stärkere Geschlecht, daß es die Oberhand, sprich, die
Oberpfoten hat – Hand darf man da nicht sagen – und ich find, es ist Überfluß,
daß wir von die Tier was nachmachen, wir sollen lieber verheimlichen, daß wir
zu die Säugetiere gehören; Wir haben ohnedem so wenig Unterscheidungszei-
chen. Na ja, was denn? Die Vernunft? Die is nicht allgemein genug, und wie viel
gibt's, die mit a bissel ein g'scheiten Pintscher. Die Sprach soll uns auch auszeichnen vor die Tier, und mancher zeigt grad durch das, wann er redt, was er
für a Viech is ... Ich find nur ein Hauptmerkmal der Menschheit, und das is der
Wadl. In der ganzen Naturgeschichte gibt es kein Vieh, was ein Wadl hat; und
wie is dieser Artikel gegenwärtig, namentlich bei unserem Geschlecht herabge-
kommen!   *Johann Nestroy*

Wider den Bräutigam
Ein Schlachtopfer, welches sich mit jedem Schritte dem Opferaltar nähert, den
Schall der Beile und der Opfermesser für Sphärengetön hält, und die Opfer-
kränze für Myrthenkränze ansieht.   *Christian August Vulpius*

Wider die Ehe
Ehe: dieser Schmutz der Seele zu zweien!   *Friedrich Nietzsche*

Die Liebe ist die Konzentration des Lebens. Aber die Ehe ist das Konzentrationslager der Liebe.   *Albert Ehrenstein*

O Ehe,
du freier Männer Wehe!
Wo man spricht von Käs! und Brot –
und einst schlug man den Lindwurm tot   *Christian Morgenstern*

Das größte häusliche Unglück, das einem Mann begegnen kann, ist, wenn seine
Frau einmal gegen ihn recht hat, nachdem er es ihr abgestritten. Dieses einzige
kleine Recht dient ihr wie ein Fläschchen Rosenöl; damit macht sie zwanzig
Jahre alle ihr Geräte und Gerede wohlriechend.   *Ludwig Börne*

Ja, wo zehen Ehen gut, so seind darfür wohl hundert bös, voraus in große Städten.   *Abraham a Sancta Clara*

Die ehelichen Übel aber wachsen, und die Korrumpierung der Ehe nimmt zu in dem Maße, wie der Kampf ums Dasein sich verschärft und die Ehe immer mehr Geld- beziehentlich Kaufehe wird.

August Bebel

Die süßen, geheiligten Pflichten der Ehe werden so durch die Tyrannei unserer Sitten zu einer Beleidigung des Schamgefühls; wie ein Opfertier fällt die Frau denn Begierden des Mannes anheim.

Melchior Grimm

Eine Ehe unter heutigen Umständen ist bedenklich. Das Weib hat Emanzipationsgelüste, will Mann sein. Mann ist der Mann selber, wozu sollen zwei Männer zusammenheiraten?

Peter Rosegger

Heirat

Eine unüberlegte menschliche Handlung, welche dennoch eine Art Notwendigkeit geworden ist.

Christian August Vulpius

Hochzeitsreise

Nichts ist verderblicher und gesundheitsschädlicher als die Flitterwochen mit einer Hochzeitsreise einzuleiten, bei der ruhelos von Ort zu Ort gefahren wird, um möglichst viel zu sehen, um nachher mit dem Geschehenen renommieren zu können.

Anton Baur

Flitterwochen

Das tollste sind Flitterwochen in einem englischen Seebad. So langweilig, daß Zankszenen Erlösung werden.

Theodor Fontane

Einehe

Die Einehe ist das Sexualgesetz der Wiederkäuer, verdauungsschwacher, verlogener Wiederkäuer. Vielleicht auch der Gebärerin. Es mag richtig sein, daß Weibchen, die mit nur einem Männchen verkehren, zur Mutterschaft disponierter sind als erotisch zersplitterte Weibchen, die mit vielen Männchen verkehren. Im übrigen aber ist (seltene Glücksfälle ausgenommen) die Einehe eine Lüge am Leben vorbei: es ist; als ob in der Lebenswüste Sahara, auf dem Wüsteneiland »Erde« der berühmte Vogel Strauß abwechslungshalber den Schwanz in den Sand steckte – vor der Tatsache der Polygamie des Mannes und der Polyandie der Frau ...

Albert Ehrenstein

Ehebruch

Ich kann es einem Philistersmann nicht verdenken, wenn er aufs heiraten verfällt, um sich in seinen vier Wände warm einzuspinnen, und zu dem Zweck nun das schrecklich mühsame Geschäft auf sich nimmt, die schriftlichen Sachen,

Taufschein, Leumundszeugnis usw. herbeizuschaffen. Der Ehebruch einer Frau ist hauptsächlich deswegen schändlich, weil es sich der Ehemann damit so sauer hat werden lassen müssen. Für diese Plackerei sollte er doch billig sein Weib allein haben dürfen. *Friedrich Theodor Vischer*

Wie viel Aufregung und nervenerschütternde Skandale hat schon der Treuebruch, bzw. der außereheliche Geschlechtsverkehr gezeigt! Wie mache Schwindsucht folgte ihnen … wie manche Geschlechtskrankheit hat mit ihnen eine Familie auf Generation hinaus körperlich und geistig zugrundegerichtet. *Anton Baur*

Ehebruchriecherei
Wir leben in einer Zeit der Ehebruchriecherei. Die haben wir noch von dem französischen Lustspiel und auch von der modernen Literatur. Ich vermute, daß der Ehebruch häufiger in der Dichtung vorkommt als im Leben. *Peter Rosegger*

Harem
Der Harem ist das Grab der weiblichen Würde. *Friedrich Bodenstedt*

Nachkommenloser
Wer nicht Vater ist, verdient auch den Namen Bürger nicht, und, um freigebig zu sein, nur halb den Namen Mensch! *Theodor Gottlieb von Hippel*

Wider Freunde, Gäste, Bekannte, Feinde

Ich werde doch oft Menschenfeind, was doch gar nicht in meiner Art ist. Das Misanthropenwesen ist im Grunde eine affektierte Geschichte aus dem Zeitalter der Sentimentalität. Es müßte sehr langweilig sein, die Maske festhalten. Einfach unlogisch; ich bin ein Individuum der Gattung, ein so kleiner Bruchteil, daß ich allein mir doch nicht die Gattung sein kann. Nun trifft man freilich nur allzu viele, die bloß nominell der Gattung, eigentlich dem Tierreich angehören, aber man soll bedenken, daß man eins ins andere rechnen muß, lässlich sein, zuwarten, bis man auf einen Zähler trifft. Es kann nicht lauter Brocken, es muß auch Brühe geben. *Friedrich Theodor Vischer*

Freunde
Ich hab einmal einen Freund g'habt, und seitdem hab' ich gar keine Abscheu mehr vor die Feind! *Johann Nestroy*

Gäste

Wenn die Gäst' wüßten, wie z'wider sie einem oft sind, es ließ' sich gar kein Mensch mehr einladen auf der Welt. *Johann Nestroy*

Nachbar

Ich fasse manchmal meinen Nachbar an der hölzernen Hand und schaudre zurück. *Johann Wolfgang Goethe*

Feinde

Friedliche Gesinnung. Wünsche: Bescheidene Hütte, Strohdach, aber gutes Bett, gutes Essen, Milch und Butter, sehr frisch, vor dem Fenster Blumen, vor der Türe einige schöne Bäume, und wenn der liebe Gott mich ganz glücklich machen will, so läßt er mich erleben, daß an diesen Bäumen etwa sechs bis sieben meiner Feinde aufgehängt werden. – Mit gerührtem Herzen werde ich ihnen vor ihrem Tode alle Unbill verzeihen, die sie mir im Leben zugefügt – Ja, man muß seinen Feinden verzeihen, aber nicht früher, als bis sie gehenkt worden. *Heinrich Heine*

Wider Vereine, Gasthöfe, Kaffeehäuser etc.

Männergesangverein

Der wahre Gesang ist der Männergesang. Sagt doch bereits die deutsche Bibel für das Wochenende, das Strafgesetzbuch, über die Männergesangvereine so schön: »Wenn sich eine Menschenmenge zusammenrottet, und mit vereinten Kräften gegen Personen oder Sachen Gewalttätigkeiten begeht ...«, und auch der Ausdruck »Rädelsführer« deutet ja klar auf die Dirigenten solch musikalischen Tuns hin. *Kurt Tucholsky*

Vereinsleben

Die sanghaften Deutschen sangen so lange vom deutschen Vaterlande, bis sich die Vorstellung davon in den weitesten Kreisen einschmeichelte. Das Vereinsleben zeigt übrigens auch eine nicht zu übersehende Schattenseite: es verführte gar manche Leute dazu, die Zweckesserei und Zwecktrinkerei für Selbstzweck zu halten, bestärkte nicht weniger viele in der angeborenen leidigen deutschen Neigung zur Wirtshausbummelei, und gewöhnte die Menge daran, leere Phrasen für volle patriotische Taten zu halten. *Karl Biedermann*

Verein der Volksfreunde, wie sie sich nennen ... Wenn alle Vereine dieser Art so sind, so gibt es nichts Harmloseres. Reden, anderthalb Stunden lang, wurden gehalten, aus lauter trivialen Phrasen bestehend, Debatten über kümmerliche

Abstraktheiten wurden geführt und Beschlüsse der lächerlichsten Art gefaßt. Dabei ward denn gegessen und getrunken, und alles duzte sich. Hätte ich nicht gefürchtet, zu beleidigen, ich wäre nach einer halben Stunde wieder fortgegangen. Nein, meine Herren, nein! So langweilte ich mich noch nie! Sich die Nägel beschneiden ist Amüsement dagegen. *Friedrich Hebbel*

Nichtvereinsmitglieder
Es gibt unter den Deutschen noch einige, wenn auch wenige verworfene Menschen, die überhaupt keinem Verein angehören. Aber das soll mit Rücksicht auf die zarter Besaiteten unserer Hörerinnen hier nicht erörtert werden; diese Menschen gehören in das Gebiet der Psychopathia sexualis. *Peter Panter*

Gasthöfe
So gern ich mich mit jeder Art von Zuständen bekannt machte und dazu manchen Anlaß gehabt hatte, war mir doch von meinem Vater eine äußerste Abneigung gegen alle Gasthöfe eingeflößt worden. Ob er gleich selten in Bildern sprach und dieselben nur, wenn er sehr heiter war, zu Hilfe rief, so pflegte er doch manchmal zu wiederholen: in dem Tore eines Gasthofs glaube er immer ein großes Spinnengewebe ausgespannt zu sehen, so künstlich, daß die Insekten zwar hineinwärts, aber selbst die privilegierten Wespen nicht ungerupft herausfliegen könnten. *Johann Wolfgang Goethe*

Eine gefüllte Wirtsstube, welch ein brodelnder, brauender Menschenhaufen: kauen, nagen wie Affen, saufen wie Ochsen, grölen in der Brunst wie Hirsche und Schweine, lauern wie Hyänen – eine wahre Menagerie für Fremde.

Peter Rosegger

Stammtisch
Wo Stammtisch ist, da stirbt Welt und Geist. Der mordet alles. *Peter Hille*

Die Bierbank ist das Heiligtum der deutschen Politik. Hier ist die Welt des Spießers. Hier ist er nach des Tages Last und Mühen der freie Mann, der seinen freien Lauf lassen kann. Hier werden die Zeitungen wiedergekäut. Hier entsteigt, wie die Venus dem Schaum der Meereswellen, die politische »Durchschnittsansicht« des Deutschen dem Schaum des Bieres. Beim Abendschoppen entlädt sich der ganze Groll des Philisters in massiven Worten.

Johannes Fischart (Pseudonym)

Kaffeestube
Obgleich mir Sichen ebenfalls ein Greuel ist (zehntausend mal lieber die stinkigste – die Teutschen abbreviieren in ihren Getichten: stinkgste – Bauern-Grogk-

Stube als Sichen), so sind mir Wiener Cafes, ob Alsterpavillon oder Alster-Cafe p.p. noch viel, viel, viel infamer und ekelhafter. Denn in Wiener Cafes sitzt bei penetrantem, mörderischem Zigarettengeruch stets der Abschaum der Menschheit: declassierte Barone, Wechselfälscher, lächerliche Sportkerls, christliche und jüdische Schweine (Litteraten), Pferdediebe in elegantesten Gigerlkostümen, Reisende, Mädchenhändler mit ungeheuern Diamanten an den Fingern, Börsenjobber, durch die Lotterie reichgewordene Bäckergesellen p.p.p.p. Mir unbeschreiblich widerlich!   *Detlev von Liliencron*

Diese Damen und Herren möchten sich dem Amerikanismus versagen und erreichen nicht einmal zum Kloster das asketische Pathos. Nun bilden sie, im Cafe, ein andächtiges Publikum der eigenen Verwesung; halten lockende Siesta bei offenen Sargdeckeln; und die Ratlosigkeit von Geheimnissen, die keine sind, formt, auf zerfallenden Gesichtern, ein blasses, wissendes, gequältes Grinsen. In die gute Aufrichtigkeit der Angelus-Stunde plärren Castraten ihr Coffein-Lallen. Wie anmaßend sie sind, und wie unkeusch – die Knaben! In der Ecke aber zersetzt sich eine Portion käsiger Quallen: die hungrigen Detektivs der Seelen-Zerlegung, sehr avanciert. Die glotzen auf die heiße Kalkwand, jenseits der Straße, und erträumen den Mäzen, der sich von ihnen, in Monte Carlo, verführen lassen wird. O liebe, liebe Münchner Nuance der psychologischen Hochstapelei; bibliophile Rastas; süße, schmierige Insassen der ewig selben Polsterungen; virtuelle Helden ihr; wichtige, notwendige, registrierte, akklamierte Dämonen – : möge ein Ekel, den ihr erregt und nicht mehr empfindet, euch dennoch zerfressen.   *Ferdinand Hardekopf*

Wider die Stadt
Im allgemeinen ist das Dasein des modernen Großstädters kein Leben mehr, bloß eine Jagd nach Leben.   *Peter Rosegger*

… Mittelpunkte der Kultur, des Elends und der Sittenverderbnis …
                                    Alexander von Humboldt

In den Städten der Pomp und die Gleichgültigkeit, im Waldlande die Ärmlichkeit und die Teilnahme. Wieviel Mitempfindung muß einer, der vom Wald in die Stadt kommt, verlöschen lassen!   *Peter Rosegger*

Ein Aufenthalt von Bären und Wölfen, Tigern und Löwen, welchen seit Ausrottung der Wälder, durch eine übermenschliche Kraft, die menschliche Gestalt erteilt wurde. Der Sammelplatz aller Laster und Ungerechtigkeiten, welche, scheu vor den Blicken der allgütigen Natur, sich in diesem Winkel verbargen, wo sie ewig die Vorübergehenden angrinzen, niederwerfen und umbringen.

Christian August Vulpius

Ja, es gibt Augenblicke, wo mich der Gedanke anwidert, in einer fernen Stadt unter fremdredenden Menschen mich herumzutreiben. *Franz Grillparzer*

Überhaupt sind wir um allen Stil gekommen und *merken es nicht.* Wie wäre es sonst möglich, daß sich die Menschen nicht zusammenrotteten und die Mehrzahl ihrer Architekten, ihrer Baumeister, ihrer Schriftsteller, vor allem ihrer Schriftsteller erschlügen? Man müßte heute, um zum Tauglichen wenigstens wieder – »instradiert« zu werden, alle Städte niederreißen, bis auf den Grund, und so ziemlich alle »gebildeten« Einwohner dieser Städte töten.

Richard von Schaukal

O Fluch jeder Kleinstadt, dreimal Fluch! Diesen Brutstätten des Blödsinns und Bewahranstalten für Idioten und Kretins. *Detlev von Liliencron*

Heil denen, welche fern von einem Badeorte bleiben können, denn sie sind fern von der Langenweile, fern von dem kahlen, schalen Treiben der vornehmen Welt und vielleicht, was ich aber als das geringste nenne, fern von Krankheit. Ein Badeort wie Kissingen gleicht der Boa, die sich den Leib so vollschlingt, daß sie sich nicht regen kann und dann einen Monat verdaut und hungert.

Ludwig Rellstab

Wider Einsiedler, Zivilisationsflüchter und das Landleben
Von den Waldbrüdern, die mit ihrem geschorenen Kopfe Gott zum Narren hielten, in ihrer Waldhütte auf der Bärenhaut lagen, dann Viktualien und Geld bettelten, gelegentlich Hühner und Gänse stahlen, Weiber und Töchter verführten, in Dorfschenken schwelgten, wurde das Sprichwort: Er kann saufen wie ein Waldbruder, der Venus vulgivaga opferten und auch wohl, bei einer fleischigen Mistnymphe ertappt, von den Bauernburschen durchbläuet, sich in ihre Höhle drollen. *Karl Julius Weber*

Einsamkeit macht scheu, furchtsam und einbildisch. *Johann Carl Wezel*

Landmann
Der Landmann läßt sich weismachen, daß man Schnee auf dem Ofen dörren und für Salz verkaufen könne, und holt sich eine Brille in der Meinung, nun damit lesen zu können, ohne solches vorher gelernt zu haben. *Karl Julius Weber*

Landleben

Haben Sie auch gelesen, was die Leute vom Landleben singen? Von der Unschuld, von der Stille, von der Zufriedenheit? Das stille Volk mit seiner Unschuld und seinem schmutzigen Leben in den kleinen Häusern hat mich zum letzten Mahl bey sich gesehen. Auf unsern Kirchhöfen in der Stadt ist mehr Leben, als hier bey den Menschen, die Abends leblos und erschöpft vor ihren Häusern sitzen, und doch den Eigensinn haben, sich nicht begraben zu lassen. Nur an den Sonntagen schreit alles, was eine Stimme hat, und wer dann Leute sehen will, der muß in die Kirche gehen. *August Freiherr von Steigentesch*

RTL, www & DAX können bis dato wenig dran rütteln, daß man hier uff'm Dorfe noch sehr hinterm Mond lebt. Kurz bevor die Poststelle dichtgemacht wurde, allwo man Briefe bis 1999 vital stempelte, wie Kotletts, hatte Frau Wamsler von einem »Schobber« nie was gehört, anläßlich einer Franz-Schubert-Sondermarke – apropos Mond: Zwar möcht ich meiner Heimatgemeinde zutrauen, daß sie nicht zu jenen 9 Prozent zählt, die immer noch glaubt, die Sonne drehe sich samt Mond um die Erde – wieso dann aber war in der HNA-Ortsteilausgabe für den Landkreis Drückeberg-Schwalm – alias: Schilda, alias: Abdera – neulich oder wann zu lesen, neben dem »Baby der Woche«, daß man, organisiert vom Kulturbund Drückeberg (1. Vorsitzende: Frau Buschmeier), in der Stadthalle Drückeberg Brechts »Galilä« aufführe, als Gastschauspiel, zum 100. Geburtstag von Galilä. Was die umseitige Annonce über- oder auch unterbot: »Weihnachtsgrippe billig abzugeben«. Zwischen Löschteichvergrößerung, Eröffnung neuer Eigenleistungs-Friedhofshallen und Zurückschneidung, nein: strafbaren Totalverstümmlung einer Lindenallee in Schellbach, durch Landschaftsgestaltungs-Profis, dackelt auch mal eine Familie Mumpf bei mir an, um anzufragen, ob ein mitgebrachtes Erbstück – ein gerahmtes Hinterglas-Spitzweg-Kalenderblatt – »ein echter Pfann-Goch« sei. *Ulrich Holbein*

Kleines ABC der Manieren, des Benehmens und bestimmter Verhaltensweisen

Anrede

Mitten in der Fußgängerzone einer harmlosen süddeutschen Universitätsstadt sagte plötzlich jemand »Na, alter Schwede!« zu mir. Mir wurde arschkalt. Eine solche Ansprache ist schlimmer als Knäckebrot, belegt mit so einem Krümelkäse, garniert mit Petersilie. Ich tat so, als hätte ich plötzlich ein großes Geschäft in die Hose gemacht und müsse mich verdünnisieren. Zum Glück habe ich die unangenehme Kreatur seither nicht wieder gesehen. *Benjamin Kammerloher*

Beauté
Das Langweiligste von der Welt ist die lymphatisch-phlegmatische Beauté par excellence. Sie kränkelt hier, sie kränkelt da. *Theodor Fontane*

Contenance
Wenn das, was in euch kocht und arbeitet, sich nicht mehr auf eurer Stirn, in euren Augen und Bewegungen zeigt, so seid ihr eurer Natur entsprungen und werdet die gefährlichsten Tiere der Erde, Mißgeburten, die die überfeine Kultur des Verstandes mit der letzten Aufwallung der Wollust zeugt. *Friedrich Maximilian Klinger*

Beschwerde
Es ist in Deutschland ja kaum noch möglich, auszusagen: »In der Stadthalle war es kalt«, ohne daß der Magistrat, der Verein deutscher Ofensetzer und die mittlern Beamten der Stadthalle wegen Beleidigung, begangen durch die Presse, eine Klage anstrengen. *Ignaz Wrobel*

Betragen, abgeschmacktes
In geistiger Beziehung ist das Abgeschmackte dasjenige, was dem guten Geschmack widerstrebt. Ein abgeschmacktes Betragen gibt sich durch seltsame Manieren, launisches Wesen, unfreundliche Eigentümlichkeiten kund. Man sagt von jemand, er sei abgeschmackt, wenn er durch Sonderbarkeiten abstößt, ohne Grund bald lieblich, bald unfreundlich ist, und sich in unschönen Sonderbarkeiten gefällt. Platte Redensarten, matte Witzeleien werden auch abgeschmackt oder absurd genannt. *Carl Herloßsohn*

Essmanieren/Table d'hote
Vertrackte Zufälle führen mich ganz gegen meinen Sinn und Geschmack an eine Table d'hote. Rede nach Gewohnheit, weil ich in der Jugend für meine Zutulichkeit gar so schwer Lehrgeld gegeben, am Wirtstisch überhaupt nichts, außer wenn Nachbarn mit mir anfangen. Alles schweigt, nur da und dort kurze gedämpfte Gespräche. Dauert zwei Stunden, hab's eine ausgehalten, weil erst nach einer Stunde das Stück Braten kam, gesunde Nahrung. Dann fort. – Unendlich rohe und gemeine Sitte, zwei Stunden lang stumm fressen, den Magen voll stopfen. Kuh an der Raufe frißt gebildeter. *Friedrich Theodor Vischer*

Etikette
Langeweile fällt etwas ins Eselsgrau, die Lieblingsfarbe für Leute, die viel auf Etikette halten. *Georg Christoph Lichtenberg*

Fluchen

Fluchen ist eine sehr häßliche, böse Angewohnheit und in der Gesellschaft verpönt. Nie sollte sich ein Mann dazu hinreißen lassen, in Gegenwart von Kindern oder Frauen zu fluchen. Bei jeder Gelegenheit die ärgsten Flüche oder Schimpfworte auszustoßen, ist das Kennzeichen eines innerlich rohen, ungebildeten Menschen. Man soll sich das Fluchen vollständig abgewöhnen. Die katholische Kirche betrachtet das Fluchen als schwere Sünde und ahndet sie entsprechend.

Kurt Adelfels

Flüstern

Es ist im höchsten Grade unschicklich, in Gesellschaft oder im beisein Dritter mit jemand heimlich zu flüstern. Geschieht das dennoch in unserer Gegenwart, so erhebe man sich nach einer Weile, suche sich einen anderen Platz oder verlasse das Zimmer. Das Flüstern im Theater, in Konzerten, bei Vorträgen usw. ist eine der größten Unsitten und Ungezogenheiten, und wer ständig flüstert, darf sich nicht wundern, daß er energisch zur Ruhe gewiesen wird.

Eva Gräfin von Baudissin

Gaffen

Das gedankenlose Zusehen von Ereignissen oder bei Handlungen und Verrichtungen anderer ist entweder bloß dumme Neugierde oder auch ein Zeichen von Liebe zum Nichtstun, von Trägheit, Scheu vor eigener ernster Beschäftigung, Bummelei … In einer Stadt, wo eine ganze Gesellschaftsgruppe an Neugierde so sehr leidet, daß schon das geringfügigste Ereignis Scharen von müßigen Zuschauern, oft wo gar nichts zu sehen ist, um sich versammelt, da wächst natürlich ein großer Teil der Kinderwelt in dieselbe Liebhaberei hinein.

L. Strümpell

Galanterie

Galanterie ist eine Lüge, und hinter ihr lauert fleischliche Begehrlichkeit.

Professor Gustav Krüger

Gesellschaft, gute

Was gute Gesellschaft genannt wird, ist meistens nur ein Mosaik von geschliffenen Karikaturen.

Friedrich Schlegel

Geziertheit

Die heutige Zierlichkeit ist der Tod aller Lustbarkeiten. Kein Ellbogen auf dem Tisch, kein Glas in der Hand, kein Auge, das glühet, kein Herz, das lacht …

Justus Möser

Gleichgültig sein
Die Gleichgültigkeit, der innere Tod, ist manchmal ein Zeichen von Erschöpfung, meistens ein Zeichen von geistiger Impotenz und immer – guter Ton.

Marie von Ebner-Eschenbach

Guter Geschmack
Auf, meine Herren! trompeten Sie mir alle edle Seelen aus dem Elysium des sogenannten guten Geschmacks, wo sie schlaftrunken, in langweiliger Dämmerung halb sind, halb nicht sind, Leidenschaften im Herzen und kein Mark in den Knochen haben; und weil sie nicht müde genug zu ruhen, und doch zu faul sind um tätig zu sein, ihr Schatten Leben zwischen Myrten und Lorbeergebüschen verschlendern und vergähnen.

Johann Wolfgang Goethe

Hände in der Hosentasche halten
Das Halten der Hände in den Hosentaschen werde nicht geduldet und durch Weglassen oder Verlegung der Taschen ausgeschlossen.

O. Preiss

Heuchelei
Das Gift der Heuchelei wirkt rückwärts; seine unausweichliche Folge ist Selbstvernichtung. In kleineren Dosen – wirkt es wie Opium; es regt auf, erhitzt, entflammt, begeistert zum Kampfe gegen alles Feindliche, aber – ihm folgen Erschlaffung, Leere des Gemütes, Ekel.

Carl Herloßsohn

Geheuchelte Naivität ist eine Grimasse, geheuchelte Einfachheit ist Unbeholfenheit, geheuchelte Unwissenheit ist ein sträflicher Fehler.

Joseph Anton Wiertz

Redlich will ich lieber schwitzen,
Als die Heuchlerbank besitzen.
Besser harte Fäuste strecken,
Als von fremdem Schweiße lecken.

Friedrich von Logau

Ins Wort fallen
Eine unartige, höchst zu beanstandende Manier – also eine Unmanier – ist es, jemand ins Wort zu fallen, um ihm die Pointe seiner Geschichte vorwegzunehmen: »Ha, ich weiß schon – das ist so und so!« Diese Angewohnheit ist leider unter Eheleuten sehr verbreitet.

Eva Gräfin von Baudissin

Koketterie
Koketterie ist falsche Grazie. Sie ist für die Seele, was die Schminke für das Gesicht, eine Lüge; beide ziehen nur ein blödes Auge an. Koketterie ist ein

Polyp des Herzens; zerschnitten, scheinbar vernichtet tausendmal, wächst er wieder an, bis er es zerstört. Koketterie ist ein feiner Selbstmord.

Carl Herloßsohn

Kondolenzen

Nichts ist mir mehr zuwider wie jene üblichen Kondolenzen, jene grausame barbarische Sitte, wo es dem ersten besten erlaubt ist, zu jeder beliebigen Stunde den Verband von unseren Wunden abzureißen und unsern Schmerz durch nichtssagende Redensarten aufzustacheln. Solch tröstlich wimmerndes lauwarmes Trostgeschwätze ist mir weit fataler als das laute Geheul der heidnischen Totenklage, und ich sehe hier, wie echt menschlich, wie gefühlvoll zartsinnig der fromme Gebrauch der alten Juden ist, die sich schweigend zu dem Leidtragenden niedersetzen, und nach einer Weile, ebenfalls ohne ein Wort zu sagen, wieder fortgehen!

Heinrich Heine

Kränken

Jemanden kränken, ist eine Grausamkeit.

Georg Büchner

Lyrismus

Lyrismus ist Koketterie. Zweifellos wirft man einen Pianisten, der eine Fuge von Bach spielt und darunter eigene Themen mischt, vor die Tür des Saales. Dies geschieht mit einigem Recht.

Carl Einstein

Manieren

Schrecklich sind Menschen, die einen davon überzeugen wollen, Spaghetti äße man mit Gabel und Löffel. Teutonischer Blödsinn. Man benutzt nur die Gabel, alles andere wäre schon zuviel Lärmbelästigung.

Helmut Krausser

Meinung, öffentliche

Die öffentliche Meinung ist ein Vexierspiegel, welcher die Dinge bald zu groß, bald zu klein zeigt, aber immer verzerrt.

J. J. Mohr

Protestversammeln

Protestversammlungen sind Kirchgänge der machtlosen Intellektuellen. Auf der Kanzel steht ein atheistischer Pope im Schillerkragen und predigt: »Lasset uns eine Resolution fassen!« Und währenddem gehen die himmlischen und die irdischen Götter taubstumm ihren Geschäften nach.

Rudolf Arnheim

Respekt

Eine hohlaugichte Dirne, welche verliebt tut.

Christian August Vulpius

Satzzeichen machen
Der kluge und gebildete Mensch macht wenig Frage- und Ausrufungszeichen.

J. J. Mohr

Schenkelübereinanderschlagen
Man leide nicht, daß Mädchen im Sitzen die Schenkel übereinander schlagen. Es ist in der Tat eine Lage, in der kein Frauenzimmer anständig erscheint. Beim Nähen ist die Stellung auch gar nicht notwendig, sondern man bedient sich, um den Schoß zu erhöhen, eines Schemels.

Heinrich Campe

Schminken
Den Hofdamen ist's auch kürzlich verboten worden, sich zu schminken. Macht's nach! Macht's nach, ihr deutsche vornehmen Zinnobergesichter! Laßt mich wieder sehen das Inkarnat der Natur oder – die Zerstörungen der Weichlichkeit, Schlaflosigkeit, Wollust auf euren verbleichten Wangen!

Christian Friedrich Daniel Schubart

Fast keine schmücken sich köstlicher als die, deren Zucht und Schamhaftigkeit nicht viel wert ist. Derzeit unternehmen viele hoffärtige Närrinnen allerhand ungesunde Dinge, um die rötliche Farbe, die wie Milch und Blut aus manchem Angesicht als ein sonderlich gesundes Zeichen hervorleuchtet, als gar zu gemein und bäurisch daraus zu vertreiben, indem sie rohes Getreide, Kümmel, Kalk, Kreide, Sand, Ruß und dergleichen mehr essen, viel Blut lassen, ihr Gesicht mit schädlichen Schminkmaterialien einstreichen und damit ihre Gesundheit selbst zerstören.

Weil durch die Schminke die Jungfern die Mängel ihrer Gesichter bedecken und damit den allerweisesten Schöpfer tadeln wollen – als ob er ihrer Einbildung nach nicht schön genug gebildet hätte –, versündigen sie sich sehr.

Philipp von Sulzbach

Schwatzvergnügen
Im Reden des Eingeübten, des Selbstverständlichen, besteht das Schwatzvergnügen. Ein wohlerzogener Mensch fragt und antwortet (auch als Schriftsteller) nie andres, als der zweite wohlerzogene Mensch es erwartet. Erwartet wird das Eingeübte, das Banale. Zwei wohlerzogene Selbstmörder, die einander auf dem letzten Gange begegneten, würden noch sagen: »Wie geht's?« und »danke, gut«. Es ist eigentlich solches Reden nicht mehr als ein grüßen, Tagzeit bieten. So kommt in den Unterhaltungen der Wohlerzogenheit am Ende noch weniger heraus als bei den Unterhaltungen der Dummheit.

Fritz Mauthner

Sich gehen lassen
Man meint immer, einmal dürfe man sich doch gehen lassen. Falsch! Man darf es nie. Es ist kein Moment, wo man nicht gegen innern oder äußern Feind auf

der Wacht stehen muß. Die Menschen um uns, selbst die Besten, schenken uns keine Blöße. Selbst in der Liebe darfst du dich nicht gehen lassen. Das liebreichste Weib möchte dich beherrschen. Nie ist Waffenstillstand.

Friedrich Theodor Vischer

Verabschieden
Ich empfinde es immer als Anmaßung, wenn ein Jemand zu mir »auf Wiedersehn« sagt. Es ist ein Wunsch, der auf Gegenseitigkeit rechnet.

Richard von Schaukal

Verbeugen
Wer sich verbeugt, macht eine Bewegung, als ob er stoßen wolle; verhüllte Opposition.

Friedrich Hebbel

Verfeinerung
Der Mensch steigt von Einfalt der Sitten, durch stufenweise Kultur, bis zu dem höchstmöglichen Grade der Verfeinerung hinauf, und mit diesem Samen wächst zu gleicher Zeit der Keim des Verderbnisses mit auf.

Adolph Freiherr von Knigge

Vorlaut sein
Vorlaut zu sein, ist ein Gebaren, vor dem die Jugend nicht genug gewarnt werden kann. Sie ist zwar »schnell fertig mit dem Wort«, wie Schiller ihr zugesteht, aber sie weiß – trotz ihrer immensen Klugheit heutzutage! – doch noch nicht alles – und es ist nicht schön, wenn ein junger Mensch überall sofort mit seinem schnell fertigen Urteil einfällt! Er darf es später, wenn er anderer Meinung ist, in bescheidener Form vorbringen.

Kurt Adelfels

Wider die Kommunikation

Wider Briefe
Das Briefschreiben wird nachgerade eine Seuche. Ein Mann muß sich hier in strengste Zucht nehmen. Man nimmt dabei seine Kleinigkeiten leicht zu wichtig oder aber man verzettelt sein Innerstes.

Christian Morgenstern

Denken Sie, ich war jetzt nur 5 Tage weg und fand bei meiner Ankunft hier – 311 Briefe, Theaterstücke, Manuscripte, Bücher p.p. vor. Ich wollte, ich säße gemütlich in einer Idiotenanstalt, zupfte Wolle aus alten Strümpfen und lallte nur noch La La La ...

Detlev von Liliencron

Briefeschreiben ist wie Wetterleuchten; da verblitzt sich alles, und das Gewitter zieht nicht herauf.

Theodor Fontane

Da wir an Geldsachen sind, so will ich gleich noch einen wichtigen Punkt zur Sprache bringen. Sie haben nämlich schon einige Male Ihre Briefe mit 10-Pfennig-Marken frankiert, während es außerhalb des Reiches 20 sein müssen. Nun habe ich eine Schwester und säuerliche alte Jungfer bei mir, die jedes Mal, wenn sie das Strafporto von 40 Pfennig in das Körbchen legt, das sie dem Briefträger an einer Schnur vom Fenster des dritten Stocks herunterläßt, das Zetergeschrei erhebt: ›Da hat wieder einer nicht frankiert!‹ Der Briefträger, dem das Spaß macht, zetert unten im Garten ebenfalls und schon von weitem: ›Jungfer Keller, es hat wieder einer nicht frankiert!‹ Dann wälzt sich der Spektakel in mein Zimmer: ›Wer ist denn da wieder?‹ (An ihren Beraubungen haben Sie nämlich Konkurrenz in den österreichischen Backfischen, die an alle Dichter der letzten jeweiligen Weihnachtsanthologie um Autographen schreiben, sofern der Wohnort des betreffenden Klassikers aus dem Buche ersichtlich ist.) ›Den nächsten Brief dieser Art‹, schreit die Schwester fort, ›wird man sicherlich nicht annehmen!‹ ›Du wirst nicht des Teufels sein!‹ schrei ich dagegen. Dann sucht sie die Brille, um Adresse und Poststempel zu studieren, verfällt aber, da sie meine offenstehende, warme Ofenröhre bemerkt, darauf, die Erbssuppe von gestern zu holen und in die Wärme zu stellen, so daß ich den schönsten Küchengeruch in mein Studierzimmer bekäme, was sonderlich für den Fall eines Besuches angenehm ist. ›Raus mit der Suppe!‹ heißt's jetzt, ›und stell sie in deinen Ofen!‹ ›Dort steht schon ein Topf; mehr hat nicht Platz, weil der Boden abschüssig ist!‹ Neuer Wortkampf über die Renovation des Bodens. Endlich aber segelt die Suppe ab, und die Portofrage ist darüber für einmal wieder vergessen; denn mit der Suppe hat Angriff und Verteidigung, Sieg und Niederlage gewechselt. Haben sie also die Güte, der Quelle dieser Kriegsläufte nachzugehen und sie zu verstopfen.

Gottfried Keller

Höfliche Briefe
Der höflichste Brief gilt mir den Teufel, wenn der Inhalt nichts taugt.

Ludwig Thoma

Liebesbriefe
Liebesbriefe sind *die* Dummheiten.

Walter Serner

Postkarten
Nach einer Umfrage schreiben 74 Prozent der deutschen Urlauber aus den Ferien eine Postkarte. Sehr bedauerlich finde ich, daß ich nicht nur Menschen aus dem Fundus der 26 Prozent kenne. Aber was beklage ich mich? Ich bin ja selber schuld.

Benjamin Kammerloher

Was ist das erste, wenn Herr und Frau Müller in den Himmel kommen? Sie bitten um Ansichtspostkarten.

Christian Morgenstern

e-mails

Ich kenne eine junge Frau, die so viele e-mails und Beiträge für »Foren« und »chatrooms« schrieb, empfing, versammelte, daß darunter ihre angestrebte Berufskarriere zusammenbrach.

Das sollte Warnung genug sein. Ich selbst erhalte seit einiger Zeit Nachrichten, etwa mit dem Betreff: »How to boost your penis size« oder »Wie Ihr Penis um sieben Zentimeter länger wird«. Sollte ich jemals einen von den Bestien erwischen, die solche Häufchen in meiner Welt absetzen, dann schiebe ich ihnen die längste Knoblauchwurst hintenrein, die mir zur Verfügung steht.

Benjamin Kammerloher

Wider die Konversation

Die Hunde beriechen einander schweigend. Wir finden das komisch, denn wir müssen immer schwätzen.

Richard von Schaukal

In den Stadtgesellschaften fiel mir lange die eigentümlich animierte und eigentümlich nichtssagende Unterhaltung auf zwischen Damen und Herren. Hier dreiste Rechthaberei und plötzlich wieder artiges Nachgeben, dort eine kleine Bosheit und gleich daneben eingesprenkelte Galanterie, dann eine Schwenkung ins Allgemeine; nebensächlich wieder ein lahmer Witz, darauf schalkhaftes Kichern; und immer Geplauder, wobei man das Gefühl hat, als würden durch unbestimmte Gespräche bestimmte Gedanken verborgen und als gucke jedes lüstern nach den verborgenen Gedanken. Erst später bin ich darauf gekommen, daß solche Unterhaltungen nichts sind und sein wollen, als eine Schnepfenjagd des Amor. Und ist die Beute erst gefangen, dann tritt an die Stelle zärtlicher Tändelei die Elementargewalt und es gibt Glück oder Unglück.

Peter Rosegger

Abends sehr der Erholung, Ausspannung bedurft. In Gesellschaft. Und hier? Fängt erst die rechte Folter an. Zu acht an einem Tisch, eine Zahl, durchaus nicht zu groß, um recht gut noch eine gemeinschaftliche Unterhaltung zu erlauben. Beginnt folgendes liebliche Spiel: A eröffnet mit C ein Sondergespräch, dann E mit G, dann H mit F, und D foltert mich B, ich soll mit ihm eines führen. Da jedes dieser vier Sondergespräche das andere übertrommelt, so fangen alle das Schreien an und nun hört man das eigene Wort nicht mehr. Ich suche auszuwickeln, suche laut ein Gespräch für alle aufs Tapet zu bringen, – vergeblich, niemand begreift mich.

Nicht genug, weiter! Sie fangen über's Kreuz an: A mit D, C kräht nach mir

(B) herüber, E mit H, G mit F. Nun ist zum Beispiel in einer der lieblichen Gruppen von Preußen und Bayern die Rede, in der Diagonale schlagen den zwei Politikern die Namen Dante und Petrarca, von anderer Seite Cervelatwurst und Gansleberwurst, in der dritten Kreuzung scheußlicherweise auch noch die Begriffe Aktien und Prioritäten, in der vierten die Streitfrage über Sängerin Blözke und Grilli aufs Trommelfell.

Noch nicht genug. Eine kurze Pause tritt ein. D fragt A, welcher Altdeutsch versteht, nach einem verwickelten Punkte, nämlich: wann das E geschlossen, wann offen zu sprechen sei. Man sieht, es ist ihm wirklich darum, belehrt zu werden, den anderen ist es auch von Interesse, mir nicht weniger, und alle horchen. Während nun der A eben recht im Zug ist, den Punkt auseinander zu setzen, bricht ihm der D, der ihn ja eben selbst gefragt hat, in die Rede mit der Frage, ob er gestern im Konzert gewesen sei, gleich darauf fängt der C mit mir vom Theater an und so läuft es fort: Jeder hat vergessen, daß er soeben sich für einen Zusammenhang interessiert.

Ich schoß auf und fort, zermartert, zerschunden, zerfetzt, zerrieben, zerdroschen, zerwirbelt, zerraspelt in allen Nerven kam ich nach Hause. Das war meine Abenderholung: nach schwerer Tagesarbeit noch schwerere am Abend! Möchte das arme Hirn entlasten und muß mir alle seine Saiten zerreißen lassen … Was habt ihr dumpfe Geschöpfe nur für eine Vorrichtung in den Hörwerkzeugen, daß ihr das eine Gespräch gegen die andringende Lautmasse der fremden Gespräche in eurer Auffassung zu isolieren vermögt? Einen eisernen Rolladen? Einen Ofenschirm von Sturz? Ei was! Nichts habt ihr, grobe, stumpfe, abnorme Sinne habt ihr und konfus im Kopf wollt ihr sein und bleiben, alles schlechterdings nur halb denken, und mich, der ich normale Sinne habe und klar sein will, haltet ihr für ein Monstrum! Ihr wollt sprechen und gehört sein, ihr wollt hören, und im Augenblick vergesst ihr es wieder, weil euch noch viel lieber als Sprechen und Hören das Wirrsal, weil der Durmel euer Element ist.

Friedrich Theodor Vischer

Dieser naseweise Herr, der sich, literarisch bis in die abgebißenen Fingernägel, für Gautiers rote Weste begeistert und sich in einem frisch gebügelten Waschleinenanzug für Oskar Wilde hält, ist bei all seiner Belesenheit oder Angelesenheit ein Mensch, der, was den Geschmack betrifft, tief unter dem kleinsten Kavallerie-Kadetten aus gutem Hause steht, als welcher außer dem Wallenstein – in der Kadetten-Schule – von den Klassikern wenig erfahren hat und lieber das kleine Witzblatt liest und die Personalnachrichten des Salon- und Sportblatts als das »Textbuch« zu Tristan. *Richard von Schaukal*

Daß aber der »Gesellschafts«-Plauderer »unterm Strich« Vauvenargues – »man kennt die sublime These 'des' Vauvenargues« (natürlich hat er sie soeben erst in

der gestern als Rezensionsexemplar ihm zugewiesenen Übersetzung gelesen) –
zitiert und zu diesem behuf gewohnheitsmäßig seine walzenrunden Manschet-
ten auszieht und vor sich auf den Tisch stellt, ist »Bildung«, ein Produkt, ein
Exkrement der Bildung, eine häßliche, übelriechende Sache.

Richard von Schaukal

Man kann kein Gespräch mehr führen. Die Menschen wissen nur noch von Partei, und keine versteht die andere. Ich fasse mich am eigenen Nasenzipfel. Neulich hörte ich einen husten, und zwar auf sonderbare Art. Ich ärgerte mich. Er
darf husten, aber er soll husten, wie *ich* huste. *Friedrich Theodor Vischer*

Mit nichts vergeudet man seine Zeit so wie im anregenden geselligen Verkehr.

Richard von Schaukal

Oh, wie erniedrigt doch die »Konversation«, wie verführt sie uns fortwährend
zu Urteilen, die wir gar nicht haben, deren wir uns gleich darauf schämen, die
nicht als höheres Geschwätz sind, das mit unserem wahren Wesen nur eben
soviel zu tun hat, als es dessen Teil an Torheit und Schwäche aufdeckt.

Christian Morgenstern

Wer konversiert, der *spricht* nicht. *Christian Morgenstern*

Man mag sagen, was man will, die Menschen tun so und so oft auch nichts andres als – bellen, gackern, krähen, meckern usw. Verfolge nur einmal die Tischge-
spräche einer Kneipe, die Ausrufe des Wirts, der Kellner, der Kartenspieler, kurz,
all das Geschwätz, was nichts weiter ist noch sein will als essen, trinken, schlafen
oder irgendeine sonstige einfache Lebensäußerung. *Christian Morgenstern*

Was ist unerträglich? Geschwätz für den Denker. *Heinrich von Kleist*

Ein Mensch, der gesunde Natur, Disziplin des Denkens und der Form hat, wird
sich in Gesellschaft nie an einen einzelnen wenden, wissen, daß, sobald er's tut,
die Losung zum allgemeinen Gesprächschaos gegeben ist, er wird immer nur
nach der Mitte, ins Ganze hineinsprechen. Da nun die Menschen auch hierin
wirr, wild, willkürlich und disziplinlos sind, was folgt? Das folgt, daß sie nicht
einmal der Gesprächsfreiheit im Privatleben wert sind. Das folgt, daß man sie
auch hier in das Joch der parlamentarischen Ordnung einspannen müßte. Das
folgt, daß eine Gesprächspolizei organisiert werden müßte. Macht mich zum
Vorstand und ich verspreche euch, ein Tyrann erster Klasse, ein Nero, Caligula,
Attila, Dschingis-Khan, Tamerlan der Gesprächszucht zu werden! Aber Straf-
gewalt müsst ihr mir geben! Mit Geißeln und Skorpionen will ich sie züchtigen,

die Gespräch-Buschklepper, Gespräch-Strauchdiebe, Gesprächs-Räuber, Gesprächs-Mörder, Gesprächs-Meuterer, in die Wasser der Urflut will ich sie zurückstoßen, diese Gesprächs-Ichthyosaurier! Und nie werde ich meine Vollmacht mißbrauchen, nie mir zum Vorteil anwenden, nein, anderen soll sie zugute kommen auf meine Kosten! Ein Leben, das der Gerechtigkeit gewidmet war, sei Zeuge für meine Beteuerung!

Friedrich Theodor Vischer

Selbstregierung bei Menschen, die nicht einmal warten können, bis ein Mitmensch ausgeredet hat? Reif für Tyrannenstock! Und Sie sind gewiß so klar, nicht zu meinen, ich sei bös um meinetwillen; ich empöre mich ganz gleich für jeden, der plump unterbrochen wird. Durch alle Nationen, durch alle Stände geht die Unart! Wenn die Schwätzschüssel aufgesetzt ist: wie junge Hunde sind sie, die mit den Pfoten in den Milchnapf tappen! Wie könnten solche Wesen je einen vernünftigen Staat bilden! Blindes, wirres Pack die ganze Menschenherde! Der Freiheit unwürdig!

Friedrich Theodor Vischer

Wir sind geborene Polizisten. Was ist Klatsch andres als Unterhaltung von Polizisten ohne Exekutivgewalt.

Christian Morgenstern

Das Verletzen unserer Familiengeheimnisse ist ohnehin ein bedeutenderer Diebstahl als das Wegnehmen einiger Geldstücke.

Georg Büchner

Der offensichtlich an allen Körpergliedern sehr saubere Go. Benn trug viel zur Kritik der Mitbürger bei. So wie das: »Es gibt offenbar überhaupt nichts, das nicht im Mund des öffentlichen Menschen dreckig und kompostig würde.« Dabei hat er ja nie im Leben Heinis wie Hans Meiser, Alfred Biolek, Wieland Backes und all den Pöbel, den sie um sich versammeln, ihren »dreckaten Dreck« (S. Zimmerschied) quatschen hören. Da hilft es auch rein gar nichts, daß die gezeigten Gebiße zumeist durodontperlweiß ausgestaltet sind.

Bennjamin Kammerloher

Widerreden gegen Reden
Wenn fünf Menschen zusammen reden, muß immer ein sechster sterben.

Friedrich Nietzsche

Ich habe einmal im Tübinger Rhetorikseminar ein Referat angeboten mit dem Titel: »Rede als unerträgliches Geräusch«. Man wollte es aber nicht gestatten.

Clemens Kieser

Schwätzer sind der Rede so voll, daß sie der Odem im Bauche ängstet.

Karl Julius Weber

Wider Witz und Humor

Wehe dem Lande, wo Witz mehr gilt als Verstand!

Christian Friedrich Daniel Schubart

Wo das Niedrig-Komische sich übermäßig breit macht, da entsteht Flachheit; da spannt es nicht mehr die Empfindungen ab aus Überspannung, sondern macht sie schlaff und schwach. Jedes Schöne, jedes Große, Erhabene durch Komik auf das gewöhnliche Niveau zurückführen, bringt schließlich die jammervollste Gewöhnlichkeit, die Unfähigkeit, überhaupt noch schön, erhaben zu empfinden. Niedere Komik, häufig vor Augen, beschmutzt und besudelt.

Professor Carl Lemcke

Lache nicht über alles und denke, daß Leute, die gern lächerliche Dinge erzählen und ständig Witze machen, von gemeiner Natur sind.

Peter Rosegger

Wer sich bei uns für einen Dichter hält, schreibt nicht leicht was Lustiges; wer aber was Lustiges schreibt, verfällt in Deutschland oft genug dem Spießbürger- oder dem Handlungsreisendengeschmack.

Oscar A. H. Schmitz

Der gewöhnliche Witz ist bloß ein Niesen des Verstandes, ein Jagdhund, der dem eigenen Schatten nachläuft, ein rotjackiger Affe, der sich zwischen zwei Spiegeln begafft, ein Bastard, den der Wahnsinn mit der Vernunft im Vorbeirennen auf öffentlicher Straße gezeugt.

Heinrich Heine

Nichts ist angenehmer, erheiternder als der Witz, aber auch nichts schrecklicher als nur Witz, namentlich wo er ohne Humor in seiner Schärfe auftritt. Seine wehende, flackernde Fackel schmerzt mehr als Dämmerung und Dunkelheit. Wer jedes Hohe im Witz auflösen, jedes Edle, Erhabene für den Schein des Augenblicks in die Gewöhnlichkeit herabziehen kann, der ist leicht geneigt zu glauben, daß er das Hohe bezwingen könne und höher, mächtiger sei als das, was er durch den Witz auflöst und in den Staub wirft. Dies ist natürlich Torheit. Übel im Zaum gehaltener Witz ist dabei so ärgerlich und störend wie ein schlecht dressierter Jagdhund. Jede Mausfährte muß er abspüren, nach jedem Maikäfer schnappen, jede Lerche mit großem Selbstgefühl aufjagen. Jedes witzelnde Gespräch wird daher zerfahren und irrlichternd, und daher auf die Dauer ermüdend.

Professor Carl Lemcke

Der beschränkteste Mensch wird auf die Dauer ein besserer Gesellschafter als der Witzling. Mit dem Beschränkten kommt man doch noch zu einem positiven Resultate; gibt er nichts, so nimmt er auch nichts, so behält man doch sein

Eigen; aber der stets Witzelnde löst alles in Nichts auf. Nach tausend Witzen über tausend Dinge stehen wir noch wie am Anfang; sie laufen fast immer auf Zersetzen und Zerstören hinaus. Je schneidender dabei der Witz, desto schlimmer. Solches Bewitzeln, Auflösen alles Edlen, Strebenden, Durchziehen des Niedern, Einfachen, dies Treffen von Gut und Schlecht, Schön und Häßlich kann einem das Herz im Leibe umwenden; es ist das schlimmste Scheidewasser.

Professor Carl Lemcke

Man kann Witze machen über die Tatsache, daß Goethe die »Iphigenie« geschrieben hat. Ärgerlich, und zwar für den, der sie anzuhören gezwungen ist, sind nur schlechte Witze ...

Es gibt meines Erachtens nichts Beschämenderes, als wenn einer einen Witz, einen Einfall, zweimal vor demselben Publikum anbringt. Ich erinnere mich eines Professors, der seine Witze in seinem Kollegienheft notiert hatte und sie Jahr für Jahr vortrug. Man konnte sich Tag und Stunde ausrechnen, wann sie fallen würden. Es gab Liebhaber, die diese Stunden immer wieder aufsuchten. Ich habe solche Liebhaber noch geschmackloser gefunden als jenen Professor.

Richard von Schaukal

Stehende Witze stinken.

Richard von Schaukal

Wider Lob, Beifall, Ehrungen
Der lärmende Applaus ist eine welsche Sitte, er zerstört oft die Stimmung, leitet den Vortragenden wie den Zuhörenden manchmal vom Inhalte ab und erregt Eitelkeit, die der Sache nie nützlich, der Person manchmal schädlich ist. Also bitte schön, das Klatschen sein zu lassen!

Peter Rosegger

Am mißlichsten ist der Applaus natürlich in der Oper, wo er die Musik durchlöchert und das Nachklingen zerstört. Im Reich der Bühne sollte alles vermieden werden, was ans – Theater erinnert, die Kunst ist eine Wirklichkeit für sich und der Schauspieler sollte sich nicht als – Komödiant behandeln lassen. Er sollte nicht bei jedem ulkigen Geklatsche auf die Bühne hüpfen und seine Bücklinge machen ... Aufführungen, bei denen Eitelkeit die – Hauptrolle spielt, möchte man von unseren Bühnen ferngehalten wissen.

Peter Rosegger

Das Rasen und Sich-wie-wild-gebärden nach einem Kunstgenuß, das sollten die Damen aufgeben.

Kurt Adelfels

Auf den Beifall scheiße ich. Den kriegt jede Drahtseilkünstlerin und jede Arschverrenkerin genau so und noch mehr.

Ludwig Thoma

Gegen Angriffe kann man sich wehren, gegen Lob ist man machtlos.

Sigmund Freud

Den Einladungen aus fernen Städten, dort Vorlesungen zu halten, sind häufig prophetische Schilderungen beigefügt von Ehrungen, die mich dort erwarten sollen. »Wir können Sie eines riesigen Beifalls versichern.« »Das Volk wird Sie auf den Händen tragen.« »Die Presse wird Ihnen begeisterten Empfang bereiten.« » Auch im Theater wird eine Huldigung geplant.« »Ein Festbankett soll Gelegenheit geben, um Ihnen zu zeigen« usw. – Die Liebenswürdigen! Wenn schon sonst die Möglichkeit vorhanden wäre, die Einladungen anzunehmen, solche Bevorstehungen müßten mich ganz unfehlbar abschrecken. Ich bin ja dankbar erfreut über die Sympathien, die ich etwa genieße, Personenkultus aber ist etwas, dem ich meilenweit ausweiche. – Ich komme nicht. *Peter Rosegger*

Die Zeitungen schaden nicht viel, höchstens macht das beständige Loben dem Publikum einen Autor langweilig. Das heißt chemisch: einen Autor auf warmem Wege auflösen.

Ludwig Anzengruber

Noch ein kleiner Vergiftungsspruch: Schmeicheleien kosten nichts! wahr! wenn man seinen und Anderer moralischen Wert für Nichts rechnet.

Friedrich Maximilian Klinger

Wider die Mode

Die Mode ist eine Tochter der Eitelkeit, und da wir philosophische, törichte, hochgelehrte, unwissende, empfindsame, unempfindliche, naseweise, aufgeklärte, ungläubige, weise, abergläubische Europäer wohl die eitelsten Geschöpfe unter der Sonnen sind, so herrscht auch Madame Mode mitten unter uns und spielt bald da, bald dort die lustigsten Komödien. Daß die Franzosen Sklaven der Mode sind, ist einem hüpfenden, leichtsinnigen Volke gern zu verzeihen; daß aber die ernsthaften Briten die Kindereien der Süßlinge, Schneider, Friseur und barmherzigen Schwestern in Paris nachmachen, kommt mir ganz unbegreiflich vor. Ein Volk, über das die Mode tyrannisiert, wird bald leichtsinnig und verliert die Stetigkeit und Festigkeit seines Charakters.

Christian Friedrich Daniel Schubart

Die Ehefrau wird niemals des Mannes Gehilfin sein können, wenn sie hoffärtig, müßig und in Widerwärtigkeiten verzagt oder sonst unleidsam ist. Es sind Weibsbilder, die insgemein schwächer an Verstand sind, auch mehr zur Kleiderpracht – welche wohl gewiß eines der törichtsten Laster ist – insgemein neigt. Da will der Stolz und Fürwitz alle neuen Moden mitmachen. Der Mann wird täglich um Geld angelaufen, sollte er auch von seinen Gläubigern alle Stunden gemahnt werden und in der Nahrung vieles verderben und zugrunde gehen müssen.   *Philipp von Sulzbach*

Der zivilisierte Mann trägt ohne jeden Sinn und Verstand das, was ihm der Schneider als modern bezeichnet, oder sein Brotherr in großmütiger Gnade bewilligt hat.   *Maxie Freimann*

Und die Moden! Auf jedem Schritt über die Straßen werde ich beleidigt. Karikaturen auf Weg und Steg. »Jeder nach seinem Geschmack! Gut! Nur zu! Man sieht, was dabei herauskommt! – Ich finde, daß ein Mensch, der sich ganz geschmacklos kleidet, ja in seinem Anzug eine förmliche Rebellion gegen den Geschmack auftut, eigentlich etwas Aggressives für jeden Begegnenden in seiner Erscheinung hat, etwas Kränkendes, Injuriöses. Ich meine nicht alte Herren, die hinter der Mode bleiben, nicht gutartige Narren, die irgendein Formen- oder Farbenkobold reitet, sondern Stutzer und Stutzerinnen, die eine rohe Unform flugs mitmachen und noch übertreiben ... Was folgt? Das folgt, daß es auch in diesem Gebiet heißt: der Mensch ist nicht geboren, frei zu sein! Er gebraucht seine Freiheit, die freilich doch nur die Freiheit des Sklaven, nur Modeknechtschaft ist, zu nichts, als zur Mißhandlung seiner Mitmenschen! Ach! nun aber auch in diesem Stück: woher den Gerichtshof nehmen, woraus ihn bilden, dem man die Gewalt anvertrauen dürfte, eine Kleiderordnung einzusetzen, nach ihr die wilde Willkür zu maßregeln, frech Gekleidete flugs zu arretieren!   *Friedrich Theodor Vischer*

Und Schneider wird's geben! Denkt euch: die Kleider! Die Klunker! Das Geflunker! O, die Kerle werden kleine Türme auf den Kopf setzen, und wenn ihnen der runde Turm nicht mehr gefällt, viereckige Schubladen! Die Weiber werden sich Haarhörner in die Höhe aufstapeln, wie drüben der Tödi, der Titlis und der Glärnisch mit Vrenelis Gärtli. Und werden noch ganze getrocknete Vögel drauf setzen. Und Fuchsschwänze und Hasenschlegel! Röcke werden sie tragen, bald weit wie das runde Haus unserer vornehmen Herren, bald so eng, daß sie gehen wie in Knieschellen, und am Ende gar noch ein Gebausch und Gerausch auf den Hintern nesteln wie einen rasend gewordenen Hahnenschwanz.   *Friedrich Theodor Vischer*

Was man im Frühling schön fand, findet sich im Herbste häßlich, was während einer Badesaison geglänzt, erscheint in der nächsten lächerlich! Gegen nichts sind die Damen so grausam und undankbar, wie gegen einen Hut. Kaum hat er eine kurze Zeit ihr Haupt geschmückt und verschönt, so wird er unter mancherlei Plunder geworfen und nicht einmal gedenkt ein anerkennender Blick seiner frühern Pracht, seiner Ruhmeszeit, seiner treu geleisteten Dienste. Er spielt immer die Rolle eines ephemeren Günstlings. Die Mode ist ein Saturn, der seine eigenen Kinder verzehrt; sie lebt nur in der Gegenwart, sucht ihr aber mit rasender Eile zu entfliehen und greift mit verlangenden Armen in die Zukunft. Tausendmal schwört sie auf ihre Glaubensartikel und widerruft sie ebensooft; was heute als unfehlbar galt, ist morgen trügerisch, was heute als Götze auf dem Altare verehrt wurde, wird morgen vom Gestelle gestürzt! Sie ist nichts als eine große Lüge; ein ewiges Thermometer, dessen Säule Laune und Bizarrerie, Geschmack und Phantastik nach Willkür, Mutwillen und Übermut bald sinken, bald steigen lassen.

Carl Herloßsohn

Ungesetzmäßigkeit, Gegensätze gegen die Grundbedingungen, die für den Menschen und seine ästhetischen Anschauungen gegeben sind, bildet das Wesen des Häßlichen. Statt eines Reiches der Harmonie ist es ein Reich des Widerspruches, sei es, daß derselbe in und an den Dingen zu Tage tritt oder zwischen dem Betrachtenden und den Objekten waltet. In jenem Falle haben wir ein wirklich Häßliches vor uns; in diesem wird der Schein des Häßlichen erregt, ohne daß er vielleicht begründet ist. So, wenn die Gesetzmäßigkeit eines Dinges nicht mit der uns angeborenen Gesetzmäßigkeit, oder auch nicht daß mit einer anerzogenen Auffassung übereinstimmt, wonach wir Manches für häßlich erklären, was doch nur uns, oder unserem Volk oder unserer Zeit so erscheint, während andere Beurteiler einen wohlgefälligen Eindruck davon empfangen. Am deutlichsten kann man diesen Widerspruch, dieses Auseinanderfallen der Maßstäbe bei jener Beurteilung der Mode gewahren, deren Geschmacklosigkeiten heute gepriesen, morgen erkannt werden und welche daher gleichsam ein ewiger Skandal für die Ästhetik ist.

Professor Carl Lemcke

Die jungen Herrchen in London sind jetzt so wunderlieblich anzusehen als die Zuckerpüppchen in Paris. Sie tragen ellenhohe Frisuren und Haarbeutel von ungeheurer Größe, ihre Wangen sind mit Londnerweiß und Pariserrot gar lieblich bemalt. Die Damen tragen große Federn auf dem Kopfe, vor welchen sie öfters nicht ins Zimmer gehen können. O ihr Weiblein nach der Mode, wollt ihr dann mit Gewalt Gänse werden?

Christian Friedrich Daniel Schubart

Der Wahnsinn der Modesklaverei, die schmachvolle Abhängigkeit der Frau, auch der deutschen, der gebildeten Frau, von jenem Terrorismus der Bekleidungsdiktatur, der heute Närrisch-Lächerliches, morgen aller Schönheit und Vernunft Hohnsprechendes und zur Stunde direkt Schamlos-Dirnenhaftes befiehlt, ist ein dunkler, ein schmerzvoll bedauerter Flecken am Frauencharakter und ein Zug der Psyche des Durchschnittweibes, der den Gegnern der Frauenbestrebungen noch lange die Waffe des Hohnes über die »geistige Reife« der Frau ausliefert. Welch ein Urteil muß man dann fällen, wo so jede innere

Würde, jeder Ernst, jede Selbstachtung der Frau untergeht in sinnlosem, kindergleichen und kritiklosem Nachäffen einer Bekleidungsmanier, die zumeist einer raffinierten französischen Halbwelt entspringt, geschaffen, neue erotische Eroberungstaktiken zu gewinnen! *Dr. Emanuel L. M. Meyer*

Modezeitschriften

Ein Grauen ergreift mich, sehe ich die geschminkten Alten und die geschnürten Jungen, deren Gebet-, Gesang- und Gesetzbuch das Modejournal ist.

Ludwig Rellstab

Schrei, letzter

Mein Haß: Die Geschmackler, die Renaissanceler, die »Töpfegucker jeder Stimmung« – die qualligen Ästheten, die stupenden Magister ... all dieses unproduktive und anmaßende Volk, das die *Mode* von heute ist, wo unser innerstes Leben nach *Stil* dürstet ... *Christian Morgenstern*

Schönheit

Oft ist in einem schönen Weibe eine häßliche Seele verborgen! Wie bald ist die Schönheit durch Krankheit und Zufall verloren, wo bleibt dann die Liebe, wenn die glatte, schöne Haut häßlich und runzlig geworden ist? Auch ist Schönheit neben der Gefahr, daß sie leicht verlorengeht, ein gefährlich Gut: ein reiner Spiegel ist gar bald befleckt und ein schönes Bild gar bald bekleckst. Was nützt auch solche Schönheit, bei der sich gemeinhin Hochmut, Verzärtelung und Müßiggang finden! *Philipp von Sulzbach*

Die schönheit ist wie schnee, diß leben ist der tod. *Andreas Gryphius*

Kitsch

Kitsch, das ist eine billige Ware, erschwinglich für die meisten ... ist ganz und gar Lüge. Das ist eine Wunschtraumwelt, eine Welt des Scheins, verniedlicht, süßlich, ganz ohne Konflikte, und ›sie macht was her‹. *Lea Grundig*

Wider Häuser, Wohnungen und ihre Einrichtungen

Manche Menschen sagen angesichts der modernen Erscheinungswelt und des Abbaus der Wertepyramide des Guten: Ich ziehe mich in meine vier Wände zurück! Wie bitte? In die eigenen vier Wände? Etwa in möblierte Zimmer? Iiii bewahre! »Der Selbstmord hockt in diesen Kammern. Es zieht dich magisch straßenwärts ... Im Steinmeer ein verlornes Jammern ... Im Nebel ein verwaistes Herz ...« Es warnte der Dichter Ossip Kalenter. Wo Christbaumschmuck möglich ist, sieht es ganz finster aus: »Sie muß sich besser fühlen, diese Gesellschaft, wenn sie am Christbaum ihre wahren Ideale erblickt. Eine Tanne darf dastehen, aber sie darf nicht Friedensstimmung bedeuten, sondern Haß, Gier, Krieg. Von den Zweigen tropft roter Schnee – das Blut der von der Gesellschaft Zerquälten; die Walnüsse sind kleine bleiche Köpfe bettelnder Proletarierkinder; Wachsfiguren, im Namen des Völkerrechts erschossene Soldaten darstellend, baumeln neben niedlichen Guillotinchen; famose Geldschrankattrappen sind neben zierlichen vergoldeten Zuchthausfenstern arrangiert; ein lachendes Gewirr von Lanzen, Schwertern, Bajonetten, Kanonen vervollständigt die Pracht, die oben, über allem, durch eine Helmspitze würdig gekrönt ist« (Franz Pfemfert). Ja, es gibt dunkle Ecken in Häusern und am Menschen. Karl Kraus glaubte fest daran: »Ein Wahn ist's, an ein Stück Seife zu glauben.« Theodor Adorno möchte man glatt einen Zungenkuß auf die Glatze drücken, wenn er tönt: »Da, wo es am saubersten zu sein scheint, regiert insgeheim die Fäkalie«.

Wer in der Wahl und Gestaltung seines Heims fehlgreift, verdirbt sein Leben.

Richard von Schaukal

Ein unregelmäßiges Haus macht unregelmäßige Köpfe, und Mangel des Geschmacks im Möblieren der Zimmer wirkt Zerstörungen in den Seelen der Kinder, die oft durch Erfahrungen eines ganzen Lebens nicht wieder können zurechtgeschraubt werden.

Johann Heinrich Merck

»Wohnlich« ist der Dachsbau, der Bienenkorb, der Ameisenhaufen, aber nicht die modernen Wohnungen!

Peter Altenberg

Ich bin immer in den Wohnzimmern lieber als in den sogenannten Putzstuben, wo ich mich eng und gepreßt fühle, weil ich kaum auftreten und nichts anrühren darf. Fast auf eine ähnliche Art unterscheide ich die bloß angezognen, und die geschmückten Mädchen.

Heinrich von Kleist

Kleines Einrichtungs-Abscheu-ABC

Armsessel, grüner
Ich werde ihn nur selten oder gar nicht benutzen, da alle Bequemlichkeit gegen meine Natur ist; ich sitze immer in meinem alten hölzernen Stuhl und habe erst seit einigen Wochen eine Art von Lehne für den Kopf anfügen lassen. Eine Umgebung von bequemen, geschmackvollen Möbeln hebt mein Denken auf

und versetzt mich in einen behaglichen, passiven Zustand.

Johann Wolfgang Goethe

Altdeutsche Einrichtungsmode

In einem Hause, wo so viele Zimmer sind, daß man einige derselben leer stehen läßt und im ganzen Jahr vielleicht nur drei-, viermal hineinkommt, mag eine solche Liebhaberei hingehen, und man mag auch ein gotisches Zimmer haben, so wie ich es ganz hübsch finde, daß Madame Pankoucke in Paris ein chinesisches hat. Allein sein Wohnzimmer mit so fremder und veralteter Umgebung auszustaffieren, kann ich gar nicht loben. Es ist immer eine Art von Maskerade, die auf die Länge in keiner Hinsicht wohl tun kann, vielmehr auf den Menschen, der sich damit befaßt, einen nachteiligen Einfluß haben muß. Denn so etwas steht im Widerspruch mit dem lebendigen Tage, in welchen wir gesetzt sind, und wie es aus einer leeren und hohlen Gesinnungs- und Denkungsweise hervorgeht, so wird es darin bestärken.   *Johann Wolfgang Goethe*

Aufputz

Der Aufputz und die Dekorationen an den Möbeln und sonstwo tun es nicht; denn Dekorationen und Putzmacherei sind in der Regel von nichtigem Gehalt, nur zum Schein und zur Täuschung da. Jede Art von Schundproduktionen ist mit Ornamenten überladen. Die Möbelbasare halten billige und schauderhafte Möbel feil, die mit einem täuschenden Plunder von Zierraten überkleistert sind. Die meisten dieser sollen als verhunzte Gotik, verhunzte Renaissance und verhunzte Moderne einen unechten Anstrich von Kunst und Herrschaftlichkeit oder Feinheit geben. Aber in diesen verhunzten Stilformen und in diesem herrschaftlichen Anstrich, in dieser vermeintlichen Feinheit liegt nichts anderes als eine völlige Verständnislosigkeit des Wesens echter Kunst, eine gemeine, niedrige, verlogene Gesinnung, die nur danach strebt, möglichst vielem gleich zu sehen und den Mangel an Wahrhaftigkeit, an Schlichtheit, Ordnung und Sauberkeit durch nichtigen Tand zu verdecken. Diese gefährliche Neigung hat etwa von einer ansteckenden Krankheit, von der nur wenige verschont bleiben.

Josef August Lux

Besitztum

Es ist auch deswegen in Ordnung, daß der Mensch endlich stirbt, er soll sich schon deswegen darein fügen, weil sich mit der Zeit gar zu viel Sach um ihn ansammelt. Man erfährt das so recht bei einem Umzug. Nicht nur Bücher, – Briefe, Blätter, Blättchen, Zeitungsnummern, Büchsen, Schachteln, Salben, Pulver, tausend Geräte. Wie oft, alter Narr, willst die alte Papiertüte hinten in der Schubladenecke noch einmal hervorziehen, öffnen, finden, daß ein Rest Holder- oder Wollblumentee darin steckt, dich besinnen, ob du ihn wegwerfen willst,

ihn noch einmal behalten? – Mach' geh' fort, nimm Abschied auf einmal von all'
dem Quark!   *Friedrich Theodor Vischer*

Bett

… eine Art von Vorsarg deines Gestorbenseins … Man kann viele Sünden durch
ausgiebigen Schlaf ersetzen——. Aber wenn man keine begeht?!? Dein Bett ist
dein Vorsarg! Sobald du darin einschläfst, stirbt irgendetwas Wertvolles in dir
ab!   *Peter Altenberg*

Butzenscheiben

Schlagt die Butzenscheiben ein!
Frei soll unsere Aussicht sein.
Alte Bilder – schnell verbrannt,
Fort mit all dem Ahnentand,
Reine Zimmer, klare Fenster
Sind kein Heim für Nachtgespenster,
Auf die Türen! – scharfer Zug
Weht hinaus den Zauberspuk.   *Hermann Löns*

Einrichten

Einrichten! Meublieren! – Ihr könnt nicht anders sein! Meynt da wäre es euch
besser darnach!–Ich sag euch es ist dem Elenden wohler der in ein Papier
scheißt mit seiner Familie, und es nachts sehr feyerlich an eine Ecke trägt. Pirli!
Pirli! Parli!   *Johann Wolfgang Goethe*

Federbetten

Kein junger Mann darf auf oder unter Federn schlafen. Auf dem Lande ist das
ja allgemein üblich, und so erwünscht oder angebracht es wegen der sehr kalten
Schlafräume zum Wohlbehagen sein mag, schädlich ist es trotzdem, und von
jedem durchaus zu vermeiden, der sich einen widerstandsfähigen Körper und
gesunde physische Kraft erwerben will. Weit besser tut man, sich solcher Bett-
stellen mit Decken in genügender Menge zu bedienen, welche den Anforderun-
gen der Hygiene entsprechen. Federn erzeugen zuviel Wärme. Auch dann,
wenn man auf der Seite liegt, können sich die Federn dicht an den Rücken und
das Rückgrat anlegen und dadurch diese Körpergegend zu sehr erwärmen.
Dadurch kann aber unter Umständen eine Schwächung des ganzen Organismus
und besonders der sexuellen Fähigkeiten hervorgerufen werden … Kein junger
Mann, der an geschlechtlicher Schwäche leidet, darf auf gänzliche Heilung hoffen, solange er auf Federn schläft oder sich mit einem Federbett zudeckt.
                                                                          Sylvanus Stall

Man verwerfe, als ganz unnütz und schädlich, die warmen Federdecken. Es ist ja offenbar widersinnig, sich so einzuhüllen, da es doch in einem dichten Zimmer für einen gesunden, besonders jungen Menschen sehr mäßiger Bedeckung bedarf, um sich gegen die Kälte zu schützen. *Heinrich Campe*

Man vergleiche mit Huronen, Neuseeländer [...] und einen Europäer, der von Jugend an auf Stahlfedern saß, auf Pflaumfedern schlief [...] Seele und Körper sind bey ihm verzärtelt. *Johann Carl Wezel*

Fensterkakteen
Überall sind die bizarren Kakteen, einst nur Liebe und Entzücken verschrobener Hagestolze und verspotteter Sonderlinge, ans Fenster zu seltsamen Gebirgen in winzigen Töpfchen hingebaut, nicht minder ein Abbild kränkelnden Zeitgeschmacks als die mondäne Zierpuppe mit den tiefen Schminkeschatten unter den von Belladonna und seltsamen Lüsten glänzenden Augen im mehlfarbenen Pudergesicht. *Adolf Heilborn*

Hausgerät
Ausgenommen, daß man von Jugend auf daran gewöhnt sei, sind prächtige Zimmer und elegantes Hausgeräte etwas für Leute, die keine Gedanken haben und haben mögen. *Johann Wolfgang Goethe*

Marmor/Mahagoni
Bei der Wohnung eines Pferdes sagt man: Wie gedeiht das Pferd, dieses edle Tier am besten?!! Bei der Wohnung eines Schweines: Wie gedeiht das Schwein, dieses nützliche, am besten?! Bei der Wohnung der Kuh: Wie gibt sie die fetteste Milch?! Nur beim Menschen fragt man das alles nicht. Man fragt: Ist es schön?! Schön, schön, dieses alleridiotischste Wort! Nein, nicht idiotisch, denn mit Marmor und Mahagoni macht ihr eure Geschäfte, zehn Prozent vom Architektenhonorar! Bei getünchten Wänden und Eiche oder Buche bekommt ihr nischt! Deshalb Pracht, Pracht, am prachtesten! Und die Kundschaft?! Kann sie nicht Neid, Eifersucht, Verzweiflung erwecken bei denen, die in »Ställen« leben?! Na also, san mer zufrieden! Auf Gesundheit wird gepfiffen! Nur Pflanz! Hoch Mahagoni! *Peter Altenberg*

Schaukelpferd
Ob örtliche Erregungen bei Kindern vermieden werden müssen, oder ob der Wille so gekräftigt werden muß, daß er dieselben mit leichter Mühe niederkämpft, darüber sind die Ansichten verschieden! Ich würde in einer so wichtigen Sache das Sicherste wählen und diejenigen Spiele, welche sie hervorrufen können, z. B. reiten auf dem Schaukelpferd, Velozipedfahren usw. nicht gestatten! *Eduard Ernst*

Schnörkel

Sachlichkeit, ein klares Wort
Lehrt: Lasst allen Schnickschnack fort!
Jeder Bau und jedes Ding
Ohne Schnörkel und Klingling!
Weil die Zeit kein Zierat kennt:
Jeder selbst sein Ornament!
Reichskunstwart

Doktor Redslob

Schubladen

Ich lasse meinen meisten Zorn an Schubladen, Töpfen, Hemdknöpfen und dergleichen aus. Das kommt den Menschen zugute, daß so viel Wut nach der Seite
abläuft. Doch nie den schlechten.

Friedrich Theodor Vischer

Sessel

»Die Schönheit eines Sessels kann nur darin bestehen, daß du bequem auf dem-
selben sitzest!«
»Wenn er mir aber, abgesehen davon, dennoch gefällt?!
»Dann bist du ein ausgewachsener Schmock!«

Peter Altenberg

Spiegel

Hier, vor der dreiteiligen, erbarmungslosen Spiegelpracht kann man nicht
umhin, zu erschrecken: So siehst du also aus! So haben sich die paar Pfund aus-
gewirkt, die das Wirtschaftswunder auch auf deiner Person zurückgelassen hat!
Von der Seite, dachte ich, hätte ich immerhin etwas Schärfe und Charme ...
Aber, oh weh, wie weich, wie unlustig wirkt die ganze Partie! ... Und von vorn?
... Kein Wunder, daß Ella in der letzten Zeit so wenig Interesse für dich zeigt
... Und der Schädel? ... Komisch, daß man immer dachte, so etwas wie einen
Charakterkopf zu besitzen! ... Dieser fette Herr da bist du? ... Dieser Spießer?
... Dieser Kerl mit dem doppelten Kinn? Ach, man würde sich gewiß nicht ken-
nenlernen wollen, wenn man sich nicht eh' so überflüssig gut kennte.

Friedrich Luft

Stuhl

Unleidlich ward mirs schon auf meinem gepolsterten Stuhle.

Johann Wolfgang Goethe

Wasserklosett

In Neukölln am Ufer der Spree ist jetzt ein Neubau fertig geworden, der abermals mit Wasserklosetts versehen ist. Man kann sich denken, wie die dort woh-
nenden Berliner, diese lieblichen und munteren Zeitgenossen, sich voll Eifer der

neumodischen Erfindung bedienen. Als in den Kindheitstagen der Menschheit sanfte Hirten ihre Ziegen und Lämmer auf grünenden Abhängen weideten, kannten sie die teuflische Erfindung unserer so hochgeschätzten Zivilisation noch nicht. Und dennoch schufen sie ziervolle Gesänge aus dem Gefühl einer milden und abgeklärten Zufriedenheit heraus, das wie zentnerschwere goldene Kugeln auf dem Grund ihrer Seele ruhte. Auch der Lateiner Plinius der Jüngere (62 – 113 n. Chr.), welcher im gelobten Lande Italien lebte und dort sein Haus mit Weinlaub umkränzte, fand so tiefgründige, an die letzten verschlossenen Pforten des menschlichen Geistes pochende Worte wie: »Multum, non multa.« Die Gelehrten, die ja Alles beschnuppern, werden sicherlich eines Tages herausfinden, daß Plinius kein Wasserklosett kannte. Und Herr Privatdozent Dr. Krummhuber wird in einem dicken Wälzer nachweisen, daß Plinius nach den uralten Gebräuchen primitiver Völker verfuhr.

Ich aber sitze in einem nach allen Regeln unserer gräßlichen Zivilisation ausgestatteten Wasserklosett, halte in der linken Hand einen Feldblumenstrauß, an dem ich von Zeit zu Zeit rieche, und in der rechten ein wundevoll gebundene Erstausgabe der Gedichte von Johann Peter Zu, die ich vor Jahren in Paris, der Hauptstadt Frankreichs, am Quai bei einem Bouquinisten fand. Dann ziehe ich an der Wasserleitung. Und während die Fluten sich rauschend ergießen, wähne ich das Rauschen der Ewigkeit zu hören. *Victor Auburtin*

Zimmerpflanzen
Ob wohl die naturbegeisterten Blumenfreunde und -freundinnen daran gedacht haben, daß alle solche Blütenpracht eigentlich eine Zurschaustellung jener Organe ist, von denen man bei Tier und Mensch in guter Gesellschaft niemals sprechen darf? In den allermeisten Fällen sind es Bienen, Schmetterlinge, Käfer und Fliegen, die den (männlichen) Blütenstaub der einen auf die (weibliche) Narbe der anderen Blüte übertragen und so die Befruchtung vollziehen. Daß also nicht »dir und mir«, wie es in dem naiven Sommerliede des frommen Paul Gerhardt heißt, die Blumen »sich ausgeschmücket« haben, sondern daß all die Blütenpracht gleichsam nur Wirtshausschild und Schenke für liederliche Käfer und zechlüsterne Schmetterlinge ist. *Adolf Heilborn*

Wider die Kleidung

Der Ursprung der Kleider kommt vom Sünden-Fall des ersten Menschen, und sollte uns ein ewiges Denckmahl sein unserer Schande und Elendes.
Zedlers Universallexikon

Ja, es glaubt's kein Mensch, was der Mensch alles braucht, bis er halbwegs einem Menschen gleich sieht. Kurios, der Mensch, heißt es, ist das Meisterstück der Schöpfung, und man muß sich völlig arm zahln an Schneidern, daß man das Meisterstück nur gehörig verstecken kann. *Johann Nestroy*

Die nachdenklicheren Menschen haben für gewöhnlich anderes und besseres zu tun, als sich um das Werk des Schneiders, Schusters und Hutmachers zu bekümmern. *Friedrich Theodor Vischer*

Wirklich schöne weibliche Körper, die in ihrem Ganzen als schön gelten können, sind äußerst selten, wenn überhaupt unter unseren heutigen Damen zu finden! An dieser Tatsache ist aber nicht etwa die übellaunige Mutter Natur schuld, sondern das schöne Geschlecht selbst. Von Natur aus ihm ein schöner Körper zugedacht, es verunstaltet ihn aber durch unzweckmäßige Kleidung und durch Korrekturen, die es am Leibe vornimmt, um der jeweiligen Mode, oder um albernen Gebräuchen gerecht zu werden. *Rudolf M. Arringer*

Wie widerlich ist der Eindruck des verwahrlosten, schmutzige Wäsche, üble Ausdünstungen, vertretenes Schuhwerk, unzusammenhängende Kleidungsstücke an sich duldenden »Gebildeten«! *Richard von Schaukal*

Das Raffinierte der Bekleidung, vor allem unsere gegenwärtige Mode ist – wie selbst ernste Männer in einer Reihe anklagender Zuschriften sagen – in tiefstem Grunde sexuell anreizend und herausfordernd, abgesehen von ihrer abschreckenden Häßlichkeit und Geschmacklosigkeit.

Dr. Emanuel L. M. Meyer

Das ist sehr langweilig, immer das Hemd zuerst und dann die Hosen drüber zu ziehen und des Abends ins Bett und morgens wieder heraus zu kriechen und einen Fuß immer so vor den andern zu setzen; da ist gar kein Absehen, wie es anders werden soll. Das ist sehr traurig, und daß Millionen es schon so gemacht haben, und daß Millionen es wieder so mache werden. *Georg Büchner*

Dinge wie die »fertige« Krawatte, der mit einem »Bug« versehene Strohhut, das durch Gummiteile gefügig gemachte Stiefelgehäuse, das »Vorhemd« – schon der Name riecht nach Kannibalentum – sind nur noch in deutschen Landen diskutabel, wo man allen Ernstes auch die »Frage« bespricht, ob man an der Hotel-Abendtafel in Kniehosen und Flanellhemd teilzunehmen das »Recht« habe, und wo das Messer ebenso zur Torte gehört wie das Tellerchen aus gepreßtem Glas mit neckisch untergelegtem gestickten Tüchlein samt Miniaturlöffelchen zum »Eis« ... *Richard von Schaukal*

Kleines Kleidungs-Abscheu-ABC

Antilop-Filzhut
Krafft-Ebing berichtet von einem Sozialpädagogen mit degenerativen Ohren und schlaffem Organ, der seit dem zehnten Lebensjahr ein Faible für weiche Antilop-Filzhüte hatte. Man fand in seiner Wohnung davon ein halbes Dutzend. Wollüstige Erregung fand er, indem er sie in der hereinbrechenden Dämmerung ausgiebig betrachtete. Auf dem Weg zur Arbeit trug er einen Hut, in dem er sich für seinen Kopf, der übrigens zur Glatzenbildung neigte, ein warmes Nest aus Schamhaaren gebaut hatte, welche er in der Mittagspause auf öffentlichen Toiletten einsammelte. Zu was ein Antilop-Filzhut sich hergeben kann! *Benjamin Kammerloher*

Badehose
In Badehosen zeigt man sich am besten überhaupt nicht mehr. *Arno Schmidt*

Bekleidungsindustrie
Die Erfinder der Kleidekunst sind genußgierige Unsittlichkeitförderer. Bekannt ist, daß die ersten Pariser Damenkonfektionshäuser ihre »modernen« Articel immer zuerst an die Damen der Halbwelt, nötigenfalls zu ermäßigten Preisen, abgeben, wenn die Einführung der »Neuheit« in den »anständigen Kreisen« zunächst auf Schwierigkeiten stößt. *Maxie Freimann*

Brille/Lorgnette
Er mußte zum Lesen eine Brille, zu augenblicklicher Aushilfe eine Lorgnette tragen. Nun kam das häufige Suchen, das ewige Putzen, wobei er jedes Mal über die Heimtücke der Stangen wetterte, daß sie hindern über die Gläser hereinfielen und, was noch schlimmer war: die Schnur, woran er das Gläschen trug, tat ihm gar so viel Schabernack, fing sich an einem Westenknopf, schob sich in die Brusttasche mit ein, wenn er ein Notizbuch hineinstecken wollte, so daß es sich staute, und das immer am liebsten, wenn die Sache eile hatte. Herr meines Lebens, ist er da wild geworden! *Friedrich Theodor Vischer*

Es käme niemand mit der Brille auf der Nase in ein vertrauliches Gespräch, wenn er wüßte, daß uns Frauen sogleich die Lust vergeht, ihn anzusehen und uns mit ihm zu unterhalten. *Johann Wolfgang Goethe*

Brillenfutteral
Das Objekt liebt in seinem Teufelshumor namentlich das Verschlupfspiel. Wie die gute, sorgende, schützende Natur einige Tiere dem Boden gleich färbt, bildet, auf dem sie leben, sich nähren, damit sie der Feind schwerer entdecke –

Raupe, Schmetterling, der Baumrinde, dem Baumblatt, Hase der Erde gleich -, so verfahren auch gern die Dämonen: zum Beispiel rotbraunes Brillenfutteral versteckt sich auf rotbraunem Möbel; doch Haupttücke des Objekts ist, an den Rand kriechen und sich da von der Höhe fallen lassen, aus der Hand gleiten, – du vergissest dich kaum einen Augenblick und ratsch – *Friedrich Theodor Vischer*

Chemisette
Die Chemisette bauscht sich auf. *Friedrich Theodor Vischer*

Collegeslippers mit Fransen
Ich habe einmal einen Mann gekannt. Ach, was heißt da Mann? Ich habe einmal – einen Schlappschwanz gekannt, der nur »Collegeslippers« mit Fransen trug. Ich habe mich manchmal gefragt, ob er Collegslippers mit Fransen trug, weil er ein Schlappschwanz war oder ob die Collegeslippers mit Fransen ihn zu einem Schlappschwanz machten. Zumindest haben sie die in ihm angelegte Tendenz zum Schlappschwanz außerordentlich verstärkt. Davon bin ich überzeugt. So fest wie Bauarbeiterschuhe sind, mit Stahlkappen vornedrin.

Benjamin Kammerloher

Damenbekleidung
Wenn wir unseren Körper bekleiden, muß der Zweck für uns in der Verhüllung der Nacktheit und der Erhöhung unserer Bequemlichkeit bestehen; aber wenn man diesen Zweck nach der Kleidung beurteilen müßte, welche so oft von Damen getragen wird, dann würde man folgerichtig auf den Gedanken kommen, daß die Kleidung dazu bestimmt sei, den Körper zu entblößen und ihm zugleich Unbequemlichkeit zu bereiten. *Sylvanus Stall*

Damenmode
Die ganze Mode der Kleidertracht ist in der weißen Rasse seit vielen hundert Jahren ausschließlich eine Dirnenmode; die Partien des Körpers, welche die Unterschiede des Weibes gegenüber dem Manne charakterisieren, werden in der raffiniertesten Weise und womöglich in monströsen Dimensionen zur Ansicht gebracht; der Mann der Zivilisation will seine Sinnlichkeit augenscheinlich beschäftigen, wo er steht und geht, und wenn ihm die Befriedigung seines tierischen Triebes auch nicht bei allen Wesen des andern Geschlechtes effektiv möglich ist, so scheint er wenigstens daran Gefallen zu finden, daß er seine niedrigste Phantasie sich in unnatürlichen Dimensionen betätigen lassen kann.

Maxie Freimann

Dekolleté
Das Weib darf sich freuen, durch den vergönnten Anblick des Naturkunstwerks

ihrer Gestalt zu beglücken. Aber wen? Jedermann? Auf einem Ball und auch im Festsaal der ausgewähltesten Gesellschaft ist der Jedermann, den ich hier meine, sie sind da, die jungen und alten Herren, die nicht mit reinem Bildhauerauge, sondern mit innerem (und im Hintergrund auch mit äußerem) Bocksgemecker Ihre enthüllten Reize sehen, meine holde Sylphide! Und wären auch alle Tänzer und Salongäste idealgestimmte Skopas und Praxiteles, mögen sie denn so vielen Bildhauern Modell stehen? Doch Sie werden so unerfahren nicht sein, nicht zu wissen, wie unsere liebe männliche Jugend jetzt im *Cafe chantant* sich bildet. Sie hängen aus wie den wecken auf dem Laden das, womit Sie doch billig nur den einen beglücken sollten, der Sie liebt und den Sie lieben; sind Sie so unschuldig, daß Ihr künftiger Bräutigam Sie nicht dauert, wenn er in der Brautnacht denken muß: o, ein gut Stück davon hat mancher Ladenschwengel und vornehme Schwenkfelder auch schon gesehen und hat nachher ohne Zweifel bei einer Nymphe aus jenen Regionen davon erzählt und gespaßt.

Friedrich Theodor Vischer

Frack
Die knechtische Unterwürfigkeit tritt nicht nur bei den Männerhorden zu Tage, welche aus dem Troge fressen, den der Staat ihnen aufgestellt hat, auch viele, die sich »freie Bürger« schimpfen, sind doch nur die Sklaven eines still lächelnden Herrn. Das zeigt das Gewand, welches der zivilisierte Mann als vornehmstes Kleid betrachtet, der Frack. Charakteristisch für die Auffassung des Modesklaven ist die Tatsache, daß er zu den höchsten Feierlichkeiten dasselbe Kleidungsstück anlegt, welches der obscure Kellner jeden Tag trägt. Frack und Zylinder sind viel bedeutende Sklavenzeichen; an ihnen kann man den byzantinischen Kriecher, den servilen Geldjäger, den feigen Diener, den stumpfsinnigen Narren, den Sklaven seiner Leidenschaften und manchen anderen Philister erkennen.

Maxie Freimann

Fußbekleidung
Und Luxus werde eure Schande! Ich habe am Lido die häßlichsten Füße und Fußzehen erblickt und die schönsten, zartesten Strümpfe und Schuhe! Betrügerinnen! Ihr seht, der Tand hat euch nicht vorwärtsgebracht, ein Weltenbrand vernichtet gleichsam eure Seidenfetzen und Reiherfedern der Erde, alle Pelze und Perlenketten! Werdet einfach!

Peter Altenberg

Handschuhe, billige
Beim Einkauf nicht zu billige Handschuhe, dies ist ein großer Fehler; denn billige Handschuhe sehen erstens nicht berühmt aus, und zweitens halten sie auch schlecht.

Eckhardt von Wurmb

Haarbeutel/Reiherfeder

Was würden Skopas, Praxiteles, Lysipp sagen, wenn sie erwachten und unsere Adonis in Haarbeuteln und eine Venus nach der Mode mit einer anderthalb Ellen langen Reigerfeder, einem Chignon und am ganzen Leibe kindisch bemascht, bebändert, befranzt sehen würden.

Christian Friedrich Daniel Schubart

Halstuch

Den Studiosen der Menschheitskenntnis muß ich die Lehre geben, daß man Leuten, die ihr Kinn im Halstuch tragen, zwar trauen soll, aber nicht viel.

Ludwig Börne

Haferlschuhe

In der sächsischen Provinz sind jetzt die Haferlschuhe aus den bayrischen Bergen Mode geworden. Da sie teuer sind, und da sie etwas Neues sind, werden sie offenbar für besonders chic oder meinetwegen schick gehalten. Ich sah eine Dame mit seidenen Strümpfen, Pelzmantel, großem Hut in Haferlschuhen. Alles ist möglich 6 Grad östlich von Greenwich. *Liliput (Weltbühne)*

Hemd, letztes

Das letzte Hemd hat keine Taschen? Nicht mal eine auf der Brust? Klar doch, hab ich mir fast schon gedacht. Und wo, frage ich, soll ich dann mein Notizblöckchen und den Bleistift hinstecken? Keine Antwort, klar doch. Ich weiß auch so Bescheid: Das taschenlose Leichenhemd ist das giftgrüne Sahnehäubchen der Perfidie, das die Bestattungsunterunternehmer, die sich jetzt Thanatopraktiker nennen lassen wollen, dem in Cheyne-Stokescher Atmung rasselnd Abkratzenden aufnötigen. *Benjamin Kammerloher*

Hemden, kurzärmelige

Hemden mit halbem Arm – nie mehr! *Hanns Dieter Hüsch*

Hemdenknopf

Ja, ja, so ein Hemdknopf! Ein Bär stellt sich ehrlich zum Kampf; ich weiß, was ich zu tun, wie ich meine Kraft anzuwenden habe; einen hundertjährigen Eichbaum kann ich mit Kraft und Ausdauer umhauen; aber der Knirps! Ich soll Kraft anwenden, denn die Bestie will absolut nicht durchs Knopfloch, und ich soll sie zugleich ebenso sehr gar nicht anwenden, sondern ganz fein und leicht mit den Fingerspitzen arbeiten, und indem ich mich placke, schinde, abrackere, foltere, töte, das Widersprechende zu leisten, – o lustig! Springt die Schmachkanaille erst recht ab! *Friedrich Theodor Vischer*

Hemdkrägen

Muß die verfluchten Hemdkrägen haben und kann nirgends rechte finden. Die haben ganz den Teufel im Leib, halten nicht hinten, rutschen über die Krawatte heraus, sitzen auf der bloßen Haut; muß zupfen den ganzen Tag.

Friedrich Theodor Vischer

Herrenmode

Beim Weibe glaubt der vermeintlich gebildete Mann aus der Art und Weise, wie es sich kleidet, aus dem Geschmack, den sie in ihrer Toilette zum Ausdruck bringt, auf ihr inneres Niveau, ihre physische Entwicklung schließen zu können. Er selbst aber kleidet sich sein ganzes Leben lang nach der geschmacklosesten und unpraktischsten Mode, die es geben kann, nach einer Mode, die zwar periodisch wechselt, um dem »geistreichen« Schneider alljährlich wieder neuen und gesteigerten Gewinn zu sichern, die aber in ihren Veränderungen noch in ihrem prinzipiellen Stil auch nur eine Spur von ausdrucksvoller Kunst an sich trägt.

Maxie Freimann

Hindenburgstiefel

Der Hindenburgstiefel ist geschustert – er steht bereit, geleckt zu werden. Mit Andacht und mit Fleiß, mit wahrer Vaterlandsliebe, aufrichtiger Ergebenheit und haarsträubender Borniertheit haben sächsische Schuster den »größten Stiefel der Welt« angefertigt ... Dieser Stiefel ist 5 Meter hoch, die Sohle ist 190 Zentimeter lang und 73 Zentimeter breit, der Absatz – merk dir das, du armer Hund! – ist 27 Zentimeter hoch. Und zehn Rindhäute und 184 Pfund Bodenleder haben Material geliefert, und sechs Innungsmeister haben diesen Stiefel, dies Sinnbild deutschen Fleißes, deutscher Tüchtigkeit in 750 Arbeitsstunden geschaffen ... Stellt diesen Stiefel – 5 Meter hoch, 2 Meter lang – vor der Siegessäule auf, macht ein Nationalheiligtum daraus: da habt ihr die deutsche Schande, den deutschen Gedanken, das deutsche Wesen.

Kurt Kersten

Lange Hose

Die lange Hose ist sicher ein abscheuliches Kleidungsstück, wenn ihr auch eine gewisse praktische Verwertung nicht abgesprochen werden kann. Niemand wird es einfallen, einem Bauern, der sie trägt, Geschmacklosigkeit vorzuwerfen, noch weniger einem Arbeiter, dem der Verdienst kaum zur Beschaffung einer vernünftigen Nahrung ausreicht. Aber die Herren, die die Mittel hätten, sich geschmackvoll zu kleiden, tragen ja dieselbe Tracht.

Maxie Freimann

Hose

Fahre wohl, du letzte Hose, sang Viktor von Scheffel, und tausende besemmelte Burschenschaftsheinis taten es ihm nach. Martin Walser kommt sich, völlig zu

Recht, »in hellen Hosen komisch vor«. Bodo Kirchhoff sucht in einer seiner Schriften »nach einem grundsätzlichen Einwand« gegen die Hose. Daß er auch dabei scheitern würde, konnte niemand voraussehen. Peter Härtling trägt stets und ständig eine Breitsamcordhose, die hintenrum so abgewetzt ist, daß man das bleiche Unterhosengesicht durchschimmern sieht. Auch nicht schön. Von allen denkbaren Kleidungsstücken ist die schlotternde Hose der Literaten wohl als abscheulichstes aufzuführen. *Benjamin Kammerloher*

Hosenlatz
Die Buhler in unserer Stadt hier stecken ihre Lätz so weit aus den Hosen her-für, verwickeln's auch und verstopfen's mit so viel Tüchlein, so die Metzen wäh-nen, es seind Zumpen, so sind es nur Lumpen. *Johann Scheible*

Hosentaschen
Auch gebe man auf die Hände der Kinder acht! Die Knaben stecken die Hände gern in die Hosentaschen beim Lernen und auch sonst. Man dulde das nie und bezeichne diese Gewohnheit als das Merkmal eines ungebildeten und weichli-chen Menschen, der nicht einmal die Hände abhärten könne.

Arthur Gutmann

Hut, grüner
Unter einem grünen Hut mit Rasierpinsel wird immer eine chauvinistische Bowke-Visage sitzen, die seine Geschmacklosigkeit legitimiert.

Manfred Georg

Hut, häßlicher
Ein häßlicher Hut ist eines Mädchens Leichenstein, der ihren Geist begräbt, und manche ist gestorben an einem unmodernen Kleid. *Maria Martin*

Jackenknopf
Wer sollte zum Beispiel einem simplen Knopf seine Verruchtheit ansehen? Aber ein solcher Racker hat mir neulich folgenden Possen gespielt. Ich ließ mich gegen alle meine Grundsätze zur Teilnahme an einem Hochzeitsschmaus verlei-ten; eine große silberne Platte, bedeckt mit mehrerlei Zuspeisen, kam vor mich zu stehen; ich bemerkte nicht, daß sie sich etwas über den Tischrand heraus gegen meine Brust hergeschoben hatte; einer Dame, meiner Nachbarin, fällt die Gabel zu Boden, ich will sie aufheben, ein Knopf meines Rockes hatte sich mit teuflischer List unter den Rand der Platte gemacht, hebt sie, wie ich schnell aufstehe, jäh empor, der ganze Plunder, den sie trug, Saucen, Eingemachtes aller Art, zum Teil dunkelrote Flüssigkeit, rollt, rumpelt, fließt, schießt über den Tisch, ich will noch retten, schmeiße eine Weinflasche um, sie strömt ihren Inhalt über das weiße Hochzeitskleid der Braut zu meiner Linken, trete der

Nachbarin rechts heftig auf die Zehen, ein anderer, der helfend eingreifen will, stößt eine Gemüseschüssel, ein dritter sein Glas um, – o, es war ein hallo, ein ganzes Donnerwetter, kurz ein echt tragischer Fall: die zerbrechliche Welt alles Endlichen überhaupt schien in Scherben gehen zu wollen; mich ergreift die Stimmung des Erhabenen, ich fasse zunächst eine Champagnerflasche, trete ans Fenster, öffne es, schwinge sie empor, der Bräutigam fällt mir in den Arm, ich erzürne mich, es gibt bös Blut, die Braut war ohnedies halb ohnmächtig, kurz, – ich mag nicht weiter erzählen, denn nun wurde die Sache komisch.

Friedrich Theodor Vischer

Kleid mit Verräterschnitt

Das Kleid wird quer über den Leib geschnitten und spannt über – da haben wir's gleich! Wie wäre das zierlich auszudrücken? Sollen wir sagen: über die gewölbte Plastik des Mittelkörpers? Oder: über die gewisse Gegend, wohinter sich die Verdauungsstätte befindet? Wäre das nicht viel zynischer, als wenn wir ehrlich schreiben: über den Bauch? So steht's mit dem guten Vorsatz, fein, elegant und graziös vorzugehen! Es wird dienlich sein, wenn wir ohne Verzug nachfragen, wie es bei einem solchen Schnitt den nicht Jungen, nicht Schlanken ergeht. Man sollte meinen, eine Mode müßte so beschaffen sein, daß auch diese sich noch darin sehen lassen können. Wie ist das möglich bei einem Schnitte, der den Bauch heraustreibt? Der castigatus venter der Jugend: da geht's noch an, läßt sich's zur Not hinnehmen. Aber die Formen der Reife, der Überreife, der Fettigkeit – nun, ich frage, wer sieht es nicht hundertmal des Tages mit Ekel, wenn so ein vorgewölbter tuchüberspannter Bauch vor ihm aufschwillt! Man hätte erwartet, daß sie Schwert, Spieß, Ofengabel auszögen gegen den Verräterschnitt, alle diese Verratenen! Aber Gott behüte! Die Alten pfeifen, wie die Jungen singen und ganz zufrieden und glücklich trägt die gedunsene Vettel ihre Trommel vor sich her über Straße, Zimmer und Parkett des Salons ... Es ist aus der Statistik der Prostitution bekannt, daß die verlorene Dirne einen Stolz darin sucht, von der Natur noch der Mutterschaft gewürdigt zu werden, ein Wunsch, womit nicht im Widerspruch steht, daß ihr die Beschwerlichkeit und das Entstellende in dieser Ehre nicht willkommen ist. Sie ergreift daher gern den Mittelweg, zu scheinen; sie legt auf pour deux mois, pour trois mois, nur natürlich nicht weiter. Das Spannen des Kleides über den Bauch erspart aber etwa das pour deux mois. Es erhellt mit unerbittlicher Logik, daß diese Mode – und es hilft nichts, wir müssen deutsch reden – eine Hurenmode ist.

Friedrich Theodor Vischer

Knopf

Rechnen wir nur sehr schwach: per Tag 1½ für An- und Auskleiden und dergleichen, hiezu nun ¼ Stunden für speziellen Kampf mit Knöpfen und Anverwandten: macht per Woche 105¼ Stunden. Nehmen wir hinzu, daß nur einmal wöchentlich noch speziellere und ganz tragische Kämpfe sich ereignen, wie verzweifeltes Suchen eines Blatts, einer Notiz, und bedenken wir, daß ein solcher Vorgang das Hirn, das ganze Nervenleben in eine ähnliche Betäubung versetzt, wie Verirren Nachts im Walde also für einen ganze Vormittag arbeitsunfähig macht, tut 6 Stunden: Summa in der Woche 1056¾ Stunden: welche entsetzliche Zahl! *Friedrich Theodor Vischer*

Kopfbedeckung

Und Kopfbedeckung! Jeder will einen andern Kübel. Könnt' ich ihnen draufhauen, daß die Reife und Dauben flögen! *Friedrich Theodor Vischer*

Korsett

Anstatt daß Frauen das Gewicht ihrer gesamten Kleidung auf den Schultern ruhen lassen, wie es richtig wäre, muß das Korsett, welches ohnehin zu eng ist, das Gesamtgewicht der dranhängenden Röcke tragen. Auf diese Weise übt es nicht nur nach innen einen Druck aus, sondern beständig auch nach unten, auf den Unterleib, die Beckenorgane und besonders auf die Gebärmutter, das empfindlichste unter den Organen, denen Gott seinen Platz unterhalb der Taille angewiesen hat. Was zunächst nur als Unzuträglichkeit empfunden wird, verwandelt sich infolge des Drucks in einen Reizzustand und später, wenn keine Abhilfe geschaffen wird, in eine Entzündung und schließlich in eine chronische unheilbare Krankheit. Die Gebärmutter, welche nach Gottes Willen eine nahezu senkrechte Stellung einnehmen muß, wird aus ihrer Lage verdrängt und fällt häufig entweder nach vorn oder nach hinten über. Durch diese Lageveränderung wird das Opfer zur Erfüllung der ehelichen Pflichten gänzlich ungeeignet, und der Akt, welcher der jungen Gattin wenigstens nicht Unbehagen bereiten sollte, verwandelt sich in eine wirklich unangenehme Empfindung und zuweilen sogar tatsächlich in eine Qual. *Silvanus Stall*

Krawatte

Krawatte wird von den Sprachforschern mit Garotte in Verbindung gebracht. Krawatte heißt auch ein unerlaubter Halsgriff bei den Ringern. Krawatten hängen einem ständig in die Suppe, weil sie so lang sind wie die Zunge von Mick Jagger. Ein Mitarbeiter des niedersächsischen Ministerpräsidenten Ernst Albrecht mit Namen Heinz Dziedziezak (sic!) saß Anfang März 1979 auf seinem Wohnzimmersofa, mit heraushängender Zunge und einer Krawatte um den Hals, die tödlich verknotet war. Die Krawattenindustrie schweigt bis heute zu dem Vorfall. Na, merkst Du endlich was? *Benjamin Kammerloher*

Krinoline

Wir halten die Krinoline für das Symbol des zweiten Kaiserreichs in Frankreich, seiner aufgeblasenen Lüge, seiner windigen und protzigen Frechheit.

Friedrich Theodor Vischer

Männerhose

Eine höchst merkwürdige Antipathie hatte die heilige Therese gegen behoste Männer, und hätte sie die Macht gehabt, so hätte sie allen die Hosen abgezogen. Soweit sie Gewalt hatte, tat sie es auch. Die unter ihr stehenden Karmelitermönche mußten die Hosen ablegen und dafür ein kleines Schürzchen tragen von brauner Wolle. Aber sie war nur eine Feindin der Männerhosen, denn ihre Nonnen mußten Hosen tragen.

Otto Corvin

Melone

Ein Hut ohne jeglichen Charakter. Ein phlegmatischer Notbehelf. In England ist er seit langem verpönt, in Frankreich poussiert ihn der rundliche kleine Franzose.

F. W. Koebner

Mieder

Es war ein bedenklicher Schönheitsfehler, daß ich schon mit zwölf Jahren einen Taillenumfang von sechzig Zentimetern aufwies, indes meine Schwester Mizzi noch in ihrem zwanzigsten Jahr nur achtundvierzig Zentimeter um die Mitte zählte. Diesem Übelstand sollte durch rechtzeitiges Schnüren abgeholfen werden. Mein Groll gegen das Mieder als einem Werkzeug der Beschränkung stieg im Lauf der Jahre so weit, daß ich es mit achtzehn Jahren einfach ablegte – zum beständigen Ärgernis meiner Umgebung, die darin einen Mangel an Sittsamkeit erblickte und meine Erscheinung plump, ja unanständig fand.

Sir Galahad

Reformkleid

Die Löwinnen, die der letzten Mode folgend, keine Hemden mehr tragen, um die ganze Schlankheit der Hüftlinie zu bewahren, wirken durch die Stilisierung der Mode verhältnismäßig keusch gegenüber dem, was das korsettlose »Eigenkleid« enthüllt. Daß sich eine bestimmte Art von Männern mit Vorliebe auf das ihnen so billig Gebotene stürzt, ermutigt diese Frauen in ihrem Ansturm gegen die »heuchlerische« Eleganz. Das Schamlose der sogenannten Reformtracht beruht darauf, daß das in der Intimität reizende Individuelle zur Schau gestellt ist. Dadurch werden die Blicke auf Einzelheiten gelenkt, die wir nicht zu sehen gewohnt sind und Kontrastwirkungen hervorrufen, die, wie wir freundlich annehmen wollen, nicht beabsichtigt sind.

Dieselben Frauen übrigens, die für organischen Ausdruck ihrer Natur schwärmen, sündigen, wenn es ihnen gerade paßt, durch Unnatur mehr als die

Modedamen. Ich sah auf einem Münchener Fest eine Malerin in einem schlampigen Reformsack herumgehen, vollkommen form- und tonlos, aber auf die Brust hatte sie sich zwei richtige weiße Engel gemalt. Es war ein Gräuel; nicht etwa weil die Engel schlecht gemalt waren (das natürlich auch), sie hätten von Rubens oder Raffael sein können, es wäre dasselbe. *Oscar A. H. Schmitz*

Schmuck

Sich schön anziehen heißt nicht, schöne Gegenstände an sich zu befestigen. So glauben offenbar jene Frauen, die sich nach alten Bildern frisieren, mit buntem Volksschmuck, antikem Gerät und altmodischen Stoffen behängen, was alles zusammen noch keinen Stil gibt. Es sind naive Gemüter, die aus vernünftigen oder vorgefaßt ästhetischen Gesichtspunkten die Mode oder den Lebensstil ändern wollen, ohne zu fühlen, daß alle Reformen den kümmerlichen Lampengeruch der Vernunft verbreiten. *Oscar A. H. Schmitz*

Wie weit ist die Mehrzahl der Frauen noch vom Verstehen, Lieben und Praktizieren des Schönen und dessen, was wirklich verschönt! Wem fällt da nicht Lombrosos zynische Bemerkung ein: »Für einen einzigen Hut kauf ich das ganze Gehirn einer Frau, und für gewünschtes Halsband liefert sie Tugend und Weltanschauung aus.« Es liegt viel herbe Wahrheit in dieser Hyperbel.
Dr. Emanuel L. M. Meyer

Schuhe

Hotelgäste ekeln mich an, alle zusammen. Ich kann ihre Physiognomien nicht ertragen. Ich sehe ihnen niemals ins Gesicht. Aber mit ihren Schuhen muß ich mich, Gott sei's geklagt abgeben – das genügt. Da habe ich sozusagen den Ausdruck ihrer läppischen Exsitenzen in den Händen. Es ist so widerwärtig, wie wenn ich ihre Gesichter in die Hand nehmen müßte. Wie die Idioten laufen sie einer hinter dem andern her und vertreten dabei in idiotischer Weise ihr Schuhwerk. Als ob alle ihre Wichtigtuerei etwas anders wäre als der bare Blödsinn. Das kann einem schwer etwas anderes als den tiefsten Ekel einflößen … Haben Sie noch nie von einem gehört, der sich aus Widerwillen über den gemeinen Anblick solchen Schuhwerks den Hals mitten durchrasiert hat? *Hugo von Hofmannsthal*

Stiefel

Der Stiefel drückt oder lummelt, wer kann da hinstehen und auftreten, wer kann repräsentieren? *Friedrich Theodor Vischer*

Fort vor allem mit dem Übel
Dieser Lust- und Sündenstiebel!

Trödelkram der Eitelkeit,
Fort! Und sei der Glut geweiht!!   *Wilhelm Busch*

Tiroler Tracht
Aber wo sie herrscht, herrschen auch die Pfaffen   *Friedrich Theodor Vischer*

Tracht
Jede Tracht, die das Schamgefühl oder die Gesetze der Hygiene mißachtet, ist
nicht nur unvernünftig, sondern völlig nichtswürdig.   *Sylvanus Stall*

Trenchcoat
Der Instinkt der Schneider ist ein gefährlicher Konjunktur-Instinkt. Sie gebaren
in ihren ahnenden Gehirnen als Muster der Eleganz zum kommenden Weih-
nachtsfest 1927 den Trench-Coat. Die alliierten Offiziere trugen ihn im Schüt-
zengraben. Es war ein wasserdichter, mit hochsitzendem Gurt versehener Mantel, der den Beinen für Laufen und Klettern Bewegungsfreiheit ließ und weit
genug war, um bequem über dem Dolchmesser, den Handgranaten, der Revol-
vertasche zu sitzen. An sich hatte er ziviles Gepräge, nur oben zwei Achselklap-
pen. Seit einiger Zeit steht er in allen eleganten Läden für Herrenausstattung im
Schaufenster. In Berlin, in Paris, in Rom usw. Der blutbesudelte Offiziersrock
aus der letzten europäischen Schlachthausepoche wird zum Trotteurgewand,
mit oder ohne seidenem Unterfutter, für die Gents der goldenen Jugend. Der
stramme gezogene Gürtel gibt der Taille Schwung. Das Auge kann vorläufig nur
schneidig blitzen. Die Fresse aber, die einstweilen sich begnügen muß, Kellner
mit müden Beinen wegen zu langsamer Bedienung anzuschnauzen, wird übermorgen wieder Familienväter anbrüllen: »Stramm jestanden, Lausekerl!«
                                                                Manfred Georg

Turnhose
Ich trug eine Turnhose, die fahnenartig flatterte. Schwarz steht mir nicht. Ich
liebe gelb mit blauen Feldern. In einer Turnhose sehe ich wie ein Schädling aus.
                                                                Günter Seuren

Stahlhelm
Der Stahlhelm gehört in einen Affenkäfig und nicht in einen politischen Leitar-
tikel.   *Ignaz Wrobel*

Ulster
Jetzt geht da einer gar im Schlafrock morgens zum Brunnen, dachte ich erstaunt,
vor einigen Jahren in Karlsbad, als ich einen Polen in einem langen, graugewür-
felten Bettkittel herlottern sah. Naive Entrüstung! Es war ein Überzieher, der

nur zu bald Mode werden sollte und jetzt täglich mehr einreißt. Diese sarmatisch barbarischen grobtuchenen, bis zum Knöchel reichenden Kutten (Ulster oder wie das Zeug heißt) verdrängen mehr und mehr den Paletot mit seinem doch immerhin freieren, lustigeren Wurf und seiner immerhin feineren Physiognomie. Sie haben einen halben Hüftgurt, unter welchem, da sie häufig zu eng sind, meist der Popo sich drangvoll herausdrückt, und unter dieser Wölbung spannen sie sich wieder knapp einwärts den Knien zu, als hätte der Träger soeben einen Tritt unter den Sitz bekommen, worauf sie dann in der Tiefe, da sie weibisch lang sind, dumm um die Waden und Knöchel schlenkern: doch gewiß einer der denkbar törichtesten Redefiguren der Gewandungs-Rhetorik oder Bekleidungspoetik! Einen Mann von auch nur einigem Bildbewußtsein brächte man in einem solchen Kittel doch nicht aus seiner Haustüre und wenn man mit einem Sturmbock auf seinen Rücken losarbeitete, ihn herauszustoßen. Nehmen wir vom Früheren noch die Suppenschüssel des Hosenablaufs und oben ein kleines Köpfchen mit kleinem Deckelchen hinzu, so sehen wir ein ganzes Menschengebild in einen Tintenwischer mit einem Kügelchen am Griffe richtig verwandelt. Sehr passend zur Gemeinheit des Ganzen wird dieses schlampische Gebilde mit gemeinen Hornknöpfen besetzt.

Friedrich Theodor Vischer

So, wie seine Zebrakleidung ein Gitter, hinter dem der Mensch niedergehalten wurde, so war die graue Uniform ein Panzer, undurchstoßbar, und dahinter lauerte es, verschlagen, feig und gefährlich, wie eine Raubkatze im Dschungel.

Bruno Apitz

Unterhose
Im Separee gibt es auch Huren mit geschlossenen Unterhöschen, die sie nicht ausziehen! Das sind die allergemeinsten Huren! Erstens schwächen sie den Mann, statt ihn zu befriedigen. Zweitens erpressen sie ihm in der falschen Hoffnung auf »ein nächstesmal«, ungeheuer viel Geld und Schmuck. Zum Schluß findet sich der Unglückselige ab – – – in seiner eigenen aufgeschlossenen Hose!

Peter Altenberg

Ich stelle mir Leute in langen Unterhosen vor, nur um lächeln zu können.

Andrea Hontischik

Zylinder
Der Zylinder verdankt sein Dasein zunächst dem Verlangen, dem Kopf durch Höhe und blankes Schwarz der Bedeckung eine gewisse Würde zu verleihen. Das würde nun freilich ein Barett auch leisten, dem sich beliebig verschiedene Größen und Formen geben ließen in guter Proportion zu verschiedenen Köp-

fen und Staturen; Allein da ist ein Umstand: wir haben noch nicht vermocht, die lästige Sitte des Hutabnehmens als Begrüßungsform abzuschaffen, nicht gewagt, den vernünftigeren militärischen Gruß einzuführen; daher bedarf es einer Krempe zum Anfassen, eben darum ist eine Befestigung durch ein Sturmband unmöglich (ein weiches Barett säße ohne das), und so machen wir uns zum Spielball jedes Windes, dem es beliebt, das dumme, steife, in die Stirnschneidende Stück Ofenrohr fortzurollen, wohin er mag, am liebsten in den Dreck.

Friedrich Theodor Vischer

Mag der Zylinder seinen Viehschädel zieren wie eine Narrenkrone, was Mode ist, macht der stumpfsinnige Mann mit. *Maxie Freimann*

Wider das Essen, Trinken und Rauchen

Ludwig Börne fand durch längere Betrachtung heraus: »Auf jeder Tafel findet der Mensch alles, was er braucht, um einst von den Würmern schmackhaft gefunden zu werden.« Damit ist ja nun fast alles schon gesagt. Das versteht auch der, der eine Seebestattung vor- oder seine Einäscherung vollzieht.

■

Joseph II. nahm sich als Kind vor, gewisse Speisen nicht zu essen. Mit den Worten »I mog nit«, wies er Griesbrei, Marillenknödel und von Ammen vorgekautes »Rostbratel unterspickt« zurück. Standhaft wie Bartleby der Schreiber, der allen Zumutungen nur die Worte »I would prefer not to« entgegensetzte. Und Bartlebys Mahlzeiten bestanden jeweils aus wenigen Nüssen. Heutzutage stopft man sich abwechselnd voll und überlegt dann, sich an der Frühjahrspfundkur der AOK zu beteiligen oder zumindest den Vortrag »Was bringt den Darm in Schwung?« von irgendeinem der Millionen »Ernährungsexperten« zu besuchen.

■

»Üble Speisen müßten vom Essen abhalten – aber die Fettwänste essen gar viel und schlecht.« So erkannte der Publizist Johannes Gross, ein halbes Hemd, das manchem als scharfzüngig galt. Ihm brach beim Thema Essen oft der Ekel aus, schon am Frühstückstisch. »Der Hersteller des Toastbrots wirbt mit dem Aufdruck »Fünf Kilo Butter auf 100 Kilo Mehl«, zu dick geschnitten ist es auch. Holländisch.« Unausstehlich erschien ihm »der Geruch eines frisch geöffneten Frühstückseis. Die Abneigung kann monatelang anhalten.« Von den Angelsachsen weiß er noch beizutragen, daß sie es »abscheulich finden, sich ungeniert bei Tisch zu schnäuzen oder gar das Frühstücksei zu guillotinieren.«

.

Ein Lesefrüchtchen: Descartes stirbt an einer Darmkrankheit, die er sich in Stockholm nach dem Genuß verdorbener Fische zugezogen haben soll. Die unselige Schwester des (angeblich genialen) Philosophen Blaise Pascal übermittelt, daß derselbe sich niemals gestattete, an einer Speise Gefallen zu finden. Mit vollem Recht. Denn an welcher eigentlich? Grützwurst etwa? Presssack? Schwartenmagen? Tellersülze? Brrrrrr...

.

Allein schon der Gedanke ans Essen kann niederschmetternde und sogar tödliche Wirkung ausüben. »Ich zittere vor jeder Mahlzeit«, bekannte der in seinen Werken recht eigentlich ungenießbare Schweizer Autor Max Frisch.

Walter Benjamin befand: »Einsam zu speisen macht leicht hart und roh.« Und »was ist ungehörig? – Wenn Leute in der Bibliothek essen. Denn Bibliotheken sind nur die Gasthäuser und Speisehallen des Geistes.« So der vornehme Jürgen von der Wense. Robert Walser war eigentlich gegen alle Eßwaren, egal wo: »Würste, wie Bockwürste, Bierwürste, Wienerwürste schlagen zu sehr ab und stoßen zu sehr auf. Man fühlt sich vergröbert. So etwas soll man vermeiden«. Und »Boeuf a lá mode ist schrecklich.« Und »Kalbsfricandeau ist etwas Furchtbares.« Und: »Auf Süßigkeiten bin ich nicht erpicht.« Und »Stadtbrot ist zu oberflächlich, es hat meist keinen Charakter.« Und »gekochter Schinken ist zu schlüpfrig«. So war Robert Walser nun einmal, unerbittlich und gnadenlos.

.

Aber wie ist es mit dem Osterei, Herr Otto Flake? »Am Ostersonntag macht jeder Deutsche den Spaziergang Fausts vor die Tore. Vor den Toren Berlins liegt Potsdam, ich ging also nach Potsdam, kam am Mausoleum der letzten deutschen Kaiserin vorüber und fand im Winkel der Tür liegen: ein Ei, schwarzweißrot gefärbt, darauf die Inschrift: In Treue fest. Es wäre blöde, diese Geschichte von dem in Treue fest gekochten Ei zu erfinden. Sie ist wahr. Sie spielt in einer Nation, deren Hirn ein Rührei ist.« Hermann Hesse, der »entsetzlich harmlose Schwabe«, sagt über schwäbische Kutteln: »Mancher frißt sogar Kutteln zum Abendmahl. Ich seh es oft mit Grauen.«

Noch zwei Worte zu Rohkost und Reis. Von Alfred Kolleritsch: »Oft glaube ich, daß man dann, wenn man den Menschen retten will, das größte Unheil anrichtet. Ich habe politische Mörder gekannt, die haben an die Rohkost wie an eine Religion geglaubt.« Und dem magenkranken und geschlechtlich leidenden Thomas Mann: »Wie komme ich von der Geschlechtlichkeit los? Durch Reisessen.«

Thomas Bernhard aß nur im Gasthaus. Im Gasthaus störten ihn in besonderer Weise »die grauslichen Tischtücher, wo ein jeder sich verewigt.« Diese Textilien »werden ausgebeutet, wenn einer aufsteht, und wieder hingelegt.« Dazu kommt: »Da in Österreich finden Sie die Nasenrammeln am Tischtuch, wochenlang eingetrocknet.« Obendrein werden »Meinl- oder Eduschoservietten, Reklamescheußlichkeiten« alleruntersten Ranges aufgelegt.

Wie soll es einem da schmecken?

∎

Lauthals krakeelende Humpenritter, Komasäufer oder gar Verbindungsstudenten sind selbstredend aus der Wirklichkeit auszuschließen. Aber die andern auch: »Von allen alkoholischen Exzessen ist nichts gefährlicher als der stille Suff.« Sagt Herr Bertolt Brecht.

∎

»Am Abend ein Glas Wein zuviel, und der Mensch wird spirituell, empfindsam.« Solche Gefühle sind selbstverständlich zurückzuweisen. Johannes Gross hat noch einiges auf dem Pfännchen bzw. im Becherchen: »Das Emblem jeder zurückgebliebenen Gegend, die sich aber auf Weltniveau zu erheben wünscht, ist die Maraschino-Kirsche. Sie ist überall entbehrlich und wird offenbar darum für ein Signum von Raffinesse und Luxus gehalten.« Und: »Die nächsthöhere Stufe beim Aufstieg zum Niedergang bezeichnet das Papiertüchlein unter den Cocktailgläsern und das Plastikstäbchen darin, das einem unvermeidbar in die Nase fährt, wenn man ein Getränk zum Munde führen will.« Da kann man, mit Gottfried Benn nur ausrufen: »Schaurige Welt – kapitalistische Welt!«

Die überreizende Nahrung, das Rauchen, das Saufen sind die Ursachen, aus denen sich der Genußmensch ergiebt. Fressen, Saufen, Huren bilden den Drehstrom, in dem die zivilisierten Männer schwimmen. Am Fressen sollt ihr sie erkennen – die Schweine.   *Maxie Freimann*

Genuß kann unmöglich das Ziel des Lebens sein. Genuß ohne etwas darüber ist etwas Gemeines.   *Christian Morgenstern*

Wider das Essen überhaupt
Wenn ich auch etwas genieße, so muß ich es gleich wieder von mir geben.
Franz Schubert

Ist es nicht abscheulich, daß sich der Mensch gewöhnt hat, Dinge, zur Nahrung, oder zu Befriedigung seiner Leckerhaftigkeit Dinge zu wählen, die von seiner Gartenmauer an gerechnet ein paar tausend Meilen entfernt wachsen?
Georg Christoph Lichtenberg

Wenn sich jemand im Essen und Trinken übernimmt, so ist das eine Gemeinheit. Erbricht er sich infolge seiner Völlerei, so geht die Gemeinheit in die Widrigkeit über.
Karl Rosenkranz

Die tierische Unmäßigkeit, im Genuß der Nahrung, ist der Mißbrauch der Genießmittel, wodurch das Vermögen des intellektuellen Gebrauchs derselben gehemmt oder erschöpft wird.
Immanuel Kant

Christus sagt einmal: Was zum Mund eingehet, das verunreinigt den Menschen nicht; sondern was zum Munde ausgehet. – Eine größere Autorität auf kulinarischem Gebiet, ein rheinischer Bankier, äußerte kürzlich nach einem Dinner: »Erstaunlich, wie München sich hebt – man hat hier keine direkten Nahrungssorgen mehr!« *Important if true.*

Ihnen beiden muß ich leider teilweise widersprechen; wenn es, wie ich glaube, doch noch Dinge gibt, die durch den Mund hinein den Menschen verunreinigen, dann *hat* man in München Nahrungssorgen! Friedlich will der Fremde mittags in ein Restaurant gehen – da, – der Angstschweiß tritt ihm auf die Stirn – von jedem Fenster starren ihm in dicker Schrift Worte, wie geronnenes Blut, in ungeahnter Scheußlichkeit entgegen: *!Heute frische Schlachtschüssel! !Hausgeschlachtet! !Schwarze Blutwurst!* Die ganze Brutalität, die im Verzehren frischer Leichenteile liegt, sonst ätherisch benamset und leichtfertig verhüllt durch leichtfertige Saucen, dringt ihm bis ins Mark. – Immer noch bauen die Menschen ihre Leiber mit der vergiftenden Todesangst röchelnder Tiere auf und haben die Stirn, von Ästhetik zu reden! – *Sir Galahad*

Die bayerische Regierung will jetzt für ganz Deutschland einen Gesetzentwurf einbringen, der die Schlemmerei mit Zuchthausstrafe bedroht. Und man kann nur sagen, daß dieses Gesetz klug ist und zur rechten Zeit kommt; manche Leute essen wirklich zu viel und sollten in sich gehen. *Victor Auburtin*

Ich kann ja gar nich so ville fressen, wie ich kotzen möchte! *Max Liebermann*

Wo was wächst, gleich ist wer da, der's frißt. *Wilhelm Busch*

Da ißt einer ein Gericht, das ich nicht mag, und mit Appetit. Esel! Denke ich und spüre Lust, ihn zu injurieren. *Friedrich Theodor Vischer*

Das Bestehen der Welt beruht darauf, daß alles sich gegenseitig frißt, oder vielmehr das Mächtigere immer das Schwächere; den Menschen als den Mächtigsten vermag keines zu fressen; also frißt er sich selbst, und zwar im Urzustand buchstäblich. Dies ist die eigentliche Ursache der Kriege. *Theodor Storm*

Wenn sich jemand im Essen und Trinken übernimmt, so ist das eine Gemeinheit. Erbricht er sich infolge seiner Völlerei, so geht die Gemeinheit in die Widrigkeit über. Die Endlichkeit der Unfreiheit wird zu einem Zustand der Unfreiheit im Endlichen. Das Übermaß verkehrt den geordneten Gang der Natur und degradiert den Mund zum After. *Karl Rosenkranz*

Was soll man von denen sagen, die wir bisweilen sehen wie die Säue mit dem Rüssel in der Suppe liegen und ihr Gesicht nicht einmal aufheben und ihre Augen, viel weniger die Hände, nimmermehr von der Speise abwenden? Die alle beiden Backen aufblasen, gleich als ob sie in die Trompete bliesen oder ein Feuer aufblasen wollten, die nicht essen, sondern fressen und die Kost einschlingen, die ihre Hände beinahe bis an den Ellenbogen beschmutzen? *Galateus*

Kleines Küchen-Abscheu-ABC

Apfel
Der Apfel, den Frau Eva brach,
bracht uns in Alles Ungemach. *Sprichwort*

Berliner Schnitte
Als ich den Namen dieses Gerichtes zum ersten Male auf der Speisenkarte las, bestellte ich es mir sofort, sehr begierig, zu erfahren, was die Wiener wohl unter einer Berliner Schnitte verstehen möchten. Die Berliner Schnitte war eine Torte aus geriebenem Schwarzbrot und Pflaumenmus. Schön. Aber warum Berliner Schnitte? Und nähmst du die Flügel der Morgenröte und flögest von Treptow über den Spittelmarkt und den Auguste-Viktoria-Platz bis nach Westend, nirgendwo in Groß-Berlin fändest du diese Torte aus geriebenem Schwarzbrot und Pflaumenmus. Man kann das Zeug kaum herunterschlucken.
Victor Auburtin

Bohnen

Schon Pythagoras stellte als einen Hauptlehrsatz die Forderung in den damals noch antiken Raum: »Enthalte dich der Bohnen!« Nach leidvollen Erfahrungen mit diesem Zeug kann ich mich dem Mann vollwesengliedbaulich anschließen. Mein Bauch gehört mir, nicht der Bohne! *Benjamin Kammerloher*

Brot

Durch dieses elende Brod gehen viele Künstler zu Grund. *Joseph Haydn*

Wenn wir ein Brot sehen, danach langen, es fressen und dadurch unsern Hunger stillen, so wird es wohl Nahrung gewesen sein. *Fritz Mauthner*

Butterbrot

Karl Buttervogel ißt fette Butterbrote. Lehrer Schönhofen ließ mich diesen Satz als Strafarbeit 100 Mal ins Heft schreiben. Der bsuffene Uhu. Als mein Großvater Hermes davon erfuhr, ging er hin und bedrohte den Mann in einer derart massiven Weise, daß dieser fernerhin sich keine Bosheit mehr getraute. Trotzdem: Seither bringen keine zehn Pferde ein Butterbrot meinen Schlund hinunter. Die Vorstellung, wie Karl Buttervogel in all den Jahren ununterbrochen fette Butterbrote in sich hineingestopft hat, erregt mir Übelkeit und Brechreiz.
Benjamin Kammerloher

Delikatessen

An Delikatessen finde ich keinen Geschmack. Ich lob mir eine reine, gute, gewöhnliche Hausspeis. *Dr. Martin Luther*

Fisch

Dieser Fisch ekelt mich! *Franz Schubert*

Flammeri

Ich habe selbst nie Flammeri gegessen. Nur mal in einem Roman davon gelesen. Ein armer alter Professor wird da von seiner kulturvollen Ehegattin und verbündeter Kochbestie mit dem Zeug traktiert. Seither stelle ich es mir grauenhaft vor, das Flammeri, den Flammeri oder die Flammeri. So wie eine »unreine Mischung« (E. Bloch) aus dem, was unsere ehemalige Justizministerin Herta Däubler-Gmelin in ihrem Hauptwerk »Hertas Kochbüchle« als essenswert anpreist: nämlich nackete Dampfnudeln, Hurgelesbohnen, Tellersülze, Warmbier, saurer Käs, saure Kutteln, saure Leber, Sauerkraut und saure Schweinenierle, in welcher Geschmacksrichtung ihre Partei ja auch Politik betreibt.
Benjamin Kammerloher

Fleisch

Der Lehrer, der tagsüber zu seinen Schülern von dem kannibalischen Geschäft der Schlächterei spricht, begehrt vielleicht abends beim Fleischhauer einen Rostbraten – das heißt, wenn die Gehaltsklasse einen solchen erlaubt. Wer Fleisch verzehrt, ist Mitschlächter, sagen die Vegetarier. *Peter Rosegger*

Solange das Tier noch gegessen wird, solange wird es seinen Esser auch besitzen. Aug um Auge, Zahn um Zahn. Oder glaubt man wirklich, es sei keine Beziehung zwischen der Dummheit des Kalbes, der Kuh, des Ochsen und der ihrer Verzehrer, es übertrage der Hammel, das Schwein, der Fisch usw. nicht ganz besondere psychische Hemmungen oder Reize? *Christian Morgenstern*

Das, wenn ich einmal von einer anderen Welt auf dieses unbegreifliche Erdenleben zurückschaue, das werde ich am allerwenigsten begreifen können, daß ich Tierleichen gegessen habe. *Peter Rosegger*

Frühstück

Frühstück, schon das Wort ist hassenswert, wenn man darüber nachdenkt, dachte er, was soll das überhaupt heißen, Frühstück, Frühstück, das frühe Stück, wahrscheinlich haben das mal irgendwelche Bauern erfunden, dachte er ... irgendwelche Bauern, die sich schon vor Sonnenaufgang irgendwelche Stücke von irgendwas auf ein Messer gespießt in den Mund schieben, bevor sie rausgehen und ihre Knechte verprügeln. Aber noch biederer und noch häßlicher als das Wort Frühstück sind die Frühstücker. Auch Frühstücker sind Menschen, gab er innerlich zu, aber warum müssen sie ihr fürchterliches Hobby ohne Scham in die Welt tragen, dachte er, ohne in seiner Rage Halt zu finden, sie sind wie Nudisten oder Swinger oder so, dachte er, sie haben fettige Finger, und dann sagen sie Dinge wie »Kann ich noch ein Ei haben« oder »Ich hatte noch einen Milchkaffe bestellt«, dachte Lehmann, und dabei merken sie gar nicht, wie fürchterlich das ist. *Sven Regener*

Grützwurst

Zum andern machen sie im Braunschweigischen auch Grützwürste, da klauben und schaben die Weiber das Fette von den Därmen so genau ab, daß wenn die Würste (darin doch nicht so viel Fleisch und Fett ist, als eine Mücke im Auge leiden kann) auch einen ganzen Tag gesotten würden, man nicht ein einziges Zeichen der Fettigkeit in der Brühe spüren möchte – sollte derowegen nicht die Mühe lohnen, daß man einen Trompeter hielte, welcher das Fett abblasen sollte. *Erich Lissner*

Hotelküche in der Schweiz

Durch ein Schatzkästlein des Ungeschmacks naht im Oberpriesterschritt der Maitre d'Hotel und verliest mit hieratischer Gebärde alle Marschälle von Frankreich, die nur zu dem Zwecke ernannt scheinen, um der gleichen, alten, gelben Sauce über dem gleichen, öden Huhn täglich neue Namen zu geben. Strahlend sagte mir einst ein Autodidakt im Menülesen am vierten Tag eines Schweizer Aufenthaltes: »Ich hab's schon heraus! Was auch da steht, das dritte von unten ist ein 'Händl'!« Erstaunlich, wieviel Unkultur für nur fünf Mark einem einzelnen Menschen heutzutage geboten werden kann – ganze Jahrhunderte hätten früher mit dem gleichen Quantum ihr reichliches Auslangen gefunden!

Natürlich ist Tafelmusik – irgendein Rigo mit seinem Winsel. Es ist so wenig Musik wie der Saal Architektur, wie das Menü Nahrung ist – wie das Publikum Menschen sind – der Wegweiser für 'Heikle' zeigt, fürchte ich, wie überall *zum Bahnhof*.

Sir Galahad

Hühnerzubereitung

Einmal geschah etwas zum Zittern Ekles. Nie zu Vergessendes: während die Köchin appetitlich dasaß, in grünweißer Schüssel reizende rote Radieschen wusch, griff Mama mit ihrer Hand – der eigenen nackten Hand – griff sie ganz von selber, ohne daß sie doch mußte, einem blutigen Hühnerkadaver von unten in den klaffenden Steiß hinein, ganz tief bis in die violetten, stankgeschwollenen Eingeweide, riß an den glitschigen, daß sie herausspritzten. Oh, wie es dann unter ihren Nägeln aussah! Das Kind ballte die Fäuste. »Wer das über sich bringt, ist keine Dame mehr.« Und fast weinend vor empörter Reinlichkeit: »Nein, lieber verhungern.«

Sir Galahad

Joghurt

Das tückischste Nahrungsmittel ist Yoghurt. Bei Überdosierung oder anderem unbedachtem Gebrauch und bei entsprechender Konstitution wird man unerträglich alt.

Wolfgang Hildesheimer

Kalbfleisch

Schrecklich, Kalbfleisch kauen müssen.

Benjamin Kammerloher

Kaviar, deutscher

Deutschen Kaviar fressen nur Schweine.

Victor Auburtin

Kochkunst

Der Kochkunst des Weibes verdankt der Kulturmensch die schlechten Zähne und das falsche Gebiß.

Adolf Heilborn

Kohl

Beau Brummel löste seine Verbindung mit einer durchaus ansehnlichen Person, als er entdeckte, daß diese seine Braut gerne Kohl aß. Ich selbst würde noch ganz anderes lösen, wenn es um eine Kohl-Connection geht. Mir reicht schon übergenug der Gestank, der einem in die Nase kommt, wenn man an großen Kohlanbaugebieten vorüberfährt.

Benjamin Kammerloher

Kuchen

Wer in der Woche Kuchen gegessen, sehnt sich am Sonntag nach Schwarzbrot.
Sprichwort

Wenn ich Kuchen kriege, muß ich spein. *Joachim Ringelnatz*

Küche

Da lese ich in einem Gedicht des ollen Emile Verhaeren überraschend den Satz: »Die Küche ist ein Anblick zum Bedauern.« Hol mer der Tebel, das stimmt!

Benjamin Kammerloher

Die Küche ist ein Ort der Folter, der Marter und der Qual. *Bernd Kohlhepp*

Kümmel

Wegen mir müßte es keinen Kümmel geben auf der Welt.

Benjamin Kammerloher

Leckerei

Bei ›Maulvettern und Kuchenmuhmen‹ beobachten wir die ungeregelte Neigung zu ausgesuchten Nahrungsmitteln, die mit dem Namen Leckerei bezeichnet wird, in ihrer vollen Ausprägung. Ihre Schwester ist die Naschhaftigkeit, ihr Sitz die Zunge, ihr Ziel sinnlicher Genuß, ihre Ursache außer der Verführung die Überreizung der Geschmacksnerven bzw. deren Genußmüdigkeit, ihre Folge, in körperlicher Hinsicht, verhängnisvolle Schädigung der Verdauungswerkzeuge und Nerven, in geistig-sittlicher Hinsicht die Blasiertheit mit all ihren natur- und vernunftwidrigen Anhängseln. Die gesteigerte Begehrlichkeit nach absonderlichen Gaumengenüssen wächst leicht zur Leidenschaft empor, die, da sie ›keine Ohren hat‹, den Lecker zum Genüßling, Wüstling, Müßiggänger und Dieb erniedrigt. Man hat Leckerei immer mit Unkeuschheit gepaart gefunden; manches Verbrechen, mancher Selbstmord mag auf sie als auf die erste Ursache zurückzuführen sein. Daß –«leckere Speise macht unweise« (Freidank) – also die vernunftgemäße Entfaltung und Betätigung des Seelenlebens beeinträchtigt wird, ist allbekannt. Wohl zu beachten ist der Satz: Nervöse Kinder werden Leckermäuler, und Leckermäuler werden nervös. In ›überbildungs-siechen‹ Zeiten gedeiht die Leckerei in allen Schichten der Bevölkerung; wenn Einfachheit wie ein kraftsprudelnder Quell ein Zeitalter erfrischt, wuchert sie höchstens in den Prunkzimmern der reichen und an dem Faulbett der vornehmen Müßiggänger.

B. Blasche

Limburger Käse
Nur altdeutsch verstand er, der Patriot,
Nur Jacob-Grimmisch und Zeunisch;
Fremdwörter blieben ihm immer fremd,
Griechisch zumal und Lateinisch.
// Er hat, ein vaterländisch Gemüth,
Nur Eichelkaffee getrunken,
Franzosen fraß er und limburger Käs',
Nach letzterm hat er gestunken.

Heinrich Heine

Lungenhaché
Lungenhaché ... das sieht aus wie: »Haben Sie das gegessen oder werden Sie das essen?«

Kurt Tucholsky

Mandeln, Nüsse
Vermeiden: Mandeln, Haselnüsse, Nüsse, Obst, zähes Fleisch und alle Mehlspeisen!

Peter Altenberg

Mehlspeisen
Man frißt sich viel mehr zu Tode, als man sich zu Tode sauft! Alkohol ist ein sichtbares, erkennbares, spürbares Gift, aber die Wiener Mehlspeisen sind ein unkenntliches, heimtückisches Gift, unter den verräterisch-appetitlichen Namen: Tatschkerln, Fleckerln, Wuchterl, Strudel, Erdäpfelnudel, Rahmstrudel, Dalken, Palatschinken, Omelette.

Peter Altenberg

Melonen
Die ungarischen Melonen, die im Übermaße Ruhr erzeugen, haben vielleicht mehr deutsche Soldaten getötet als der Säbel der Türken. *Karl Julius Weber*

Mensa
Der Student geht so lange zur Mensa, bis er bricht. *Akademikerspruch*

Milchbrei
... und noch jetzt kann ich ohne inneren Widerwillen keinen Milchbrei sehen ...

Robert von Mohl

Milchbrot
Jetzt schon fühlt man bei Betrachtung
Eines Milchbrots nur Verachtung:
Künftig wird's nicht minder klein
Und dazu noch teurer sein.   *Friedrich Theodor Vischer*

Milchspeise
Auch die erste Milchspeise habe ich vertilgt und habe noch immer den ekelhaft
süßlichen Geschmack »en gôche« – pfui Teufel, kein Wunder daß die Menschheit enbloc so ein »dreque« ist, wenn das ihre erste Nahrung ist.
                              Fritz Ritter von Herzmanowsky-Orlando

Nudelsuppe
Das ist der Fluch meines Weibes: Nudelsuppe!   *Friedrich Schlögl*

Pumpernickel
Pumpernickel wirst Du kaum und Christelchen gar nicht essen können, es ist
beinah als wenn man das liebe Korn roh äße. Ich habe es oft versucht und ließ
mir ein Stück geben, das etwa 20 Bauernbissen enthalten mochte. Ich biß etwas
mit einer ernsthaften Miene ab. Sollst Du das Brot, so wie es Gott erschaffen
hat, nicht essen können, das Brot das den hiesigen Bauer-Mädchen die schöne
Haut, die Munterkeit und das feste Fleisch gibt? Sagte ich und fing an es mit
meinen Zähnen zu mahlen, denn das fehlt ihm. Ich kaute fort, es war entsetzlich, zuweilen geriet ich über dem Kauen in ein Lachen und gab die übrigen 19?
Bissen den Pferden, zuweilen machte ich andächtige Betrachtungen: Was muß
das für ein Gott sein, der Mädchen-Fleisch aus diesen Sägspänen macht; zuweilen wurde der Einfall mutwilliger; Wir wollen warten, bis sich die Sägspäne verwandelt habe, da sollen sie wohl besser gehen, allemal aber konnten doch die
Pferde auf die 19? Bauernbissen Rechnung machen. Weiter habe ich es noch
nicht bringen können, der Pumpernickel vor der Verwandlung in – ist etwas
Abscheuliges, nach der Verwandlung aber – etwas, desgleichen kein sterblicher
Bäcker je gebacken hat noch backen wird – So viel vom Pumpernickel und dessen Verwandlung.   *Georg Christoph Lichtenberg*

Rezepte
Das Weib begnügt sich unter normalen Verhältnissen mit der einfachen, reizlosen Nahrung, wie sie die Natur dem Menschen gibt. Der Mann aber erfindet die
neuen Recepte zur Zubereitung des Futters, um jede Beschäftigung des täglichen Lebens zu einem berauschenden Genuß umzugestalten und ihn dann in
der gemeinsten Weise auszubeuten. Er macht sich mit allem Raffinement ein
Fressen zurecht, das den Gaumen kitzelt, wenn er es in seinen Rachen schaufelt,
ein Wohlbehagen hervorruft, wenn es im Magen rangiert wird, und die wollü-

stigen Zustände inbezug auf Quantität und Qualität erhöht, wenn er es wieder aus dem Körper entlassen muß. So sieht die »schöpferische Freiheit« des Mannes aus, wenn sie im Lichte der Wahrheit betrachtet wird.　*Maxie Freimann*

Rote Beete
Mit rote Beete kannste mich jagen.　*Gerhard Schröder*

Rüben
Viele dumme Frauen halten Milch für gar keine Nahrung, wohl aber Rüben.
Friedrich Nietzsche

Scharfe Speisen
Auf der Reise soll die Ernährung keine zu scharfe, reichhaltige und unmäßige sein. Mir sind mehrere Ehepaare bekannt, denen als Folge eines unmäßigen Lebenswandels auf der Hochzeitsreise nach neun Monaten ein Kretin geboren wurde.　*Anton Baur*

Schwartenmagen
Der vielgelobte Horaz teilt mit: »Es geht nichts über einen guten Schwartenmagen!« Vielleicht ist der Mann über lange Jahre ja auch weit überschätzt worden, auf jeden Fall sind solche geschmacklichen Verirrungen in keiner Weise ein Ausweis von Qualität. Schwartenmagen ist eine Sauerei, die längst verboten gehört.　*Benjamin Kammerloher*

Schweinefleisch
Niemand kann – wenigstens nicht in größeren Mengen – Schweinefleisch essen, ohne damit seine Säfte zu verunreinigen. Viele Hautkrankheiten lassen sich mit Sicherheit auf den Genuß von Schweinefleisch zurückführen, ob es frisch geräuchert, als Wurst, Schinken oder sonst wie gegessen wurde. Manche Leute werden mir entgegnen: wenn man das Schwein nicht essen darf, wozu hat es denn Gott erschaffen? Das Schwein ist wie der Aasgeier und die Krähe dazu da, die Abfälle zu beseitigen, alles Unappetitliche zu verzehren, alles was uns Krankheiten und Tod bringen würde, wenn man es nicht vernichtete. In größeren Städten werden die Abfälle gesammelt und in großen Öfen verbrannt; dort, wo es solche Einrichtungen nicht gibt, würden Schweine denselben Dienst tun können. Aber auch wenn sich jemand selber Schweine hält, die er nur mit den Überresten aus dem eigenen Haushalt füttert – die doch ebenso gut an Ort und Stelle verbrannt werden könnten –, so ist dennoch nicht einzusehen, wie man dann noch dazu kommt, das Fleisch dieses Schmutzfressers menschlichen Wesen als Nahrung vorzusetzen.　*Sylvester Stall*

Schweinsfüße
Ei so hole der Teufel die höllischen Schweinsfüß'! *Eduard Mörike*

Wurst
Ihr müßt nicht bei jedem Wurstfräulein Station machen und eine giftige Wurst hinunterspazieren lassen. *Christian Friedrich Daniel Schubart*

Eine verschrumpfte Wurst und eine verwelkte Blume gehören zusammen wie zwei Beine zur Hose. *Karl Friedrich Wilhelm Wander*

Der Wurstfälscher, der Unsagbares in die Wurst steckt und die fragwürdige Farbe mit Anilinroth auffrischt, denkt: Die Wurst ist verschwiegen. Es würde weit weniger Wurst gegessen werden, wenn man wüßte, womit sie gefüllt ist. Denn es sind oft Dinge ganz anderer Art, als die, welche den Italiener zum Preise seiner Salami zu dem Ausruf veranlaßten: »Es ist eine Speise für Götter, diese allein mögen wissen, was alles dazugehört.«
Christian Ernst von Bentzel-Sternau

Zahnstochergebrauch
Wenn man vom Tisch aufstehet, alsdann den Zahnstocher im Mund wegtragen wie ein Vogel, der ein Nest setzen will oder ihn wie ein Balbierer hinter die Ohren stecken, ist kein höflicher Gebrauch. *Galateus*

Ziegenfleisch
Dies Ziegenfleisch ist böse; es ist unter alledem, was ich auf Korsika erfahren habe, das einzige, worüber wirklich Klage geführt werden muß. Die Fleischbeschau wird auf dieser halbwilden Insel wohl schon im Frieden ziemlich oberflächlich betrieben werden, im Krieg ist sie noch dürftiger ... Besonders im Sommer hat dieses Zeug ein schwer definierbares Aroma, etwa wie der Geruch einer schlechtgewaschenen und echauffierten Person. Aber gegessen muß es doch werden, weil nichts anderes da ist, und ich habe Kameraden gesehen, die sich die Nase zuhielten und ein Stück zweideutige Leber herunterschlangen.
Victor Auburtin

Kleines Getränke-Abscheu-ABC

Bier
Zum Rauchen gehört auch das Biertrinken, damit der erhitzte Gaumen wieder abgekühlt werde. Das Bier macht das Blut dick und verstärkt zugleich die Be-

rauschung durch den narkotischen Tabaksdampf. So werden die Nerven abgestumpft und das Blut bis zur Stockung verdickt. Wenn es so fortgehen sollte, wie es den Anschein hat, so wird man nach zwei oder drei Menschenalter schon sehen, was diese Bierbäuche und Schmauchlümmel aus Deutschland gemacht haben. An der Geistlosigkeit, Verkrüppelung und Armseligkeit unserer Literatur wird man es zuerst bemerken, und jene Gesellen werden dennoch diese Misere höchlich bewundern.

Johann Wolfgang Goethe

Der verstorbene Lord Bristol, liederlichen Andenkens, teilte in Rom die Deutschen ein Weintrinker und Biertrinker, mit der Bemerkung, die Weintrinker seien Schurken und die Biertrinker Dummköpfe. So viel zynische Arroganz auch in dem Urteil liegt, muß man doch bekennen, der Mann kann durch das Studium unserer öffentlichen Verhältnisse füglich darauf geleitet worden sein. Jetzt haben wir der Weintrinker beträchtlich weniger, aber der Biertrinker beträchtlich mehr; und sind also dadurch nichts gebessert.

Johann Gottfried Seume

Branntwein/Tabak

Im Alkoholrausche verunglücken jährlich mehr Leute, als unter Blitzschlägen, und die unbewachte Glut der Tabakspfeife steckt mehr Häuser in Brand, als das Feuer, welches vom Himmel fährt. Wer aber bangt vor einer Branntweinflasche, wer erblaßt vor einer Tabakspfeife?

Peter Rosegger

Durst

Sitis, Soif, die unangenehme Empfindung der Dürre in der Speiseröhre, und das durch erregte Verlangen nach einem Getränke. Es ist der Durst entweder, oder widernatürlich, wie bei gewissen Krankheiten, insonderheit der Wassersucht. Er ist weit unerträglicher als Hunger; auch in kürzester Zeit dem Menschen gefährlich. Bei einem starken Durste werden alle Theile des Mundes und Halses dermaßen trocken, daß der Speichel zähe wird, und der Mund klebet, daß man den Mund nicht recht bewegen, nicht reden kann, daß alle Theile des Halses sich entzünden und der Mensch in kurzer Zeit äußerst kraftlos wird, und ohnmächtig hinfällt.

Johann Georg Krünitz

Glühwein

Schon das Wort Glühwein löst Kopfschmerzen aus, schon die Nennung dieses Namens schreit nach Aspirin, nach Alka Seltzer, nach kalten Umschlägen

Ulla Steuernagel

Kaffee

Nachmittags Kaffee zu trinken, ist gar nicht erlaubt. Überhaupt wird man Allen das warme Getränke so sehr als möglich, entbehrlich zu machen suchen.

Johann Carl Wezel

Braucht mit Bedacht
Was Reue macht
Die mit Coffe gefüllten Schalen,
muß offt ein hohes Spiel bezahlen,
verspielt bleibt die geschätzte Zeit.
Viel besser wäre sich besinnen:
Ich wärme mich von innen,
das Hertz wird kalt in Eitelkeit.

Abraham a Sancta Clara

... Alle Wirthe und Bier-Häuser/
Keller / Stuben / Breuhahn-Häuser
Können nicht den Schaden thun /
Als die Caffée-Häuser schaffen
Wo die Männer wie die Affen
Weder Tag und Nacht durch ruhn /
Sondern täglich Geld verlieren /
Darum laßt uns protestieren ...

Anonymus

Kümmelschnaps

Kümmelschnaps kommt mir nicht in die Tüte. Das ist gar kein Schnaps. Nicht
einmal auf der Folter werde ich auch nur ein Kuhmaul voll Kümmelschnaps
trinken. Noch aus dem Grab heraus will ich nicht nachlassen, den Kümmelschnaps zu verfluchen. Allein der Name Kümmelschnaps ist eine Zumutung,
die mein Fassungsvermögen weit übersteigt.

Benjamin Kammerloher

Landwein

Oh, wie mir dieses blankgescheuerte Blei der polierten Alltäglichkeit, dieses
destillierte Wasser, dieser geschönte Landwein ein Greuel ist!

Jean Paul

Prosecco

... Architektenpisse ...

Volksmund

Sekt

... bourgeoiser Urin ...

Dr. Ernst Müller

Sperma

Es muß der edel wollenden Frau gesagt sein und immer wieder gesagt werden,
daß der Geschlechtsakt nur zum Genuß nicht bestimmt ist, und daß die ekel-

217

haften und völlig unbewiesenen Hypothesen gewisser Gelehrter, des Mannes
Same sei, wenn nicht zum Zeugungszweck verwendet, Resorptionsernährung
des weiblichen Körpers, als eine lüsterne Erfindung zurückgewiesen werden
muß.   *Dr. Emanuel L. M. Meyer*

Selterswasser
Es gibt Menschen, die von Selterswasser leben. Pfui Spinne.   *Hans Reimann*

Schnaps
Der Schnaps ist des Menschen Fluch!   *Karl Emil Franzos*

Der Schnaps und seine Landschaft
Um die Eisenbahn an ihrem interessantesten Punkte, dem großen Durchstich
bei Schöneberg zu sehen, durchwandelt man den allerneuesten und schönsten
Teil von Berlin. [...] Sie [die dortigen Villen] sind die Vorboten eines Zeitgeschmacks der nächsten Jahrhunderte ... In Schöneberg suchen jedoch heut zu
Tage nur noch wenige ihr Glück, dagegen findet dort die Menge ihr wahres
Kneipenglück ... Dies ist die fröhliche Seite des hiesigen Volkslebens, aber leider hat sie jedesmal noch eine innere im Hintergrunde des Hauses, welche
höhere Stände aus diesem muntern Treiben verscheucht hat.

Wo Gott Spiritus seine Herrschaft beginnt, und wo der Weingott auf seinem
Zuge nach Norden umgekehrt ist, da ist die große Völkerscheide, und man sollte auf der Charte von Europa an der Weingrenze eine breite farbige Linie ziehen, golden auf der einen, grau wie die Kartoffel auf der andern, die es in seine
südlichen und nördlichen Länder abteilt; dort glückliches Zusammenleben in
der freien Natur, hier schwerfälliges Absondern hinter den Mauern der Sitte.
Werden auch hier die Eisenbahnen auf ihren geebneten Wegen zu nivellieren
vermögen? Werden sie die Schranken des freien Verkehrs mit siegreicher Gewalt
daniederreißen, so daß das Geschenk des Südens sich gänzlich gegen den Fleiß
des Nordens umzutauschen imstande ist?

Ein Übergang ist wenigstens geschehen, indem die Unsitte des Branntwein-
trinkens der Sitte anfängt Platz zu machen, ein südliches kräftiges Bier zu
genießen, an solchen Orten beginnt auch die Scheidewand von den gebildeten
Ständen, denen bisher ein ungerechter Vorwurf den Sinn für Volkstümliches
absprach, sich ein wenig zu öffnen.
                               Der anonyme Autor der Berliner Spaziergänge 1839

Tee
Ein wässerichtes Getränk, bei welchem sich auf jeden Fall die Chineser und
Holländer besser befinden als die Deutschen. Die sogenannten Leute von Stan-
de haben unter sich gewisse Zirkel eingeführt, in welchen dieses Getränke, um

alle Unkosten zu ersparen, gereicht wird, und welche daher Teegesellschaften genennet werden. Die Unterhaltung in denselben ist meistenteils ebenso wässricht als das herumgereichte Getränk.

Christian August Vulpius

Tee, Kaffee, Wein

Reines Quellwasser ist unstreitig für jeden unverdorbenen Menschen, ganz besonders aber für Kinder, das gesündeste Getränk; so wie Brot und jedes andere vegetabilische Nahrungsmittel ihnen in mehr als einer Hinsicht heilsamer als Fleischspeisen sind. Tee, Kaffee, Wein und andere warme oder geistreiche Getränke gereichen ihnen zum Verderben. Durch alle dergleichen erkünstelte Speisen und Getränke wird der zarte Körper der Kinder notwendig geschwächt, ihr Nervensystem unnatürlich reizbar gemacht: und dann bedarf es nur einer geringen Veranlagung, so ist der unglückliche Schritt zum Verderben gemacht.

Heinrich Campe

Wein

Den ersten Tag hat Gott das Licht erschaffen, den andern das Firmament, den dritten die Erd samt allen Kräutern und Pflanzen, den vierten Sonne, Mond und Sterne, den fünften Tag hat Gott der Herr die Fische und Vögel aus dem Wasser erschaffen. Gott sprach: die Wasser bringen kriechende Tiere hervor, die eine lebendige Seele haben, und das Geflügel auf Erden unter dem Firmament des Himmels. So sind denn das erstemal die Vögel aus dem Wasser kommen? – Ja, jetzt aber hat sich alles umgekehrt; derzeiten kommen die ärgsten Vögel, ja die schlimmsten Galgenvögel aus dem Wein; allermaßen die Trunkenheit eine Wurzel alles Übels ist.

Abraham a Sancta Clara

Wider den Trinker

Ein Mensch, der trinkt, steht tiefer als das Tier.

Maurice von Stern

Wann man's bei dem Licht beschauet, so seind die versoffene Leute nicht nur ein-, sondern dreifache Narren: erstlich darum, weilen sie das Geld, ja Hab und Gut so liederlich verschwenden, andertens die Gesundheit verlieren, drittens wegen des vielen Schlemmen und allzustarken Weinabziehen zu Haupt-Narren werden.

Abraham a Sancta Clara

Im Zustande der Betrunkenheit ist der Mensch nur wie ein Tier, nicht als Mensch, zu behandeln; durch die Überladung mit Speisen und in einem solchen Zustande ist er für Handlungen, wozu Gewandtheit und Überlegung im Gebrauch seiner Kräfte erfordert wird, auf eine gewisse Zeit gelähmt.

Immanuel Kant

Das dürften sich die jungen Eheleute auch für ihr ganzes Leben und Treiben gesagt sein lassen, daß es statistisch nachgewiesen ist, daß die meisten schwachsinnigen Kinder 9-10 Monate nach der Fastnacht und der Weinlese geboren werden.

Anton Baur

Ein Trinker oder vielmehr ein Betrunkener ist sicher ein unästhetischer Anblick, aber sein Verbrechen ist nicht unverzeihlich! Gewohnheitstrinker sind dagegen eine furchtbare Geißel für die Familie, ein schreckliches Beispiel für die Kinder, ein Martyrium für die Frau. Und nun gar die Kinder, die im Rausch gezeugt werden, haben oft ihr Leben lang an den Folgen der Keimvergiftung zu leiden! Über die Gefahr des Alkoholgenußes im Übermaß müßte noch viel mehr aufgeklärt werden.

Kurt Adelfels

Die Trunkenheit ist eine Schand; dann beschau du nur einen vollen Zapfen: Erstlich hat er ein Gesicht wie ein preußisch Leder – dort ist Bacchus natürlich in Kupferstich getroffen; die Nasen tröpflet wie ein zerlochter Schleifkübel; die Augen verkehrt er wie ein abgestochner Bock; das Maul geifert wie ein schmutziger Schaumlöffel; die Zung ist erstarret wie ein Nudelwalker; die Stimm bommert wie eine Regimentstrommel; die Füß gehen wie ein Garnhaspel; die Gebärden sind also beschaffen, daß er von jedermann für einen Narren ausgelachet wird. Die Trunkenheit ist ein Schad; dann sie frißt und verzehrt die Mittel.

Abraham a Sancta Clara

Kein Anblick ist so widrig für den verständigen Mann, wie der eines Menschen, welcher sich durch starke Getränke um Sinne und Vernunft gebracht hat.

Adolph von Knigge

Der Betrunkene ist die schlimmste Gestalt.

Otto Heinrich Jäger

Wider den Abstinenzler
Abstinenzlern werden wir den Hut eintreiben
Bravo
Hoch der Sekt und hoch der Gin und hoch das Bein
Bravo
Nieder mit dem miesen Mäßigkeitsverein
Bravo
Jedem Antialkoholzkopp unsern Haß
Prost Naß

Hans Reimann

Wider das Rauchen

Das Rauchen macht dumm; es macht unfähig zum Denken und Dichten. Es ist auch nur für Müßiggänger, für Menschen, die Langeweile haben, die ein Dritteil des Lebens verschlafen, ein Dritteil mit Essen und Trinken und anderen notwendigen oder überflüssigen Dingen hindudeln und alsdann nicht wissen, obgleich sie immer vita brevis sagen, was sie mit dem letzten Dritteil anfangen sollen. Für solche faulen Türken ist der liebevolle Verkehr mit den Pfeifen und der behagliche Anblick der Dampfwolke, die sie in die Luft blasen, eine geistvolle Unterhaltung, weil sie ihnen über die Stunden hinweghilft.   *Johann Wolfgang Goethe*

Was Teufeley ist das? O Sitten! O ihr Zeiten
Wie wil die Bosheit nun auch mit der Höllen streiten
Da man vor diesem hat genossen Bier
und Wein
Muß itzo Fewr
und Dampff gesoffen seyn.   *Ernst Christop Homburg*

Was macht ihr Schmäucher ihr? was trinken, ist der Rauch?
Die Pipe, komt vom Koth. Was überbleibt, ist Aschen.
Was Tabak? der Tod. Flieht, flieht vor diesem Strauch,
Der eine Schlange deckt! sie wird euch sonst erhaschen.
Ein Rauch, dieß Leben ist; der Mensch kommt von der Erden,
(Dieß denkt hierbey) und wird bald Staub und Asche seyn.
habt ihr dieß eitle lieb? nit doch! lernt Ernstlich werden.
Lebt, wie ein Weiser lebt, bildt euch das Sterben ein.
                    Jacob Balde / Sigmund Birken

Und was kostet der Greuel? Schon jetzt gehen fünfundzwanzig Millionen Taler in Deutschland in Tabaksrauch auf, die Summe kann auf vierzig, fünfzig, sechzig Millionen steigen. Und kein Hunger wird gesättigt und kein Nackter gekleidet. Was könnte mit dem Gelde geschehen! Aber es liegt auch im Rauchen eine arge Unhöflichkeit, eine impertinente Ungeselligkeit. Die Raucher verpesten die Luft weit und breit und ersticken jeden honetten Menschen der nicht zu seiner Verteidigung zu rauchen vermag. Wer ist denn imstande, in das Zimmer eines Rauchers zu treten, ohne Übelkeit zu empfinden? Wer kann darin verweilen, ohne umzukommen?   *Johann Wolfgang Goethe*

Es ist eine Schmutzerei.   *Johann Wolfgang Goethe*

Die Tabakspflanze ist das sicherste Mittel, mich zu vertreiben.
                    Johann Wolfgang Goethe

Der furchtbarste Geruch für mich ist der Cigarettengeruch, und mag die Cigarette Stück für Stück drei Daler kosten. Nun kann und mag ich mich besuchende Herren nicht bitten, meinetwegen in meinen Zimmern keine Cigaretten zu rauchen. Halt, also Gegengift. Ich ließ mir eine kleine, sehr theure Flasche Peau d'Espagne schenken und goß sie in meine eine Schreibtisch-Schublade. Kommen nun Herren mit Cigaretten, deren Geruch ich absolut nicht vertragen kann, mich geradezu übel macht, dann öffne ich leise die Schieblade und setze mich dort in die Nähe. Voila!   *Detlev von Liliencron*

Das einzige, was mir dort [bei Meinungen] nicht einleuchten wollte, daß man überall so viel herrliches Land mit Tabakspflanzungen verdarb. Dieses Giftkraut, das sicher zum Verderben der Menschen gehört, beweist vielleicht mehr als irgend ein anderes Beispiel, daß der Mensch ein Tier der Gewohnheit ist. In Amerika, wo man noch auf fünfhundert Jahre Land genug hat, mag man die Pflanze auf Kosten der Nachbarn immer pflegen, aber bei uns ist es schlimm ...
Johann Gottfried Seume

Wider den Nichtraucher
Wer keinen Tabak rauchen kann, ist auf der Welt nichts nütze.
Christian Friedrich Henrici

Wider Tätigkeiten aller Art

Zerstreuung ist und bleibt verderblich, wenn wir Hermann Hesse glauben müssen: »Wer nicht gemütskrank ist, der soll sich durchaus nicht zerstreuen, sondern er soll sich konzentrieren, er soll überall und immer, wo er sei und was er tue oder denke oder empfinde, mit allen Kräften seines Wesens dabei sein.« Jodeln fällt deshalb flach: »Wenn ein Mann jodelt, ist das auch ein merkwürdiger Vorgang. Was will er eigentlich?« (Bertolt Brecht) Auch die Jagd geht nicht an: »Je gehetzter das Wild, desto froher das Halali«. (Egon Erwin Kisch). Und Kreuzfahrten werden umgehend abgesagt: »Es gibt nichts Entsetzlicheres als eine Kreuzfahrt, ob in der Nordsee oder im Mittelmeer, entsetzlich« (Thomas Bernhard). Der Grund: »Da, wo kein Horizont vorhanden ist, erweitert Reisen das Mundwerk« (Alfred Döblin).

Betteln
Betteln ist eine sehr unangenehme Sache, betteln aber und nichts bekommen ist noch unangenehmer. *Heinrich Heine*

Fußball spielen
Kein Pferd würde auf den Körper eines Menschen treten, der am Boden liegt – kroatische Spieler schon. *Eugen Drewermann*

Wenn Buben mit'm Ball spielen, müssen's dann Männer gleich nachmachen? *Christian Friedrich Daniel Schubart*

Ich konnte keinen Augenblick glauben, wir hätten als Nation etwas gewonnen, als wir die sagenhafte Fußballweltmeisterschaft in Bern gewannen. Wie schlugen die Herzen da hoch! Und wie niedrig schlugen sie oft seitdem! Mein Puls wird davon nicht tangiert, kollektiv schon gar nicht. Sollen sie Fußball spielen, alle, die da wollen! Ich bin nicht bereit, den Ball zu treten oder ihn zum Fetisch zu machen. Er interessiert mich nicht. *Friedrich Luft*

Fußball ist Krieg in kurzen Hosen. *Willi Schulz*

Gärtnern
Unser kleiner, dicker Teddy hat gesagt: »Die bewahrende Hand, die immer noch ihr Gärtchen hegt und pflegt, als ob es nicht längst zum »lot« geworden wäre, aber den unbekannten Eindringling ängstlich fernhält, ist bereits die, welche dem politischen Flüchtling das Asyl verweigert.« Heutzutage schlagen auch

vorgartenlose Mitbürger den Asylbewerber ohne Federlesen tot.

Benjamin Kammerloher

Jagen

Die Nimrods sollen verschwinden. Die Kriegstrompete, das Tatütata und das Halali, es sind alles Töne derselben schlechten Lustmusik.   *Alfred Wolfenstein*

Ich wünschte, man hätte in keiner Sprache ein Wort für dies grausame Vergnügen. Hab'nmal'n Hirsch g'sehen, der sich in der Todesangst von einem Felsenhang stürzte und im Blute zuckte. Mußte herzlich weinen übers arme Tier, dessen Fleisch, d'rein Blut wie Feuer floß, kein Mensch mehr genießen konnte. Seitdem schaudert mir die Haut vor einer Gewaltjagd.

Christian Friedrich Daniel Schubart

Das edle Wild der Freiheit scharf zu hetzen,
Durchstöbert eine finstre Jägerbande,
Mit Blutgewehren, stillen Meuchelnetzen
Der Wälder Heiligtum im deutschen Lande.
Das Wild mag über Ström' und Klüfte setzen
Und klettern mags am steilen Klippenrande:
Der Waidruf schallt durch Felsen, Ström und Klüfte,
Empört verschleudern ihn die deutschen Lüfte.   *Nikolaus Lenau*

Laufen

Sag', alter Narr, was rennst du wieder
So kreuz und quer bergauf und nieder?
Was suchst du denn? Laß sein, laß sein!
Die Weite bringt es dir nicht ein,
Im Breiten wirst Du's nicht erringen!
Da mußt du in die Tiefe dringen.
Der Weg ist kurz, die Arbeit schlicht:
Fünf Schuh tief, weiter braucht es nicht.   *Friedrich Theodor Vischer*

Lotterie spielen

Die Natur straft die Türken mit der Pest, die Christen aber mit Lotterien, sagte neulich ein witziger Kopf.   *Christian Friedrich Daniel Schubart*

Eine ganz artige Erfindung, den Leuten unterm Schein rechtens das Geld abzunehmen.   *Christian August Vulpius*

Putzen

Warum wedelte Mama zerzaust und verzerrt, mit einem widerlichen Lappen in der Hand, den halben Tag zwischen den Möbeln herum, wo doch das Stubenmädchen und der Diener dazu da waren? Eine böse und schweißige Märtyrerin des schönen Hauses, statt lieber durch die weiten hellen Räume oder Garten zu galoppieren und Reif zu schlagen? *Sir Galahad*

Radfahren

Der Radfahrer ist der widerwärtigste Sohn des Zeitgeistes. Er schwingt die schwarz-weiß-roten Dessous der Mutter Germania mit jubelnder Grazienverlassenheit durch die Lande. Er heult sein »Deutschland, Deutschland über alles« durch jeden stillen poetischen Bergwald, von jedem Kirchturm und von jeder Felsspitze. Das Öldruckbild seines Landesvaters tröstet ihn über alle Qualen der Langweile, die er beim pflichtgemäßen Besuch der Kunstgalerien erdulden mußte. Er fragt nicht: Ist die Tour schön? Sondern: Ist da eine gute Fahrtsraße? Findet er die Tour trotzdem schön, so rechnet er sich das als Verdienst an: »Hä!« ruft er aus. »Das nenn' ich noch 'ne Gegend!« und lacht dazu aus vollem und belegtem Halse. Und da er gerade beim Lachen ist, erzählt er Anekdoten aus den »Fliegenden Blättern«, gibt Mikoschwitze zum Besten oder zitiert gar Roda Roda. *Erich Mühsam*

Reiten

Übrigens, seit wann säugt die moderne Mutter ihr Kind? Dieses wird mit der Milch des Pöbels genährt, und die hochwohlgeborene Mutter bildet sich mehr ein auf den Sattel am Hintern, als auf die Mutterbrust. *Peter Rosegger*

Rittertaten tun

Rittertaten sind nichts als Liebeshändel, Überlistung, Ränke etc.
Christian August Vulpius

Schach spielen

Ich habe keinen Tabak geraucht, nicht Schach gespielt, kurz nichts betrieben, was die Zeit rauben könnte. *Johann Wolfgang Goethe*

Schmetterlinge sammeln

Es gibt Leute, welche glauben, sie könnten den Schmetterling ganz genau betrachten, wenn sie ihn mit einer Nadel aufs Papier festgestochen haben. Das ist ebenso töricht wie grausam. Der angeheftete, ruhige Schmetterling ist kein Schmetterling mehr. *Heinrich Heine*

Spielen

O Vaterland, eine Bitte an dich! Zerstöre deine Spieltische, jage deine elenden Marionettenspieler, deine Taschenspieler und Gaukler aus dem Lande.

Christian Friedrich Daniel Schubart

Tanzen

Es ist aber solches Tanzen und Lust darzu nichts anders als eine Anzeigung äußerster Leichtfertigkeit, Zunder zu aller Üppigkeit, Reizung zur Unzucht, der Schamhaftigket zuwider, der Ehrbarkeit abhold und so weiter.

Abraham a Sancta Clara

Wie einzig ist oft jene Tanzwut, Eigenheit, Putzsucht, Grazie, man möchte fast sagen kindliche Coquetterie bei kleinen Mädchen, die auf ihre künftige Bestimmung, Männer zu erobern hinweist, und von welchen geistig gesunde Knaben sonst nichts haben. Wie charakteristisch ist die unermüdliche Emsigkeit, mit der sie ihre Puppen warten, kleiden, hätscheln, wie entsprechend ist dies nicht der Zärtlichkeit, mit welcher erwachsenen Mädchen alle fremden kleinen Wartekinder abküssen, und liebkosen, die jungen Männern in der Regel widerwärtiger als junge Meerkatzen sind.

Theodor Hartmann

Es sind etliche, die gehen darum zum Tanz, damit sie andere zur Geilheit und Mutwillen anreizen.

Geiler von Kaisersberg

Daß der Tanz als eine der gefährlichsten und für die Tugend verderblichsten Vergnügungen angesehen werden muß, wird auch dadurch bestätigt, daß ein römisch-katholischer Bischof zu einem Bischof der protestantischen Kirche bemerkte, durch die Arbeit im Beichtstuhle sei die Tatsache festgestellt, daß je neunzehn von je zwanzig gefallenen Frauen einräumen, daß ihr trauriger sittlicher Zustand seinen Anfang im Tanzsaal genommen habe. Die Notwendigkeit, spät nach Hause zu kommen, sich kostspielige Toiletten anzuschaffen, sich heftig und dauernd körperlich anzustrengen und andere Gründe bilden schon allein ein ausreichendes Beweismaterial für die Verwerflichkeit dieser Art von Vergnügungen. Nach meiner Überzeugung aber besteht der am schwersten wiegende Vorwurf gegen den Tanz, worin aber auch gerade sein tatsächlicher Reiz enthalten ist, in der durch ihn hervorgerufenen sinnlichen Erregung. Die unzureichende Kleidung, die unpassende Ausstellung der weiblichen Reize beim Tanz, die verführerischen Stellungen, die unmittelbare Berührung der Körper, die leidenschaftliche Erregung und die unpassende Freiheit, welche dem jungen Manne gestattet ist, während er seine Dame nach den Klängen der Musik im Tanzsaal umherschwenkt, sind Momente, welche durchaus in jedem starken, kräftigen, normal entwickelten jungen Menschen sinnliche Regungen und Wünsche hervorrufen können.

Sylvanus Stall

Und tanzen tun sie, als sähe man Hühner im Dünger scharren.

Friedrich Theodor Vischer

Der Tanz ist eine ständige Verlagerung des Körperschwerpunkts, durch die man in unästhetischen Schweiß gerät.

Karl May

Ein Tänzlein in Ehren kann niemand verwehren, war sonst das Sprüchwort unsrer grauen Väter. Jetzt würden sie wohl dies Sprüchlein zurücknehmen, da die Tanzwut unter ihren Enkeln, zumal in einigen deutschen Provinzen, bis zum Unsinn ausgeartet ist. In Östreich, zum Teil auch in Bayern wird so viel getanzt, als wären die Leute alle von Taranteln gestochen. In Wien rechnet man 460 Tanzplätze, wo über 25000 Menschen alle Sonntag beim Soff und Fraße sich wie wütig herumtummeln und Leib und Seele verderben. Das heißt für die Ewigkeit gelebt!!

Christian Friedrich Daniel Schubart

Bärentanz

Bei der Königlichen Polizeidirektion, Dresden, sind in letzter Zeit mehrfach Klagen über den Bärentanz oder Abarten desselben geführt worden. Es sind nämlich bei diesem Tanze nicht nur die dabei üblichen plumpen und humpelnden Bewegungen ausgeführt worden, sondern vor allem hat die Tänzerin dabei häufig die Beine seitwärts so abgespreizt, daß man die Unterkleider, Strümpfe usw. sah, oder sie hat beim Beugen des einen Beins nach vorwärts das andere Bein so weit rückwärts am Boden entlang gestreckt, daß sich der Kleiderrock hochhob und nicht der mit dem Strumpf bekleidete Unterschenkel, sondern sogar ein Stück des nackten Oberschenkels sichtbar wurde. Derartige Auswüchse eines Tanzes kann die Königliche Polizeidirektion nicht dulden.

Königliche Polizeidirektion Berlin

Gallopade

Der so beliebte Modetanz im 2/4-Takt behauptet trotz aller Einwendungen der ihm leidenschaftliche ergebenen Jugend dennoch das traurige Vorrecht, noch zerstörender als die sonst so verrufenen Walzer auf die Gesundheit zu wirken. Wohl meinen seine Verehrer, daß mit der leichtern Bewegung des dazu gebräuchlichen Ps auch weniger Anstrengung verbunden sei; allein die Überschnelle derselben, vereint mit dem mänadenähnlichen Umdrehen beim beliebige Wechsel des Arms, geben ihm nicht nur ein sehr unästhetisches Aussehen, sondern verursachen auch eine höchst verderbliche Hemmung des Atems, namentlich bei den nach der Mode zu Wespen geschnürten Tänzerinnen, und werden Ursache vieler schwerer Krankheiten.

Möchte doch die weit mehr Grazie entfaltende Francaise bald ganz diesen wilden Reigen, der gleich dem Walzer eine Ellipse beschreibt, und gleich ihm

den untersten Klassen der Gesellschaft entlehnt ist, verdrängen; unsere Ballsäle
würde dadurch bedeutend an Anstand und Lieblichkeit, die jungen Damen an
Gesundheit, die Herren an sittlicher Kunstfertigkeit gewinnen.

Carl Herloßsohn

Rückwärtsschieben

Deutsche Frauen und Mädchen!
Laßt uns dem natürlichen Unwillen in uns Recht geben, zieht Euch nicht scheu
zurück, in der Furcht, als unmodern zu gelten! Aber was können wir tun? Wir
können fordern, daß die Tänze nicht in widerlichster Pressung beider Körper,
sondern offen, Hand in Hand, getanzt werden, so daß das Paar gemeinsam vorwärts schreitet und das Rückwärtsschieben der Dame aufhört.

Deutsche Zeitung, Januar 1927

Unsportlich sein

Wer aber jedes Lüftchen fürchtet und jede Anstrengung und Übung seiner
Glieder scheuet, der lebet ein ängstliches, nervenloses Austernleben und versucht es vergeblich, die verrosteten Federn in den Gang zu bringen, wenn er
in den Fall kömmt, seiner natürlichen Kräfte zu bedürfen.

Adolph Freiherr Knigge

Wandern

Wandern ist eine traditionell deutsche Angelegenheit. Schon Wotan trug den
Beinamen der Wanderer. Attribute, die im Deutschen besonders aufwertend
klingen, sind mit dem Wanderer verheiratet: rüstig, ruhelos, einsam. Spani-
sche oder russische Wanderer sind unvorstellbar. Ein Jude, gefragt, ob er
einen Waldspaziergang machen wolle, antwortete: ›Bin ich a Reh?‹ Wir sind
organisierte Rehe ohne Grazie, aber mit Zielbewußtsein. Das begann schon
mit der Völkerwanderung. Man brach auf, da ein wenig brandschatzend, dort
ein wenig ausrottend, hier ein wenig befreiend. Ich erinnere mich noch an die
Zeit, als alle Wanderer ein hehres Abzeichen trugen. Es war ein Huthalter,
mittels einer Lederschlaufe am mittleren Westenknopf befestigt, endend in
einer bissigen Kralle, welche den Hut über dem Bauch fixierte. Statt des
Hutes trugen solche Wanderer ein Taschentuch über das schüttere Haar
gestülpt, die vier Zipfel zu Knoten verschlungen. Wohlauf, die Luft geht
frisch und rein!

Thaddäus Troll

O du verfluchtes Wandern,
Dir dank ich meine Gicht;
Dich überlaß ich andern,
Ich selber mag dich nicht.

Hans Reimann

Leider geht's in Italien, wenigstens auf den Hauptlinien, nicht; brennende Landstraßen, zu wenig Feldwege, zu wenig grün, zu wenig reinliche und zuverlässi-
ge Landherbergen.   *Friedrich Theodor Vischer*

Das Wandern stimmt verdrießlich
Und strengt die Beene an.
Was wirkt das Wandern schließlich?
Man wird ein kranker Mann.
Drum bleib ich hinterm Ofen,
da drauß' ist's mir zu kalt.
Ich bin genug geloofen
Und auch – juchhei! – zu alt.   *Hans Reimann*

Wanderbegleiter
Nur ja niemand mit, und wäre es der Busenfreund, der eigene Bruder, der eigene Sohn – nicht, nicht! Man hat ungleiche Schritt, will sich gern nach dem
Begleiter einrichten, vergißt es immer wieder nach wenig Minuten, und der eine
oder andere zappelt sich ab, ist gehetzt; der eine will einkehren, der andere
nicht, der eine reden, der andere schweigen, dieser gibt nach, und man ver-
schwatzt die herrlichsten Landschaftspunkte, die schönsten Beleuchtungen.
                                                     Friedrich Theodor Vischer

Flanieren, ohne über die Welt nachzudenken
Von meinen frühesten Jahren an, hab ich einen großen Teil meiner Zeit mit Spat-
zierengehen zugebracht. Es ist mir nicht unbekannt, daß ich dadurch bey meinen lieben Landsleuten, in den unverschuldeten Ruf eines großen Müßiggängers
gekommen bin. Freylich wohl, wenn ich nur gegangen wäre, um zu gehen, um
die Zeit zu töten, um die Welt anzugaffen; so könnt' ich leicht an dem Körper
meines kleinen Staats ein unnütziger Auswuchs, ein Hühnerauge z. E, oder
sonst was ähnliches geschimpft werden, und die richterliche Schelte verdienen.
                                                     Joachim Christian Blum

Wetten
Kann man sich etwas Ekelhafteres ersinnen als einen Rattenhaufen, der sich in
Todesangst gegen einen bestialischen Hund wehrt? Doch, könnte mancher
sagen, die Wettenden, die, mit der Uhr in der Hand, um die ausgemauerte
Grube herumstehen.   *Karl Rosenkranz*

Wider das Reisen

O Reiserei, du harte speis,
wie tust du mir so we im pauch!
Im stro so peissen mich die leus,
die leilach sind mir viel zu rauch.
Ich tumer gauch,
warumb tu ich das?

Unbekannter Reisender

Wer reich und stark und alt zu werden ihm erkiest, der lasse Reisen sein und
bleibe, wo er ist.

Paul Fleming

Ich gönne jedem Ferntouristen von Herzen seine Kinetose während der Hin-
fahrt, seine reisbreiartigen Stühle während des Aufenthaltes und seine Malaria,
wenn er wieder zu Hause ist.

Benjamin Kammerloher

Im Vaterland brummen wir, jede Dummheit, jede Verkehrtheit dort verdrießt
uns, wie Knaben möchten wir täglich davonlaufen in die weite Welt; sind wir
endlich wirklich in die weite Welt gekommen, so ist uns diese wieder zu weit,
und heimlich sehnen wir uns oft wieder nach den engen Dummheiten und Verkehrtheiten der Heimat.

Heinrich Heine

Wie aber die Welt gespalten und in die kleinsten Bißlein zerrissen ist, erfährt
man zu Wunder und Schrecken, wenn man unter fremden Menschen viel hin
und her wandelt.

Johann Wolfgang Goethe

In Rom, Athen und bei den Lappen
Da spähn wir jeden Winkel aus,
Dieweil wir wie die Blinden tappen
Umher im eignen Vaterhaus.

Karl Simrock

Reisen beleidigt den Horizont.

Günter Bruno Fuchs

Friedrich Nietzsche hat einmal gesagt: »Alle Welt reist ab.« Er vergaß aber
anzugeben, wohin. Und wieso eigentlich?

Benjamin Kammerloher

Das Reisen ist mir eine wahrhafte Pein und eigentlich ganz zum Ekel.

Justinus Kerner

Aber man fährt wie eine abgeschossene Kanonenkugel über die Erde dahin, und
wenn man heimkommt, soll man rings ihre Höhen und Tiefen erkundet haben.

Adelbert von Chamisso

Reise nur wer Lust zu reisen
Und ein frisches Müthlein hat.
Lieber vor die fremde Speisen
Eß ich mich daheime satt.
Auch mein blöder Zeisig-Magen
Kann nicht allerley vertragen.
/Aber zehnmal mehr mir grauet
Vor den Betten ins gemein
Welche wer sie recht beschauet
Wohl nicht allzu reinlich seyn.
Gleichwohl will mein harter Rükken
Auch das harte Stroh nicht drükken.   *Johann Thomas*

Reisen ist Schund. Reisen heißt, sich über grobe und spitzbübische Menschen
ärgern, von Leuten bedient werden, die zu wenig Zeit für mich haben, weil sie
zu viele bedienen müssen, die fortschnurren, wenn ich etwas frage, etwas bestel-
le. Reisen heißt in Zimmern wohnen, wo der Stiefelknecht fehlt oder zu weit,
wo der Schrank nicht schließbar ist, weil der Reisende in Twist oder auch die
Gräfin X gestern aus Versehen den Schlüssel mitgenommen hat, oder der
Schlüssel zwar steckt, aber nicht geht. Reisen heißt in dummen Betten schlafen,
auf unsinnig konstruierten Sesseln, in wahnsinnig gepolsterten Coupes sitzen.
Reisen heißt schamlos wohnen, in Gasthöfen nämlich, wo überall die Zimmer
nur durch eine dünne Tür vom Nachbarzimmer getrennt sind; der hört also
jeden Laut und die Folge ist, daß man notwendig meinen muß, er sehe einen
auch, zum Beispiel nackt beim Hemdwechsel; reisen heißt mit absurden Menschen sein müssen, wenn man einsam sein will, am meisten, wenn man mit der
keuschen Natur andächtig verkehren möchte, dagegen einsam sein, wenn man
sich nach Menschen sehnt.   *Friedrich Theodor Vischer*

Die Majorität aus allen Schichten der Gesellschaft ist und bleibt trivial. Wenn
diese Leute auf Reisen gehen, so wollen sie im Grunde nichts als einmal eine
Veränderung des Lokals, um dann draußen das elbe Treiben fortzusetzen, das
sie zuhause verlassen haben.   *Ernst Rudorff*

Wem zu Hause nicht wohl ist, dem wird selbst das Vaterland zu enge; er verläuft
sich in der Welt als Irrwisch.   *Friedrich Ludwig Jahn*

Wer sich behaglich fühlt zu Haus,
der rennt nicht in die Welt hinaus.
Weltunzufriedenheit beweisen
die vielen Weltentdeckungsreisen.

Friedrich Rückert

Schillers weiteste Fahrt war Berlin. Schon das bekam ihm nicht. Goethe, immerhin beweglicher, hat Italien zweimal gesehen. Aber was machte er auch für ein Wesen davon.

Friedrich Luft

Wenn ein ordentlicher Mensch reisen will, halten die Teufel ein ökumenisches Konzil.

Friedrich Theodor Vischer

Gerade gering Bemittelte sind es, die mit Vorliebe in Vereinen reisen. Niemand wird ihnen ihre Freude mißgönnen, aber wenn man z. B. in Konstantinopel oder in Madrid in jedem Kaffeehaus, auf jedem öffentlichen Platz zwei oder drei dieser meist etwas unbeholfenen Gestalten mit demselben grünen Hut, demselben Vereinsabzeichen, die Frauen mit denselben hinaufgeknöpften Lodenröcken das Vaterland vertreten sieht, so kann man sich schwer des Lächelns enthalten, zumal wenn sie abends wieder an langen Tischen beim Bier zusammensitzen, in meist harmloser Rücksichtslosigkeit gegen die Umgebung lärmend ihre Eindrücke tauschen, in lautes Entzücken über Gasthöfe ausbrechen, wo das Essen besonders reichlich war, ja bisweilen sogar Chorgesänge anstimmen. *Oscar A. H. Schmitz*

Vergnügungs-Reisende
Sie steigen wie Tiere den Berg hinauf, dumm und schwitzend; man hatte ihnen zu sagen vergessen, daß es unterwegs schöne Aussichten gebe.

Friedrich Nietzsche

Reisebericht/Diaabend
Wenn einer eine Reise tut, glaubt er davon erzählen zu dürfen!

Richard von Schaukal

Wider das Daheimbleiben
Die Stubenluft habe ich niemals geliebt, und dieser Abneigung glaube ich vor allem die gute Gesundheit zu verdanken, um die ich so oft von Freunden beneidet wurde. *Wilhelm Liebknecht*

Wenn man nur aus unkompletten Makulaturbüchern etwas vom Weltleben weiß, wenn man den Sonnenaufgang nur vom Bodenfensterl, die Abendröte nur aus Erzählungen der Kundschaft kennt, da bleibt eine Leere im Innern, die alle Ölfässer des Südens, alle Heringsfässer des Nordens nicht ausfüllen, eine Abgeschmacktheit, die alle Muskatblüt Indiens nicht würzen kann.

Johann Nestroy

Wider die Langeweile
Qual zum Sterben, Langeweile,
Die mich unaussprechlich quält,
Mir die Stunden langsam zählt,

Daß ich keine übereile,
Mir zur Marter auserwählt,
Laß mich los!
Lieber will ich Schmerzen leiden,
Lieber Stadt und Schauspiel meiden,
Als so ohne Lust und Leiden
Träge ruhn in deinem Schoß!
Graut mir früh des Tages Morgen,
Fürcht' ich schon den langen Tag;
Ach, er kriecht nach einem Schlag,
Wie der vor'ge ohne Sorgen,
Daß ich ihn kaum leben mag.
Und so zieht
Wie ein schwer bepackter Wagen,
Den die Achsen knarrend tragen,
Nun die Zeit, die, nicht zu tragen,
Ungenossen mir entflieht.   *Wilhelm von Eichendorff*

Wenn die Menschen lange genug ihr Unglück empfunden haben, so fängt es an,
ihnen langweilig zu werden, sie greifen zu den Zerstreuungen, die Zerstreuungen werden ennuyant, und sie fangen an zu arbeiten, bis ihnen die Arbeit Langeweile macht, und sie eine Weile müßig gehn; da nun der Müßiggang grade der
einförmigste Zustand von der Welt ist, so fangen sie wieder an tätig zu werden,
oder sie zur Abwechslung in ein neues Unglück, und so geht es immer im Zirkel herum.   *Ludwig Tieck*

Die Langeweile aber ist nichts weniger als ein gering zu achtendes Übel: sie malt
zuletzt wahre Verzweiflung auf das Gesicht.   *Arthur Schopenhauer*

Wie wunderlich wird nicht die lange zeit vertrieben!
Der eine bringt sie zu mit schlaegen, der mit lieben,
Dort jenem macht music, dem karten-spiel vergnuegen,
Der sieht zum fenster nauß, ein ander faenget fliegen.
Der laeufft die stub entzwey, der schnitzelt an der wand,
Und jener beisset sich die naegel von der hand.
Noch andre suchen noch was anders auszuueben.
Wie wunderlich wird nicht die lange zeit vertrieben!
                    (Auf den mancherley zeit-vertreib, anonym, 1703)

Wer mit sich selbst nicht zu leben weiß, hat in der Einsamkeit Langeweile. Die Langeweile, diese schreckliche Krankheit der Seele, ist die Abwesenheit angenehmer Ideen. *Johann Gottlieb Zimmermann*

Das ist der greulichste der Nachtunholde,
Die aus den Wassern des Kocytus trinken.
Die Flügel hängen bleischwer ihm herab,
An ödem Ort gekauert, liegt das Scheusal.
Und mit dem Kopfe wackelt es im Schlaf.
Ein grauer Nebelregen, endlos triefend,
Ist seine Atmosphäre. Wenn es gähnt,
So ist's, als ob das alte Chaos wieder
Aufschlösse seinen Rachen, zu verschlingen
die Welt, die es gebar.
Es nähert sich dem stille Sinnenden
Und öffnet, ungesehen von ihm, den Rachen
Und haucht ihn an mit seines Odems Hauch.
Kennt ihr den Namen dieses Ungeheuers?
Der Menschen Mund benennt's die Langeweile. *Robert Hamerling*

Wider die Wiederholung

Der Ekel am Leben, den die ewige Wiederholung derselben Dinge, das Drehen im Kreis, hervorruft und hervorrufen muß! Aber der Tod schließt uns vielleicht nicht den Weg zur Steigerung auf, sondern er löscht nur das Bewußtsein aus, und alles fängt von vorne an. So könnt' es von Ewigkeit zu Ewigkeit fortgehen.
Friedrich Hebbel

Das Abscheu-ABC der Charaktere

»Einen schlechten Menschen kann man verurteilen und verachten; aber für das Symbol aller Schlechtigkeit, den Ausbund aller Laster empfindet man eine Art von bestürztem Respekt, in welchen sich Mitleid mischt.« Das stammt von Klaus Mann, der der Sohn war von Katja und Thomas Mann. Das Ausbund aller Laster ist zu unterscheiden vom Barbaren. Der Barbar ist ein ganz schlechter Kerl. Arnold Zweig hat das ganz klar aufgezeigt: »Wer Bücher verbrennt, verbrennt auch Bibliotheken, bombardiert offene Städte, schießt mit Ferngeschützen oder Fliegerbomben Gotteshäuser ein. Die Drohung, mit der die Fackel in den Bücherstapel fliegt, gilt nicht dem Juden Freud, Marx oder Einstein, sie gilt der europäischen Kultur, sie gilt den Werten, die die Menschheit mühsam hervorgebracht hat und die der Barbar anhaßt, weil er halt barbarisch ist, unterlegen, roh, infantil.«

■

Ausbünde und Barbaren sind leicht zu erkennen. Bei der Kanaille macht sich Kurt Hiller verdient: »Es gibt Kanaillen unter sogenannten Gesinnungsfreunden und hochachtbare Charaktere unter diametralen Gegnern. Jeder, der kämpft, erlebt das – wieder und wieder. Erst kürzlich lief mir ein Skunk über die Straße, verlogen, feig, perfide, aber linkspazifistisch, dessen Niedertrachtsmasse auf keine Mammuthaut geht. Bisweilen fragt man sich, ob man auf der Welt sei, um mit Kanaillen zu arbeiten, bloß weil man anscheinend gewisse Meinungen mit ihnen teilt, und um Charaktere zu befeinden, bloß weil man mit ihnen in einigem dissentiert.«

■

Bei den Korrupten ist das Erkennen nicht ganz so einfach: »Jedermann weiß«, laut Bertolt Brecht, »daß die Verbrechen der Besitzenden durch nichts so geschützt sind, wie durch ihre Unwahrscheinlichkeit. Die Politiker können überhaupt nur deshalb Geld nehmen, weil man sich ihre Korruptheit allgemein feiner und geistiger vorstellt, als sie es ist. Würde sie einer so schildern, wie sie ist, nämlich ganz plump, dann würde jedermann ausrufen: was für ein plumper Patron! Und damit den Schilderer meinen.« Übrigens gibt der nämliche Autor auch mit dem Zweizeiler zu denken: »Die Enttäuschten und Vergrämten sind die wahrhaft Unverschämten.«

■

Arthur Holitscher hat vor den Scharlatanen gewarnt: »Dem Scharlatan in jeder Form, der durch seine prunkende Macht, seinen Zynismus, seine Eitelkeit zu verblüffen sucht, ihm muß der Boden weggezogen, der Schall vom Munde weggerissen werden.« Karl Kraus hinwiederum entlarvt den Egozentriker: »Wer von sich selbst spricht, weil kein anderer von ihm spricht, ist lästig.«

Obwohl es vielerlei enthüllende Hinweise gibt, werden der Erkenntnis oft bequeme Zweifel vorgeschoben: »Es gibt immer viel Schwächlinge, die sich Suchende nennen; die erheben gern ein großes Geschrei von der Zeiten Not und merken gar nicht, daß sie nur gackern, weil sie ihr Ei nicht legen können.« (Alfred Döblin)

■

»Vielwisser sind schlimme Finger«, spuckte Herakleitos in die dunkle Welt. Karl Kraus folgt ihm nach: »Leute, die über den Wissensdurst getrunken haben, sind eine gesellschaftliche Plage.« Und zu den verkannten Genies wäre mit dem regierungsamtlich als Genie anerkannten Ernst Jünger anzumerken, daß es diese Personengruppe gar nicht gibt: »Es gibt keine verkannten Genies. Jeder findet im Leben den ihm angemessenen Platz.« Geschmack geht heutzutage gar nicht mehr, gerade nicht in der Poesie: »Am gelungensten erscheinen jene Strophen, die auf die derbste Weise gegen den guten Geschmack verstoßen.« Das fordert Ernst Jandl, »der Dickbauchherbling« (Hans Würtz).

■

Nun noch rasch mit Maxie Wander wider den Weltschmerz zu wettern: »Ich finde es beschämend, was manche junge Menschen am Weltschmerz verdampfen, nur weil sie ihren Traumberuf nicht kriegen oder weil ihnen einer Schwierigkeiten macht. Damit rechtfertigen sie ihre Unfähigkeit, mit irgendwas nicht selbständig fertig zu werden.«

Aus-sich-Schöpfer
Das sogenannte Aus-sich-Schöpfen macht gewöhnlich falsche Originale und Manieristen.   *Johann Wolfgang Goethe*

Autoritätsgläubiger
Es gibt kaum etwas Empörenderes, als die sklavische Furcht, die jeder Autoritätsglaube dem Menschen einprägt und einbrennt: ein Gefühl, dessen blasse Nachtschatten bis in die späte Reife des Denkenden hineinreichen. Wie lange währt es, bis man diese beschämenden Fußfesseln des freien Gedankens nicht nur ganz abgeschüttelt, nein, auch sich völlig aus den Augen geschafft hat!   *Christian Morgenstern*

Barbar

Wie haß ich dagegen alle die Barbaren, die sich einbilden, sie seien weise, weil sie kein Herz mehr haben, alle die rohe Unholde, die tausendfältig die jugendliche Schönheit töten und zerstören, mit ihrer kleinen unvernünftigen Mannszucht! *Friedrich Hölderlin*

Bedenklicher

Ich bin so schrecklich bedenklich, so sehr Buridans Esel, daß mich der Zweifel, in welchem Laden ich einen Kamm oder Bürste kaufen, mit welchem neuen Buchbinder ich es versuchen soll, wochenlang umtreiben, in ein wahres Elend von Einklemmung zwischen Für und Wider versetzen kann. *Friedrich Theodor Vischer*

Befehlsempfänger

Von der Wollust des Gehorchendürfens erfüllt, achten sie alle, die Möchtegerne und Gernegrößen, gar nicht darauf, wer ihnen Befehle erteilt, sie befolgen den Befehl um des Befehls, um des Gehorchendürfens willen. *Johannes R. Becher*

Bescheidener

Die Charlatane der Bescheidenheit sind die schlimmsten mit ihrem demütig tuenden Dünkel. *Heinrich Heine*

Blasierter

Alle und jede, die in dieser arsenikalischen Zeit noch nicht so stark an Blutvergiftung leiden, daß sie nicht durch strenge Diät noch rettbar wären, sollte man einsperren und zwingen, den Homer zu lesen mit guter Anleitung, und zwar so oft, so lang, bis sie ihn auswendig wissen. Dann könnte man sie frei lassen. Verdorbene, ironisch Durchsäuerte, Blasierte, die nur Verpfeffertes, Muffiges lesen können, sollte man auf Zeitlebens einsetzen mit keiner anderen Lektüre als Homer: gute Höllenstrafe. *Friedrich Theodor Vischer*

Boshafter

Ich verabscheue die Bosheit und bemitleide die bösen Menschen. *Christian Friedrich Daniel Schubart*

Dandy

Es zuckt mir in der Faust, den affektierten Dandys, die vorbeireiten und den Begriff des Menschen durch ihre Existenz verhöhnen, die Reitpeitsche zu applizieren, die sie narrenhaft am Daumen hängen haben. *Ludwig Rellstab*

Denkstumpfer

Jede Unterhaltung, auch die närrische, führt auf manchen Punkten immer zu dem Bedürfnis, diesen oder jenen Begriff klarzustellen. Da gibt es nun aber Naturen, die sich dagegen sperren, davor verkreuzen wie vor dem Gottseibeiuns. Nur nicht in dem Nebel der Flachheit umrühren, nur auf nichts tiefer eingehen, nur nicht das Messer des unterscheidenden Begriffs an Gemeinplätze legen! Nur alles in der Brühe, in der Sauce der Unbestimmtheit belassen! – Die stumpfe Denkfaulheit der Menschen! Aber auf diesem Weg verkommt man. Gesellige Unterhaltung von Menschen ohne Erkenntnisdrang ist Sumpf.

Friedrich Theodor Vischer

Denunziant

Ich möchte Ihnen doch mit allen meinen Waffen beistehn gegen die Canaille von Denunzianten. Unfaßlich ist mir auch der Staatsanwalt, der solchen widerlichen, blödsinnigen Denunziationswisch nicht sofort ins Feuer steckt. Pfui Deibel, was müssen das für Schmutzseelen sein. Ich komme immer mehr dahin, daß wir in keiner glücklichen Zeit leben. Alles versteckt sich feige, jede Herzensfröhlichkeit scheint verschwunden zu sein. *Detlev von Liliencron*

Dummkopf

Ob ein Dummkopf liest oder nicht liest, ob er wahllos und ohne Geschmack liest, ist für die Menschheit höchst gleichgültig. *Melchior Grimm*

Egoist

Der Umgang mit einem Egoisten ist darum so verderblich, weil die Notwehr uns allmählich zwingt, in seinen Fehler zu verfallen.

Marie von Ebner-Eschenbach

Ich begreife auch kaum, wie man den Gedanken des eigentlichen Egoismus auch nur einen Augenblick lang, ohne sich der Raserei zu nähern, ertragen kann. – Es ist das allerfürchterlichste und schrecklichste; ohne Hülfe und ohne Rettung bin ich mir selbst, als eine sich verzehrenden, sich selbst mit tausend Gefahren und dem Untergang drohenden Abenteuer, überlassen. *Karl Philipp Moritz*

Empfindler

Überhaupt ein Mensch, den jedes kalte Lüftchen krank macht, der von jeder Veränderung der Wärme und Kälte gleich sterben will, der ist sich selbst zur Last und andern Menschen unerträglich. *Jakob Iselin*

In der Poesie hat er den falschen zärtlichen Geschmack, der heutzutage mehr junge Genies hinreißt, als Pocken Kinder, und wenn er geheilt wird, nicht selten Narben zurückläßt; eine wahre Dörrsucht der Seele, die gemeiniglich den Patienten endlich zu dem macht, was er selbst der Vertrauten der Grazien, und der vernünftige Mann einen Gecken nennt.   *Georg Christoph Lichtenberg*

Empfindelei
– die Pest unseres Jahrhunderts   *Christian Erhard Westphal*

– eine moralische Seuche, ... verderbliches Gift   *Heinrich Campe*

– eine Nationalkrankheit   *Johann Carl Wezel*

Fauler
Wo ein fauler Mensch ist, dort wachset mehr Unkraut.

Abraham a Sancta Clara

Folterer
Menschenfreund, wirf einmal einen Blick in eine Folterkammer; wirst sehen Querbalken, worauf die Leiber so vieler Unglücklichen ausgespannt waren; Geißeln, in Menschenblut getaucht; Sessel mit Nägelsitzen, woran noch das welke Fleisch der Missetäter hängt; Schrauben, die das Mark aus den Knochen trieben; Haarseile, die man um losgewundene Flechsen flicht und womit man dem Unglücklichen die Schmerzen der Hölle verursacht – du zitterst? So denk dir einmal die wildverzückten Mienen des Missetäters auf der Folter, die Verzweiflung im vorgedrückten Auge; hör das Knacken der Glieder, wenn sie von Henkersarmen ausgespannt werden; schau die sichtbaren Schläge der Angst im hochemporschwellenden Herzen; hör den wilden Ton, womit der Arme im Unsinne des Schmerzes seinen Richtern und – oft Gott flucht. – Du gehst? Kannst diesen schrecklichen Anblick nicht aushalten? Wart', ich gehe mit dir! Wollen auf das Grab des Sünders, der die Folter erfand und der Asche des Unmenschen fluchen. –   *Christian Friedrich Daniel Schubart*

Friedfertiger
Es ist schon schlimm genug, als Friedfertiger über das verheißene Erdreich wandeln zu müssen, das einstweilen noch den reißenden Wölfen gehört. Das Unternehmen wird aussichtslos, wenn man noch dazu dumm ist.

Carl von Ossietzky

Frömmler
Wenn ich von jemand höre, er sei sehr fromm, so nehme ich mich sogleich sehr vor seiner Gottlosigkeit in acht.   *Johann Gottfried Seume*

Frühaufsteher

Am frühsten unter den Frühaufstehern, das sollte man bedenken, geht der Scharfrichter an sein Geschäft. Und ich glaube fest, daß manch Krieg und militärisches Ungemach gar nicht stattgefunden hätte, wenn nicht die Soldaten in aller Welt und zu allen Zeiten so ekelhaft früh aus den Betten gepfiffen worden wären. Frühaufstehen macht grimmig, nervös und tatendurstig.

Friedrich Luft

Gefühlvoller

Hüte dich vor den Leuten mit schönen Gefühlen, denen, die im Theater Tränen vergießen und vor dem Elend der Wirklichkeit kalt vorübergehen, die sich mit Vorliebe als Gemütsmenschen und diejenigen, welche von ihren Gefühlen kein Wesen machen oder sie verbergen, Verstandesmenschen bezeichnen. Schwindler sind es!

Professor Gustav Krüger

Geizhals

Der Geizhals bleibt im Tode karg,
Zween Blicke wirft er auf den Sarg,
Und tausend wirft er mit Entsetzen
Nach den mit Angst verwahrten Schätzen.
O schwere Last der Eitelkeit!
Um schlecht zu leben, schwer zu sterben,
Sucht man sich Güter zu erwerben.
Verdient ein solches Glück wohl Neid?

Christian Fürchtegott Gellert

Genie

Ein Genie ist einmal ein böser Nachbar ...

Johann Heinrich Merck

Geschwätziger

Ein geschwätziger Mann in der Stadt ist erschröcklich und gefährlich, und der frevel und frech ist in seiner Rede, den hasset man billig.

Abraham a Sancta Clara

Gesindel

Wenn ich nur gegen das Gesindel, das anständig aussieht und der Polizei nicht verfällt, mehr ausrichten könnte! Welche Charakterwelt! Fuchsschwänzer, Speichellecker und Flegel gegen den, der nicht wieder leckt, Duckmäuser mit Biedermannston, gemütliche Seelen mit Taschen voll Steinen, auf die Wenigen zu schleudern, die Charakter haben. Alles soll durch Gunst gehen, jeder tätschelt den andern um Gegendienst – Halunkenpack!

Friedrich Theodor Vischer

Gleichgültiger

Es gibt kaum eine größere Enttäuschung, als wenn du mit einer recht großen
Freude im Herzen zu gleichgültigen Menschen kommst.

Christian Morgenstern

Großmaul

Mehr Maul als Hirn, das hilft sehr oft,
Wie es der graue Alltag zeigt
Und der Erfolg kommt unverhofft,
Wenn zum Gebrüll die Puste reicht.
// Was heißt schon heute: guter Ton?
Er muß nur laut und fordernd sein!
Dann kommt auch so ein Dummer schon
Und schüttet fleißig Futter ein.

Augurius (Pseudonym)

Hanswurst, schwadronierender

Warum muß der Gerechte so viel leiden auf Erden? Warum muß Talent und
Ehrlichkeit zugrunde gehen, während der schwadronierende Hanswurst sich
räkelt auf Pfühlen des Glücks und fast stinkt vor Wohlbehagen?

Heinrich Heine

Homerischer Held

Bei ihrem vollendeten Sichgehenlassen schimpfen sich die homerischen Helden,
daß es ein Elend ist, es anzuhören. Nachdem Achill auf Athenes Zureden das
Schwert in die Scheide gestoßen, läßt er seinen Worten gegen Agamemnon den
freiesten Lauf; hier wird nicht das mindeste aus guter Lebensart herunterge-
schluckt oder nobel gegeben, während man dem Gegner ans Leben möchte.
Auch im Hohne gegen den Erlegten zeigt man nicht die mindeste Generosität …

Diese Heroen weinen auch wie Kinder, nicht etwa bloß in großen Erkenn-
szenen, wie zwischen Odysseus und Telemach, sondern Achill weint aus Zorn,
bis Thetis aus der Flut auftaucht und ihn streichelt und, als wäre er ein verzo-
genes Kind, fragt: »Kind, was weinst du? …«

Jakob Burckhardt

Idealist

Wenn einer fortwährend vom Wahren, Guten, Schönen daherredet, von Selbst-
losigkeit und hohen Zielen, usw., dann nimm dich etwas in acht vor dem Mann:
Hic niger est, hunc tu, Romane, caveto.

Professor Gustav Krüger

Man soll den Idealismusnarren nicht trauen! Sie sind immer auch böse Narren.
Sie werden giftig. Da sie an alle Welt die Forderung der Vollkommenheit stellen, nur nicht an sich selbst, so ist ihnen nichts und niemand recht, sie verdam-

men, höhnen, hassen, halten inwendig den ganzen Tag grimmige Monologen, ballen die Faust offen und im Sack, üben Ränke und Tücke. Dahin kommt es mit edlen Menschen, denen die Lässlichkeit fehlt.

Friedrich Theodor Vischer

Leidenschaftsloser

Was ich nicht aushalten kann, das ist ein Mensch ohne Leidenschaft, und ein Mensch, der gemeine Leidenschaften hat.

Friedrich Theodor Vischer

Mucker

Ein neues Genus, ein Versuchstier, der Effekt einer Vivisektion, bei der nicht kastriert, sondern nur unterbunden wurde, und bei dem die Lüsternheit bald zu Kopf steigt, dessen Blick, Rede, Gewohnheit, Denken, transzendentale Erhebungen, alles diesen kranken Lichtsaft einer molkigen Stockung zeigt, anatomisch betrachtet eine Form von situs transversus, wobei die Testikel in der Hirnschale, das cerebrum in der Bauchgegend zu liegen kommt, der Samenkoller beim Pferd menschlich gewendet, eine neue Spezies, die entkräftigend, verschleimend und ölig auf ihre Umgebung wirkt, mit einem Wort: ein scheusäliges Experiment und eine Gefahr für die Menschheit.

Oskar Panizza

Nachfolger

Ein Mann, der kein Vorgänger sein kann.

Christian August Vulpius

Negierer

Nichts ist so fluchwürdig auf Erden wie die bloßen unerschöpflichen Negierer. Sie sind nicht jenseits von gut und böse, sie sind weder gut, weder böse, und sie allein haben bisher alles von sich gewiesen, was Schöpfer hieß, von Urzeiten bis hinauf zu den Dichtern der »Hölle« und des »Brand«.

Christian Morgenstern

Nichtstuer

Da baut man und baut. Häuser und Fabriken und was weiß ich. Und sollte doch eigentlich erst mal diese verpfuschte Welt umbauen. Die ist ja nicht zu brauchen, so wie sie ist! Die Nichtstuer haben die besten Plätze.

Franz Carl Weiskopf

Normaler

Frau Laabs ist leider überall, so erfolgreich ich auch wegzugucken versuche. In der Straßenbahn sitzt Frau Laabs reihenweise gestaffelt, vom Leben sitzengelassen, mit vollen Kaufhoftüten. Ihre Haupteigenschaft: Unauffälligkeit mit Brille. Ihr kurzer Schnitt gibt sich mal als eine topfförmige, dann wieder eher helmartige Frisur, bretthart, mal Dauerwelle, mal Naturwelle. Gesichtsform: oft eckig, gern halslos. Gesichtsfarbe: Camembert. Alter: jederzeit fortgeschritten.

Frau Laabs lacht nicht oft, und wenn, ist das auch keine Lösung. Frau Laabs muß nicht häßlich sein; trotzdem ist sie alles andere als schön. Gesamtnote: vier; nie sechs und nie zwei. Gesamteindruck: irreparabel. An Frau Laabs wird selbst eine erträgliche Brille zum Kassengestell. In ihren besten Minuten bewegt sich Frau Laabs optisch auf Frau Prof. Dr. Rita Süssmuth zu. Was nicht heißt, daß Frau Laabs nicht auch mal jung gewesen wäre und immer aufs neue jung sein kann. Auch als Zwanzigjährige trägt sie Brille und Kurzhaarfrisur. Als ich neulich mit Kotschy und Müller durch Marburg ging, stand an jeder Ampel zwischen Bahnhof und Elisabethkirche eine Claudia Nolte, CSU, nie ohne Einkaufstasche, stets blaß und glatt. In ihrer Nähe erwarte ich Kernseife und erschnuppere dann doch Parfüm.

Wenn ich den Anblick von Frau Laabs täglich auskosten müßte, säßen Glaube, Liebe, Hoffnung bald ohne mich da. Bei längerem Umgang mit Frau Laabs kommt es mir so vor, als wäre auch ich nur ein Mensch, und das reißt runter.

Stadtflüchtern wie mir begegnet Frau Laabs auch auf dem Lande. Hinter jeder Scheibe spiegelt ihre Brille unverkennbar hervor. In jedem Einkaufskorb stapelt sie Klorollen-Achter-Packungen auf, OMO und Ritter Sport. Je verzweifelter ich mich abkoppele aus der menschlichen soziokulturellen Gemeinschaft, desto unausweichlicher steht nebenan ein knallweißes Haus, mit Doppelgarage und Hundezwinger, und in diesem Haus wohnt Frau Laabs.   *Ulrich Holbein*

Pessimist

Man muß den Pessimisten überall, wo man ihn antrifft, entlarven als den, der er in Wirklichkeit ist: als einen tückischen, bösartigen Spießer, als einen, der seine Trägheit und seine Bequemlichkeit liebt über alle Maßen und dem nichts so zuwider ist, als ein tüchtiges Stück Arbeit zu leisten.   *Johannes R. Becher*

Es ist einer der Grundfehler des Pessimismus, daß er eudämonistisch von der unmittelbaren Lust ausgeht, von da aus operiert. Sagt man zum Beispiel: Niemand arbeitet, wenn er nicht muß, so gilt dies richtig vom Menschen, so lange er noch im Untergrund, im untern Stockwerk steckt. Die zweite Ordnung, die sich darüber aufbaut, hat nach der Meinung der Pessimisten keine Balken, da baut sich kein Objektives, kein Gesetzmäßiges, da kann man also auch nicht wohnen. O alter Hegel, stilvoller Philister, der du groß befohlen hast, daß das Subjekt parieren soll, könnte man das erleben, daß du erständest und mit deinem Stecken über das substanzlose Geschlecht kämest!

Friedrich Theodor Vischer

Philister

Der Philister vermag nur die platteste Wahrheit zu erkennen, die dem oberflächlichsten Blick offen liegt, und ebendeshalb begreift er niemals den wirklichen Zusammenhang der Dinge. *Franz Mehring*

Dieses demokratische Spießer- und Philistervolk liebt platteste Unterhaltung, jedes ernste Kunstwerk ist ihm unverständlich und daher ein Greuel. *Willi Bredel*

Der Philister der modernen kleinen Stadt ist ein faul gewordener Polizeihund gegenüber jenen alten Pudeln und Möpsen. Nun besteht das Wesen des Philisters vor allem darin, daß er nicht weiß, wie sehr er zur Gattung gehört, und daß er sich einbildet, sein eingelernter Kram von Fortschritten der Technik, Geschichtsdaten, Zeitungsnotizen und geschäftlichen Handgriffen sei etwas Rechtes. *Kurt Tucholsky*

Philistrosität ist die Tendenz, den eigenen sittlichen Horizont als moralischen Schutzkordon um die Menschheit zu legen. *Erich Mühsam*

Wenn man jenen hausbackenen Philistern zuhört, jenen Menschen mit kurzem Gesichte und langen Ohren, wie sie sich herausnehmen, Fürsten zu hofmeistern, sie, die von Morgen bis Abend sich von ihren Weibern, ihren Kindern, ihren Dienern, ihrer Pfeife, ihren Dampfnudel, ihren Vettern und Basen beherrschen lassen und nicht so viel Kraft des Willens haben, einen halben Schoppen weniger zu trinken als den Abend vorher – dann muß man die Freiheit sehr treu und standhaft lieben, um für solche Thersiten und in ihrer Reihe ihre Sachen zu verfechten.

Es gäbe ein sicheres Mittel, wie Fürsten mit Unrecht murrende Untertanen könnten zum Schweigen bringen; aber das Mittel ist zu romantisch für unsere abendländische Zeit. Sie brauchten nur einen Tag herabzusteigen von ihren Thronen und einen jener Philister hinaufsteigen zu lassen, damit er den anderen Morgen seiner Sippschaft erzähle, wieviel angenehmer es sei, sogar schrankenlos zu gehorchen, als selbst unbeschränkt zu herrschen. *Ludwig Börne*

Wenn der Philister morgens aus seinem traumlosen Schlafe, wie ein ertrunkener Leichnam, aus dem Wasser herauftaucht, so probiert er sachte mit seinen Gliedmaßen herum, ob sie auch noch alle zugegen, hierauf bleibt er ruhig liegen, und dem anpochenden Bringer des Wochenblatts ruft er zu, er solle es in der Küche abgeben, denn er liege jetzt im ersten Schweiß und könne, ohne ein Waghals zu sein, nicht aufstehn; sodann denkt er daran, der Welt nützlich zu sein, und weil er fest überzeugt ist, daß der nüchterne Speichel etwas sehr Heilkräftiges sei, so bestreicht er sich die Augen damit, oder der Frau Philister, oder seinen kleinen Philistern, oder seinem wachsamen Hund, oder niemand. Seine weiße baumwollne Schlafmütze, zu welchen diese Ungeheuer große Liebe tragen, sitzt unverrückt, denn der Philister rührt sich nicht im Schlafe. Wenn er aufgestanden, so wechselt er das Hemd, wenn er es tut, so daß er das erste ganz auszieht, ehe er das andere anzieht, und ist imstand, seinen Flanelljacke gelinde mit seinem linken wollnen Strumpfe zu reiben, damit sie keinen Rheumatismus bekomme, auf die Haut selbst kommt er sich nie; sodann geht es an ein gewaltiges Zungenschaben und Ohren bohren, an ein Räuspern und Spucken, entsetzliches Gurgeln und irgendeine absonderliche Art, sich zu waschen, nach einer fixen Idee, kalt oder warm sei gesund; sodann kaut er einige Wacholderbeeren, während er an das gelbe Fieber denkt; oder er hält seinen Kindern eine Abhandlung vom Gebet und sagt, wenn er sie zur Schule geschickt, zu seiner Frau: Man muß den äußeren Schein beobachten, das erhält einem den Kredit, sie werden früh genug den Aberglauben einsehen. Sodann raucht er Tabak, wozu er die höchste Leidenschaft hat, oder welches er übertrieben affektiert haßt; im ganzen ist der Rauchtabak den Philistern unendlich lieb; sie sagen sehr gern, er halte ihnen den Leib offen, und sie könnten bei dem Zuge der Rauchwolken Betrachtungen über die Vergänglichkeit anstellen, so hängt die Pfeife eng mit ihrer Philosophie zusammen; auch besitzt er gewiß irgendein Tabaksgedicht oder er hat selbst eins gemacht. Übrigens wenn gleich mancher Tabak raucht, ohne darum ein Philister zu sein, so kann man es doch nur in einer Zeit gelernt haben, in der man ideenlos, verkehrt und ein Philister gewesen, und die lebendigsten, tüchtigsten, reinsten und seelenvollsten Menschen, die ich gekannt, waren nie auf den Tabak gekommen. Zweifellos zieht der Philister nun auch alle Uhren des Hauses auf und schreibt das Datum mit Kreide über die Türe; trinkt er Kaffee, so spricht er von den Engländern, nennt den Kaffee auch wohl die schwarze afrikanische Brühe; sehr kränkend würde es ihm sein, wenn die Frau ihm nicht ein halbdutzendmal sagte: Trinke doch, er ist so schöne warm, trinke doch, eh' er kalt wird; wenn er ihm aber nicht warm gebracht wurde, wehe dann der armen Frau! Seine Kaffeekanne ist von Bunzlauer Steingut, und ist er ein langsamer Trinker, so hat sie ein ordentliches Kaffeemäntelchen um, wie ein anderer Philister auch, denen diese braunen Kannen überhaupt sehr ähnlich sehen. Wenn er zu seinen Geschäften ausgeht, zieht er Schmierstiefeln an, wozu er eine große Leidenschaft hat, oft auch Sporen, ohne je zu reiten; Wichsstiefeln spiegeln, und ein Spiegel ist schon etwas Transzendentales.

Clemens Brentano

Poetischer
Der Poetische scheint mir ein ebenso liebenswürdiger wie gefährlicher Trottel.

Carl Einstein

Polterer und Schelter
Was mit ungestümem Poltern und Schelten angerichtet wird, davon geben die-

jenigen Haushaltungen ein betrübliches Zeugnis, wo pflichtvergessene Männer unbarmherziger zu ihren Weibern sind als zu ihrem Vieh, ihre leibliche Schwachheit nicht schonen, sondern sie in unbarmherziger, tyrannischer Weise forttreiben und dabei insonderheit noch bei Gebrauch des Ehestands alle natürliche Scham und Zucht ausziehen, so daß sie in ihrer überviehischen Brunst weder Zeit noch Maß wissen, noch an ihre eigene Gesundheit denken. Nicht anders, als wäre ihnen der Ehestand als Hurenstand und Tummelplatz, an dem alles erlaubt sei, gestiftet. Während sie sich doch dessen Heiligkeit fromm zu Gemüt ziehen und bedenken sollten, daß für die Augen Gottes alle heimlichen Schanden, die die Decke in den finstersten Winkeln zudeckt, aufgedeckt liegen. Nicht besser handeln hier die Männer, die ihrer Weiber Mängel und Gebrechen mit Schelten, Fluchen und Schmeißen zurechtbiegen wollen. Oder gar wohl in solche Gottlosigkeit verfallen, daß sie ihre christlichen und tugendsamen Weiber als rasende Wüteriche treten, schlagen und zum Haus hinausjagen, aber dadurch den Rabenstein, ja die höllische Verdammnis an ihnen gewinnen.

Philipp von Sulzbach

Pressierer
Wie schrecklich ist das pressieren, das Pressiertsein! So ein Mensch wird nichts mehr geruhig betrachten, bei nichts mehr mit stillem Sinnen verweilen! Sein Leben wird ein Jagen sein! Er wird raffen und raffen, um zu genießen! Was für Köche, was für Zuckerbäcker wird's dann geben! Und es wird den Menschen dann erst recht nichts schmecken, weil sie doch immer aufs Folgend spannen! Sie werden endlich nicht mehr raffen, um zu genießen, sondern um zu raffen! Es wird keine Gegenwart mehr für sie geben! *Friedrich Theodor Vischer*

Rechthaber
Es gibt Menschen, die wohnen auf dem Chimborasso der Gemeinheit. Es ist unmöglich, ihnen beizukommen – sie behalten immer recht. Der Witz, der sie aufsucht, sinkt schon am Fuße des Bergers entatmet nieder und bekennt mit Scham, daß ein Prügel besser sei als eine Lanze. *Ludwig Börne*

Schöngeist
Der Fant ist auch Romantiker. Spricht da neulich mit Phrasenduft von den Übertritten der Friedr. Schlegel, Zach. Werner! – Schönfärber. Widerlich! – Dabei ein gewisses Schillern, ein feuchter Glasglanz im Auge und das gescheitelte Haar! *Friedrich Theodor Vischer*

Schwärmer
Es gibt Schwärmer ohne Fähigkeit, und dann sind sie wirklich gefährliche Leute. *Georg Christoph Lichtenberg*

Fürchte dich vor jener transzendenten Ventriloquenz des Schwärmers, womit er dir glauben macht, etwas was auf der Erde gesprochen ist, käme vom Himmel.

Georg Christoph Lichtenberg

Schwätzer
Weiß mit einer unbeschreiblichen Geschäftigkeit von den gemeinsten Dingen, die entweder schon jedermann weiß oder nicht wissen will, so weitläufig sprechen, daß darüber niemand zu Wort kommen kann und jedermann Zeit und Weile lang wird.

Georg Christoph Lichtenberg

Mein größter Haß aber ist der Schwätzer.

Christian Morgenstern

Widriger sind mir die redenden als die schreibenden Schwätzer:
Diese leg' ich weg, jenen entflieh' ich nur schwer!

Friedrich Gottlieb Klopstock

Selbstgerechter
Diese Selbstgerechten, weißt du, die nie zweifeln, schon gar nicht an sich selber, die sind die Pest in den menschlichen Beziehungen.

Maxie Wander

Sentimentaler
Die Sentimentalen haben's alle schlecht. Sie sind das eigentlich schwache Geschlecht und machen die andern nur krank.

Christian Morgenstern

Siebengescheiter
Wenn es darauf ankommt, dann sind häufig gerade die Siebengescheiten die Allerdümmsten.

Lion Feuchtwanger

Sortierer
Nichts ist uns verhaßter, als eingereiht zu werden, nichts widerlicher als der Zustand, das äußere Gebaren, woran der Bürger sehen kann, was wir vorhaben.

Kurt Tucholsky

Übereifriger
Der Freunde Eifer ist's, der mich zugrunde richtet, nicht der Haß der Feinde.

Friedrich Schiller

Unzufriedener
Niemand ist arm als nur der Unzufriedene, der blind ist bei sehendem Auge und taub bei hörendem Ohr. Er ißt seine Speise wie Unrat und empfindet sein Kleid als eine Schande.

Hermann Stehr

Verärgerter

Ich mag die Verärgerten nicht leiden. *Christian Morgenstern*

Verehrer

Es ist unglaublich, was gewisse »Verehrer« an rücksichtsloser Zudringlichkeit zu leisten imstande sind! *Peter Rosegger*

Verstockter

Wehe dem Menschen, der verstockt auf einem Standpunkt steht! Er wächst darauf fest, und seinem Geiste knicken die Schwingen ab. *Erich Mühsam*

Verwerfer

Dieses Verwerfen in Bausch und Bogen, dessen wir uns so oft schuldig machen, ist schrecklich. So, wenn einer von Rousseaus Bekenntnissen sagt: das verlogene Zeug. Ja ja, verlogen vielleicht hier und dort und am dritten Ort – aber auch am vierten und fünften? – Und wir selbst, die wir so sprechen, sind es also an keinem? Nirgends verlogen, nirgends angreifbar, nirgends verwerflich?

Christian Morgenstern

Wichtigtuer

Ein zu wichtigem Tun eilender Mensch, der aus roher Unachtsamkeit einen armen Wurm zertritt, begeht ein Verbrechen. *Rosa Luxemburg*

Das Abscheu-ABC der Tugenden, Werte, Meinungen und Affekte

Manch gute Ansicht wird in »Dagegen!« verbraten bzw. verbreitet. Natürlich gilt seit Karl Kraus: »Gute Ansichten allein sind wertlos. Es kommt darauf an, wer sie hat.« Ernst Jünger hatte u. a. diese: »Es ist nicht die größte Sünde, böse zu sein, sondern stumpf.« Oder meinte er einen Beinstumpf aus dem Ersten Weltkrieg?

Der konkrete Brecht jedenfalls sagt es so: »Die weltweiten Schrecken der vierziger Jahre scheinen vergessen. Der Regen von gestern macht uns nicht naß, sagen viele. Diese Abgestumpftheit ist es, die wir zu bekämpfen haben, ihr äußerster Grad ist der Tod.« Wo der Tod ist, ist die Lüge nicht weit. Wie man zur Lüge zu stehen hat, wußte sogar Thomas Mann: »Die Lüge ist unmännlich; sie ist eine Waffe des Schwächlings, ziemlich oft des Gewalttätigen, nicht des starken Menschen.« Bruder Heinrich dachte ähnlich: »Ordinäre Schlauköpfe erfassen ihre Gelegenheit, wo eine Wahrheit versagt; schon bringen sie ihre Lügen unter die Leute.«

■

Dankbarkeit empfindet man besser nicht: »Unter Dankbarkeit versteht man gemeinhin die Bereitwilligkeit, lebenslänglich Salbe aufzuschmieren, weil man einmal Läuse gehabt hat«. Sonst ist Karl Kraus wieder böse. Der hielt auch nichts von der Ehre: »Die Ehre ist der Wurmfortsatz im seelischen Organismus. Ihre Funktion ist unbekannt, aber sie kann Entzündungen bewirken. Man soll sie getrost den Leuten abschneiden, die dazu inklinieren, sich beleidigt zu fühlen.« Aus besten Gründen heraus war Theodor W. Adorno gegen das engagierte Engagement der Engagierten: »Engagement ist vielfach nichts als Mangel an Talent oder an Anspannung, Nachlassen der Kraft.« Das stimmt, und das auch: »In Deutschland läuft vielfach das Engagement auf Geblök hinaus, auf das, was alle sagen oder wenigstens latent alle hören möchten.« Sonst hätte es vielleicht Ludwig Marcuse nicht bestätigt: »Die Engagierten sind oft in nichts als in einen Mangel an Wissen engagiert.« Engagement ist wohl verwandt mit dem Enthusiasmus, gegen den Walter Serner spricht: »Jeder Enthusiasmus ist prekär: das peinliche Eingeständnis, daß man es nicht besser machen kann und auch nichts weiß.«

■

Von der Freiheit sollten wir nicht viel reden. Besagter Brecht hat was dagegen: »Es ist verdächtig, wenn wo viel von Freiheit die Rede ist. Ähnlich sieht es mit der sog. Humanität aus: »Humanität ist das Waschweib der Gesellschaft, das ihre schmutzige Wäsche in Tränen auswindet.« So Karl Kraus. Und die Hoffnung? »Hoffen heißt: Vom Leben falsche Vorstellungen zu haben.« So umschreibt Gottfried Benn diesen Vorgang. Ludwig Marcuse assistiert: »Die prinzipielle Hoffnung ist so ähnlich wie eine prinzipiell schwangere Frau – nach dem Klimakterium.«

▪

Ein Verräter kann nie Gärtner werden. Berufsberater Bertolt Brecht sagt: »Verrat ist schlechter Dünger.« Bestimmt trifft selbiger auch ins Schwarze, wenn er sagt: »Denn die Tugenden zahln sich nicht aus, nur die Schlechtigkeiten, so ist die Welt und müßt nicht so sein!« Nur mit den letzten fünf Worten liegt er wahrscheinlich einigermaßen daneben. »Streben ist immer Blödsinn gewesen.« Zumal das Streben nach der Tugend. Man hat es selber ja immer irgendwie gewußt, aber Thomas Bernhard hat es eben einmal deutlich ausgesprochen: »Ein Streber ist ja was Grauenhaftes.«

▪

Wie auch immer, was die allgegenwärtige Unfähigkeit angeht, da müßte eventuell gehörig Remedur geschaffen werden. Alfred Döblins Richtlinie dabei: »Ich hasse Unfähigkeit. Mit Schlappschwänzen, Dummköpfen und Phrasendreschern muß man Fraktur reden.« Das Scheitern ist allerdings im Preis inbegriffen. Und glaube bloß niemand, es nütze ihm, dies alles – die Laster oder die Tugenden – zu überwinden. Denn »Überwindungen sind allemal schlimmer als das Überwundene« (Theodor W. Adorno).

Ansichten
Wenn mich die Leute nur mit ihren Ansichten in Frieden ließen! Ich bin aus Höflichkeit genötigt, Ihnen mit Ansichten zu antworten. Ansichten sind belanglos; sie führen bloß zu Auseinandersetzungen. *Richard von Schaukal*

Anstand
Sittlichkeit und Anstand, das sind zwei dumme Wächter, die dem menschlichen Sein und Willen den Weg verwehren. *Bettine von Arnim*

Ärger
Drei Dinge kujonieren uns, physischer Schmerz, Kummer und Ärger. Die ersten sind Löwen; der Ärger ist ein Windhund. Und doch belästigt er uns am meisten, wenn man das Mistvieh nicht zum Teufel jagt. Nein, für das Biest muß man nicht zu haben sein. *Ludwig Anzengruber*

Behaglichkeit
Die verfluchten Neigungen zum Behaglichen und Gemütlichen verurteilen die Deutschen zur Mittelmäßigkeit des Geistes und machen sie unfähig, in allen großen Dingen mitreden zu dürfen. *Friedrich Nietzsche*

Beruhigung
Der Teufel hole alle Beruhigung, er kann Hofräte daraus kochen, aus der Beruhigung! *Ludwig Anzengruber*

Bescheidenheit
Bescheidenheit ist eine Heuchelei, die durch fremde Erbärmlichkeit, die geschont sein will, entschuldigt wird. *Arthur Schopenhauer*

Nur eins ist eitler und noch widerwärtiger als öffentliche Großsprecherei: das ist öffentliche Bescheidenheit. *Rudolf Leonhard*

Besonderes
Nur das Besondere mißfällt,
das Eigne und Originale.
Ein kluger Mitmensch aber hält
sich allezeit an das Normale. *Erich Mühsam*

Blasiertheit
Diese Krankheit ist unter uns weit verbreitet, wo Müßiggang und Überfluß schnell die Sinne abstumpfen und selbst die Jugend in eine Gleichgültigkeit versinken lassen, von der sie sich nicht wieder befreien kann. *Melchior Grimm*

Das Böse
Das Böse aber ist im allgemeinen in sich kahl und gehaltlos.
Georg Wilhelm Friedrich Hegel

Das Böse ist die Urlüge des Geistes. *Karl Rosenkranz*

Bosheit
Bosheit ist nichts als eine Gemütskrankheit, die in der Vernunft ihren Sitz hat – und daher so hartnäckig und nur durch ein Wunder zu heilen ist. *Novalis*

Demut
Demut und die mit ihr verwandte Geduld sind Eselstugenden, die die Spitzköpfe den Plattköpfen gar zu gern einprägen … Demut ist der erste Schritt zu Niederträchtigkeit. *Johann Gottfried Seume*

Dummheit

Und nach dem Gesetz, daß das Mittel gegen eine Krankheit immer dann gefunden wird, wenn sie schier unerträglich geworden ist, nach diesem Gesetz muß heute oder morgen die Mikrobe der menschlichen Dummheit gefunden werden. Und wenn es gelingt, ein Serum gegen diese entsetzlichste aller ansteckenden Krankheiten herzustellen, dann wird es im Nu keine Kriege und keine Zölle mehr geben, und an die Stelle der internationalen Diplomatie wird der gesunde Menschenverstand treten. *Curt Goetz*

Ehre

Da haben sie das Wesen der falschen Ehre. Sie macht uns abhängig von dem Schwankendsten und Willkürlichsten, was es gibt, von dem auf Treibsand aufgebauten Urteile der Gesellschaft, und veranlaßt uns, die heiligsten Gebote, die schönsten und natürlichsten Regungen ebendiesem Gesellschaftsgötzen zum Opfer zu bringen. *Theodor Fontane*

Ehrgeiz

Eine nackende Dirne, welche sich jedem überläßt, der seine Hand nach ihr ausstreckt. *Christian August Vulpius*

Man mißbraucht dieses Wort Größenwahn, wenn man es auf die erbärmliche Lafferei ehrgeiziger Dummköpfe anwendet. *Gerhart Hauptmann*

Eigennutz

... aller Eigennutz ist schändliche Dieberei ... *Bettine von Arnim*

Eigenschaften

Haupteigenschaften des Menschen: Geselligkeit, Spieltrieb, Faulheit; Geilheit; Doofheit, Grausamkeit. *Arno Schmidt*

Eitelkeit

Die Eitelkeit als Überschätzung seiner selbst ist die Milchschwester der Koketterie und die Wegweiserin zum Hochmut; sie beschäftigt sich in der Regel mit Kleinigkeiten und kann bei einem anmutigen Gebrauche derselben dem fernen Zuschauer Vergnügen gewähren, wird aber unerträglich für den, der genötigt ist, mit ihr in die Schranken zu treten. *Carl Herloßsohn*

Die Männer wie die Fliegen werden mit Honig gefangen, und wir, die wir noch weit eitler sind als die Frauen, wir sind so begierig nach der Süßigkeit der Schmeichelei, daß wir sie um jeden Preis einschlucken, daß er uns aus jedem Munde behagt, daß uns selbst der übelriechendste Honig schmeckt, wenn es nur Honig ist. *Heinrich Heine*

Es gibt Leute, die wollen lieber einen Stehplatz in der ersten Klasse als einen Sitzplatz in der dritten. Es sind keine sympathischen Leute.   *Kurt Tucholsky*

Für die Eitelkeit ist selbst die Pfütze ein wohlgefälliger Spiegel.
Arthur Schopenhauer

Elend
Elend wird den Geist nie veredeln, sondern immer verderben. Durch die schmerzliche Empfindung des Mangels stets auf sich selbst zurückgeführt, wird der Mensch selbstsüchtig.

Die Verachtung, die andere ihn fühlen lassen, schränkt ihn auf sich selbst ein; er haßt die Menschen, weil sie sich ihm stets nur von der gehässigen Seite zeigen, und die noch so geringen Verdienste, die er an sich selbst wahrnimmt, müssen natürlich in seinen Augen gewinnen. Er haßt besonders die, welche das Schicksal in einen behaglichen Zustand versetzte. Eigendünkel, Neid, Mißtrauen sind die Hauptzüge im Charakter solcher Menschen, die vom Elend zu Boden gedrückt werden.   *Georg Friedrich Rebmann*

Entrüstung
Die Waffe des Philisters gegen den Unfügsamen ist sittliche Entrüstung, eine Fehlgeburt aus Angst und Größenwahn.   *Erich Mühsam*

Sich über eine ganze Menschheit entrüsten ist lächerlich. Man muß die Dinge mit der Ruhe eines Naturforschers studieren und beobachten.
Rosa Luxemburg

Erfahrung
Was die meisten ihre Erfahrung nennen, ist die leidige Tatsache, daß sie noch immer da sind.   *Richard von Schaukal*

Erfolg
Der Erfolg war immer der größte Lügner.   *Friedrich Nietzsche*

Falschheit
In einer der kleinen Erzählungen Eduard Pötzls wird die Frage aufgeworfen, weshalb die Kirche bei Aufstellung der sieben Todsünden nicht auch die Falschheit mit eingeordnet habe? Das ist wirklich auffallend. Bei keiner jener aufgezählten Todsünden läßt sich Falschheit und Lüge unterbringen. Und ist doch dieses Laster ein so furchtbarer Krebsschaden der Seele und der menschlichen Gesellschaft, und ist es doch wie kein anderes dem Teufel verwandt, der bekanntlich Vater der Lüge heißt. Ich beantrage, daß Falschheit und Lüge in den

Rang der Todsünden erhoben werde, aber nicht etwa an achter, sondern an erster Stelle.

Peter Rosegger

Feindschaft
Der Luxus, sich wichtige Personen zu verfeinden, ist ein Bettlerluxus, wie etwa die Freiheit, sich nicht waschen zu müssen.

Oscar A. H. Schmitz

Formel/Dogma
Das größte Übel, von dem die Menschheit erlöst werden muß, ist die Willfährigkeit, Formeln zu glauben, denn sie ist das Mißtrauen gegen das eigene Gewissen.

Erich Mühsam

Freuden
Grob und ungeschickt sind alle Farben auf das armselige, dürftige Gewebe unseres Lebens aufgetragen; alle Freuden sind nur Langeweile. *Ludwig Tieck*

Friedfertigkeit
Es ist schon schlimm genug, als Friedfertiger über das verheißene Erdreich wandeln zu müssen, das einstweilen noch den reißenden Wölfen gehört. Das Unternehmen wird aussichtslos, wenn man noch dazu dumm ist. *Carl von Ossietzky*

Furcht
Faulheit und Dummheit und die aus beiden gemischte Furcht sind die Quellen des meisten Unfugs, den Bosheit und Übermut anrichten. Wo keine Sklaven sind, kann kein Tyrann entstehen.

Johann Gottfried Seume

Fürsorge
Die Fürsorge hetzt den Menschen im Zirkus der Schreibstuben tot.

Gottlieb Scheuffler

Geiz
Der Geiz ist eine der unedelsten, schändlichsten Leidenschaften. Man kann sich keine Niederträchtigkeit denken, zu welcher ein Geizhals nicht fähig wäre, wenn seine Begierde nach Reichtümern in das Spiel kömmt. *Adolph Knigge*

Geschmack
Am gelungensten erscheinen jene Strophen, die auf die derbste Weise gegen den guten Geschmack verstoßen.

Ernst Jandl

Gewissen, böses
Es mag auch kaltes Wetter sein, das böse Gewissen brennt den Sünder; er mag

Honig schlecken, so empfindet er doch Bitterkeit im Gewissen; er mag auf Flaumfedern liegen, so drückt ihn doch das harte Gewissen; es mag der schönste Tag sein, so donnert doch das böse Gewissen; es mag ganz mäusestill sein, so schreit doch das böse Gewissen. Das böse Gewissen ist ein Hund, der allzeit bellt; ein Hahn, der allzeit kräht; ein Fluß, der allzeit rauscht; eine Orgel, die allzeit pfeift; eine Küche, die allzeit raucht; ein Wage, der allzeit gurretzt; ein Spiegel, der alles zeigt; ein Prediger, der kein Blatt vors Maul nimmt, und ein weit besserer Wahrsager als ein Zigeuner. *Abraham a Sancta Clara*

Glück
Wahrlich, es ist ein Unglück, nie Unglück gehabt zu haben! *Karl Julius Weber*

Größenwahn
Ich las neulich 2 Briefe von F. Nietzsche, aus denen allerdings völlig der Größenwahn sprach.
Schade, der Größenwahn ist eine ausgesprochene Krankheit unsrer übernervösen Zeit. *Detlev von Liliencron*

Grundsätze
Ich hab nur einen Grundsatz, und das ist der, gar keinen Grundsatz zu haben. Grundsätze sind enge Kleidungsstücke, die einen bei jeder freien Bewegung genieren. *Johann Nestroy*

Gutwilligkeit
Eine lächerliche Tugend, welche sich einige zueignen, denen es an Menschenkenntnis fehlt. Sonst ist es mehrenteils ein überrechneter, gewisser Profit, ein Kapital, welches hohe Prozente abwirft, eine sehr ergiebige Leibrente, wenn man diese sogenannte Tugend, oder gute Eigenschaft so zu gebrauchen weiß, wie es der Lauf der jetzigen Welt fordert. *Christian August Vulpius*

Haß
Jemand lieb ich, das ist nötig;
Niemand haß ich, soll ich hassen,
Auch dazu bin ich erbötig,
hasse gleich in ganzen Massen. *Johann Wolfgang Goethe*

Hoffart
Hoffart verderbt alles Gute. *Paracelsus*

Nur der Dumme ist hoffärtig. *Bernhard Kellermann*

Ideale

Freylich sieht es bey dieser Erziehung, Veredlung und Vollendung etwas sonderbar aus, wenn man bedenkt, daß noch so wenige Früchte davon zu sehen sind, ob diese Erziehung gleichwohl schon viele Jahrtausende dauert.

Friedrich Maximilian Klinger

Imposantes

Hüte dich vor dem Imposanten! Aus der Länge des Stiels kann man nicht auf die Schönheit der Blüte schließe.

Peter Altenberg

Individualität

Eine Einbildung. Die tägliche Erfahrung zeigt, daß unser Herrgott die Menschen dutzendweis erschafft.

Johann Nestroy

Idiotie

Idiotie ist das intellektuelle Äquivalent der Rohheit.

Otto Weininger

Interessantes

Die Herrschaft des Interessanten ist überhaupt nur eine *vorübergehende Krise* des Geschmacks, denn sie muß sich endlich selbst vernichten. Doch sind die zwei Katastrophen, unter denen sie zu wählen hat, von sehr verschiedner Art. Geht der Geschmack mehr auf ästhetische Energie, so wird der Geschmack, der alten Reize je mehr und mehr gewohnt, nur immer heftigere und schärfere begehren. Er wird schnell genug zum Piquanten und Frappanten übergehen. Das *Piquante* ist, was eine stumpfgewordne Empfindung krankhaft reizt; das *Frappante* ist ein ähnlicher Stachel für die Einbildungskraft. Dies sind die Vorboten des nahen Todes. Das *Fade* ist die dünne Nahrung des ohnmächtigen und das *Choquante*, sei es abenteuerlich, ekelhaft oder gräßlich, die letzte Konvulsion des sterbenden Geschmacks.

Friedrich Schlegel

Kriecherei

Höflichkeit ist ein Goldfischchen im kristallenen See, aber Kriecherei eine Sau in der Mistjauche.

Wilhelm Weitling

Laster

Aber nicht zufrieden, den Arm des Volkes zu entwaffnen, sucht man noch die heiligsten Quellen seiner Kraft durch das Laster zu vergiften. Dies ist der feinste, gefährlichste und abscheulichste Angriff auf die Freiheit.

Georg Büchner

Leichtsinn

… wie denn überall liebenswürdiger Leichtsinn und Unverstand gefährlicher ist als abstoßende Bosheit.

Joseph von Eichendorff

Leichtsinn, Sophisterei, Leidenschaften
Ich finde ... hauptsächlich drei Hindernisse, die auch oft den verständigsten Menschen abhalten, früh genug, zu seinen und anderer Glücke diesen Grad von Bildung, diese, allein des Namens der Aufklärung würdige Vervollkommnung zu erlangen, nämlich Leichtsinn, Sophistereyen und Leidenschaften.

Adolph Franz Friedrich Freiherr von Knigge

Leidenschaft
Wie erbärmlich doch das menschliche Hirn arbeitet, sobald es durch Leidenschaft getrübt wird!

Curt Goetz

Lüge
Es gibt nichts so Abstoßendes und so mit dem Verstande Unverträgliches, als die Lüge.

Gottfried Wilhelm Leibniz

Nichts hat mich stets mehr erregt als Lüge, Verleumdung und Dummheit!

Friedrich Wolf

Machtgier
Machtgier ist der Trieb, der diese Welt in harte, ruckartige, böse Bewegungen setzt; unbeschränkter Drang zu siegen, Eindruck zu machen, Oberhand zu behalten, Schwächere zu beseitigen – auf allen Gebieten des nackten, kahlen Trieblebens.

Arnold Zweig

Manier
Nein, wer immer das gleiche macht, ist ein Schweinehund. Kein Mensch, solange er sich Künstler nennt, kann eine Manier haben. Man bleibt keinen Tag derselbe. Was einem Zwanzigjährigen gefällt und ihm richtig scheint, kann einen Mann nicht mehr anregen. Was man erreicht hat, ist abgetan. Jedes Bild hat in diesem Sinn etwas anderes zu sagen, und wenn es eine Wiederholung wäre.

Arnold Böcklin

Menschheitsbeglückung
Die Menschheitsbeglückung ist Sozialdemokratie auf Kosten der Werte.

Oscar A. H. Schmitz

Marotten
Marotten sind zu nichts zu verwenden. Sie sind das nichtigste Zeug auf Erden.

Hans Reimann

Meinungen
Der höllisch Drachen hat nicht soviel Häupter als unsre Zeit Meinungen.

Nikodemus Frischlin

Meinungsforschung

Die Meinungsforschung ist der hartnäckige Versuch, andere Menschen glauben zu machen, was man selbst nicht glaubt. *Thaddäus Troll*

Milde

Milde gegen das Verbrechen und besonders Milde in der Subsumtion verschiedener Schlechtigkeiten (wie Fälschung, Beschwindlung und dergleichen) unter den Begriff des Verbrechens würde dahin führen, daß die deutsche Nation verlumpt. *Friedrich Theodor Vischer*

Mißtrauen

Der Argwohn ist eine leise Krankheit der Seele oder eine schwere Rekonvaleszenz einer durch traurige Erfahrungen erkrankten Brust. Argwohn ist ein Milchbruder der Eifersucht. Diese ist die Furcht zu verlieren, jene die Überzeugung, schon verloren zu haben. Die Dreiheit dieser Schrecklichen zu füllen, nenne ich das Mißtrauen. Während Argwohn und Eifersucht auch in edlern Gemütern Platz ergreifen können, ist Mißtrauen ein Zeichen unredlicher Gesinnung; jene sind aus Erfahrung und Furcht, dieses aber nur aus unlauterer Schwäche im Vertrauen selbst hervorgegangen. *Carl Herloßsohn*

Mitleid

Mitleid ist aus Verachtung geboren und ist auch eigentlich Verachtung, und edelgeborne Menschen werden durch Mitleid sich entwürdigt fühlen, sie wollen lieber die eignen Kräfte dran setzen, als vom Mitleid sich betauen zu lassen.

Clemens Brentano

Mittelmäßigkeit

Das Unverhoffte, das gefahrvolle, das Tollkühnste selbst kannst du wagen, das Mittelmäßige allein macht rettungslos elend. *Bettine von Arnim*

Ein häßlicher Gemeingeist des rettungslos Mittelmäßigen in der Schule wirkte sich in dem Bestreben aus, nach Möglichkeit alles zu entmutigen, herabzustimmen, zu hindern, zu lähmen, was einen höherstrebenden Zug mit Hoffnung zu verbinden schien. *Gerhart Hauptmann*

Nichts ist ekelerregender als der Versuch der Mittelmäßigkeit, sich bei der Größe, die sie zwar nicht erkannt hat, der sie jedoch, dem allgemeinen Urteil folgend, Kredit gibt – bei einem Genie Liebkind zu machen. Denn hinter all diesen Ehrungen steckt keine wirkliche Anerkennung der geistigen Leistung, die da glorifiziert wird. Der plumpe Schmollis, den die Menge mit dem wehrlosen Toten trinkt, ist nicht mehr als ein Akt der Eitelkeit, eine freche Selbstbespiegelung, die sich von der Hoffnung nährt, es möge ein bißchen von dieser Größe am eigenen Gesicht hängen bleiben. Der Anlaß ist immer gleichgültig. Ob das nun Spinoza ist, den man gar nicht kennt, oder Beethoven, den man falsch kennt, es bleibt nur immer die Geste wichtig, mit der gefeiert wird. Wir haben eben auch geistige Interessen, kulturelle Ambitionen. Man muß für Abwechslung sorgen, und da sind neben den Tagesaktualitäten, wie Regierungskrise, Circus Sarrasani, Staatsopernpremiere solche Gedenktage immer sehr willkommen. Es ist so beruhigend, so erhebend, sich einmal wieder mit allgemein anerkannten Werten zu beschäftigen! Die Sensation ist unübertrefflich. Man bestätigt sich und den seinen eine Größe, die man nie in ihrem vollen Umfange erkennen wird und gewinnt so Gelegenheit, der eignen Minderwertigkeit zu entfliehn.

Hans Heinrich Stuckenschmidt

Müßiggang

Müßiggang ist an sich ein schädliches und dabei verdrießliches Laster, wodurch der Mensch sich das Leben selbst sauer macht, denn es gehören starke Beine dazu, die faule Tage tragen sollen. *Philipp von Sulzbach*

Müßiggang sitzt auf seinem gepolsterten Throne, der Trägheit, seinem Weibe gegenüber, die mit ihm in süßer, treuer Gedankenlosigkeit gähnt. Wenn er geschlummert hat, ergötzt ihn die Jagd, er hascht Mücken, zertritt Ameisen, spießt Fliegen, oder läßt Missethäter hinrichten, oder zündet eine Stadt an, reibt sich die Augen, und lacht. *Heinrich Wilhelm von Gerstenberg*

Naivität

Nichts aber ist widerwärtiger, als wenn der platte Charakter sich einfallen läßt, liebenswürdig und naiv sein zu wollen, er, der sich in alle Hüllen der Kunst stecken sollte, um seine ekelhafte Natur zu verbergen. *Friedrich Schiller*

Neues

Um die Freiheit der Kunst im Osten ist es schlecht bestellt. Was aber gibt's im Westen zu rühmen? Die freie Markwirtschaft, in der die Novität von heute der Ramsch von morgen ist. *Ernst Fischer*

Gemein ist die Illusion, daß das Neue, was einmal, oft unter den furchtbarsten Rechtsbrüchen oder Gewalttaten geschehen ist, deshalb gerechtfertigt oder daß es geschichtlich »notwendig« gewesen sei, weil später ein neuer, irgendwie haltbarer und scheinbar neue Rechtsverhältnisse begründender Zustand darauf gebaut worden ist. Die Menschheit hat einfach zu dem Gewaltakt ihre heilen Kräfte herbeigebracht und sich wohl oder übel darauf eingerichtet.

Jakob Burckhardt

Neugier

Neugier ist nichts weiter als infamste Lieblosigkeit.   *Detlev von Liliencron*

Persönlichkeit

Einen Menschen schenken ist kein Begriff. Ich würde dem den Tod geben, der mich schenken wollte; oder ich gäbe mich dem Tode. Das begreift freilich kein Mensch, der es in seinem Leben nicht gewagt hat, eine eigene Persönlichkeit zu haben.   *Johann Gottfried Seume*

Phantasie

Zu allem, was unser Wohl und Wehe betrifft, sollten wir die Phantasie im Zügel halten, also zuvörderst keine Luftschlösser bauen, weil diese zu kostspielig sind, indem wir sie doch gleich wieder einzureißen haben. Aber noch mehr sollten wir uns hüten, durch das Ausmalen bloß möglicher Unglücksfälle unser Herz zu ängstigen. –

Zu dieser Zügelung der Phantasie gehört auch, daß wir ihr nicht gestatten ehemals erlittenes Unrecht, Verlust, Kränkungen u.s.w. uns wieder zu vergegenwärtigen, weil wir dadurch den längst schlummernden Unwillen, Zorn und alle gehässigen Leidenschaften wieder aufregen, wodurch das Gemüt verunreinigt wird. Denn gleichwie in jeder Stadt neben Edeln und Ausgezeichneten auch Pöbel jeder Art wohnt, so ist auch im edelsten Menschen das ganze Niedrige und Gemeine der menschlichen, ja tierischen Natur, wenigstens der Anlage nach, vorhanden. Dieser Pöbel darf nicht zum Tumult aufgeregt werden, und jene Phantasiestücke sind aber die Demagogen desselben.

Arthur Schopenhauer

Protzerei

Der Prunk kauft das Teuerste an; er stattet Sammler, sendet Reisende aus; aber das teuer Erstandene, das sorgenvoll Eingespeicherte wird sorglos dem Untergang überlassen.   *Adelbert von Chamisso*

Reue

Durch die Reue wird der Mensch immer schlechter.   *Peter Hille*

Roheit

Feinde der Menschheit, die da sind: Roheit und Lüge!   *Bertha von Suttner*

Scham

Wir sind doch törichte Menschen! Wie oft durchkreuzt die Furcht vor dem Lächerlichwerden unsere innigsten, zartesten Gefühle! Man schämt sich der Tränen und – spottet; man schämt sich des fröhlichen Lachens und – schneidet ein langweiliges Gesicht.   *Wilhelm Raabe*

Schamverlust
Scham verloren, alles verloren!   *Philipp von Sulzbach*

Schluderei
Deprimierend wirkt das Ungekonnte, Schluderhafte, Dumm-Unmenschliche,
mag es sich optimistisch gebärden oder pessimistisch.   *Johannes R. Becher*

Schwächen
Die kleinen Schwächen legt man am schwersten ab, so wie man der Moskitos
weit schwerer Herr wird als des Skorpions oder der Schlange. Und so ist es
recht eigentlich das Kleine, was den Fortschritt der Menschheit aufhält: Gedankenlosigkeit, Unaufmerksamkeit, Trägheit, Lauheit.   *Christian Morgenstern*

Schwärmerei
Unselige Schwärmerei! Du hast so viele Schlachtopfer, als Laster und Bosheit.
Schön, mit Blumen geschmückt sind deine Opfer: aber dennoch bluten sie!
Johann Christoph Unzer

Schwermut
Die Schwermut ist ein sehr ansteckendes Uebel.   *Georg Forster*

Sentimentalität
Laß ja um alles dich bewahren
Vor eines stillen Gift's Gefahren,
Das wie der Schwamm im Haus am Platz,
Wenn du das Leben willst studieren;
Es ist wie schlechter Fingersatz
Nur aus dem Grunde zu kurieren. –
// Das ist Sentimentalität,
Die wie die Zwiebel Tränen lockt,
Durch Phrasennebel sich verrät
Und jedes Bild verschiebt, verstockt,
So daß verwaschen und verschwommen
Die festesten Konturen scheinen,
Und statt zum klaren Blick zu kommen,
packt dich ein Flennen und ein Greinen.
// Dann tut ein guter Freund dir not,
Der gleich mit seinen schärfsten Pfeilen
Und gleich mit kalter Douche droht,
Um von dem Schwindel dich zu heilen.
// Doch trau' nicht jedem blinden Spötter,

Der frech sich einen Feind der Götter
Nennt, und dir deine Ideale
Mit seinem Hausknechtswitz besudelt.   *Julius Wolff*

Sensationelles
Alles Aufsehenerregende, mag es noch so künstlerisch angelegt sein, ermüdet
und stößt bald ab.   *Melchior Grimm*

Sturheit
Es ist mir nie als ein Beweis für jene Eigenschaften erschienen, die das Wesen
des Kämpfers ausmachen, wenn einer partout mit dem Kopf gegen eine Wand
rennen wollte. Denn die Wand pflegt stärker zu sein, und ein eingeschlagener
Schädel beweist gar nichts.   *Walther Victor*

Superklugheit
Die Superklugheit ist eine der verächtlichsten Arten von Unklugheit.
                                            Georg Christoph Lichtenberg

Trauer
Gefährlich und schlecht sind jene Traurigkeiten, die man unter die Leute trägt,
um sie zu übertönen; wie Krankheiten, die oberflächlich und töricht behandelt
werden; treten sie nur zurück und brechen nach einer kleinen Pause um so
furchtbarer aus.   *Rainer Maria Rilke*

Naturvölker kennen keine Todestrauer. Je degenerierter die Menschen sind,
desto größer der Schmerz um die Verstorbenen.   *Friedrich von Hausegger*

Treu und Redlichkeit
Üb jaaa nicht Treu und Redlichkeit,
Sonst gräbst du dir dein Grab!
Und weiche kilometerbreit
Von Gottes Wegen ab!   *Hans Reimann*

Trost
Versuche nie über die Wirklichkeit hinwegzutrösten, denn Trost ist Lüge.
                                                        Fritz Habeck

Überflüssiges
Überflüssige Mäuler an Menschen und Vieh, Hunden, Geflügel und Vögeln,
Übermaß an Essen, Trinken und Gebäuden und dergleichen soll abgeschafft
werden, weil dadurch der Weg zur Armut gebahnt wird. *Philipp von Sulzbach*

Übertriebenes
Alles Übertriebene ist vom Übel.   *Curt Goetz*

Undank
Der Undank ist immer eine Art Schwäche.   *Johann Wolfgang von Goethe*

Ungeduld
Es gibt zwei Hauptsünden, aus welchen sich alle andern ableiten: Ungeduld und Lässigkeit. Wegen der Ungeduld sind sie aus dem Paradiese vertrieben worden wegen der Lässigkeit kehren sie nicht zurück. Vielleicht aber gibt es nur eine Hauptsünde: die Ungeduld. Wegen der Ungeduld sind sie vertrieben worden, wegen der Ungeduld kehren sie nicht zurück.   *Franz Kafka*

Ungewißheit
Die größte Folter ist die Ungewißheit, denn sie zermürbt und zersetzt, weil sie wie ein Sumpf alles versinken läßt.   *Werner Eggerath*

Unordnung
Es gibt einen häßlichen Übelstand, wenn man auf dem Hof alles durch- und übereinandergeworfen findet, wenn hier leere Bierfässer, dort Holz, Stroh, Hacken, Schaufeln, Leitern sowie Pflüge und Wagenzeug durcheinandergestreut liegen oder wenn der Hof sonst mit allerlei Mist und Unrat so bedeckt ist, daß man kaum seinen Fuß rein oder trocken setzen kann, oder auch Tür und Tor den Kühen und Schweinen offenstehen, so daß sie ungehindert hineinlaufen und darin wühlen können.   *Philipp von Sulzbbach*

Wer alles um sich wirft und schmeißt,
Nichts auf sich selber hält,
Zeigt früh schon einen kleinen Geist,
Und der entehrt die Welt.   *Gottlob Wilhelm Burmann*

Unwissende
Es ist nichts schrecklicher als eine tätige Unwissenheit.
                          Johann Wolfgang Goethe
Unzufriedenheit
Niemand ist arm als nur der Unzufriedene, der blind ist bei sehendem Auge und taub bei hörendem Ohr. Er ißt seine Speise wie Unrat und empfindet sein Kleid als eine Schande.   *Hermann Stehr*

Verachtung
Ich verachte dein Verachten.   *Friedrich Nietzsche*

Verbohrtheit
Erst durch Verbohrtheit wird man Troglodyte.   *Hans Reimann*

Versöhnung
Wenn schlechte Leute zanken,
riecht's übel um sie her;
Doch wenn sie sich versöhnen,
so stinkt es noch viel mehr.   *Gottfried Keller*

Verzweiflung
Die Verzweiflung zimmert nichts, was von Dauer ist.   *Carl von Ossietzky*

Virtuosität
Die Virtuosität ist eine Art bürokratischer Kunstfertigkeit, und wer entdeckt,
daß er eine Sache virtuos beherrscht, sollte unverzüglich sich einer andern
zuwenden.   *Johannes R. Becher*

Visionen
Da muß die Welt in ihren Erkenntnissen doch endlich voranrücken, wenn die
Offenbarungen gleich so schockweise daherkommen.   *Peter Rosegger*

Das sind Phantasiegespinste, in den Hohlgängen des Gehirns erzeugt, die
manchmal heraustreten aus uns, sich krampusartig aufstellen auf dem Niko-
lausmarkt der Einsamkeit, erlosch'ne Augen rollen, leblose Zähne fletschen und
mit drohender Knochenhand aufreiben zu modrigen Grabesohrfeigen, das is
Vision!   *Johann Nestroy*

Vorurteile
Jedes Vorurteil, das man abgetan glaubt, bringt, wie Aas die Würmer, tausend
neue zutage.   *Kurt Tucholsky*

Vorurteile – die Rassenvorurteile, Klassenvorurteile, religiöse Vorurteile und
alle andern bleiben ein Schimpf, selbst wenn sie durch Belehrung und Einsicht
schwinden.   *Ingeborg Bachmann*

Vorn dabei sein
Die tiefe Unsicherheit gewisser Berliner Typen, die um Gottes willen auch nicht
um eine Nasenlänge hinter dem garantiert Modernsten zurückbleiben wollen,
denen beim Lauf ums Arriviertsein die Zunge aus dem Maul hängt – wie kläg-
lich ist das mit anzusehn! Und noch, wenn sie nach Tibet reisen, so tun sies vor
allem in dem wonnevollen Gefühl, daß die Konkurrenz noch nicht da war, und

Konkurrenz ist Jeder. Nur nicht hinten liegen! Nur immer dabei sein!

Ignaz Wrobel

Wehmut

Eine krankhafte Wehmut scheint jetzt im ganzen Volke zu herrschen, wie bei Leuten, die ein schweres Siechtum überstanden. Nicht bloß auf der Regierung, sondern auch auf der Opposition liegt eine fast sentimentale Mattigkeit. Die Begeisterung des Hasses erlischt, die Herzen versumpfen, im Gehirne verblassen die Gedanken, man betrachtet einander gutmütig gähnend, man ist nicht mehr böse aufeinander, man wird sanftlebig, liebsam, vertröstet, christlich; deutsche Pietisten könnten jetzt hier gute Geschäfte machen.

Heinrich Heine

Weltkenntnis

Schurkerei und Härte des Geistes, die Kunst, andrer Unglück und Verlegenheit sich zu Nutze zu machen und sich ins Vertrauen der Vornehmen einzuschmeicheln.

Christian August Vulpius

Wiederholung

Immer derselbe Ton oder dieselbe Form, überhaupt immer dieselbe Wiederholung, dann das Ausgedehnte ohne Unterbrechung und Wechsel, kurz jede fehlerhafte Einheit macht uns einen unangenehmen Eindruck.

Man nehme ein stets gleiches Gedudel oder eine Wandfläche, die in einer Farbe keinen Wechsel der Beleuchtung, des Lichtes und Schattens u.s.w. zeigt oder den grauen eintönigen, durch keine besonders auffallende Wolke belebten Himmel eines Landregens oder man nehme ermüdende Parallellinien, die ewig und ewig wiederkehren oder was es nun sei – der Eindruck ist mißfällig, häßlich.

Professor Carl Lemcke

Wunsch

Das wesenloseste Ding
von allen Sachen
womit wir bis Charons Nachen
uns unterm Mond zu schaffen machen. *Christoph Martin Wieland*

Zorn

Der Zorn ist einer der schlimmsten Dämonen unter den menschlichen Affekten, denn er verdunkelt die Vernunft und die Überlegung und reißt zu Handlungen hin, die nur zu oft bitter bereut werden müssen. Nie darf der gebildete Mensch seinen Zorn richtig austoben lassen. Er muß sich im Zaume halten.

Kurt Adelfels

Zufall

Der Zufall, um diesen wichtigen Faktor des Lebens ins Auge zu fassen, ist als blinder Zufall für das Tragische der Kunst nicht zu brauchen. Seine Disharmonie stört uns; sie verdrießt, erscheint häßlich. *Professor Carl Lemcke*

Zustand

Ein Zustand ist so lange gut, bis er sich als schlecht herausstellt; dann treten seine noch schlimmern Folgen ein, und man wünscht ihn sich zurück, als wäre er gut gewesen und hätte keine Folgen in sich getragen. *Eduard Saenger*

Zwecke, schlechte

Gewalt ist gar nicht so schlimm. Schlimm ist sie nur, wenn sie für schlechte Zwecke eingesetzt wird. *Lion Feuchtwanger*

Wider das Geistesleben, die Kultur und das Wissen

»Ich laß mich auf gar nichts mehr ein. Ich schmeiß alles in den Papierkorb.« Solchen Umgang mit kulturvollen Druckerzeugnissen pflegte Thomas Bernhard, »der G'wappelte«, wie der Bayer sagt. Von »Dagegen!« wird solche Vorgehensweise dringend zur Nachahmung empfohlen. Einladungen zu Kongressen, Filmtagen, Previews, Vernissagen, Finissagen, Batik-Kursen, Messen, Vorträgen über Solarenergie, Elternabenden, Präsentationen, Licht- und Klanginstallationen, Mammut-Lesungen, Hör-und Sehgewohnheitsveränderungen – alles unnütz, alles weg! »Dagegen!« sagt: Wer teilnimmt, macht sich mitschuldig.

·

Alles, was gegen die Lehrerschaft geht, kann »Dagegen!« voll unterstützen. So wie Klabund es vorgemacht hat in der Beschreibung eines Pädagogarchen: »Meist war er klein und kroch am Boden hin / Wie eine Küchenschabe braun und eklig./ Er stak in abgeschabten Loden drin / Und stank nach Fusel und nach Schweiß unsäglich.« Gruselige Existenz, fürwahr:
»Doch manchmal wuchs er riesig in das Licht, / Wuchs übern Kirchturm, schattete die Erde. / Am Himmel brannte groß sein Angesicht, / Damit die Schöpfung seines Glanzes werde. /Er schlug das Aug auf wie das Testament (mich graust, / Wenn ich dran denk), pfiff wie im Rohr die Dommeln, /Ließ donnern, blitzte, hob die Sonnenfaust / Und ließ sie furchtbar auf uns niedertrommeln.«
Franz Werfel erzählt: »Wer nicht in einem unerbittlichen Institut aufgewachsen ist, wird sein Lebtag die Bedeutung des Wortes ›Sonntag‹ nicht ermessen. Sonntag, das ist der Tag, wo die erdrosselnde Hand der Angst um den Hals sich lockert, Sonntag, das ist ein Erwachen ohne den bangen Brechreiz, Sonntag, das ist der Tag ohne Prüfung, Strafe, erbitterten Lehrerschrei, der Tag ohne Schande, ohne zurückgewürgte Tränen, Erniedrigungen, der Tag, da man in einem süßen Glockenmeer erwacht.« Da kann vielleicht noch froh sein, wer eine normale Schule besuchte. Obwohl – sie sind auch verseucht mit Deutschlehrern und Herr Bertolt Brecht, der bekannte Goethe-Zitat-Erfinder, sagte: »Die Deutschlehrer sind die geschlechtslosesten aller Wesen.« Die endgültige Absage an Schule und Ausbildung hat der grandiose Jakob Haringer formuliert: »Für euch blöde Schullehrer und verschissne Affen – für euch feige Richtertrichinen und Abortbanditen, für eure Gerechtigkeit, eure Ehre – oh ihr falschen Hottentotten, bin ich nicht auf der Welt!«

·

Karl Kraus dichtete: »Und sollt' ich nun in die Zukunft schauen, / so würde der Horizont mir zu eng. / Denn wieder seh' ich das alte Grauen / und höre das alte Schnedderedeng.« Zukunft ist die falsche Richtung. Und die entgegengesetzte, die Geschichte, ist gleich erledigt, wenn wir Gottfried Benn zuhören: »Mich zu belehren, schlage ich ein altes Schulbuch auf, den sogenannten kleinen Ploetz: Auszug aus der alten, mittleren und neuen Geschichte, Berlin 1891, Verlag A. G. Ploetz. Ich schlage eine beliebige Seite auf, es ist Seite 337, sie handelt vom Jahre 1805. Da findet sich: einmal Seesieg, zweimal Waffenstillstand, dreimal Bündnis, zweimal Koalition, einer marschiert, einer verbündet sich, einer vereinigt seine Truppen, einer verstärkt etwas, einer rückt heran, einer nimmt ein, einer zieht sich zurück, einer erobert ein Lager, einer tritt ab, einer erhält etwas, einer eröffnet etwas glänzend, einer wird kriegsgefangen, einer entschädigt einen, einer bedroht einen, einer marschiert auf den Rhein zu, einer durch ansbachisches Gebiet, einer auf Wien, einer wird zurückgedrängt, einer wird hingerichtet, einer tötet sich – alles dies auf einer einzigen Seite.« »Dagegen!« gibt Benn recht: »Das Ganze ist zweifellos die Krankengeschichte von Irren.«

Walter Serner sagt es ähnlich, aber auch mit viel Gehalt: »Ein schüchterner Blick in die so genannte Geschichte geschickt, beweist, daß mit Aufklärung, geistiger Erziehung und ähnlichen Albernheiten nichts zu machen ist. Einer predigt, wird bejubelt oder bespien, zum König befördert oder ins Jenseits und alles ist wieder wie zuvor. Ob er nun Jesus, Goethe, Savonarola, Voltaire oder Karl Kraus heißt, ist gleichgültig. Im Grunde waren diese Herren stets ein Malheur. Was heute deutsche Priester oder Mittelschulprofessoren unter diesen wehrlosen Namen in die Gehirne schieben, hat den ganzen Kulturdreck auf dem Gewissen. Hinter Jesus erhob sich der Katholizismus, hinter Goethe der deutsche Oberlehrer.«

.

Karl Kraus dekretierte: »Das, und nur das, ist der Inhalt unserer Kultur: die Rapidität, mit der uns die Dummheit in ihren Wirbel zieht.« Und lag gewiß nicht daneben. Gewiß hat auch, was die Kulturindustrie angeht, Theodor Adorno recht, rechter jedenfalls als Karl Moik: »Immerwährend betrügt die Kulturindustrie ihre Konsumenten um das, was sie ihnen verspricht. Der Wechsel auf die Lust, den Handlung und Aufmachung ausstellen, wird endlos prolongiert; hämisch bedeutet das Versprechen, in dem die Schau eigentlich nur besteht, daß es zur Sache nicht kommt, daß der Gast an der Lektüre der Menükarte sein Vergnügen finden soll. Der Begierde, die all die glanzlosen Namen und Bilder reizen, wird zuletzt bloß die Anpreisung des grauen Alltags serviert, dem sie entrinnen wollte. Die intimsten Reaktionen der Menschen sind ihnen selbst gegenüber so vollkommen verdinglicht, daß die Idee des ihnen Eigentümlichen nur in äußerster Abstraktheit noch fortbesteht: personality bedeutet ihnen kaum mehr

etwas anderes als blendend weiße Zähne und Freiheit von Achselschweiß.« Und
was ist das? »Das ist der Triumph der Reklame in der Kulturindustrie, die zwang-
hafte Mimesis der Konsumenten an die zugleich durchschauten Kulturwaren.«

●

Die Philosophen? Ach, die Philosophen! Was sind schon Philosophen? Nach
Ernst Bloch: »Nullen insgesamt und zu nichts tauglich, als man ladet sie in die
Pistole des Witzes und schießt sie in die Luft.« So etwa »Leute, die zwar nicht
bis drei zählen können, aber mathematische Logik betreiben …« Der bedeu-
tendste aller Kulturtheoretiker, Max Kemmerich, betonte im eigenhändig gebla-
senen Vorwort zu seinem Hauptwerk über »Das Kausalgesetz der Weltgeschichte«, kein Denker als er allein hätte ebendieses zu schreiben vermocht. Kant
nicht, Krause nicht und Hegel gleich gar nicht. Auch sonst fand er von der
gesamten philosophischen Literatur nichts brauchbar, bis auf ein paar kaum
sichtbare Bröcklein Aristoteles. Ein paar Bröcklein Aristoteles – manchem mag
das noch zu viel sein.

Thomas Bernard zum Beispiel: »Die Leute haben ja keine Ahnung.« Oder
Hans Erich Nossack: »Was sollen wir gewöhnliche Sterbliche mit den Erkenntnissen der Philosophen anfangen?« Günter Weisenborn gibt uns auf den Weg:
»In dem dialektischen Kampf zwischen Irrtum und Wahrheit sind das Gefährlichste die Halb- und Achtelirrtümer, die mit Sechzehntelwahrheiten zusammen
in einen Satz gesperrt werden.«

●

Man sollte ihn gar nicht zitieren, den Martin Walser, nicht einmal, wenn es gegen
das Geistesleben geht, aber einmal ist vielleicht doch kein keinmal: »Mehr ist es
ja nicht, das Geistesleben, als Zuviel- und Zuwenigzitieren und Zitiertwerden.«
»Dies war mein letztes Zitat und das letzte Mal, daß ich am Geistesleben teil-
nahm.« So rief einmal der rigorose Benjamin Kammerloher aus dem Fenster in
den Hinterhof, als alle schliefen.

Wenn man unsere Kultur betrachtet, diese äußerlich so sieghafte, innerlich so
trostlose Kultur, die aus den Menschen etwas wie Homunkeln macht, dann
kann es nicht wundernehmen, wenn ernstere seelisch anspruchsvollere Leute
am Ende ihr Heil in der Klosterzelle suchen.   *Peter Rosegger*

Allerdings eine gefährliche Gabe, Macht ohne Güte, erfindungsreiche Schlauig-
keit ohne Verstand. Nur können, haben, herrschen, genießen will der verdor-
ben-kultivierte Mensch, ohne zu überlegen, wozu er könne, was er habe und ob,

was er Genuß nenne, nicht zuletzt eine Ertötung des Genußes werde.

Johann Gottfried Herder

Der Selbstmord als Maßstab der Cultur: deutsch. Der Verbrauch der Seife: eng-lisch.

Friedrich Nietzsche

Traue dem Menschen nicht, in dem Kunst, Verstand und Interesse das Tierische seiner Natur so unterjocht und verdünstet haben, daß sogar die Zeichen seines Instinkts und seiner Sinnlichkeit verloschen sind.

Friedrich Maximilian Klinger

Über dieses Chaos von Dreck und Rätsel einen erlösenden Himmel stülpen!! Den Menschenmist ordnend durchduften!! Ich danke … Deshalb werden Philosophien und Romane erschwitzt, Bilder geschmiert, Plastiken gebosselt, Symphonien hervorgeächzt und Religionen gestartet! Welch ein erschütternder Ehrgeiz – zumal diese eitlen Eseleien durchwegs gründlich (sc. Besonders gründlich in deutschen Gauen) mißglückt sind. Alles Unfug!!!

Walter Serner

Gebildet sein heißt: sich nicht merken lassen, wie elend und schlecht man ist, wie raubtierhaft im Streben, wie eigensüchtig und wie schamlos im Genießen.

Friedrich Nietzsche

Ich habe bisher immer noch einen Rest von Achtung vor dem deutschen Bürgertum gehabt, da mir einige seiner Vertreter wertvolle Träger einer mühsam geretteten kulturellen Tradition zu sein schienen. Ich muß gestehen, daß dieser Rest von Achtung der tatsächlichen Begründung entbehrt: die ›Kulturträger‹ stellen sich bei näherm Hinsehen als Mitglieder einer geistfeindlichen Camorra heraus, die überall mit der Drangsalierung Andersdenkender beschäftigt ist.

Richard Huelsenbeck

»Ein Gespenst geht um in Europa« – ein schwarzes, pfäffisches, muckermäuliges: Kultur-Reaktion. Kind des wirtschaftlichen und des politischen Rückschritts, erhebt sie heute machtbewußt ihr Medusenhaupt und führt uns mit beschwörendem Finger: en avant – dem Mittelalter zu. Dieses Gespenst zu bannen und damit das aus Grabestiefen erstehende Mittelalter, wird die Aufgabe Aller sein, die nicht widerstandslos sich aufs Rad flechten, stäupen oder vierteilen lassen wollen. Nicht faktisch, versteht sich, sondern nach den Grundsätzen unsres – ei, ei – demokratischen Zeitalters: fein säuberlich auf dem Verwaltungswege.

Gerhart Pohl

Es goethelt sich da etwas zurecht in deutschen Landen. Bis an den Hals mit jener Sucht gefüllt, dem anderen um Gotteswillen eine Spirale weit vorauf zu sein, lächeln diese Kulturbadewärter leise und vornehm auf die »Berliner Radikalen« herunter. Ich spreche gar nicht einmal von den dummen völkischen Zeitschriften, die für sich alle paar Monate ein neues teutsches Genie entdecken, einen Bildhauer, der keusches Blond knetet, heiligen Mutterschoß und betenden Krieger; einen Maler, der von alten Kirchenbildern klaut, was ihm erreichbar ist; zur Zeit haben sie Hans Grimm beim Wickel, einen falschen Frenssen, und der echte war schon Tomback ... Also von denen wollen wir uns gar nicht unterhalten.   *Ignaz Wrobel*

Seltsame Trübung des Urteils, schlecht verhehlte Sucht nach Ergötzlichkeit, nach Unterhaltung um jeden Preis, gelehrtenhafte Rücksichten, Wichtigtun und Schauspielerei mit dem Ernst der Kunst von seiten der Ausführenden, brutale Gier nach Geldgewinn von seiten der Unternehmenden, Hohlheit und Gedankenlosigkeit einer Gesellschaft, welche an das Volk nur so weit denkt, als es ihr nützt oder gefährlich ist, und Theater und Konzerte besucht, ohne je dabei an Pflichten erinnert zu werden – dies alles zusammen bildet die dampfe und verderbliche Luft unserer heutigen Kunstzustände.   *Friedrich Nietzsche*

Jedem großen Originalkünstler pflegt hier, so lange ihn noch die Flut der Mode emporträgt, ein zahlloser Schwarm der armseligsten Kopisten zu folgen, bis durch ihre ewigen Wiederholungen und Entstellungen das große Urbild selbst so alltäglich und ekelhaft geworden ist, daß nun an die Stelle der Vergötterung Abscheu oder ewige Vergessenheit tritt. Charakterlosigkeit scheint der einzige Charakter der modernen Poesie, Verwirrung das Gemeinsame ihrer Masse, Gesetzlosigkeit der Geist ihrer Geschichte, und Skeptizismus das Resultat ihrer Theorie.   *Friedrich Schlegel*

Das Problem ist aber nicht nur der katholische Filmdienst, iwo. Tatsächlich empfinden weite Teile des Kulturapparats ganz ähnlich, ob sie nun Katholiken, Liberale, Konservative, Marxisten oder was immer sind. In meiner diesbezüglichen Bekanntschaft ist eine besondere Form des Kulturbanausentums häufig vertreten. Leute, die etwa die Cartoons von Reiser nicht als Kunst verstehen, die keine Horrorfilme ansehen, die gut verkauften Büchern kaum einen literarischen Rang zumessen, die wegweisende Serien wie Twin-Peaks nicht verfolgen (weil es, iggitt, Fernsehen ist), die bei Filmen wie »Wild at Heart« nach der zweiten Szene das Kino verlassen und laut über vermeintlich unästhetische Brutalität jammern, kurz: Hinterwäldler mit antiquierten Vorstellungen und naiv dümmlichen Wertesystemen hypersensibel, betulich, schreckhaft, verklemmt. Durch ihre Bemühungen, die Literatur blutleer, brav, sauber, hehr und marmorn zu halten, lassen sie sie als Zeige immer mehr ins Hintertreffen geraten. So ist die Vorhut der Kunst heute eindeutig der Film, auch das Comic, überhaupt das unterlegte Bild (während die Popmusik jede Schubkraft verloren und überhaupt abgedankt hat). Mein ehemaliger Lektor K. H. gehört zu den Prototypen dieser graumelierten Achtundsechziger, die in ihrem Eskapismus nichts mehr wahrnehmen, was von Wichtigkeit ist, die in einer sorgsam behüteten, schlapp-liberal-bürgerlichen Hütte leben, deren Dach mit Scheuklappen gedeckt ist.

Helmut Krausser

Kleines Schule-und-Bildungs-Abscheu-ABC

Akademiker
Solchen Menschen wird von ihren impotenten akademischen Vorgesetzten dann die Doktorwürde erteilt – es ist ein trauriges Bild, welches an diesem einzigen Fall entrollt werden kann! – *Arno Schmidt*

Gestehen wir es nur, auch unter uns Akademikern bleibt ein Großteil ästhetisch auf einem Hilfsschulniveau! *Pater Richard Egenter*

Allwissenheit
Wohltätiger Stumpfsinn! Wenn du nicht wärest, so kämen wir nie zur Ruhe. Du läßt uns vergessen, was stündlich schrecklichstes geschieht, und uns leichtfüßig über Gräber eilen. Wenn wir nur einen Tag Allwissenheit erhielten, wir würden uns vor Entsetzen, um nichts mehr zu sehen und zu hören, selbst vernichten.

Professor Gustav Krüger

Erziehung
Der gutmütige Glaube an die steigende Vervollkommnung oder Veredlung des Menschengeschlechts kommt mir, sobald ich eben dieses Menschgeschlecht sich vor den reichen und Mächtigen beugen, kriechen und zittern sehe, gar zu albern, abgeschmackt, ja zuzeiten ekelhaft vor. *Friedrich Maximilian Klinger*

Gebildete
An der Mehrzahl der »Gebildeten« scheint Hopfen und Malz verloren.

Hellmut von Gerlach

Verfaule in deiner faulen Bildung, Gebildeter. Versauf in feinen Formulierungen, Brillenkerl. Lächle überlegen – ach, bist du kultiviert! *Kurt Tucholsky*

Gelehrsamkeit
Die Gelehrsamkeit ist unfruchtbar. Sie hat nie einen schöpferischen Gedanken erzeugt, nie die Welt um einen Schritt vorwärtsgebracht. *Gustav Krüger*

Halbbildung
Wie das Zwielicht unheimlicher ist als die Nacht, so ist die halbe Bildung verderblicher als die Unwissenheit.   *Karl Emil Franzos*

Lehrer
Es ist wohlbekannt, daß die grausamsten aller Tyrannen die kleinen Tyrannen sind; und die grausamsten aller kleinen Tyrannen sind die Schultyrannen.
Heinrich Pestalozzi

Lernen
Alles, was man lernen muß, hüllt den Verstand in eine Nebelkappe, daß die Wahrheit uns nicht einleuchte.   *Bettine von Arnim*

Kommilitonen
Der Ahnen wilde Streitbegier
auch uns zum Kampfe reißt:
Wir kämpfen mit Zigarr und Bier
wider den heiligen Geist.   *Christian Morgenstern*

Magister
Und kann nicht genug sagen, wie sich mein Erdgeruch und mein Erdgefühl gegen die schwarz, grau, steifröckigen, krummbeinigen, perückengeklebten, degenschwänzlichen Magisters, gegen die feiertagsberockte, allmodische, schlankliche, vieldünkliche Studentenbuben, gegen die zuckende, grinsende, schnäbelnde und schwumelnde Mägdlein, und gegen die strotzliche, schwänzliche und finzliche junge Mägde ausnimmt, welcher Greuel mir alle heut um die Toren als an Marientags Feste erschienen sind.   *Johann Wolfgang Goethe*

Mittelschule
Ein Mittel durch die Schule die Jugend in dauernder Unbildung zu halten.
Albert Ehrenstein
Oberlehrer
Seine Seele ist nämlich bucklig – darum ist er so komisch. Den Buckel, den seine Seele hat, nennt er Logik und Exaktheit ... Der Konfektionsreisende und der Radfahrer stinken nur; der Oberlehrer aber fleckt. Er steckt seine Nase inbrünstig in jeden vergessenen Stumpfsinn und wischt sie dann mit lautem Schnäuzen an unseren besten Kulturen ab. Er muß alles wissen, und wer alles wissen muß, der weiß alles besser. Wenn Sie im Auslande bewundernd vor einem herrlichen Tempel stehen und das Unglück will es, so kommt der deutsche Oberlehrer und setzt Ihnen in dreistündigem Vortrag auseinander, warum der linke Quaderstein am dritten Portal rechts im falschen Winkel behauen ist, und wieso es kommt,

daß dieser Tempel gerade hier und nicht sieben Meter weiter östlich erbaut ist. Der Oberlehrer verleidet einem jeden Kunst-, jeden Naturgenuß, weil er alles glaubt erklären zu müssen, weil er verzweifelt, wenn er niemand erziehen kann ... Nur über sich selbst ist er ganz unorientiert. Er hat keine Ahnung, wie ekelhaft er ist, wenn er jedes Kunstwerk auf die Farbensubstanz studiert, mit der es gemalt ist, ohne irgendwelchen seelischen Nutzen daraus zu ziehen; er sieht nicht, welchen schönheitszerreißenden Eindruck seine Klumpfüße in die herrlichsten Gegenden treten.

Erich Mühsam

Ordenswesen, studentisches
Von allen den Torheiten, durch welche unsre studierenden Jünglinge sich sonst vor anderen Menschenkindern auszeichnen zu müssen glaubten, sind die meisten verschwunden, und nur das schädliche Ordenswesen, das so sehr beiträgt, den Geist der nützlichen Tätigkeit zu lähmen und den Jüngling zur Phantasiewelt, zum zwecklosen Arbeiten, zum Schwärmen in leeren Ideen zu verleiten, ist noch nicht ganz ausgerottet und wird auch schwerlich durch Gewalt und obrigkeitliche Anstalten unterdrückt werden können. Man behandle diese Spielwerke als die Kindereien, die sie wirklich sind, und sie zerflattern von selbst. Überhaupt scheint die Sucht, die Welt durch geheime Gesellschaften in einem kleinen Kreise zu idealisieren, eine Krankheit unseres Jahrhunderts zu sein, welche durch Bundesromane und dergleichen Modeprodukte genährt wird und die den schädlichen Faulwitz erzeugt, der seine Hütte einstürzen läßt, während er mit Projekten umgeht, den Vatikan vor dem Einfallen zu sichern.

Friedrich Georg Rebmann

Ordinarius
In Wahrheit ist ein »Ordinarius« weiter nichts, als ein »gehobener Lehrer«, für Kindlein um die 20: darüber hinaus ist's Martini am letzten. Allerdings eignet den Meisten davon die bresthafte kalte Frechheit, ihre Vorlesungen periodisch zusammendrucken und die, ziemlich überflüssige, Produkte als Bücher deklarieren zu lassen: die frostigste Meinung, die je in einen Papierkopf kam.

Arno Schmidt

Professor
Jemand, der gewöhnt ist, einem Haufen gaffender, unbärtiger Musensöhne stundenlang hohe Weisheiten vorzupredigen und dann zu sehen, wie sogar seine platten, in jedem halben Jahre wiederholten Späße sorgfältig nachgeschrieben werden.

Adolph Freiherr von Knigge

Was in den Jahren von 1914 bis 1918 von den Ordentlichen Professoren jener Universitäten, die den Schlächtermeistern Ehrendoktorate verliehen, angerichtet worden ist, geht auf keine Kuhhaut. Sie tobten alle mit: Theologen, die die Schlachttiere segneten; Mediziner, die gar nicht genug Löcher zum Verbinden bekommen konnten; Philosophen, die nachwiesen, daß es immer schon so gewesen sei; und Juristen, die die Rechtsansprüche halb unzurechnungsfähiger Einbrecher mit dem ganzen corpus juris belegten. Daß die Tagesschreiber nur noch mit roten Farbbändern auf ihren Schreibmaschinen tippten, versteht sich von selbst. *Ignaz Wrobel*

Er hörte lieber einen Papageien sprechen als einen Professor.
Georg Christoph Lichtenberg

Schule
... Seelenfabrik und Sklavenplantage... *Christian Friedrich Daniel Schubart*

Morgens um 8 Uhr wird eine Herde von Knaben in die Schule geschafft, ganz und zerrissen, gekämmt und ungekämmt, koticht und gewaschen, bestrumpft und barfuß. Nach dem Gebete fangen die Kleinen an zu buchstabieren in einem so abscheulich gedehnten und langweiligen Tone, der sich mit nichts vergleichen läßt, weil die Natur keinen Vogel geschaffen hat, der so gräuliche Töne heult. Dann rezitieren sie ihren Katechismus ohne Verstand, seitenlange Auslegungen darüber aus einem andern Buche, Gesänge von 20 bis 30 Strophen, Psalmen und Sprüche, aus dem Zusammenhange gerissen, und weil die Knaben von all diesem nichts verstehen, so gähnen sie, just wie in Chodowieckis Kupferstiche, die Landschule betitelt, der Stunde entgegen, die sie aus dem dumpfen Schulkerker ruft. Dann gehen sie mit wilder Freude nach Hause, und das Vieh, welches eingetrieben wird, erregt keinen solchen Lärmen als eine Herde Schulkinder nach geendigter Schule. *Deutsche Chronik, 9. Mai 1774*

Studenten
Was man in Padua, Bologna und anderweit findet, das braucht man in Teutschland auch nicht lang zu suchen, ebenso wenig als in Schweden, Polen, Dänemark, Niederland, Norwegen, Frankreich und Spanien. Man trifft allenthalben auf den Akademien diese vier Fakultäten an, daß nämlich unter den Studenten etliche auf Fressen und Saufen, andere aufs Lieben, andere auf Fechten und Balgen, andere aufs Studieren, ja etliche auch bloß auf das Pflastertreten und Hoffahrt sich legen. *Eberhard Werner Happel*

Wenn diese Burschen vor Jahren zum erstenmal auf Akademien kamen, wurden sie eingeschrieben, und vorher hießen sie Bacchanten. Man pflegte damals auch wohl kleine Kinder von drei, vier bis vierzehn, sechzehn Jahren, ehe sie die akademischen Wissenschaften erreicht, als Studenten einzuschreiben, denn mit diesen ging man allemal gelinder um als mit den erwachsenen Bengeln.

Wie ich denn etliche Knaben gekannt, die, weil sie in der Jugend Lust zum Studieren hatten, sich eintragen ließen, hernach aber, da ihnen durch den einen oder anderen Zufall der Kompass verrückt ward, daß sie das Studium absagen mußten, sich zwar rühmte, wie hoch sie es gebracht, daß sie eingeschrieben worden, aber sie wurden dadurch keine Klügeren ...

Man kann sie erkennen an ihrem tückischen Gesicht, grober unartiger Gestalt, runzliger Stirn, an ihren abgezirkelten Worten, dunkeln und nur untersichtigen Blinzelaugen, langen saubörstigen Bärten und Haaren, verschimmeltem und vermodertem Gestand des Leibs. Wer sie reden hört, mag wohl sagen, daß sie nicht wissen, wie es in der Welt zugeht, noch was die Welt sei.

Eberhard Werner Happel

Es läßt sich oft nichts Elendigeres, Dummeres und Platteres denken als das Treiben und Leben und Weben des sogenannten Komments und der flotten Burschikosität. Es ist unglaublich, wenn gerade zufällig der Überfluß der geistigen und erregenden Kräfte auf einer Universität nicht groß ist, mit welcher jämmerlichen und matten und geistlosen Leerheit und Nichtigkeit die faulen Philister und die wilden Renommisten die köstlichste Zeit der Jugend verändeln und verspielen, und wie sie trotz den ausgemachtesten Philistern des gewöhnlichen Bürgerlebens das Nichts mit einem Ernst treiben, der bei solcher Jugend doppelt und dreifach possierlich ist.

Ernst Moritz Arndt

Studenten (in Leipzig)

Zur Verachtung der Leipziger Studierenden tragen unstreitig die Theologen das meiste bei. Diese, die unglücklicherweise den größten Teil derselben ausmachen, haben alle Eigenschaften des Kapuzinerordens an sich. Sie sind arm, unwissend, kriechend, niederträchtig, stolz und schmutzig. Letzeres macht, daß man sie unter allen herausfinden und ihr Studium aus dem Geruch abnehmen kann, den sie um sich verbreiten. Jenes aber würde ihren Ursprung aus der Hefe des Volkes auch dann sogleich verraten, wenn man sie unter der höchsten Kleiderpracht verbergen wollte. Ihre gewöhnliche Tracht besteht in meist dunklen Überröcken, damit man die zerrissenen und äußerst schmutzigen Unterkleider nicht bemerken soll. Die Röcke sind zumeist mit einer breiten Kante Gassenkots versehen, der bei gutem und schlimmem Wetter von den philosophischen Herren übersehen wird. Ihre runden Hüte, unfähig, den täglichen Gewalttätigkeiten zu widerstehen, die ihnen in den Collegiis von Füßen und Knien widerfahren, haben außer der grauen Farbe eine sehr abweichende Form. Das Haar tragen sie ungepudert und struppig. Daher ist's von Schweiß glänzend und ekelhaft anzusehen und schon von fern zu riechen.

Georg Friedrich Rebmann

Studentenparlament

Studenten-Parlamente sind, denkt ihr, besser als andre: reicher an Jugend, ärmer an Trotteln – ? Ja, Kuchen! Klettert bloß ein einziges Mal auf die Tribüne des Hörsaals III im neuen Anlagegebäude oder des Englischen Seminars oder sonst eines Plenarsaals, den die Berliner Studentenvertreter grade zwecks Sitzung betreten – da habt ihr eine ganz gewöhnliche Volksvertretung vor euch: Feld-, Wald- und Wiesen-Trottel von scheinbar siebzig Jahren, in Wahrheit rüstige Greise von ungefähr zwanzig; alle glattrasiert, sonst sicher graumeliert.

Volksvertretung, Studentenvertretung – Jacke wie Hose. Hier wie da Triumph der Geschäftsordnungsfexe über die Denker; des »gesunden Menschenverstands« über den Geist. Hier wie da Vertreter, die man treten möchte. Hier wie da ist die Fragwürdigkeit, die sich Parlament nennt, nur einer Antwort würdig: des Hohngelächters.   *Franz Leschnitzer*

Studium für Frauen

Studieren die Frauen aber kurz geschoren in Zürich, so mögen sie meinetwegen auch in Männerhosen den Montblanc erklettern; Esel sind die, welche sie sich wieder herunterholen.   *Wilhelm Raabe*

Einem Weibe, das der Mutterpflicht durch wilde Leidenschaft untreu wird, mag man verzeihen; eine Mutter aber, die ihre Kinder verläßt, weil sie sich nicht gebildet genug vorkommt, ist ein Scheusal oder, wenn man den Gesichtspunkt wechselt, eine Geisteskranke.   *Paul J. Möbius*

Universität

Gottselige Männer führen schon längst über unsere Universitäten bewegte Klagen, daß sie beinahe ein Sodom und Wechselstätte des Satans geworden seien, worin allerlei Greueln getrieben werden wie Fluchen, bestialisches Saufen, Schandrieren, Unzucht, Raufen und Balgen.   *Philipp von Sulzbach*

Der schönste Ort, an einer Quelle Durst zu leiden.   *Christian August Vulpius*

›Recht auf akademische Bildung (& Tit'l)‹?): »Glück und Ausflucht der Alphabet'n, lieb Schwesterlein. ›Nichts Dümmeres als Spezialistn.   *Arno Schmidt*

Verbindungsstudent

Der dümmste Schafskopf ist noch nütze,
zu tragen eine bunte Mütze …

    Arnold Weiß-Rüthel

Wissenschaft

Was hilfft die wissenschaft, der mehr denn falsche dunst?   *Andreas Gryphius*

Mit so großer Mühe lernt und lehrt der Mensch so vieles und mancherlei zu keinem anderen Zweck, als um sich und anderen tausend Freude zu verderben! Die Wissenschaft gleicht einer Chaussee, die ein schmales und langes Gefängnis ist, das man nicht verlassen darf, und rechts und links liegen die schönsten Felder und Blumenwiesen. Jede Kunstregel ist eine Kette, jedes Buch ein Tor – auch im andern Sinne des Wortes – das sich hinter den Eingetretenen zuschlägt. Glücklich, die nichts wissen und nichts lesen! *Ludwig Börne*

Wie die Biene so arbeitet die Wissenschaft an jenem großem Columbarium der Begriffe, der Begräbnisstätte der Anschauungen. *Friedrich Nietzsche*

Früher las man die Rubrik »Was viele nicht wissen« auf dem Lokus; heute erweitert man seinen Horizont von früh bis in die Nacht und wird immer dämlicher dabei. *Hans Reimann*

Wenn die deutschen wissenschaftlichen Männer den Verstand auch noch verlieren, was bleibt ihnen übrige? Tatkraft, Reichtum, Macht und Ansehen haben sie nie gehabt. *Ludwig Börne*

Wissenschaftssprache
Seitdem die Wissenschaft durch Entdeckungen neuer Dinge neue Worte zu schaffen gezwungen ist, sehen wir ein aus griechischen und lateinischen Wurzeln zusammengesetztes Allerweltskauderwelsch in alle Kultursprachen eindringen, das ausschließlich dem logischen Ausdruck dienen soll. Diese Sprache der Technik, Physik und Chemie ist allen inneren Lebens bar infolge ihrer Armut an anderen, als logischen Beziehungen. *Oscar A. H. Schmitz*

Wissenschaftliche Ausgabe
Große wissenschaftliche Ausgabe? Oh, ich weiß schon, was die Brüder so nennen: wenn sie uns zu dem Kind noch die placenta servieren! *Arno Schmidt*

Wider das Denken und die Idee

Denken
Und wenn man mag, so darf man das Denken mit der Heringslake vergleichen, die das konservierte Zeug um so reicher umspült, je weniger Ware im Umfang und Begriff der großen Tonne vorhanden ist, die, an sich wertlos und kraftlos, sich für die Hauptsache hält – und in die Ladenschwengel und Köchinnen und andere denkende Menschen mit schmutzigen Fingern hineinpatschen, einen elenden Hering zu gattern, und sich nachher die Lake von den Fingern lecken,

um andachtsvoll mit Ladenschwung und Küchenernst zu sagen: Das schmeckt salzig, das ist das Denken. *Fritz Mauthner*

Die Hottentotten nennen das Denken die Geißel des Lebens.
Georg Christoph Lichtenberg

Wer das Wort Denkfreiheit erfunden hat, war gewiß ein Dummkopf, der weiter keine Erfindung machen wird. *Johann Gottfried Seume*

Gedanke
Kein Ende haben die Gedanken, und das, und das ist fürchterlich.
Friedrich Theodor Vischer

Nagt an dir ein Gedanke, denke ihn weg! *Max Stirner*

Idee
Das Inkonsequenteste ist die Idee *Jacob Bernays*

Eine Idee, welcher die Massen nachjagen, ist ohnehin schon verdächtig.
Peter Rosegger

Intellekt
Wisch weg von meiner Stirn den Intellekt – Nichts sein als Kreatur – Und ohne Zweifel schlafen schlafen sterben. *Iwan Goll*

Logik
Und wie angenehm, daß man als Frau keine Logik zu haben braucht.
Franziska zu Reventlow

Theoretiker
Leute, die durchaus mit der Füllfeder Nägel in die Wand schlagen wollen oder mit dem Korkenzieher Kleider bügeln, sollten für Narren gelten und nicht für Theoretiker; am wenigsten für revolutionäre. *Kurt Hiller*

Mangel an Urteilskraft
Der Mangel an Urteilskraft ist eigentlich das, was man Dummheit nennt, und einem solchen Gebrechen ist nicht abzuhelfen. *Immanuel Kant*

Wider die Sprache und die Worte

Die *Worte* sind es, – die *Sprache* im weitesten Sinne, die uns vom Höhern trennen, die sich überall dazwischen schieben, alles verflachen und verwässern und tote Begriffe uns anstelle großartigsten Erlebens schieben.

Fritz Ritter von Herzmanowsky-Orlando

Die Wörter hindern uns, an den Gedanken heranzukommen. Was muß man sich quälen, die wahre Meinung eines Dichters z. B. zu erfassen, besonders, wenn er nicht unserem Volke oder der Vergangenheit angehört. Es ist wie mit dem Leib der Geliebten, der uns hindert, an ihre Seele heranzudringen.

Gustav Krüger

Der Mensch kann sich in seiner Not vermöge der Sprache nicht mehr zu erkennen geben, also sich nicht wahrhaft mitteilen: bei diesem dunkel gefühlten Zustande ist die Sprache überall eine Gewalt für sich geworden, welche nun wie mit Gespensterarmen die Menschen faßt und schiebt, wohin sie eigentlich nicht wollen; sobald sie miteinander sich zu verständigen und zu einem Werk zu vereinigen suchen, erfaßt sie der Wahnsinn der allgemeinen Begriffe, ja der reinen Wortklänge, und infolge dieser Unfähigkeit sich mitzuteilen, tragen dann wieder die Schöpfungen ihres Gemeinsinns das Zeichen des Sich-nicht-Verstehens, insofern sie nicht den wirklichen Nöten entsprechen, sondern eben nur der Hohlheit jener gewaltherrischen Worte und Begriffe: so nimmt die Menschheit zu allen ihren Leiden auch noch das Leiden der Konvention hinzu, das heißt des Übereinkommens in Worten und Handlungen ohne ein Übereinkommen des Gefühls.

Friedrich Nietzsche

Herr: wozu überhaupt Franzosen, Deutsche ... die vielen Völker? Ich halte die Sprachverwirrung für keine glückliche Maßregel.

Roda Roda

Die Hilflosigkeit gegenüber dem Wort, die wir bei den Agenten und Lagermeistern des spekulativen Denkgeschäftes immer wahrnehmen, wird verzeihlicher, wenn wir auf die Frechheit achten, mit der das Wort wie ein schamloser Geschäftsreisender nach jeder Abweisung sich immer wieder einführt.

Fritz Mauthner

Die Sprache ist der Hundsaffe, der prostituierte, der mißbraucht wird für die drei großen Begierden des Menschen, der sich brüllend vor den Pflug spannt als Arbeiter für den Hunger, der sich und seine Familie verkauft als Kuppler für die Liebe, und der sich in all seiner Scheußlichkeit verhöhnen läßt als Folie für die Eitelkeit, und der schließlich noch der Luxusbegierde dient und als Zirkusaffe seine Sprünge macht, damit der Affe einen Apfel kriege und eine Kußhand und damit er selbst Künstler heiße.

Fritz Mauthner

Ach, was für ein Mittel zum Mißverstehen sind doch Worte! *Lucy von Jacobi*

Die Worte sind gleichgültig. *Stefan Zweig*

Hör auf es ist zum Kozen
Will auf die Wörter rozten
Lieber sind mir Fozen
Mit denen Weiber protzen
Die will ich mir beglotzen. *Fritz von Kalb*

Sehen Sie, man will ›wissen‹ und verlangt nach dem Wort, aber das Wort ist untauglich, bestenfalls eine Krücke für die, denen das Humpeln genügt.
Ernst Barlach

Das fremde Wort ist ein wurzelloser Baum, aus dem höchstens gelehrte Krüppel zu ihrem Fortkommen sich Krücken schnitzen. *Carl Gustav Jochmann*

Hol der Teufel die abstrakten Ausdrücke! *David Friedrich Strauß*

Wie sich doch die Begriffe verwirren, wenn man deren viele macht.
Peter Rosegger

Gäbe es keine Sprache, so gäbe es wahrscheinlich viel weniger Mißverständnisse und Verdrießlichkeiten. *Peter Rosegger*

Fremdwörter
Die Vorliebe für Fremdwörter hat drei Quellen: schlechte Gewöhnung, Unklarheit des Denkens, und Feigheit. Im zweiten Fall sollen sie die Mängel des Gedankens verhüllen, im dritten eine Rückendeckung schaffen, weil das fremde Wort immer schillert. *Professor Gustav Krüger*

Vieles hatten wir recht gut ausgedrückt, aber mutwillig ließen wir den teutschen Ausdruck in Vergessenheit oder Verächtlichkeit herabsinken und hielten den französischen für edler [...] unsere guten oder übeln Launen würden zu gutem oder übeln Humeur, die Grillen zu Caprisen ... *Johann Karl Wezel*

Konjunktiv
Es ist daher am besten, wir verachten etwas, das uns fehlt, und brauchen den Konjunktif gar nicht. [...] auch haben wir dies in der Sprache des Umgangs schon getan, wo wir gewöhnlich nach ›daß, damit, ob‹ den Indikatif setzen.
Johann Karl Wezel

Konsonaten, unnötige

An den Wörtern 'schimmlicht, sandigt, gebirgicht,' und ähnlichen sollten wir durchaus das t wegwerfen: die Adjektive in ›ich‹ und ›ig‹ sind die wohlklingendsten in der ganzen Sprache, die wir uns durch keine unnötigen Konsonanten verderben müssen.

Johann Karl Wezel

Sprachverletzung

Eine Sprachverletzung ist immer eine Gefühls- und Gehirnverletzung, eine Verdunklung der Welt, eine Vereisung.

Franz Kafka

Sprechen

Das wahre Anthropotoxin oder Menschengift ist das Sprechen.

Fritz Mauthner

Wortwitze

An Wortwitzen haben heutzutage nur noch Schwachsinnige und Börsenjuden Vergnügen; und bei Shakespeare besteht die Hälfte des Witzes darin. Wie ist es möglich, daß er ihnen eine solche Stelle eingeräumt hat! Sie verpesten förmlich die Unterhaltung seiner Gestalten. Die einzige Erklärung und Entschuldigung ist, daß er für die »Gründlinge« schrieb, und dieses plumpe Volk ergötzt sich noch heute an Kalauern, und wird es immer tun. *Professor Gustav Krüger*

Nachahmung

Der übelste Stil entsteht, wenn man etwas nachahmt und gleichzeitig kundgeben will, daß man sich diesem Nachgeahmten überlegen fühlt.

Hugo von Hofmannsthal

Wider die Philosophie...

Er war ein Pantoffel und stank am Ofen,
sie nannten ihn einen Philosophen. *Christian Morgenstern*

Der Philosoph wie der Hausbesitzer haben immer Reparaturen. *Wilhelm Busch*

Ich habe schon lange gedacht, die Philosophie wird sich noch selbst fressen. –
Die Metaphysik hat sich zum Teil schon selbst gefressen.

Georg Christoph Lichtenberg

Die Philosophie hat nie den religiösen Hunger der Völker zu stillen vermocht.

Adolf Kussmaul

Finden Sie nicht, daß Philosophie so etwas wie das Ziehen von Puppen an Dräh-
ten ist? *Max Scheler*

Die meisten Philosophen, die meisten Menschen überhaupt, sind Lehrer, Tyrannen der Belehrung. Was sie für wahr und richtig halten, sollen alle glauben und
tun. Das ekelt mich an. *Oswald Spengler*

Schon dreitausend Jahre lebt die Philosophie davon, daß ein Philosoph das
behauptet, was der andere verwirft, daß einer gegen alle und alle gegen einen
sind, und keiner sich der Gefahr des Unsinns fürcht't. *Johann Nestroy*

Suppenknochen sind besser als Philosophie! *Oskar Panizza*

Das Überflüssigste auf der Welt ist ein kleinbürgerlicher Philosoph.
Kurt Tucholsky

Der philosophische Ballon steigt nicht über die irdische Atmosphäre.
Wilhelm Busch

Ich lese nie philosophische Bücher, mein Kopf ist zu schwach, er verträgt sie
nicht. *Ludwig Börne*

Drei Viertel eurer Literatur und eure ganze Philosophie sind Ausdruck des
Mißbehagens. *Bruno Frank*

Heutzutage ist die bürgerliche Wissenschaft nicht mehr zu einer Weiterent-
wicklung der Philosophie fähig. Was sie bringt, ist kalte, öde Nachbeterei der
Systeme der klassischen Philosophie, ist das Stück- und Flickwerk eklektischer
Philosophie ohne Schwung und Größe, ist oberflächliche Salonphilosophie,
Modephilosophie von feuilletonistischem Charakter für den Snob. Die Bourgeoisie hat keine einheitliche zusammenfassende Weltanschauung mehr, durch die
sie, geschweige denn dem Proletariat, ihre Existenzberechtigung als herrschende Klasse, als Führerin zu höherer Kultur, nachweisen könnte. Die Bourgeoisie
kann nicht mehr glauben, sie darf aber auch nicht mehr wissen. Dieses Wissen
wäre so niederschmetternd, daß sie nicht mehr in einer Philosophie den Anblick
ihres eigenen Antlitzes zu ertragen vermöchte. An Stelle der frühern Philosophie tritt für die Bourgeoisie immer mehr ein Religionsersatz in Gestalt kari-
kierter Ideologien untergegangener oder nicht mehr lebensfähiger Kulturen.
Clara Zetkin

Der Unglaube neckte lange den Aberglauben; und dieser erpicht sich nun darauf, jenen an Herzlosigkeit zu übertreffen – und das sollte er nicht; denn damals, in seiner Nacktheit, war er in gewissem Sinne *schön*; jetzt, in der unnatürlichen Hülle dieser Feigenblätter ist er falsch und krüppelhaft. ... Und die Philosophie? Bald wird die Philosophie in mystischpoetische Düfte zerfließen, und die Ästhetik wird einen Geschmack von ihr annehmen wie das Fleisch von der Sommerhitze! Unter all den vielen Philosophien, die einander jagen und verdrängen, kommt das Philosophieren und die Philosophie selbst nach und nach ganz aus der Mode ...

Ernst Wagner

... und einige ihrer Begriffe

Aufklärung
Da kommt so ein Bürschlein daher im ellenhohen Tapon, riecht wie 'ne Apothek, ist hohl und dürr, er hallt; hat nach der neuesten Parisermode weder Waden noch Hirn; macht'n Hasenmäulchen und spricht im Falsettenton: Wohl uns, daß unsere Tage in das aufgeklärte philosophische Jahrhundert fielen! Was müssen die Alten für Schöpse gewesen sein! Traten in der Sturmhaube, im schweren Panzer einher; turnieren einander nieder; hatten Bärte wie Hetzennester; waren große starke Bengels; soffen (hier zog der Philosoph nach der Mode das Eaudelavant-Fläschchen heraus) aus Hirnschalen; brüllten Bardengesänge vom Felsen ins Schlachttal hinab; kleideten ihre Weiber in Wolfshäute und ließen ihre Kinder unter den Bestien kriechen. – Heil uns! Wir haben Freigeister, Stockfische, Putztische, Uhren mit Berlockengetändel, Eaudelavant, ungarisch Wasser, Rondeau, Zuckerwerk, Feenmärchen, Liedlein von Amoretten und Grazien auf Postpapier hingetändelt; haben modische Gesichtlein, hübsch blaß und nicht plump rot: können tanzen, singen und Filetstricken. – Hol' dich der Henker, du Hasenfuß, sagt ein Philosoph von der rauhen Klasse! Solche Zuckerpüppchen, wie du bist, beweisen's gar schön, in welchen abscheulichen Zeiten wir leben.

Christian Friedrich Daniel Schubart

Epikuräer
Die Epikureer Melancholiker mit schwachem Magen – daher ihre »Baucheslust«.

Friedrich Nietzsche

Ethik
Ethik kann so wenig zur Tugend verhelfen, als eine vollständige Ästhetik lehren kann, Kunstwerke hervorzubringen.

Arthur Schopenhauer

Ja, die Verblödung nannte sich immer Logik und die Entsinnlichung kam immer im Namen der Ethik.   *Theodor Lessing*

Gegner der Philosophie
Die Philosophie hat kaum ihr Licht unter uns verbreitet, schon stehen Dummheit und Aberglauben rings um uns auf und betreiben ihre Vernichtung. Sie wenden dabei alle bösen Schliche an, die man kennt, die verschrien genug und doch stets ihres Erfolgs sicher sind. Die gröbste Lüge, die gemeinste Verleumdung, die ungerechteste Verfolgung, alles wird aufgeboten, um den Fortschritt der Vernunft und Wahrheit zu hemmen.   *Melchior Grimm*

Geheimnis
Wo Geheimnisse sind, fürchte ich Gaunerei. Die Wahrheit kann und darf vor Männern das Licht nicht scheuen. Es gibt keine Wahrheit, die man vor Vernünftigen verbergen müßte.   *Johann Gottfried Seume*

Humanität
Das Schild der Humanität ist die beste, sicherste Decke der niederträchtigsten öffentlichen Gaunerei.   *Johann Gottfried Seume*

Irrationale
Der platteste Katheder-Rationalist, der doch wenigstens manches Zersetzenswerte zersetzt, das verkommenste Kaffeehaus-Bleichgesicht, das doch wenigstens manchen ›Trägen‹ aufhetzt, ist uns lieber, erscheint uns vorbildlicher und hoffnungewährender als das Gros der tiefuenden Irrationalinskis, der rosigkaffrigen Feld-, Wald- und Wiesen-Betorkler, die vor lauter Weltanschauung niemals, niemals merken, daß die Sozialwelt stinkt.   *Franz Leschnitzer*

Kalte Vernunft
Im Feudalismus herrschte die Leidenschaft, in der Bourgeosie herrscht die Kälte der Vernunft – warum sollte eine Wiederkehr der Leidenschaft nach dem Ende dieser Bougres unmöglich sein? Eine Wiederkehr, die auch die Vernunft erst von ihrer Herrschaftsanmaßung befreien wird, denn nur die Leidenschaft kann die Vernunft wieder zum Glühen bringen.   *Gerd Bergfleth*

Kategorischer Imperativ
Es ist zum Lachen, wenn man uns vorschwatzen will, Kants kategorischer Imperativ habe die Gewissen geschärft. Die so benannte Formel ist eine leere, völlig nichtssagende Vorschrift.   *Professor Gustav Krüger*

Es war schon spät in der Nacht. Sie machten sich auf, zerstreuten sich, nach genommener Verabredung in die Stadt, kauften eine Ladung Schaffelle zu feinerm Pergamente verarbeitet, Nadeln, Zwirn, Pappe, Seidenzeug, Farbe, Sprachrohr, Leim und alle übrigen kleinen Bedürfnisse, die sie zum großen Werke nötig hatten. Als sie nun zu Hause angekommen waren, teilten sie das vorhandene Werk nach den verschiedenen Fähigkeiten eines jeden ab, schnitten, zerrten, nähten, klebten, malten die ganze Nacht durch; und die aufgehende Sonne beschien eine gar herrliche, große Menschenfigur, deren Anblick und kunstreiche Vollendung ihre Schöpfer hoch entzückte. Und ihr Entzücken war begründet. Denn da diese menschliche Figur ohne Sehnen, Nerven, Fibern, Galle, Leber, Drüsen, Herz, Blut, Zellgewebe, Zwerchfell, Nieren und Schamteile war, so stellte sie den kategorischen Imperativ wahrer, vollkommener und erhabener dar, als man ihn bisher selbst auf Teutschem Boden, seinem mütterlichen Lande, gesehen hatte. Sein glattes, glänzendes, schön gemaltes Gesicht glich der Seite, welche uns die aus dem Bade steigende Liebesgöttin zeigt. Es war so leer von allem sinnlichen, irdischen, tierischen leidenschaftlichen Ausdrucke, daß auch nicht die geringste Spur von Lust, Unlust, Furcht oder Hoffnung auf demselben zu sehen war. *Friedrich Maximilian Klinger*

Mangel an Urteilskraft

Der Mangel an Urteilskraft ist eigentlich das, was man Dummheit nennt, und einem solchen Gebrechen ist nicht abzuhelfen. *Immanuel Kant*

Metaphysik

Die Metaphysik, einschließlich die der journalistischen Haie, ist einer der gewalttätigsten Schlepper auf die Schlachtfelder der imperialistischen Kriege.

Louis Fürnberg

Monismus

Wie seine Flöte
auch immer verführt – –:
Haeckel und Goethe
mit Bier angerührt. *Christian Morgenstern*

Moralphilosophen

Die Damen haben bisher sehr hohe Absätze unter ihren Schuhen getragen; das ist allgemein bekannt. Und ebenso bekannt muß sein, daß dieser hohe Absatz den Moralphilosophen stets ein Dorn im Auge gewesen ist. Die Moralphilosophen schrieben Artikel, in denen sie erklärten, der hohe Absatz sei wider die Natur und deshalb gesundheitsschädlich; auch verstoße er gegen die Gesetze der Schönheit. Denn die Moralphilosophen nehmen es sehr genau mit den

Gesetzen der Schönheit; sie selber tragen meistens Zelluloidkragen.

Victor Auburtin

Mystik
Wir haben die Logik immer höchst langweilig gefunden; aber wenn es ihr gelingt, die Mystik, diese schändliche Gelegenheitsmacherin des Despotismus, zu vertreiben, so wollen wir ihre beste Freundin werden und täglich beim Frühstück in des Professors Maas Kompendium lesen. *Ludwig Börne*

Naturphilosophen
Die Naturphilosophen sind nur eine besondre Klasse Narren, Natur-Narren, wie es Kleidernarren, Pferdenarren, Büchernarren gibt, d. h. Leute, die irgendein Relatives zum Absoluten erheben und eben dies drüber vergessen.

Arthur Schopenhauer

Nietzscheaner
Gott ist tot, es leben die Götter! Nietzsche hätte sich das Jubilieren über Gottes Tod überlegt, hatte er seine Nachfolger und Erben vorausgeahnt.

Evelyn Futo

Nihilismus
Es wird noch kommen, daß der Nihilismus aufstellt, die Welt werde sich zurück ins Nichts auflösen; folgt, daß sie auch in der Zeit einst aus dem Nichts entstanden sei, – eine Vorstellung, so roh und kindisch, das sie in keinem Gehirn auftauchen sollte, das nur zwei Minuten lang philosophisch denken gelernt hat.

Friedrich Theodor Vischer

Objektivität
Die sogenannte Objektivität, wovon heute so viel die Rede ist, ist nichts als eine trockene Lüge; es ist nicht möglich, die Vergangenheit zu schildern, ohne ihr die Färbung unserer eigenen Gefühle zu verleihen. *Heinrich Heine*

Philosophieprofessoren
Nichts schadet der Philosophie mehr, als die besoldeten Professoren derselben, welche glauben, von Amts wegen eigne Gedanken haben zu müssen.

Arthur Schopenhauer

Philosophiestudium
An das Philosophiestudieren ist gar nicht zu denken.

Georg Christoph Lichtenberg

Platonische Idee
Der Asketenverein Zum häßlichen Schenkel hat die Platonische Idee erfunden.

Hugo Ball

Schelm
Wer mit dem Geist geizt, mit ihm prahlt, wer ihn aufschichtet oder ihm einen Stempel einbrennt, der ist der eigennützigste Schelm. *Bettine von Arnim*

Scholastik
Wem auch nur noch ein schwacher Funke von Vernunft im Haupte glimmte, der mußte sich angeekelt und empört fühlen, wenn die Vertreter der kirchlichen Gelahrtheit, die Scholastiker, in allem Ernst Fragen aufwarfen wie: »Kann Gott etwas Geschehenes völlig ungeschehen machen, z. B. aus einem Freudenmädchen eine reine Magd? – warum hat Adam im Paradiese von einem Apfel und nicht von einer Birne gegessen? – Wie viele Engel haben Platz auf einer Nadelspitze? – Konnte Christus auch in Gestalt eines Weibes oder eines Esels oder eines Kürbis erscheinen, und wie hätte er in solcher Gestalt die Erlösung vollbracht? – In welcher Sprache hat die Schlange zu Eva geredet? – War der erste Mensch auch mit einem Nabel ausgestattet? – *Johannes Scherr*

Selbst
Lerne dich selbst nicht zu sehr auswendig! Man glaubt gar nicht, welch ein eintöniges Wesen man wird, wenn man sich immer nur in dem Zirkel seiner eigenen Lieblingsbegriffe herumdreht, und wie man so leicht alles verwirft, was nicht unser Siegel an der Stirne trägt. *Adolph Knigge*

Theorien
Schlechte Theorien stammen zuletzt immer von einem der drei großen Verderber der Menschheit: Laotse, Paulus, Hegel. (Dem Prediger wider die Tat; dem Lästerer der Sinne; dem Verherrlicher des Bestehenden.) *Kurt Hiller*

Universitätsphilosophie
... daß jetzt gerade ein schwächliches Geschlecht auf den Kathedern herrscht; und Schopenhauer würde, wenn er jetzt seine Abhandlung über Universitätsphilosophie zu schreiben hätte, nicht mehr die Keule nötig haben, sondern mit einem Binsenrohr siegen. *Friedrich Nietzsche*

Vernunft
Die allgemeinen fixen Ideen, welche man die gesunde Vernunft tauft, sind unerträglich langweilig. *Georg Büchner*

Man muß die Vernunft unter die Bank stecken. *Martin Luther*

Man hat sich die Vernunft des Menschen als eine neue, ganz abgetrennte Kraft in die Seele hineingedacht, die dem Menschen als eine Zugabe vor allen Tieren zu eigen geworden und die also auch, wie die vierte Stufe einer Leiter nach den drei untersten, allein betrachtet werden müsse; und das ist freilich, es mögen es so große Philosophen sagen, als da wollen, philosophischer Unsinn. Alle Kräfte unsrer und der Tierseelen sind nichts als metaphysische Abstraktionen, Würkungen! Sie werden abgeteilt, weil sie von unserm schwachen Geiste nicht auf einmal betrachtet werden konnten ... *Johann Gottfried Herder*

Verstand
Um zu erproben, welch lästiges Geschenk des Himmels der Verstand sei, muß man täglich mit einem Schirme ausgehen und am Ende des Jahres die unvorhergesehenen Regentage zählen. *Ludwig Börne*

Wahrheit
Es ist kein schlimmer Kräutlein, dann die Wahrheit. *Claus Narr*

Wer sich einbildet, im Besitz der Wahrheit zu sein, der hat sie in eben dem Augenblick verloren. Wahrheit ist nichts für uns. *Arno Schmidt*

Wiederkunft aller Dinge
Die »Wiederkunft aller Dinge« ist ein abgeschmackter und unerträglicher Gedanke. Nachdem man sich einmal blutend emporgerungen hat, den ganzen Prozeß noch einmal durchmachen zu müssen mit seinen ganzen Scheußlichkeiten und Abgründigkeiten (man denke an die Kranken, die Müden usw.) und nicht *ein*mal – sondern ruhelos dacapo – das Leben würde faul und stinkend werden in diesem ertötenden Kreislauf. *Christian Morgenstern*

Wirklichkeit
Die Wirklichkeit ist immer das Letzte. *Hermann Kinder*

Wider Systeme und Systematik

Ich hasse nichts mehr, als jenes geistlose Bestreben, die Mannigfaltigkeit der Naturursachen durch erdichtete Identitäten zu vertilgen.
Friedrich Schleiermacher

System ist Mangel an Rechtschaffenheit ... *Friedrich Nietzsche*

Eine übertriebene Wahrheit ist keine Wahrheit mehr, und nichts steht ihren Belangen und denen der Philosophen, die sich zu ihr bekennen, mehr entgegen als Systemsucht.   *Melchior Grimm*

Ein deutsches philosophisches System kommt mir vor wie ein Getreidefeld, zu dem man uns hinführt und uns freundlich einladet, uns satt zu essen.

Ludwig Börne

Wer sich auf Grund einiger Mißerfolge einredet, er sei ein Ausgestoßener, wird wirklich einer. Häufig sehen wir solches Philosophieren zu Systemen anschwellen, zur Sozialdemokratie in der wirtschaftlichen Welt, zum Puritanertum in der moralischen Welt, zu den verschiedenen Formen des Pessimismus und Nihilismus in der geistigen Welt. Das sind die verfluchtesten Sackgassen, in die ein Mensch geraten kann.   *Oscar A. H. Schmitz*

Sexualtheorie. Es ist zu viel zur Theorie der Sexualität geschrieben worden, und sowohl der findige Psychoanalytiker, der sich zumutet, ein Seelenleben wie einen Kehlkopf auszupinseln, als auch der gelehrte Physiologe haben aus der allereinfachsten Sache der Welt mit deutscher Gründlichkeit sofort eine Weltanschauung gemacht. Warum so viel Wichtigkeit?   *Lucius Schierling*

Wider die Geschichte und einige ihrer Epochen

Die Grimassenmacher, Quacksalber, Gaukler, Taschenspieler, Kuppler, Beutelschneider und Klopffechter teilten sich in die Welt; – die Schöpse reckten ihre dummen Köpfe hin und ließen sich scheren; – die Narren schnitten Kapriolen und Burzelbäume dazu. Und die Klugen, wenn sie konnten, gingen hin und wurden Einsiedler: die Weltgeschichte in nuce, in usum Delphini. *Arno Schmidt*

Geschichtswissenschaft
Es war vor einiger Zeit Mode, auf die Titel der Romane zu setzen: 'Eine wahre Geschichte'. Das ist nun eine kleine unschuldige Betrügerei, aber daß man auf manche neueren Geschichtsbücher die Worte 'Ein Roman' wegläßt, das ist keine so unschuldige.   *Georg Christoph Lichtenberg*

Historiker
Der ganze Ernst unserer Historiker besteht in einer langweiligen, pedantischen Untersuchung von Tatsachen, die meist ebenso unwichtig wie umstritten und unsicher sind, und ihr Talent erschöpft sich darin, sich gegenseitig ihr bißchen Scheinerfolg streitig zu machen.   *Melchior Grimm*

Wider einzelne geschichtliche Epochen

Vorzeit
Eine Blendlaterne, mit welcher man nicht gern Menschen sucht.

Christian August Vulpius

Altertum
Ein grämliches Weib, welches ganz falsche Begriffe von allen Sachen hat.

Christian August Vulpius

Frühchristentum
Die Geschichte des ersten christlichen Reichs, des Kaisertums zu Konstantinopel, ist ein so trauriger Schauplatz niedriger Verrätereien und abscheulicher Greueltaten, daß sie bis zu ihrem schrecklichen Ausgange als ein warnendes Vorbild aller christlich-polemischen Regierungen dasteht.

Theodor Gottlieb Herder

Den deutschen Mannen gereicht's zum Ruhm, daß sie gehaßt das Christentum!

Johann Wolfgang Goethe

Renaissance
Gestehen wir: Die Schule hat gelogen wie Homer. Die Renaissance, ein Teilprozess der Reformation, hatte eine römische Ersatzantike geliefert und diese gegen die mittelalterliche Scholastik, und die byzantinische Orthodoxie gestellt.

Carl Einstein

Kolonialgeschichte
Wie befleckt auch die Geschichte aller europäischen Nationen sein mag, sie ist noch ein Tugendbild, verglichen mit der Kolonialgeschichte, in der alle Schandtaten aufgehäuft sind, die teuflische Bosheit zu ersinnen vermag.   *Franz Mehring*

Jugendstil
... Ausdruck unechter Gefühle ...   *Hans Erich Nossack*

Hohenzollernreich
Hohenzollernburg ... dies antiquierte, modrige Symbol des Feudalismus, wo man sich mit Eulenburg-Gstanzln und Ballett-tanzenden Kriegsministern über die Weltkriegsvorbereitungen der Schwerindustrie wegamüsiert.

Walter Mehring

Weimarer Republik

Paraden, Proteste, Unschuldsbeteuerung, Steuerpirsch, Streit um die Ziffer der Registrierpflicht, Schnorrerei, Schimpferei: kein Halm erwächst daraus dem Acker der Deutschen Republik. Die hat sich, weil ihre Phantasie, Geist, Schwung, Mut fehlt, weil sie schlecht verwaltet, schleimig grau, zum Spielen verlogen und zum Heulen langweilig ist, nirgends das Empfinden des Volkes, gar seiner Jugend zu erobern vermocht. *Maximilian Harden*

DDR

Alle, die dem DDR-Staat nachtrauern, sollten man in eine UNO-Schutzzone bringen und einmauern, aber diesmal für immer. *Helmut Krausser*

Wider die eigene Zeit, die Jetztzeit

Über die Zeitereignisse sage ich nichts; das ist Universalanarchie, Weltkuddelmuddel, sichtbar gewordener Gotteswahnsinn! Der Alte muß eingesperrt werden, wenn das so fort geht. Das haben die Atheisten verschuldet, die ihn toll geärgert. *Heinrich Heine*

Besoffene Gleichzeitigkeit mit Zufall und Verkehrsstörung dividiert nennt sich Epoche, diese Zeit. *Carl Einstein*

Zu den vier Zeitaltern, dem goldenen, silbernen, ehernen und eisernen ist jetzt ein fünftes gekommen, die aetas plumbea. *Jacob Bernays*

Ich beginne dieses Buch zur Zeit einer der grössten Verfallsperioden der Menschheit. Vielleicht ähnlich der, als die letzte Eiszeit begann oder der, als findige Schieber Galoschen mit Schwimmhäuten für die bevorstehende Sintflut in den Cafehäusern anboten. *Fritz Ritter von Herzmanowsky-Orlando (1946)*

Mich reizt, je abgeklärter ich auch sonst werde, immer die glotzendere Blödheit des Weltbetriebs unserer Epoche wohl der dümmsten, die je die Welt sah. *Fritz Ritter von Herzmanowsky-Orlando*

Ich bilde mir nicht mehr ein, stellvertretend für eine auch nur einigermaßen ansehnliche Minderheit von 5% zu sprechen: meine Zeitgenossen haben mir seitdem, nicht nur durch demonstrative Nicht = Teilnahme an meinen eigenen Arbeiten, sondern vor allem durch ihre ›Stimmabgaben‹ dargetan – und sie wußten es Alle, daß sie damit Dinge wie ›Adenauer‹ und ›Wiederaufrüstung‹ wählten – daß sie meine diesbezüglichen Ansichten nicht nur nicht teilen; sondern mehr noch: sie überhaupt nicht einmal hören wollen. Und ich bin nun immerhin auch schon fast Fünfzig; ich habe keine Zeit mehr, Geduld mit Ochsen zu haben, die sich selbst den Fleischer zum König wählen. *Arno Schmidt*

Wider die Religion

Ach, »es hat sich wieder allerhand Rühmenswertes angesammelt in unserer Erzdiözese«, dichtete Peter Rühmkorf. Davon soll er doch erzählen, wem er will. »Dagegen!« bitte nicht, nachdem schon Johannes Reuchlin vor Jahrhunderten Pfaffenherrschaft und religiöse Scharlatane anprangerte. Oder Johann Reinhard Hedinger die Kirche als »eine bluttriefende Mördergrube und stinkenden Lasterkerker« bezeichnete. Jeder weiß inzwischen, daß der Puritanismus die Furcht sei, es könne irgend jemand irgendwo doch glücklich sein: »Die Religion spielt in der Psychogenese eine größere Rolle, als wir bisher geahnt hatten. Sie ist es ja, die die erotischen Regungen als Sünde empfinden läßt und wird so die Grundlage des psychischen Konflikts. Alle Neurotiker sind fromme Menschen, mögen sie sich noch so sehr als Freigeister gebärden«. Was Wilhelm Stekel hier verbreitet, kann »Dagegen!« in voller Gänze unterschreiben.

·

»Gott stehe uns bei!«, rief Friedrich von Gentz dermaleinst flehentlich aus. Heute ist klar: er tat es nicht. Wird es auch in Zukunft nicht tun. Denn: »Der liebe Gott ist eine immer schlechter wirkende Medizin für Kränkliche.« So steht auf dem Krankenblatt, das Walter Serner ausstellte für dieses »ungünstige Stilprinzip« (Gottfried Benn). Thomas Bernhard, gestreng: »Die Kirche hat ja gar keine Existenzberechtigung.«

Etwa die Evangelien? Keine Red' davon: »Die Evangeliengläubigen der verschiedenen Zeitalter und Zonen lassen sich nicht ›miteinander vergleichen‹; dieselben Tropfen Opium beruhigen den Erwachsenen, erregen den Nervösen und bringen ihn zum Brechen, töten einen Säugling, sind wirkungslos beim Säufer, versetzen eine Maus in Krämpfe; und alles sind Opiumgläubige.« Evangelien kamen eben nicht in Betracht für den sozialistischen Kassenarzt Alfred Döblin. Und wie schaut's aus beim Papst? Wolfgang Hildesheimer schrieb auf ein »Foto vom Papst mit Erzbischof Marcinkus« drei Zeilchen: »Ein sauberes Paar die beiden. Herr Woityla und sein Knecht Marci. Und was tut Gott dagegen?« Nix! Gar keine Frage! Siehe oben. Vielmehr wird Ludwig Marcuse bestätigt: »Hinknien ist noch kein Beweis – weder für Gott noch für einen Gläubigen; nur dafür, daß einer nicht mehr stehen kann.«

·

Und was ist mit der Wiedergeburt? Na, gar nichts ist mit der Wiedergeburt! »Das ist doch ein vollkommener Blödsinn. Das ist für schwache Kasperl wunderbar, aber ich brauch' das nicht.« So Thomas Bernhard, den man seither wohl auch nirgendwo gesichtet hat.

Der Buddhismus? »Eine süchtige, glimmende Fäulnis, warm wie vergiftete Leichen. In diesem Keller, wo Wein gärt, brennt kein Licht«. So beschreibt Jürgen von der Wense diese unsympathische Abart. Der Gelehrte mochte auch den Garten Eden gar nicht leiden: »Schon als Knabe fürchtete ich das Paradies wegen der damit verbundenen Sanftmut und Schwärmerei.«

Die Theosophie? Roda Roda träumte einmal, er sei Kolporteur im Himmel und bot dort droben humoristische Zeitschriften zum Abonnement an. Und Gott sprach zu Roda Roda: »Habe keine Verwendung für Humoristika. Wenn ich lachen will, lese ich Theosophisches.«

In die Weihrauchschwaden hinein ruft »Dagegen!« mit Benjamin Kammerloher: »Das einzig Schöne an der Religion ist die Unzucht, allein oder zu mehreren.«

Religion ist Humbug, ein Schwindel. O, mit dem Himmel um die Erde betrogenes Volk!
Albert Ehrenstein

Da haben wir nun den »Glauben«, der = der Religion gilt. Millionen Seelen, die nie von einer Ahnung des Unendlichen, nie von einem Gefühl der erhebenden Tragödie des Lebens durchhaucht worden sind, gelten nun sich und der Welt als religiös, weil sie glauben. Diese schnöde Verwechslung hat sich als allgemeines Vorurteil fixiert, mit Macht bekleidet, gefoltert, verbrannt, gekreuzigt, gepfählt, lebendig geschunden, Gedärme aus dem Leib gehaspelt, geblendet, verstümmelt, lebendig begraben, erdolcht, gespießt, vergiftet, – es gibt keine so wildviehische und keine so teuflisch durchdachte Grausamkeit, die nicht die gläubige Verfolgungswut mit technischer Vollendung ausgeübt hätte.
Friedrich Theodor Vischer

Und Religion? – Ein elender Deckmantel boshafter Krankheit.
Bettine von Arnim

Religion ist Opfer der Selbstsucht, Religion ist: Durchschüttert-, Durchweicht-, Durchmürbtsein vom Grundgefühl: ich bin ein Nichts im Ganzen, wenn ich ihm nicht diene.
Friedrich Theodor Vischer

Ich gestehe, daß mir heute, da Buddho und Karl Eugen Neumann Mode sind, beim Anblick jener Jünglinge und Jungfrauen übel wird, die in unsrer Gesellschaft die erste Schauung und die innere Meeresstille, die zweite Schauung und die Weihe der dritten Schauung erreicht haben und dabei zufrieden das Geld ihrer Väter aufzehren und nicht die Hände rühren, um die Welt zu bessern. Und das Alles im Namen dessen, den der Todesgott Mara mit dem Zweifel versuchte, ob er seine Erkenntnis für sich halten oder den Menschen mitteilen sollte, und der den Todesengel abwies und der unermüdlichste Lehrer wurde! Und darum ist die Popularisierung der Reden des Gotamo Buddho, so sehr sie notwendig, und so sehr sie dem Verwalter des Nachlasses dieses Karl Eugen Neumann zu danken ist, fast unangenehm. Um dieses unerträglichen Klüngels willen, der heute Erweckung heuchelt, wo er gestern noch Lucrezia Borgia pries und morgen vielleicht Timur Beg als wahren Herrn des Lebens verehren wird.

Oscar Maurus Fontana

Die Sittlichen schöpften das beste Fett von der Religion ab, genossen es selbst und haben nun ihre lieben Not, die daraus entstandene Drüsenkrankheit loszuwerden.

Max Stirner

Sind wir Atheisten denn Staatsbürger zweiter Klasse? Darf sich jeder kostümierte Beamte an uns reiben, nur weil ihm ›die janze Richtung‹ nicht paßt? Wo sind unsere offiziell anerkannten atheistischen Schulen? Unsere atheistische Presse? Wo unser, wenigstens *einer*, atheistischer Rundfunksender? (Während's im Äther täglich aus tausend Stationen entsühnt jauchzt, und unverdaute Stücke von Bibeltexten pausenlos serviert.) Steuern zur Unterhaltung der Kirchen gibt es: wo ist der prozentuale Anteil zur Finanzierung des Atheismus? Warum muß sich bei uns, im 20. Jahrhundert, immer noch Jeder, der ›vorwärts kommen will‹, als ›Gottsucher‹ gerieren?

Arno Schmidt

Auch Abkömmlinge jener »Salzburger Emigranten«, »Zillerthaler«, »Hugenotten«, »Böhmischen-« und »Mährischen Brüder«, all jener Sekten und Wiedertäufer-Gruppen, Schwarmgeister etc., die die Opposition gegen den rechtgläubigen Staat bis zur Selbstvernichtung treiben, sind stark gefährdet. Diese Leute sollten nicht mehr heiraten, da der Kim kaum mehr eliminierbar ist.

Oskar Panizza

Ich hasse alle Leute, welche Sekten stiften wollen, vom Grunde meines Herzens. Denn nicht der Irrtum, der sektiererische Irrtum, ja sogar die sektiererische Wahrheit machen das Unglück der Menschen oder würden es machen, wenn die Wahrheit eine Sekte stiften wollte. *Theodor Gottlieb Herder*

Junge Huren, alte Betschwestern; junge Wüstlinge, alte Mystiker. Der Mysticismus liegt meistens in Nervenschwäche und Magenkrampf.

Johann Gottfried Seume

Wider die Gottlosen

Fürst und Obrigkeit sollten nicht gnädig sein. Denn sieh Gott an, der höchste Erbarmer, ein wie scharfes Gesetz er gegeben hat, indem er sprach (2. Mos.

21,17): »Wer Vater oder Mutter flucht, der soll des Todes sterben.« Flugs Kopf ab, Kopf weg! Auf daß die Erde nicht voll werde von Gottlosen!

Martin Luther

Am wenigsten begreife ich jene Freidenker, die auf der einen Seite den Kampf gegen den Kirchenglauben für Gewissenspflicht erklären, auf der andern Seite aber dem Okkultismus eine Gläubigkeit entgegenbringen, die zur Annahme jedes Dogmas ausreichen würde. Es scheint eben doch, daß die meisten Menschen etwas haben müssen, woran sie glauben können, und wären es nur die Klopfgeister oder die Unglückszahl 13. Ist dem aber so, dann würde ich immer noch die Enzykliken der Päpste (allerdings nicht gewisse protestantische Traktätchen) bei weitem den vierdimensionalen Ohrfeigen vorziehen, die irgendwelche von einem Medium in den Dunkelraum gelockte Geister den Anwesenden als Beweis ihrer Realität fühlbar zu applizieren pflegen.

Hellmut von Gerlach

Wider Verfolgung wegen Religion
Von Kindheit auf ist mir nichts abscheulicher gewesen als Verfolgung oder persönliche Beschimpfung eines Menschen über seine Religion. Wen gehet diese außer ihn selbst und Gott an? *Theodor Gottlieb Herder*

Fürwahr, wer überhaupt fähig ist, zu lernen, der sollte aus der Geschichte der religiösen Verfolgungen lernen, daß es ein Wahnsinn ist, das Rad des menschlichen Fortschritts zurückdrehen zu wollen. *Wilhelm Liebknecht*

Wider den Monotheismus
Unter dem Eingott, den der Jude nach seinem Bild geschaffen hat, unter den vielen willkürlichen und fiktiven Tennisregeln, ausgeheckt von Priesterheuschreckenschwärmen in Namens ihres Popanzes, leidet der weiße Mensch seit Jahrtausenden. Der unheilbare Tripper, die unheilbare Syphilis ist eine kindlich harmlose Infektionskrankheit – verglichen mit dem europäischen Monotheismus und dem Konzentrationslager der Einehe. *Albert Ehrenstein*

Wider das Jenseits und die Ewigkeit
Ewigkeit? – Leeres Wortgetändel! *Friedrich Theodor Vischer*

Fortwesen ohne Ende? Der niederen Pflanze, dem sich besinnungslos weiterteilenden Einzeller, mag es noch gut zu Gesicht stehen – zumindest solange unsere besten Mikroskope an dieser Art Leben kein Antlitz finden, aus dem die Erfahrung seinerselbst spricht. Aber bereits jener uralte Riesenpilz, angeblich das größte Individuum unseres Planeten, den man in einem nordamerikanischen

Urwald entdeckt hat, würde mir zum finalen Grauen, falls ihm kein Tod vergönnt sein sollte.

Welcher Mann wüßte nicht, daß Erfahrung, gerade die Erfahrung eigenen
Fortdauerns, zuletzt erzböse machen muß? Es wird immer dieselben banalen
Gründe geben, den jungen Kerl und seine frischfröhliche Totschlaglust zu
fürchten. Aber das greise Männerhirn, das in einem biotechnisch restaurierten
Leib ewig fortwest, dies wäre der bösartige Superclown, die endgültig bestiali-
sche Travestie Gottes.

Georg Klein

Lachen muß ich, wenn ich sehe, daß diese sogenannten Menschen mit Zuversicht und Trotz eine Fortdauer durch alle Ewigkeit ihrer erbärmlichen Individ-
ualität verlangen: da sie doch offenbar nichts anderes sind, als die in Windeln
menschenähnlich verpackten Steine, die man mit Freuden vom Kronos verschlungen sieht.

Arthur Schopenhauer

Du möchtest der Zeit nach ewig leben, mein lieber Piepmeyer? Aber wenn du
auf immer neuen Planeten ewig ein neues Zeitleben lebst, so kommt es in jedem
derselben immer nur darauf an, ob du vermagst, ins Zeitlose emporzusteigen.
Von der endlosen Zeit, mein Lieber, hast du gar nichts, nicht den geringsten
Spaß, sie gähnt dich nur an, ihr gehören ist nicht besser, als ewige Höllenstrafe.

Friedrich Theodor Vischer

Allein ich will mir ausbitten, daß mir drüben niemand von denen begegnet, die
hier daran geglaubt haben. Denn sonst wird meine Plage erst recht angehen. Die
Frommen werden um mich herumkommen und sagen: haben wir nicht recht
gehabt? haben wir es nicht vorhergesagt? ist es nicht eingetroffen? Und damit
würde denn auch drüben der Langenweile kein Ende sein.

Johann Wolfgang Goethe

Das Jenseits wird auch nicht viel wert sein.

Hermann Löns

Die Unsterblichkeit, was ist sie? Daß unser Name noch einem großen Haufen
bekannt ist, der sonst nichts mehr von uns weiß, der vielleicht die Stätten
begafft, wo wir gewirkt, um unsere Werke aber sich nicht kümmert.

Professor Gustav Krüger

Wenn ich tot bin, soll mal einer mit Auferstehung oder so kommen: ich hau ihm
eine rein!

Arno Schmidt

Unsterblichkeit. Schöner Gedanke! Wer hat dich zuerst erdacht? War es ein Nürnberger Spießbürger, der, mit weißer Nachtmütze auf dem Kopfe und weißer Tonpfeife im Maule, am lauen Sommerabend vor seiner Haustüre saß, und recht behaglich meinte: Es wäre doch hübsch, wenn er nun so immer fort, ohne daß sein Pfeifchen und sein Lebensatemchen ausgingen, in die liebe Ewigkeit hineinvegetieren könnte!

Heinrich Heine

In törichter Hoffnung, in stolzem Wahnsinn blicken wir zu dem Himmel auf und erwarten in der fernen, ungewissen Zukunft den Lohn unsrer Unterwerfung, während der Triumph und Spott des Lasters um uns her erschallt.

Friedrich Maximilian Klinger

Unsterblichkeit. Ein Dichtergut, auf welches niemand ein 6 Batzenstück borgt.

Christian August Vulpius

Wissen ist Macht heißt es, Zeit ist Geld; so geht Wissen erkenntnislos, Zeit freudlos verloren. Die Dinge selbst, vernachlässigt und verachtet, bieten keine Freude mehr, denn sie sind Mittel geworden. Mittel ist alles, Mensch, Ding, Natur, Gott; hinter ihnen steht gespenstisch und irreal das Ding an sich des Strebens: der Zweck. Der nie erreichte, nie erreichbare, nie erkannte: ein trüber Vorstellungskomplex von Sicherheit, Leben, Besitz, Ehre und Macht, von dem je soviel erlischt, als erreicht ist, ein Nebelbild, das bei Tode so fern steht wie beim ersten Anstieg. Ihm drohend gegenüber erhebt sich, realer und tausendfach überschätzt, das Furchtbild der Not. Von diesem Phantom gezogen und getrieben, irrt der Mensch von Realen hinweg zum Irrealen hin; das nennt er Leben, Wirken, Schaffen, das vererbt er als Fluch und Segen denen, die er liebt.

Walter Rathenau

Es werden wohl Fälle berichtet von mystischen Hinüberwirkungen, die gut bezeugt scheinen. Aber was sollen wir damit anfangen? … Der Gemeinspruch von der Beseelung der Natur durch die Phantasie ist ja auch nichts anderes, als Aufhöhung der Wahrheit, daß der Geist schon in der Natur schlummert, durch Phantasiemystik. Dies alles wird pure, auf Kosten des freien Phantasiespiels betriebene Prosa, wenn man sich ernstlich auf den Wunder- und Geisterglauben einläßt, und jede Viertelstunde, die ein Dichter diesem traurigen Ernste widmet, stiehlt er seinem höheren Tun, wo er denselben Stoff frei symbolisch, im Sinne des gefühlten, ahnungsreichen Symbols allerdings, zu behandeln hat. – Nicht zu reden davon, wie dick man angelogen wird, wenn man sich einmal auf das Zeug einläßt.

Friedrich Theodor Vischer

Wider den Aberglauben

Die Wundersysteme sind für Völker gemacht. Man schafft eine lächerliche Religion ab und führt eine noch sinnlosere ein; es gibt wohl Umwälzungen in den Meinungen, aber stets löst ein Kult den anderen ab. Ich halte es für gut und sehr nützlich die Menschen aufzuklären. Den Fanatismus bekämpfen, heißt das grausamste und blutgierigste Ungeheuer entwaffnen. Wer den Mißbrauch des Mönchtums und die Keuschheitsgelübde brandmarkt, die den Zwecken der Natur und Vermehrung zuwiderlaufen, erweist dem Vaterland einen wirklichen Dienst. Aber ich halte es für ungeschickt, ja für gefährlich, zu verbieten, daß die Kinder öffentlich mit Aberglauben gefüttert werden, wenn ihre Väter das wollen. *Friedrich II.*

Aberglaube und Fanatismus sind nicht nur Geißeln im Gefolge der Religion, sie sind derart unheilbare, eingewurzelte Krankheiten des menschlichen Geistes, daß man ihre Spuren bis in den Bereich des künstlerischen Geschmacks und der reinen Unterhaltung verfolgen kann. *Melchior Grimm*

Ein Glück für euch, daß Geistergrenzen fester versiegelt sind, als after-dinner-Mystik sich träumen läßt. Welche Astralhaie müßten im Kielwasser solcher Seelen folgen? Was müßte aus dem Unsichtbaren her, solchem Ruf gehorchend, an der Schwelle einer Horde lauern, die blind, taub, flirtend, gierend, gerade ihren christlichen Schlangenfraß mit Whisky-Soda wieder aus allen Poren dampfen läßt? Hielte die Schranke nicht, in die Hände welch ultravioletter Fallotten würden diese Nekromanten nach dem Gesetz der Korrespondenz wohl fallen? *Sir Galahad*

Vor einigen Dezennien wurde diese Bewegung [der Spiritismus] lebendig und gewann einen Umfang, den niemand ahnte, und kurz darauf konnte es durch die herostratische Tat einer Russin namens H.P. Blavatsky geschehen, daß aus dem geistigen Spülicht – angesammelt in Jahrhunderten – in den Ländern der Bleichgesichter die Schmutzwasserhose des theosophischen Okkultismus emporquirlte. *Gustav Meyrink*

Wider den Buddhismus, den Islam und andere christliche Religionen

Buddhismus

Der Buddhismus: Eine süchtige, glimmende Fäulnis, warm wie vergiftete Leichen. In diesem Keller, wo Wein gärt, brennt kein Licht. *Jürgen von der Wense*

Dalai Lama

»Der Abstieg von Tibet nach Indien ist eine erregende Angelegenheit.« Glaub'

ich unbesehen. So etwas darf ich mir erlauben, nicht aber ein Magister der Metaphysik und Halbgott. »Ich hatte den Vorzug, mit Chruschtschow und Bulganin
bekannt zu werden. Ebenfalls hatte ich auch das Vergnügen, Nehru kennen zu
lernen.« Wie armselig!   *Hans Reimann*

Islam

Mit seiner dürftigen Predigt allein hätte er nur mäßige und vorübergehende
Erfolge errungen; er aber verschaffte seinen Scharen von der Hedschra an
beständig konkrete Ziele: Außer Mekka, das er ihnen versprach, den Karawa-
nenraub und die Eroberung in Arabien samt der betreffenden Beute. Daran
hängt sich sogleich auch der heilige Krieg auch nach außen, als selbstverständlich. Das Weltreich ist eine einfache Konsequenz.

Mohamed persönlich ist sehr fanatisch; das ist seine Grundkraft. Sein Fanatismus ist der eines radikalen Simplifikators und insoweit völlig echt. Sein Fanatismus war von der zähesten Sorte, nämlich doktrinäre Wut, und sein Sieg ist
einer der größten Siege des Doktrinarismus und der Trivialität. Alles Götzen-
tum, aller Mythus, alles Freie in der Religion, alle vielartigen Verzweigungen des
bisherigen Glaubens versetzen ihn in eine wirkliche Wut, und er trifft (seine
Genialität lag darin, dies zu ahnen) auf einen Augenblick, da große Schichten
seiner Nation für eine äußerste Vereinfachung des Religiösen offenbar höchst
empfänglich waren. .. Diese kümmerliche Religion zerstört in weiten Ländern
zwei so viel höhere und tiefsinnigere Religionen, Christentum und Dualismus,
weil sie sich in Krisen befanden. Sie herrscht vom atlantischen Meer bis weit
nach Indien und China und dringt bei den Negern bis heute vor. Nur wenige
Länder und nur mit äußerster Anstrengung, hat man dem Islam wieder ent-
reißen können, und wo jetzt christliche Regierungen über islamische Bevölke-
rungen herrschen, lassen sie diesen weislich ihren Glauben … Die christliche
Religion wirkt vollends nicht auf ihn …

Seine Satzungen umfassen alle Lebensgebiete, wie Döllinger sagt, und bleiben
fest und starr; der sehr einseitige arabische Geist auferlegt dies Wesen einer
Menge von Nationalitäten und bildet sie damit auf alle Zeiten um (Eine tiefe,
ausgedehnte Geistesknechtschaft) …

Es ist eine niedrige Religion von geringer Innerlichkeit, obwohl sie sich verbinden kann mit derjenigen Askese und religiösen Vertiefung, welche sie bei den
Völkern hin und wieder *antrifft*. Sehr absonderlich und sonst in der Geschichte der Religionen kaum wieder in diesem Grad vorhanden, ist der enorme Stolz
auf diese Religion, das Gefühl der absoluten Überheblichkeit über alle anderen,
die völlige Unzulänglichkeit für jede Einwirkung, sich auswachsend zu einem
angeborenen Dünkel und grenzloser Übertreibung im Allgemeinen. Was sich
dann in praxi verträgt mit Mangel an jeder tiefern Bildung und an klarem Urteil
in den gewöhnlichen Geschäften des Lebens. Weitere Charakterzüge sind dann

Konsequenzen der durchaus despotischen Staatsform, die von den Kalifaten bis auf alle Splitter derselben übergeht.

Gewundene Wege werden in allem Tun geraden vorgezogen; Trölerei, Hinziehn von Allem; während Offenheit und Geltendmachung wirklicher Gründe als Anmaßung gilt, dürfen nur Schmeichelei und Intrige zum Ziel führen; allgemeines gegenseitiges Mißtrauen; Grundmotiv: der Egoismus ist weniger auf Ehren und Aufzeichnungen als auf Geld und Gut gerichtet; Mangel jeder Dankbarkeit an den einstigen Wohtäter.

Jakob Burckhardt

Bedenklich ist die verharmlosende Haltung vieler Intellektueller zur Hausse des Islams. Mein Denken entstammt einer Tradition der Aufklärung, die sich jahrhundertelang gegen das Christentum gestemmt hat, erfolgreich. Nun eine virilere, fast ebenso menschenfeindliche Religion wie den Islam auf europäischem Boden zu hofieren, ihr gegenüber Toleranz zu zeigen, wo sich im Hintergrund Fanatiker und Fundamentalisten dafür bedanken, da sträubt sich mir alles. Religionsfreiheit darf kein Basiswert an sich sein. Religion ist Gewalt, und Gewalt steht nicht frei.

Helmut Krausser

Wider das Christentum und die Christen

Das Christentum hat in Deutschland Verheerungen angerichtet wie eine schwere Krankheit.

Ludwig Thoma

O Christentum, das du dich ganz auf Sanftmut und Menschenliebe gründest, welche Ungeheuer erzeugest du in deinem Schoße! Unbeschreiblich ist, was die Neger für einen Abscheu vor unserer Religion haben. Ist's aber Wunder, wenn sie eine Religion hassen, die ihnen von solchen Teufeln empfohlen wird.

Christian Friedrich Daniel Schubart

Man möchte die Hirngicht bekommen, wenn man ein öffentliches Blatt in die Hand nimmt und da von Leibeigenen, Frohnen, Dienstzwang und anderen Gerechtigkeiten der Unvernunft liest. Ist das Christentum? so ist das christendumm.

Johann Gottfried Seume

Das Aufkommen der christlichen Religion ist, ich sage nicht: die Ursache, aber doch der Zeitpunkt des Verfalls der gesunden Philosophie; die Vernichtung der letzteren und die Fortschritte der ersteren gingen immer nebeneinander her.

Melchior Grimm

Die Christen sehen so wenig erlöst aus.

Friedrich Nietzsche

Beym erneuerten Studium Homers empfinde ich erst ganz, welches unnennbares Unheil der Jüdische und Christliche Praß uns zugefügt hat. Hätten wir die Sodomitereien und Aegyptisch-Babylonischen Grillen nie kennen lernen, u. wäre Homer unsere Bibel geblieben! Welch eine ganz andere Gestalt würde die Menschheit dadurch gewonnen haben!

Johann Wolfgang Goethe (nach Böttiger)

Grauenhaft, eine Zeit zu denken, wo es keine Heiden mehr gibt!

Friedrich Theodor Vischer

Keine Religion der Welt hat der Menschheit mehr Blut und Tränen gekostet als die christliche, keine hat mehr zu Verbrechen der scheußlichsten Art Veranlassung gegeben, und wenn es sich um Krieg und Massenmord handelt, sind die Priester aller christlichen Konfessionen noch heute bereit, ihren Segen zu geben.

August Bebel

Was das Christentum auf dem Gebiete der Kultur aus sich selbst zu leisten imstande war, haben wir in dem bekannten bleiernen Jahrtausend von 500 bis 1500 zur Genüge gesehen: die Herren haben ihre Chance übervoll gehabt!

Arno Schmidt

Meine Antwort auf die Frage »Was halten Sie vom Christentum?« lautet also: »Nicht sonderlich viel!« –

Arno Schmidt

Schrecklicher Fehler. Ich ging über den Marienplatz. Haßanfall. Kirchentag, die gesamte Fußgängerzone ist zugeschissen mit häßlichen Christenmenschen. Die halten sich an den Händen und singen. Auf einem Bus in großen Lettern der alte Blödspruch: »Gott ist tot« (Nietzsche) – »Nietzsche ist tot« (Gott)
    Hätt' ich nur eine Bombe gehabt, um dieses Gesocks gen Himmel zu schicken. Zehn Gläubige auf einem Quadratmeter, Fahnen wurden geschwungen. Lautsprecher trugen widerliche Lieder, von Gitarren und Blockflöten begleitet, über die ganze Stadt, nichts ging mehr vorwärts, ich entkam nur mit knapper Not, halb plattgequetscht. Oh wie grausam das war, diese geweihräucherten Massen, bärtig und bezopft, mit ihren Rucksäcken und Jesuslatschen, ihren Kreuzen um den Hals. Daß sowas heute noch möglich ist. Noch in der knallvollen S-Bahn diskutieren einige über ihr Verhältnis zu Jesus, über ihre spirituellen Bedürfnisanstalten, ihre metaphysischen Kasperltheater.

Helmut Krausser

Erbsünde
Der Gott straft sein eigenes Machwerk, weil es nicht ist, wie er es wollte. So schlägt das Kind den Stuhl, an den es sich gestoßen.

Arthur Schopenhauer

Klöster

In andern Gängen schlichen weniger edelgesinnte Männer, die der Neid gegen andre, oder das Mißvergnügen gegen ihre Vorgesetzten vereinigt hatte, und die sich mit den Fehlern und Schwachheiten ihrer Mitbrüder beschäftigten, und boshafte Kränkungen für sie aussannen – weg von diesen Unedlen, deren es leider in dem Kloster, das ein Sitz der Unschuld sein sollte, nur zu viele gibt. Aber laßt uns die bedauern, die einsam, ohne Gefährten in den dunkelsten und engsten Gängen wandelten, um ihre Seufzer dem Ohr ihrer Brüder zu entziehen, die zu lebhaften Seelen, die, aus Überdruß der Welt, in der nur Unglück sie verfolgte, sich in einer Stunde des Unwillens und der aufgebrachten Leidenschaft entschlossen, ihr auf ewig zu entsagen, und ein Gelübde zu beschwören, welches sie nachher so oft bereut hatten. Sie glaubten dem Elend zu entgehen und fanden neues größres Elend. Wie mancher beweinte jetzt noch die Stunde des Taumels und der Trunkenheit der Seele, worein ihn der Pomp eines Klosters [...] versetzt und die den Entschluß, den einfältige oder falsche Freunde noch bestärkten, hervorgebracht hatten, nach der gemeinen Redensart, die Welt zu verlassen. Nun wütete die in ihrer Seele [...]. Sie kannten nun kein ander Glück mehr als den Tod, um den sie mit stummen Tränen, und mit unterdrückten Seufzern zu Gott beteten.   *Johann Martin Miller*

Vorsehung

Es könnte eine zweite Sündflut über die Erde kommen, was würde sie nützen? Die Toren und die Bösen würden untergehen, aber Torheit und Bosheit würden bleiben. Die Vorsehung ist barmherzig, sie sorgt für eine rettende Noahsarche und läßt keine Gattung auch des niedrigsten Gewürms verderben.

Ludwig Börne

Wider Gott, Jesus Christus und den Teufel

Es muß einmal gesagt werden: Wir sind alle nicht mehr recht zufrieden mit dem alten Herrn. Was macht der Mann eigentlich den ganzen Tag?

Kurt Tucholsky

Gutwillig einen Gott über sich erkennen? Kann doch im Grunde nur ein schwacher Hundsfott.   *Maler Müller*

Man hat Gott nach und nach angekleidet mit allerhand Qualitäten: die Aufklärung hat aber genötigt, ihn wieder auszukleiden, ein Stück nach dem andern, und man zöge ihn gern ganz aus, wenn nicht der Skrupel wäre, daß bloß Kleider wären und nichts drin.   *Artur Schopenhauer*

Unfruchtbar, eitel, kritiklos, ekelhaft sind darum die Spekulationen und Streitigkeiten über die Persönlichkeit oder Unpersönlichkeit Gottes.

Ludwig Feuerbach

Wenn ich vor der Schöpfung der Welt bei Gott gewesen wäre, hätte ich ihm den Rat zur Schöpfung nicht können geben, daß er aus dem Nichts eine so große kugelförmige Maschine (tantam machinam sphaericam) hätte schaffen sollen und hätt darein eine Spange, die Sonn, geheftet, die in ihrem elenden Lauf die ganze Erde beleuchtet und ebensowenig, daß er Männlein und Weiblein so schaffen sollte. Das alles hat er gemacht ohne unseren Rat und Gedanken.

Martin Luther

Gott. Es könnte ein Stümper sein. *Georg Christoph Lichtenberg*

Der 'Herr', ohne dessen Willen kein Sperling vom Dach fällt oder 10 Millionen im KZ vergast werden: das müßte schon 'ne merkwürdige Type sein – wenn's ihn jetzt gäbe! *Arno Schmidt*

Das wäre ein sauberer Gott, der nichts Besseres darstellte, als diese zappelnde, leidende, blutende, sterbende Welt, deren Wesen eines das andere fressen und nur dadurch bestehn. *Arthur Schopenhauer*

Und mal in aller Deutlichkeit: In wessen Weltbild Christus als der Sohn Gottes eine tragende und normative Rolle spielt, ist für mich, bei aller Liebe zur virtuellen Spiritualität und zum kirchlichen Schauwert, geistig nicht satisfaktionsfähig. *Helmut Krausser*

Jesus Christus
Steckt die Massen mit dem Inhalte seines Wahn an, und verschafft so der 'Geisteskrankheit' eine fast 2000jährige Dauer von ›Wahrheit‹. *Oskar Panizza*

Und so starb Jesus … Ein Paranoiker. Aber ein Geistesheld, der mit der ganzen zähen, nie wankenden Kraft des paranoischen Wahns seine Ideen bis zum letzten Blutstropfen verteidigt, indem er als Märtyrer stirbt *Oskar Panizza*

Was würden wir heute sagen, wenn ein junger Mann aus irgend einem unbedeutenden Zwergstaat käme; einem der immer wieder vorhandenen und nicht nur ›wirtschaftlich unterentwickelten‹ Ostgebiete; keiner der großen Kultursprachen mächtig; völlig unbekannt mit dem, was in Jahrtausenden Wissenschaft, Kunst, Technik, auch frühere Religionen, geleistet haben – und ein Solcher stellte sich vor uns hin, mit den dicken Worten: »*Ich* bin der Weg; *und die*

Wahrheit; *und* das Leben.«? Wir müßten's uns durch einen herbeigerufenen Dolmetsch erst noch mühsam aus dem barbarischen Dialekt übersetzen lassen – würden wir nicht halb belustigt, halb verständnislos ihm raten: »Junger Mensch: lebe erst einmal, und lerne: und komme dann in 30 Jahren wieder!«?. Genau dies aber war der Fall mit Jesus von Nazareth: er verstand weder Griechisch noch Römisch, *die* beiden Sprachen, auf denen seit viel hundert Jahren alle nennenswerte Kultur beruhte (und beruht!). Er war mit Homer und Plato ebenso unbekannt, wie mit Phidias und Eratosthenes: was ein solcher Mann behauptet, ist für mich von vornherein *undiskutabel!*   *Arno Schmidt*

Wenn Christus bei solch unvergleichlicher Gelegenheit – wo das Wahnsinnsprinzip einer Welt, deren lebende Wesen dadurch existieren, daß sie einander auffressen, handgreiflich vor Augen lag! – wenigstens bedrückt gemurmelt hätte: »Wenn ein Gott diese Welt geschaffen hat, so möchte ich dieser Gott nicht sein: ihr Jammer würde mir das Herz zerreißen!« – dann ja! Aber dazu mußte scheinbar erst der ›Atheist‹ Schopenhauer kommen. (Oder, wie Lichtenberg es in ein Geheimbuch notierte: »Zu untersuchen, inwieweit Gott aus der Welt erkannt werden kann: sehr wenig: es *könnte* ein Stümper sein!«)   *Arno Schmidt*

Dieser verfluchte Christus sagt: Seht die Lilien auf dem Felde. Ich sage: Seht die Hunde auf der Straße.   *Raoul Hausmann*

Wäre es uns möglich, Christus mit rein-psychiatrischen Augen zu beobachten, und könnten wir von der jammervollen Verzuckerungs- und Versüßungsarbeit absehen, die die Evangelisten in Anwendung des damals üblichen griechischen Biografen-Stils – etwa von der Gattung des Appolonius von Tyana – über ihn gebracht haben, wir würden ihn wahrscheinlich als »Mattoiden« erkennen, mit welch' nicht ganz glücklichem Ausdruck Lambroso jene Unterabteilung der Paranoia (Verrücktheit) bezeichnet hat, aus der uns Leute mit intakter, ja geschärfter Logik und Intellekt, ebenso intaktem Sensorium, tiefem, oft eigenartig entwickeltem Gemütsleben, daneben aber nun mit einer geradezu kollossal entwickelten Persönlichkeits-Empfindung entgegentreten, also Leute, wie wir sie heutzutage in Guttzeit, in Pudor, besonders aber in dem bekannten Maler Diefenbach wiedererkennen, und denen, da sie die Grenze von normaler Nüchternheit und gänzlichem Irrsinn innehalten, also sozusagen das denkbar größte Maß geistiger Originalität und genialer Umbiegung des Lebens in Freiheit vorführen, meist ein tiefergehender Einfluß auf ihre Zeitgenossen gesichert bleibt.   *Oskar Panizza*

Sehr früh entwickelte sich eine ungemein starke Abneigung gegen Jesus Christus in mir; ich fand, es werde eine unverdient kräftige Reklame für ihn getrie-

ben mit tausend Kirchen, Kapellen und Kreuzhölzern, ihm zu Ehren, den ich –
Gottes Schuld bleibt immerdar – von Anbeginn in kindlichem Haß für den
»stinkerten Saujuden« und die restliche Insektensprache verantwortlich machte.

Wenn mir ein Gstanzel entgegenscholl, wie: »Jud, Jud! spuck in Hut, sag der
Mama das ist gut!« – der Untergymnasiast trug die feindlichen Äußerungen nie
den naiven Beleidigern nach, ins Herz drang die ihm die Wut gegen den Trick
des Urhebers, der ihm verräterisch: zur eigenen Erhöhung! im Tode sein Volk
mit Blutschuld befleckt zu haben schien.   *Albert Ehrenstein*

Teufel

... Urheber aller finsteren Sorgen und wirren Gedanken ... alle Trübseligkeit
und Krankheit ist vom Teufel ... wenn Pest da ist, da bläst der Teufel in ein
Haus ... Vater der Lüge und des Todes ... Geist der Trübsal ... Mörder von
Anfang an ... also muß ich zum Satan sagen: Du bist als eine Sau erschaffen ...
                                                             Martin Luther

Der Teufel ist ein Egoist.   *Johann Wolfgang Goethe*

Wider die Bibel und ihre Ausleger

Grotius und die Bibel sind die besten Stützen der Despotie, weil beide so viel
Nebel machen, daß man sich nur durch leidendes Hingeben an blinde Autorität
einen Faden schafft.   *Johann Gottfried Seume*

So lange man als die reinste Quelle ›Göttlicher Wahrheit‹, als heilige Norm der
›Vollendetsten Moral‹, als Grundlage von Staatsreligionen, ein Buch mit, milde
gerechnet, 50000 Textvarianten (also pro Druckseite durchschnittlich 30 stritti-
ge Stellen!) proklamiert; dessen Inhalt widerspruchsvoll und oft dunkel ist; selten auf das außerpalästinensische Leben bezogen; und dessen brauchbares Gute
(schon vor ihm, und zum Teil besser bekannt) auf unhaltbaren Gründen eines
verdächtig=finsteren theosophischen Enthusiasmus beruht – : so lange verdienen wir die Regierungen und Zustände, die wir haben! –   *Arno Schmidt*

Bibelkommentare

Brenz hat über zwölf Kapitel des Lukas einen so dicken Kommentar geschrieben, daß es den Leser anekelt, hineinzublicken. Ebenso ist es mit meinem Kommentar zum Galaterbrief. Wer wohl zu solcher Vielschreiberei Anlaß gibt? Wer
will solche Wälzer kaufen? Und wenn man sie kauft, wer liest sie? Und wenn
man sie liest, wer wird davon erbaut?   *Martin Luther*

Ich liebe meinen Psalterkommentar nicht; es ist ein lang Geschwätz. Ich war worden so redselig, daß ich die ganze Welt wollt zu Tode haben geschwätzt. Jetzt könnte ich so etwas nicht mehr machen; ich bin itzund aus den Gedanken kommen. Ich konnt vorweilen mehr von einem Blümlein schwätzen denn itzund von einer ganzen Wiesen. Ich liebe nicht die Vielwörterei.

Martin Luther

Schriftausleger sind meist herzlose Menschen, aller Darstellung feind, und machen zu eurem künftigen Himmel eine gestaltlose Lichtwüste.

Christian Friedrich Daniel Schubart

Die Haare stehen einem zu Berge, wenn man bedenkt: was für Zeit und Mühe auf die Erklärung der Bibel gewendet worden ist. Wahrscheinlich ein Million Oktav-Bände jeder so stark als einer der Allgemeinen deutschen Bibliothek. Und was wird am Ende der Preis dieser Bemühungen nach Jahrhunderten oder -tausenden sein? Gewiß kein anderer als der: die Bibel ist ein Buch von Menschen geschrieben, wie alle Bücher. Von Menschen die etwas anderes waren als wir, weil sie in etwas anderen Zeiten lebten; etwas simpler in manchen Stücken waren als wie wir, dafür aber auch sehr viel unwissender; daß sie also ein Buch sei, worin manches Wahre und manches Falsche, manches Gute und manches Schlechte enthalten ist. Je mehr eine Erklärung die Bibel zu einem ganz gewöhnlichen Buche macht, desto besser ist sie, alles das würde auch schon längst geschehen sein, wenn nicht unsere Erziehung, unsere unbändige Leichtgläubigkeit und die gegenwärtige Lage der Sache entgegen wären.

Johann Christoph Lichtenberg

Wider den Katholizismus
Gott gebe, daß sie auf Pfingsten weder Stecken noch Stiel haben.

Martin Luther

Die katholische Religion ist eine Anweisung, den Himmel zu erbetteln, welchen zu verdienen zu unbequem wäre. – Die Pfaffen sind die Vermittler dieser Bettelei.

Arthur Schopenhauer

Ärgert dich dein Auge, so reiß es aus, ärgert dich deine Hand, so hau sie ab, ärgert dich deine Zunge, so schneide sie ab, und ärgert dich deine Vernunft, so werde katholisch.

Heinrich Heine

Nur in der Dunkelheit kann der Katholizismus uns bezwingen; der lichte Tag aber verscheucht den Eindruck seiner trüben Schatten.

Heinrich Heine

Verborgen im Gedräng der Anbeter in der Kuppelkirche in Assisi. – Dumpfe, stumpfe Wahnsinnige, Zerrbilder der Menschheit, wie ihr da das Bethäuschen des heiligen Franziskus anplärrt, das Rosenwunder anglotzt! –

Friedrich Theodor Vischer

Wider den Protestantismus
Ein verworrener Quark, der aber uns noch täglich zur Last fällt.

Johann Wolfgang Goethe

Der Protestantismus ist zu einer unverschämten Lüge geworden, und der Katholizismus war von jeher eine unverschämte Lüge *Jacob Bernays*

Unsere lutherische Kirche ist grenzenlos intolerant; die kahlen weißen Wände, die monotonen Gesänge, die oft mehr als schreckliche Predigt können mich nicht fesseln. *Detlev von Liliencron*

Pietisten
Unkraut, wie es in Korntal wächst, sollte man ausrotten. Man denke sich eine Versammlung von Un- und Halbmenschen und man hat das lebendigste Bild von hypochondrischer, murrköpfischer Abgeschmacktheit.

Wilhelm Waiblinger

Au! – Au mein Hals! – Meine Augen, mein ganzes Gesicht! Was? – Meine Augen stehen starr gen Himmel! – Mein Gesicht ist blaß! mein Kopf hänget zur Seite vorüber! – Ja, ich bin verwandelt; ich bin ein Pietist.

Anonymer Autor der »Briefe«, Soröe 1768

Wir erwarten nicht viel Gutes vom Pietismus. Wir teilen die Meinung eines witzigen Mannes, der keck behauptet: Unter hundert Pietisten sind neunundneunzig Schurken und ein Esel. *Heinrich Heine*

Wiedertäufer
Die Wiedertäufer nur geköpft! Denn sie sind aufrührerisch und lassen nicht ab von ihrem Irrtum. *Martin Luther*

Wider die Kirche und ihre Vertreter
Von Sina und Tibet an bis nach Irland, Mexiko und Peru sind Klöster der Bonzen, Lamas und Talapoine sowie nach ihren Klassen und Arten aller christlichen Mönche und Nonnen Kerker der Religion und des Staats, Werkstätten der Grausamkeit, des Lasters und der Unterdrückung, oder gar abscheulicher Laster und Bubenstücke gewesen. *Theodor Gottlieb Herder*

Die Kirche schwächt alles, was sie anrührt. *Johann Wolfgang Goethe*

Im Mittelalter und wohl noch später herrschte der von der Geistlichkeit eifrigst genährte Glaube, die Leichen von Exkommunizierten könnten nicht verwesen. Fäulnis war ein eigentümliches Vorrecht der Kirche. *Carl Gustav Jochmann*

Es ist gar viel Dummes in den Satzungen der Kirche. *Johann Wolfgang Goethe*

Wo heute unser Wissen in die Form des Glaubens gezwängt wird, da ist Betrug, Irrtum und Täuschung mit im Spiele; da soll der Glaube als Mittel für die Erreichung schlechter Zwecke gebraucht werden. *Wilhelm Weitling*

Freie Kirchen im freien Staat? Unverschämte Kirchen im feigen Staat!
Friedrich Theodor Vischer

Ich rufe Ketzergerichte und Inquisitionen, Religionskriege und Kreuzzüge, Sokrates' Becher und Bruno's und Vanini's Scheiterhaufen zum Zeugen an!
Arthur Schopenhauer

Kirchengeschichte ... ein Wirrwarr von Irrtümern und Gewalt ...
Johann Wolfgang Goethe

Geistliche
Das Volk hat lange graue Ohren und seine Treiber nennen sich Rabbiner, Pfarrer und Pastoren. *Arno Holz*

Prediger
Da sind die Prediger die allergrößten Mörder. Denn sie ermahnen die Obrigkeit, ihrem Amt streng vorzustehen und die Schuldigen zu strafen. *Martin Luther*

Es ist schändlich: unsere Prediger und Erzieher sind schuld.
Georg Christoph Lichtenberg

Priester
Ach, geht mir mit diesen geweihten Besserungstechnikern!
Friedrich Theodor Vischer

Pfaffen
Das gibt gute Gurgelsuppe, sagte die Sau, als der betrunkene Pfaffe ihr in die Rinne kotzte. *Sprichwort*

Pfaffen, Affen, Fledermäuse,
Huren, Katzen, Filzgeläuse,
Wann die nehmen überhand
Versaun sie Stadt und Land.

Kindervers

Im Öffentlichen noch der alte Stand: Pfaffen überall Oberwasser, Konkordate mehren sich; der Staat, der im Gefühl seiner Sünden die Kirche zu seinem Stab macht, wie wird er's büßen müssen!

Friedrich Theodor Vischer

Leute, welche in der Welt das größte Unglück anrichten, von jeher, unterm Deckmantel der Religion, und geheiligter Mittel, plünderten, mordeten, zerstörten, würgten, vergifteten, und andre schändliche Werke trieben.

Christian August Vulpius

Die Geschichte des Pfaffentums aller Nationen und aller Konfessionen ist ein ununterbrochener Kampf gegen den aufstrebenden menschlichen Geist, eine ununterbrochene Reihe von Attentaten gegen Vernunft und Humanität.

Wilhelm Liebknecht

Mönche
Hauptsächlich muß man sich mit den Mönchen in Acht nehmen. Man darf sie nur im geringsten beleidigen, so hat man's gleich mit der Inquisition zu tun. Ein Bürger in Bologna hatte einen Dominikaner einen alten Narren genannt. Gleich beklagte sich dieser bei dem Inquisitor, der den Bürger auf der Stelle ins Gefängnis schleppen ließ. Hier blieb er volle zehn Monate, ehe man ihm sagte, warum er eigentlich säße.

Johann Scheible

Die Mönche glänzen von Fett und das Volk hungert und stirbt.

Johann Gottfried Seume

Die Mönche haben alle lateinische Namen. Zu deutsch heißen sie: Glückstüber, Senfversaurer, Freudenstörer, Freudenversenfer, Stupfelhanse, Spielverderber, Bienenhummel, Muesversalzer, Kalklöscher, Zechmilben, Schwalbendreck, Aaronskälber, Unrathsbrüder und Teufel auf dem Gerüst.

Klosterspiegel

Jene auch außerhalb der Klöster noch so häufig gehegten MÖNCHSBEGRIFFE von ZUBEREITUNG AUF DIE EWIGKEIT bringen die traurige Wirkung hervor, daß tausende jede Stunde, welche sie derselben widmen sollen, für eine Stunde halten, die ihnen das Leben noch ärmer macht, als es so schon ist. Lassen wir endlich diese Ordensideen fahren, und setzten jenes seligste Geschäft darin, wo es wirklich nur besteht nehmlich -IN AUSBILDUNG

UNSERES GEISTES UND HERZENS; IM REINERN GENUSS DES
LEBENS UND IN VOLLBRINGUNG EDLER HANDLUNGEN: so bie-
tet sich uns der Satz dar, DASS DIEJENIGEN STUNDEN, WELCHE WIR
ERDENBEWOHNER IM EIGENTLICHSTEN VERSTANDE FÜR DIE
EWIGKEIT VERLEBEN, GERADE DIE SCHÖNSTEN UND ENT-
ZÜCKENDSTEN AUCH JETZT SCHON FÜR UNS SIND.

Friedrich Sintenis

Bischöfe
Unsere Bischöfe sitzen jetzo wie die Ölgötzen und Maulaffen.   *Martin Luther*

Ein bübisches, hurerisches Leben führt ihr päpstlichen Bischöfe; im Blut und
Schweiß der Armen mästet ihr eure Wollust und Prangen; mit Lügen und Trügen raubt ihr jedermann sein Gut; mit Bannen und Tyrannen martert ihr die
Welt an Seele, Leib und Gut; das Evangelium predigt ihr nicht und tut nicht
allein kein geistlich bischöfliches Amt, sondern wehrt und verbietet auch anderen zu predigen, verjagt und verfolgt sie; und seid doch dieweil nicht mehr denn
gehässige, häßliche, feindselige Larven, welchen vor unerträglichen Bürden,
Tyranneien, Untugenden, Schanden und Lastern die Welt nimmer kann noch
will tragen.   *Martin Luther*

Erzbischöfe
Ich hasse den Erzbischof bis zur Raserei.   *Wolfgang Amadeus Mozart*

Kardinäle
Sie meinen, wenn einem Cardinal ein fauler Bombart entführe, so wäre den
Teutschen ein neuer Artikel des Glaubens geboren; das machen wir selbst, und
ist unser Schuld, daß wir solche Maulaffen sind.   *Martin Luther*

Prälaten
Eine schöne Monstranz, wenn nur ein Heilthum drin wäre, sagte Kaiser Friedrich, als er einen schönen Prälaten sah.   *Klosterspiegel*

Päpste
... des Teufels Sau ... ein Farzesel, vor dessen Furz sich selbst der Kaiser fürchtet und der alle Eselsfürze und die selbsteigenen binden und angebetet haben
will und dieser Farzer zu Rom will noch, daß man ihm den Hintern lecke ... ich
merks wohl, woher der Papst kommen ist; denn die faulen müßigen Herrn
haben ihn ausgeschissen ... gottloser Sodomit samt allen seinen Jüngern ... Ich
habe den Papst mit den bösen Bildern sehr erzürnet. O, wie wird die Sau den
Berzel in die Höhe recken ...   *Martin Luther*

Der Papst glaubt an sich, um so schlimmer. *Friedrich Hebbel*

Papstanhänger
Ich bekenne, daß die Schmähung des Papsttums nach Christo mein großer Trost ist. Darum sind das heillose Tropfen, die sagen, man soll den Papst nicht schelten. *Martin Luther*

Nonnen
Nonnen- und Schwesternmäntelein
bedecken manches Untätelein. *Sprichwort*

Dominikaner
Um der Inquisition ein fürchterlicheres Aussehen zu geben, übertrugen es die Päpste den Dominikanern, die als grausame Leute bekannt und dem päpstlichen Stuhl sehr ergeben waren. *Bauernkalender*

Jesuiten
Pfaffen und Jesuiten haben der Entwicklung der Kultur unendlich geschadet. *Karl Julius Weber*

Saufleisch ist mir verboten, sagte die Jüdin zu einem Jesuiten, der sie um einen nächtlichen Besuch bat. *Sprichwort*

Paulus
Der Apostel Paulus ist wenigstens vor dem Frühstück noch nicht bekömmlich. *Heinz Zahrnt*

Pietätsmichelei
Was ich doch aber auch nicht ausstehen kann, ist die Pietätsmichelei. An großen Männern werden zu Götzendienern alle und jede, die keine Spur verwandten Geistes in sich fühlen. So entsteht der Nimbus. Die Menschen müssen Götter haben. *Friedrich Theodor Vischer*

Staatsreligion
Eben weil ich ein Freund des Staats und der Religion bin, hasse ich jene Mißgeburt, die man Staatsreligion nennt, jenes Spottgeschöpf, das aus der Buhlschaft der weltlichen und der geistlichen Macht entstanden, jenes Maultier, das der Schimmel des Antichrists mit der Eselin Christi gezeugt hat. *Heinrich Heine*

Theologen
Die Arznei macht kranke, die Mathematik traurige und die Theologie sündhafte Menschen. *Martin Luther*

Philister haben die poetische Gerechtigkeit erfunden, damit die Tugend doch wenigstens zuletzt etwas nütze. – Daher sind auch alle Theodiceen, Hiobs vernünftelnde Freunde, Kants Postulate eines belohnenden Gottes und einer belohntwerdenden unsterblichen Seele – Philistereien.   *Arthur Schopenhauer*

Ohne die Theologen wäre Gott nur ein Witz ohne Worte. Mit ihnen können wir aber auch nicht recht froh sein und vollen Herzens uns in die Hosen machen vor Lachen.   *Benjamin Kammerloher*

Denn wir haben die großen Teufel, die sind Doktoren der Theologie.
Martin Luther

Wider den Ritus

Abendmahl
Es stimmt, daß die Christen grobschlächtige Plagiatoren von Fabeln waren, die vor ihnen erfunden worden sind. Die Heiligen Jungfrauen verzeihe ich ihnen ja noch, haben doch die Maler etliche wunderschöne Gemälde geschaffen; aber Sie werden mir gewiß zugeben, daß weder das Altertum noch gleich welche Nation eine widerwärtigere und gotteslästerlichere Absurdität ersonnen hat als die, den eigenen Gott zu verspeisen. Das ist das abstoßendste Dogma der christlichen Religion, die größte Beleidigung des Höchsten Wesens, der Gipfel des Wahnsinns und der Tollheit. Zugegeben, die Heiden ließen ihre Götter recht lächerliche Rollen spielen, indem sie ihnen alle menschlichen Leidenschaften und Schwächen andichteten. Die Inder schrieben ihrem Sommona-Codom dreißig Verkörperungen zu; je nach Bedarf. Aber dennoch, alle diese Völker verspeisten nicht den Gegenstand ihrer Anbetung. Es wäre den Ägyptern nicht gestattet gewesen, ihren Gott Apis hinunterzuschlingen. Aber solcherweise behandeln die Christen den alleinigen Schöpfer des Universums.
Friedrich II.

Gebet
Oh, das größte Sammelsurium von Widerspruch, Wahnsinn, Habsucht und Tücke ist ein menschliches gedrucktes Gebet!   *Jean Paul*

Gebetserhörung
Verwerflicher Aberglaube ist jede häßliche, jede geschmacklose Aussprache unserer höhern Überzeugung. Wenn der schlichte Bauer frühmorgens im stilllauschenden Kreise der Seinen das Käppchen von den greisen Locken zieht und andächtig betet: »Unser Vater, unser täglich Brot gib uns heute«, so wird jeder

gesunde Mensch sich von diesem lebendigen Glauben angesprochen fühlen; wenn wir aber in Stillings Leben lesen, daß der Doktor, wenn er bei unordentlichem Haushalte bis über die Ohren in Schulden steckt, mit seiner Frau hinsinkt und den lieben Gott um Geld bittet, und dann in dem Postboten, der einen unerwarteten Beitrag bringt, die unmittelbare Erhörung des Gebetes sieht, so wenden wir uns mit Ekel von einem Aberglauben ab, der den Allmächtigen zum Säckelmeister und Bankier aller liederlichen Haushalter herabwürdigt.

Johann Maximilian Schleiden

Gelübde
Ein Gelübde zu tun ist eine größere Sünde, als es zu brechen.

Georg Christoph Lichtenberg

Glockengeläut
Ich wohne der Kirche gegenüber, das ist eine schreckliche Situation für einen, der weder auf diesem noch auf jenem Berge betet, noch vorgeschriebne Stunden hat, Gott zu ehren. Sie läuten schon seit früh und orgeln, daß ich aufhören muß; denn ich kann keinen Gedanken zusammenbringen.

Johann Wolfgang Goethe

Gottesdienst
Gottesdienst ist entweder geistlose Pracht oder eiskalte, häßliche Nacktheit.

Christian Friedrich Daniel Schubart

Hostie
Die Menschheit ist aller Hostien überdrüssig und lechzt nach nahrhafterer Speise, nach echtem Brot und schönem Fleisch. *Heinrich Heine*

Inquisition
Die Inquisition ist der fürchterlichste Richterstuhl, den man sich denken kann; denn diejenigen, die den Inquisitoren in die Hände fallen, müssen die schrecklichsten Qualen ausstehen. *Bauernkalender*

Kirchgang
Man soll ja auch kein zweites Mal in die Kirche gehen, damit Gott nicht fade wird. *Friedensreich Hundertwasser*

Kirchenlied (Wie groß ist des Allmächt'gen Güte)
Dieser Kinderbrei reizt zu entbrannter Opposition, bei zu zuckerigem Lobpreis müsse es jedem, der kein Dummkopf sei, gerade recht einfallen, daß in der Natur ebensoviel, wenn nicht mehr teuflische Grausamkeit als Güte herrsche;

gebe es darüber einen Trost, so sei der mit kräftigen Gedanken mannhaft zu erringen, zu erkämpfen, zu ertrotzen, denn er ruhe auf einem: trotzdem; solchen Trost saugt man nicht aus Kinderschnullern. *Friedrich Theodor Vischer*

Marienvision
Die ewigen ›Marienerscheinungen‹ der Mönche (oder die parallelen Spielereien mit dem ›Seelenbräutigam‹ bei den Nonnen) sind letzten Endes doch weiter nichts als erotische Verdrängungserscheinungen: wenn ich mal acht Tage nicht habe, erscheinen mir nachts ooch alle möglichen braunen ma donnen!
Arno Schmidt

Mönchsaskese
Die Mönchsasketik hingegen, welche aus abergläubischer Scheu oder aus geheuchelter Abscheu an sich selbst, mit Selbstpeinigung oder und Fleischeskreuzigung zu Werke geht, zweckt auch nicht auf Tugend, sondern auf schwärmerische Entsündigung ab. *Immanuel Kant*

Mönchsweisheit
Man wird nicht mehr nötig haben, den Menschen, wie es Oken tat, aus dem Meerschlamm entstehen zu lassen, und ebensowenig wird man nötig haben, mit der borniertten und in scholastischem Wust und Unsinn erstickenden Mönchsweisheit des Mittelalters endlose Streitigkeiten darüber aufzuführen, ob der erste Mensch einen Nabel gehabt habe oder nicht. *Karl Büchner*

Predigt
Je mehr man predigt, je toller wird die Welt. *Martin Luther*

Eine langweilige Rede von einer Kanzel, welche in der Kirche gehalten, die Wirkung eines Schlaftrunks haben muß. *Christian August Vulpius*

Wallfahrer zum Heiligen Rock
Die lange Pfaffengasse am Rhein entlang wallen die Scharen, um den heiligen Rock in Trier zu küssen. Was soll man für diese Tiere von Freiheit und Gesittung erhoffen? Sie haben sie vor der Nase liegen und sind doch weiter von ihnen entfernt als die Fidschi-Insulaner. Es wird nie besser werden. Nie.
Ludwig Thoma

Wort zum Sonntag/Predigt
Der Grund, aus dem der Kirche täglich mehr und mehr Leute fortlaufen, was nur zu begrüßen ist, liegt eben hierin: daß viele Diener dieser Kirche nur noch viel zu reden, aber wenig zu sagen haben. Wie schlecht wird da gesprochen! Wie oberflächlich sind die scheinbaren Anknüpfungspunkte an das Moderne, darauf

sind diese Männer auch noch sehr stolz. Wie billig die Tricks, mit einer kleinen, scheinbar dem Alltag entnommenen Geschichte zu beginnen, um dann ... emporzusteigen? Ach nein. Es ist so etwas Verblasenes – die Sätze klappern dahin, es rollen die Bibelzitate, und in der ganzen Predigt steht eigentlich nichts drin.

Kurt Tucholsky

Wider die Künste

Ja, und die Kunst? Victor Auburtins Urteil: »Die Kunst geht nicht nach Brot, wie das Sprichwort sagt ... sie geht nach Hummermayonnaise.« George Grosz pflichtet bei: »Betrachtet man die Kunst der Gegenwart, so findet man eine tolle und verwirrte Materie.« Karl Kraus nannte die Kunst eine Wurst: »Die Kunst ist dem Philister der Aufputz für des Tages Müh und Plage. Er schnappt nach den Ornamenten wie der Hund nach der Wurst.« Na klar, bei den Pflanzgärten der Maler handelt es sich ja schon um abscheuliche Einrichtungen: »In den Akademien lernt man einen Münchner Bräuhausgarten mit raffaelischer Technik malen.« So der kenntnisreiche Walter Mehring. Zu Vorsicht in der Argumentation rät der listige Brecht: »Gegen schlechte Kunst losziehen und bessere verlangen oder den Geschmack des Volkes schmähen, was soll das nützen? Statt dessen sollte man fragen: Warum braucht das Volk Rauschgift?« Obwohl auch er vehement wettert gegen Kunstgebarungen aller Art: »Das Schlimme ist nur, daß der Künstler aus seinem Unbewußten meist auch nur Irrtümer und Lügen schöpft. Er schöpft nämlich heraus nur, was ihm hineingelegt wurde, und ist das Herausschöpfen unbewußt, so war das Hineinlegen sehr bewußt.« Mancher Unbedarfte könnte jetzt sagen: Wenn Kunst nicht taugt, nehmen wir eben Nichtkunst. Doch Nichtkunst ist natürlich gar nicht besser. Thaddäus Troll hat das Entsprechende dazu gesagt: »Kunst kommt von Können. Das Gegenteil ist Wulst, das von Wollen kommt.«

■

»Die Musica ist eine übelriechende Kunst.« Predigte Luther, aber keiner hörte ihm zu. Von der Musikausübung ist generell abzuraten: »Blasen kann jeder, aber am Fingersatz hapert's.« So der uralte Seifenblasenbläser Ernst Jünger. Dem Blasen steht das Klavierspiel kaum nach. »Warum macht ihr diesem Hundeleben, das doch niemand Freude machen kann, Nicht ein rasches, aber edles Ende, sondern spielet Klavier und sprecht über Thomas Mann?« So fragte Hermann Hesse, ohne allerdings eine Antwort zu geben.

■

Auch der Film und seine Kritiker kommen nicht gut weg: »Wenn einmal in einem Film ein Filmkritiker aufzutreten hätte, so würden ihn die Herren von der Industrie etwa mit Alfred Döblins Bruder Hugo besetzen: ein verhutzeltes zusammengekrümmtes Männchen, die Hände vor dem Bauch in einem unsichtbaren

Muff verborgen, listige, kurzsichtige Äuglein, viel Bosheit und wenig Seife. Denn die Rotte der Filmkritiker dient den Produzenten als lebendiger Beweis dafür, daß der Menschen Trachten böse ist von Jugend an. Der Filmkritiker waltet streng aber ungerecht, er weint, wenn er lachen soll, und wenn er weinen soll, so lacht er. Die Freikarte in der Hand, zieht er aus, das Geschäft zu verderben.« So erfuhr es zumindest Rudolf Arnheim, seines Zeichens Filmkritiker. Graphiker übrigens kommen nicht in Frage, im allgemeinen nicht und für Buchumschläge gar nicht. Thomas Bernhard: »Bei mir kommt kein Graphiker mehr drüber, der dann glaubt, man muß einen Schuh abbilden drauf, weil wer geht in dem Buch. Das ist ja so primitiv.«

■

Das Theater kann keine irgendwie geartete Alternative sein, wozu man nicht unbedingt Alfred Döblin folgen muß: »Ich gehe prinzipiell in die Seitenstraßen, in die ›schlechten‹ Lokale, dann noch in die Geschäfte, Warenhäuser, ungern in die Theater. Ich habe keine Zeit für die internationale Einöde.« Man kann es auch mit Alfred Polgar halten: »O wie fade ist doch feierliches Theater! Ich meine nicht jenes Theater, wo Feierliches als letzte Sublimierung gemeinen Vorgangs frei wird, Erdendunst zu hochziehender Wolke sich sammelt … sondern jenes, das Wolke und Nebel zum Baustoff nimmt, formlos und naß wie sie, zerrinnend, verschwimmend mit ihnen. O wie fade ist zelebriertes Theater, Theater mit Weihezeremoniell, Opferrauchtheater, Theater der hieratisch gespreizten Finger und himmelwärts verrenkten Hälse!« Polgar konnte richtig gemein sein und vom expressionistischen Drama sagen: »Gestern noch eine Sache von übermorgen, heute schon eine von gestern.«

Viel verstand der Theatermann auch von der Eitelkeit der Schauspieler: »Von anderen Pflanzen unterscheiden sich Schauspieler dadurch, daß sie eintrocknen, wenn sie nicht in die Presse kommen.« Von diesen sagte der derbere Oskar Maria Graf: »Schauspieler sind Huren. Sie müssen gefallen und treiben die Putzsucht ihr Leben lang.« Sowieso gilt: Das Theater und sein Leute »sind lauter Schweinigeln und schwache Leut'«, denn das hat Thomas Bernhard selbst erfahren.

■

Wer soll das alles ins rechte Licht rücken? Die Journalisten? »Dagegen!« lacht mit Karl Kraus: Haha! Ihm und uns ist »der Journalismus ein Terminhandel, bei dem das Getreide auch in der Idee nicht vorhanden ist, aber effektiv Stroh gedroschen wird.« Um noch einer anderen Ansicht Gehör zu verschaffen, sei Gottfried Benn zitiert: »Konnte überhaupt noch der Roßapfel einer Idee auf Europas Boden fallen, ohne daß die Journalisten kamen und die Fäkalien für ihr Publikum berochen?«

Wider die bildende Kunst

Der Gestank der Menschen ist echt, nur ihre Düfte sind falsch: Kunst.

Albert Ehrenstein

Kunst ... eine Kinderkrankheit ...   *Walter Serner*

Kunst ... wie der Staub, den ein Hund aufkratzt, um seinen Kot zu verheimlichen ...   *Hans Erich Nossack*

Eine Kunst, die sich über die von mir bezeichneten Gesetze und Schranken hinwegsetzt, ist keine Kunst mehr.   *Wilhelm II.*

Über drei Dinge wird in unseren Tagen zu viel geschrieben und geredet, über Kunst, Gesundheit und Erziehung.   *Peter Rosegger*

Der Bauer ißt nur, was er kennt, und dem Publikum schmeckt nur die breite, alltägliche Bettelsuppe, die es seit Jahren gewohnt ist. Selbstredend auch, daß die vom Staate konzessionierte Kunst der Akademie sich im Laufe der Zeiten zu einer Art Kunstpolizei ausgewachsen hat.   *Max Liebermann*

Unsere Geistesrichtung, besonders die Kunst, geht vorwiegend darauf aus, das Menschenherz zu quälen, ihm die Lebensfreude zu verleiden, das Weltelend recht ins Gesicht zu rücken, die Menschen zu Pessimisten zu machen.

Peter Rosegger

Es war einmal ein Mann,
der hat drei Hosen an.
Die erste war zerrissen,
die zweite war verschissen,
die dritte war verbrunzt,
das war die ganze Kunst.

Kindervers

Die Kunst ist eine Erfindung, die sich der Drückeberger zurecht gemacht hat, um im Staate zu etlicher Bedeutung zu gelangen.   *Hermann Sudermann*

Die Kunst ist eine zusammengepresste Natur und die Natur eine auseinandergelaufene Kunst.   *Friedrich Hebbel*

Kleines Abscheu-ABC des Kunstbetriebs

Akademien

Von diesen Anstalten läßt sich wenig Erfreuliches berichten. Es sind Versorgungshäuser für Professoren, die, wenn sie von ihrer Kunst leben sollten, verhungern würden. Einer macht dann, bei sicherem Gehalte, dem anderen das Leben so schwer als möglich. *Ludwig Feuerbach*

Das sklavische Studium auf den Akademien führt zu nichts. Wenn seit Raffaels Zeiten, wie man fast sagen kann, kein Historienmaler mehr gewesen ist, der so das Recht gefunden hatte, so ist nichts anderes schuld daran als die trefflichen Akademien. *Fritz Overbeck*

Die Akademien sind die Hydra, so bekämpft werden muß, ehe eine neues Fundament zu einer bessern Kunst kann gelegt werden. *Cornelius*

Ausstellungen

Das Ausstellungswesen bringt uns um, wie der Salon die Franzosen umgebracht hat. Jeder fragt sich bloß: was wirkt? Und dahin geht die ganze Rechnung. Besonders, was wirkt von weitem? Dieser oder jener ungewöhnliche perspektivische Witz usw. STÄRKERES zu finden, das ist der künstlerische Zweck geworden. Das Elend, was da entsteht, sieht man. *Arnold Böcklin*

Die großen, sich oft wiederholenden Ausstellungen sind krankhafte Beruhigungsanstalten, in welchen sich die Quantität den Mangel an Qualität bemänteln muß. – Jedermann hält sich die Ohren zu, wenn zehn Drehorgeln zusammen jede ein Stück für sich spielen, in der bildenden Kunst soll alles in einem Magen Platz finden. *Ludwig Feuerbach*

Diese Ausstellungen dünken mich öffentliche Unfälle, die dem Vermischten des Reporters zugehören. In jedem Fall: Die Anti-These der Kunst nennt sich heute Ausstellung. *Carl Einstein*

Man trat zwischen Bildern, man hätte unter Umständen auch ruhig darauf getreten. Nach fünf Minuten in dieser Moderatmosphäre, mit dem Trieb, möglichst viel zu sehen und der absoluten Unmöglichkeit im Bewußtsein, auch nur das geringste zu erfassen, wurde jeder bessere Instinkt von einer Gleichgültigkeit bezwungen, der nichts, aber auch gar nichts mehr auffiel. Die tote Ruhe, die man schweißtriefend aufstörte, in diesen kahlen Riesenräumen, in denen man sich nicht bewegen konnte, dazu das Pfeifen der Lokomotiven, das Zittern des Bodens infolge der unten fortwährend ein- und auslaufenden Züge, alles das gab eine merkwürdige Wut, den stillen Wunsch, den ganzen Kram ausnahmslos zu zerstören.   *Julius Meyer-Gräfe*

Die Leute quälen sich in den Ausstellungen. Sie laufen von Otto Dix zu den Impressionisten, von Altchina zu Zille, sie finden es einmal schön, einmal scheußlich, aber damit hat's ein Ende. Behend plaudernde Lyriker dirigieren wohlriechende Weiberhorden von Saal zu Saal, werfen mit Jahreszahlen und Anekdoten um sich – und nachher weiß doch keiner der Belehrten so recht den Qualitätsunterschied zwischen einem Renoir und einem Recnizek zu begründen.   *Rudolf Arnheim*

Gemäldegalerie
Die Gemälde an Decken und über den Türen stehen meistenteils nur da, um ihren Ort zu füllen, und um die ledigen Plätze zu decken, welche nicht können mit lauter Vergoldungen aufgefüllt werden. ... Die Abscheu vor dem leeren Raum also füllt die Wände, und Gemälde, von Gedanken leer, sollen da Leere ersetzen.   *Johann Joachim Winckelmann*

Jubiläen
Die Komik aller Kunstjubiläen besteht darin, daß die alten Bewunderer so feierlich beunruhigte Gesichter machen.   *Robert Musil*

Kirchenmalerei
Es ist jetzt kein Altar, es stehet eine Hure darauf. Wenn die Maler St. Barbara oder St. Katharina malen, so malen sie Huren hin. Welche Andacht soll ein junger Pfaff haben, wenn er das Confiteor betet und siehet also hübsche Bilder vor sich stehen.   *Thomas Murner*

Korrektheit
Natürlich ist Korrektheit eine schöne Sache, aber sie ist nicht das Wesen der Kunst.   *Max Liebermann*

Künstler
Der alte Hegelsockenhalter Rosenkranz legte in seiner »Ästhetik des Häßlichen« fest, daß im Kotzen »die Endlichkeit der Unfreiheit zu einem Zustand der Unfreiheit im Endlichen« werde. Denn »der Überdruss verkehrt den geordneten Gang der Natur und degradiert den Mund zum After.« Wahrscheinlich dachte Th. Bernhard genau daran, als er die Künstler, sowieso schon »Söhne der Widerwärtigkeit« und »Erztöchter und Erzsöhne der Unzucht«, auch noch als »die größten Erbrechenerreger« titulierte. Sowie natürlich insgesamt zu den »Onanierpflichtigen auf dem Erdball.« Kunst hat ein Riesenmaul, ist aber, recht

betrachtet, nur ein After, der einen Pups läßt, dergestalt, dich das Mäuslein beißt, wenn du die Nase mitten hinein steckst. Wenn man in etwa versteht, was ich vielleicht meine.

Benjamin Kammerloher

Künstlerisches Experiment
Eine Jargonvokabel für den Ausdruck bedeutender Unfähigkeit

Helmut Arntzen

Kunstbetrachtung
Vor Gemälde vermeide ich mit Bekannten zu treten. Es wird dann immer höchst überflüssigerweise geredet. Und sobald man vor Gemälden über sie redet, entziehen sie sich einem. Es ist, als ob es sie verdrösse. Sie verhüllen sich gleichsam von innen heraus. Man kann über Gemälde nur in ihrer Abwesenheit sprechen.

Richard von Schaukal

Kunstkritik
Man kann die Kunstkritik ansehen: 1. als eine Manifestation der Eitelkeit und des Eigendünkels. 2. als etwas überaus Törichtes, Lächerliches, Absurdes, wenn es sich dabei nur um die Meinung der Witzbolde, der Dichter, der Zeitungsschreiber oder auch der Maler handelt. 3. als eine Verschwendung von Intelligenz, die keinem Menschen nützt, da jedermann eine verschiedene Ansicht von schön und häßlich hat, und da schließlich nur das schön ist, was uns gefällt.

Joseph Anton Wiertz

Kunstliebendes Publikum
Das kunstliebende Publikum ist die incalculabelste Bestie von der Welt und frißt Häcksel und Ananas mit demselben Appetit.

Cornelius

Kunstwerk
… ein Sauerkraut …

Wilhelm Busch

Landschaften
Man muß junge Künstler beizeiten warnen, sonst bleiben sie in solchen hohlen Wegen sitzen; dem guten Friedrich in Dresden ist's nicht anders ergangen; von dem haben wir dergleichen Landschaften in Menge.

Johann Wolfgang Goethe

Lebensweise
Woheraus soll man heutzutage zum künstlerischen Schaffen angeregt werden? Im Altertum hat das Leben das übernommen; aber das Leben wie es sich heutzutage abspielt, drängt eher alle Produktion zurück. Wir »leben« so wenig! Wie

wohnen wir zum Beispiel? Kaum zur »Existenz« ausreichend! Zusammenge-
pfercht, im fremden Haus, ohne Licht und Luft! Wir kleiden uns unsere Vorurteile, unsere Kunstfremdheit, unsere Prüderie! Auch da ist nichts für Auge und
Sinn! *Arnold Böcklin*

Leichte Kunst
Was von jedem Hans gleich verstanden und bewundert wird, muß notwendig
eine banale Sache sein. Es wird zwar immer das Gegenteil behauptet, ich weiß
es aber besser. *Karl Stauffer-Bern*

Maler
Mit wem soll man verkehren? Man hat gar keine Anknüpfungspunkte. Auch bei
Malern nicht, erst recht nicht. Alle wie sie da sind, wollen sie nicht in sondern
mit ihrer Kunst etwas erreichen; versuchen's so oder so, sind Streber Affaristen,
Jongleurs; der eine will reich, der andere gesellschaftlich angesehen, der dritte
reich oder berühmt, der vierte Akademiedirektor werden. Keiner denkt daran,
ruhig, ohne rechts und links zu blicken, das, was in ihm ist, herauszubilden.
Arnold Böcklin

Die Malerei ist nur eine platte Lüge. *Heinrich Heine*

Ganz unglücklich steht es in der Malerei. Es gibt Leute, die sagen etwa vor
einem Bilde von Liebermann: »der reine Rembrandt« und vor einem Rem-
brandtbild: »schon ganz Liebermann«. *Theodor Lessing*

Der größte Stümper kann mit ein paar Strichen die Sünde wecken, wenn sie
einen so leisen Schlaf hat wie im warmblütigen Menschenleib der Jugend.
Peter Rosegger

Populäre Kunst
Pfingstausflug des Männergesangvereins nach Pompeji, Bankett im Fahrpreis
inbegriffen. *Richard von Schaukal*

Portraitkunst
Das Portrait ist die elendeste aller Kunstgattungen, weil der Künstler dabei am
meisten gebunden ist. *Arnold Böcklin*

Plastik
Ein sehr unhandliches Spielzeug, verschärft durch metaphysischen Augenauf-
schlag. *Walter Serner*

Sculpteur

Ein Sculpteur, der zugleich Napoleon und Wellington meißelt, kommt mir vor wie ein Priester, der um zehn Uhr Messe lesen und um zwölf Uhr in der Synagoge singen will – Warum nicht? Er kann es, aber wo es geschieht, wird man bald weder die Messe noch die Synagoge besuchen.   *Heinrich Heine*

Standbild

Standbilder kranken erst an ihren Helden und dann am Künstler.   *Peter Hille*

Technik

Technik kann jeder Schafskopf haben, kann jeder lernen.   *Arnold Böcklin*

Virtuosentum

Das technische Virtuosentum läßt unser Gemüt kalt.   *Peter Rosegger*

Wider einzelne Stilrichtungen

Impressionismus

Der Impressionismus ist die Kunst der Faulheit.   *Adolf Menzel*

Naturalismus

Ich kann den geschmierten und freudlosen Platitüden, welche dieser naturalistischen Schule der Hellmaler und Impressionisten entstammen, ihren Abbildungen des blöden Elends mit der geballten Proletarierfaust dahinter, ihren falschen Tonwerten und Farbendissonanzen, ihren tristen Mitteln für triste Erscheinungen, kurz ihrem HAUSKNECHTSSTIL, wie ihn keine der Schwesternkünste kennt – ich kann solche Ödigkeiten, denen sich noch der Mangel am besten unserer neuen Malerei, nämlich am Spiritusgehalt, zugesellt, nur unter dem Gesichtspunkt gerecht werden, daß sich hier ein Gärungsprozeß zum Niederschlagen verbrauchter, und zur Abklärung reiner und edler Stoffe vollziehe.

Otto Knille

Realismus

Aber ich sage mir so: eine gewisse Zeit hat man zum Leben. Was ist nun das, was sie am besten ausfüllt? daß ich mich eine ganzen Sommer abquäle, einen lebensgroßen Brunnen, und den Dreck, und die Pflanzen davor lebensgroß abzumalen, und hundertmal abkratze, weil mir der Ton des alten fauligen Holzes noch nicht ganz getroffen scheint, dann ein beliebiges Mädel bloß hineinzumalen, um den Tonwert zu studieren, oder gibt es Dinge, die höher stehen? Ich lasse mir solche Experimente gefallen, einmal zum Studium, aber damit mein Leben auszufüllen wäre mir doch zu schade   *Karl Stauffer-Bern*

Realismus ist die leichteste Kunstart und kennzeichnet stets den Verfall. Wenn die Kunst das Leben nur kopiert, dann brauchen wir sie nicht.

Ludwig Feuerbach

Sezessionisten

Wir sahen in neuester Zeit nackte Bilder von so großer Häßlichkeit menschlicher Körper, daß man allerdings versucht ist zu glauben, der Künstler wollte durch die Abschreckungstheorie sittlich wirken. Wenn euch die Schönheit verführt, mochte der Sezessionist denken, gut, so sollt ihr die Häßlichkeit haben!

Peter Rosegger

Nichtkunst

Diese richtig zu verwerten, ist eine große Kunst. Es soll durchaus nicht der vor Jahrzehnten einmal herrschenden Mode das Wort geredet werden, aus Abfällen neue Kunst- oder Schmuckgegenstände herzustellen. Das war eine furchtbare Zeit – gottlob, sie ist im allgemeinen vorüber! Nur hier und da trifft man noch Damen, die sich von nichts trennen mögen und entsetzliche Dinge mit großer Handfertigkeit zum Schrecken ihrer Familie herstellen.

Kurt Adelfels

Kleines Abscheu-ABC der Musik

Benefizveranstaltungen

Die vielen Wohltätigkeiten sind ein Zeichen des bösen Gewissens. Wenn die Leute einander nicht so viel Böses antäten, brauchten sie einander nicht so viel Gutes zu tun.

Peter Rosegger

Choralgesang

Unser Choralgesang (wie himmelerhebend könnt' er sein!) ist jetzt kaum was mehr als ekles Geplörr, verwirrtes Stimmengetös.

Christian Friedrich Daniel Schubart

GEMA

Anruf bei der GEMA (Abk. für GEldgeile MAfia). Die wollen mich tatsächlich zweimal für ein und dasselbe abzocken.

Helmut Krausser

Klavier

Den schlechtesten Ton unter allen hat das Klavier. Man hat viel daran gekünstelt, aber nicht viel mehr als Stärke und Schwäche herausgebracht. Es hat den allerwenigsten Bezug zu Stimme und Gefühl und ist bei seinem großen Reichtum arm an innerem Gehalt. Da die Komponisten alle ihre neuen Melodien und

Harmonien hier auf die Probe bringen, so hat es der neuern Musik gewiß sehr geschadet.

Wilhem Heinse

Manchmal, nach dem Essen, setzt sich ein Gast oder eine Gästin hin und spielt etwas auf dem Pianino. Die Dame streift sich die Armbänder ab, der Herr zieht die Halshaut aus dem Kragen – aber habt ihr schon ein Mal, ein einziges Mal erlebt, daß euch dieses Spiel Vergnügen und Freude gemacht hätte? Kuchen.

Kurt Tucholsky

Komponistin

Ein Komponistin wird es niemals geben, nur etwa eine verdruckte Kopistin. Ich glaube nicht an das Femininum des Begriffes Schöpfer. In den Tod verhaßt ist mir ferner alles, was nach Frauenemanzipation schmeckt. *Hans von Bülow*

Konzertsaal

Das ist der Ort, wo die deutsche Kleinbürgerseele sich am eindringlichsten und mit der ganzen Schamlosigkeit des Unbeobachtetseins demaskiert. Hier rutscht die letzte Reserve von den Gesichtern, die platte Substanz tritt zutage, und was an dekorativer Würde, falscher Bonhommie und selbstsicherr Geborgenheit auch in intimsten Situationen sich noch behauptete, gleitet widerstandslos in den Orkus süßen Vergessens. Willig und mit Behagen läßt sich der geringe Rest von Vernunft und Bewußtsein in jenen Schlaf einlullen, neben dem selbst der Tod noch ein Zustand gespanntester Aktivität zu sein scheint. Es gibt keinen Ausdruck, keinen Vergleich in irgendwelcher Sprache der Welt, der die gespenstische Leere dieser wollüstig den Tönen hingegebenen Visagen zu umschreiben vermöchte. Die kühnsten zeichnerischen Phantasien des George Grosz verblassen neben solcher Realität zu sanften, klugen Visionen aus einer besseren Welt. Jedesmal, wenn ich in Deutschland einen Konzertsaal betrete, rinnt mir ein kalter Schauder über den Rücken. *Hans Heinz Stuckenschmidt*

Lärm/Tenöre

Unerträglich ist die Tyrannei der Schreier. *Peter Hille*

Marschlied

Als wir in den Krieg zogen, bumsten die geistlosen Marschlieder von Herms Nielebock dazu. *Friedrich Luft*

Musik

Ich kann Musik nicht leiden. *Feldmarschall Hindenburg*

Die Musik ist wohl heute der Menschheit größte Plage. *Heinrich Seidel*

Hätte wohl Lust, mich um Mitternacht, vom Vollmond beglänzt, an meinen Flügel zu setzen, und das kläglichste *Lamento* aus es-Moll über den Verfall der Tonkunst in Deutschland zu spielen. Wenn's so fortgeht, so haben wir bald keinen Meister mehr, der der sterbenden Musik unter uns ein *Requiem* schreibt, und keine Künstler mehr, die es am Gebeinhause aufführen können.
Christian Friedrich Daniel Schubart

Was soll überhaupt die Musik? Diese klingende Mathematik? In der Erziehung sind die geometrischen Köpfe meist die härtesten, und in den großen Musikern habe ich immer Leute gefunden, die, obschon sie mit Schlüsseln umgehen, über nichts Aufschluß geben können. Die Musik ist eine ganz sinnliche Kunst. Wenn Sie dem Otaheiter einen Trauermarsch von Spontini vorspielen, glauben Sie, daß er weinen wird? Er wird springen und seine Kokosschale vor Lebenslust bis auf die Hefe leeren. *Karl Gutzkow*

Es sind die heutigen Redekünste gar nicht vorhanden, ich muß gestehen, daß ich sie verachte wie einen guten Teil der heutigen gespreizten, aber leeren Musik.
Friedrich Nietzsche

Jetzt ist die Welt gar hoch gestiegen,
auf dem Lokus Noten liegen.
Ich kann das gar nicht recht begreifen:
Jetzt soll man noch nach Noten scheißen. *Abortinschrift Bahnhof Luisenthal*

Musik? Nein. Verstehe zu wenig und so wie ich den Faden des Gesetzes im Tönegewirbel verliere, stellt sich das Auge ein und ich denke nichts als: was haben denn die Kerle, daß sie so reiben, zwicken, kratzen, schlagen, die Backen aufblasen, oder die Sänger: das Maul so aufreißen?
Friedrich Theodor Vischer

Und im Gespräch sind sie auch merkwürdig, selbst abgesehen vom Durcheinanderschreien. Herr N.N. hört gespannt zu, so scheint es. Auf einmal fangen seine Augensterne an, zu fappeln, zu irren, er hört nach einer andern Seite. Die Gedanken auch nur fünf Minuten beisammenbehalten – es wäre ja entsetzlich, nicht zu ertragen! O, dies Geschlecht kann nur unter der Fuchtel des Unteroffiziers aufmerken, und darunter gehört es auch. – Unter den Künsten zwingt die Musik am wenigsten, die Gedanken zusammenzuhalten, darum ist die Mehrzahl musikliebend. Alle Menschen sind Wiener. *Friedrich Theodor Vischer*

Musikanten

Die Frag gieng bei einer Gesellschaft, welches das liederlichste Handwerk wäre. Als die Reihe an Simplicissimus kam, sagte er, man müßte die liederlichste Hantierung nicht bei den Handwerkern, sondern bei den Künstlern suchen; darunter würde man die Musikanten am allerliederlichsten befinden; sie seien gleich Vokal- oder Instrumental-; dann wann sie gleich eine Arbeit am allerbesten ausgemacht hätten, so seie sie doch so schlecht und liederlich, daß man nichts mehr davon sehe oder höre. *H. J. Chr. Grimmelshausen*

Musik in Hotelhallen

Eine Region des Lärms ist nicht abgeleuchtet; eine heimtückische, sich bemäntelnde: die Musik im Kaffeehaus oder in der Hotelhalle. Das sage ich, der Musiker. Und behaupte: von Stockholm bis Innsbruck habe ich keine ›Hotelkapelle‹ gehört, die ihren Zweck erkannt und erfüllt hat. Was sollen diese Darbietungen bezwecken? Diese Darbietungen sollen (Wippchen würde sagen:) dem Ohr schmeicheln; sie sollen Gesprächslücken ausfüllen; denn es wird ja doch während dieser Darbietungen gesprochen; sie sollen nicht ins Ohr hinein, sondern am Ohr vorbeigehen; sie haben – so schmerzlich das für die daran beteiligten oft ausgezeichneten Musiker ist – keinen Selbstzweck; sie sind kein Konzert; nein; kein Konzert. Meine Vettern in Apoll, meine Berufsgenossen von der andern Fakultät, mögen mich nicht mißverstehen: ich unterschätze sie gar nicht, weder sie noch ihre Aufgabe. Aber ich bin für reinliche Scheidung. Symphoniekonzerte mit Kaffee, nicht? Gut, dann aber auch keinen Kaffee mit Symphoniekonzert. Definieren wir Unterhaltungsmusik mit: Musik, bei der man sich noch unterhalten mag, – wenn man kann. Deshalb also: piu piano, piu piano. Diese Orchester spielen, um es auf eine Urformel zu bringen, forte, immer forte. Folge? Die Gäste wollen nicht immer stumm sein, sie wollen plaudern, sich unterhalten. Wie geht das vor sich? Entweder sie warten, angsterfüllt, die Pausen ab, um den langgehemmten Konversationsstrom aus den Schleusen herauszulassen und verstummen wieder bei Beginn des nächsten Stücks oder sie versuchen, sich, trotz des »Lerms«, zu verständigen. Das macht nun seinerseits wieder »Lerm« und erfordert gesteigertes forte seitens der Kapelle, so daß sich nun beide Parteien in Kraftäußerungen zu besiegen versuchen, bis einer (fast immer der Gast) k.o. in seinen »Fotölch« sinkt. Triumphierend klingt dann der Zweikampf im zartesten fortissimo des Trauermarsches aus der Götterdämmerung aus. Ich erinnere mich, daß der Aufenthalt in der Halle des Hotel Pupp in Karlsbad eine akustische Qual war und von mir nur wegen der Proteste meines Trommelfells gemieden wurde. – *Leo Blech*

Musik, moderne

Wissen S', es hat halt nix fürs Ohr. *Johann Nestroy*

Oper

Was ist eine Oper? – Wenn eine Sache so dumm ist, daß man sich schämt, sie zu sprechen, so singt man sie. *Moritz Gottlieb Saphir*

Schon seit längerer Zeit war es mir aufgefallen, daß unsere Oper so schlecht besetzt ist. Das Orchester dünn, keine frischen Stimmen mehr. Und so seelenlos. Es war manchmal nicht anders, als ob ein Phonograph spielte. *Peter Rosegger*

Die Oper erlischt. Da sind keine Schöpfer mehr und auch keine Dirigenten, Musiker und Sänger und kein Publikum, das für derlei Klang-Klumpen und Klein-Märchen-Traktate zahlt. *Musikalisches Wochenblatt*

Opernsänger

Unsre Opernsänger ermüden sich mit Grimassen und haschen meist nach Läufern, Schnörkeln, Trillern; – Wohltat ist's, wenn ihr Sang im Strom der Begleitung ersäuft. *Christian Friedrich Daniel Schubart*

Rap-Mode

In den Achtzigern amüsierten wir uns über Frisuren, Glockenjeans und Koteletten der Frühsiebziger, dachten, wie konnte je sowas häßliches common-sense werden? Wie wird man erst in zwanzig Jahren über Piercing, die zu langen Hosen der Ghetto-Rapper und ihr affiges Bewegungsrepertoire denken? *Helmut Krausser*

Schlager

Schlager heute: die Polizeiknüppel für das Innenleben. Sie schlagen so mörderisch zu, daß ihre Antwort nur der Mord sein kann. Und ebendeshalb kann man nicht auf sie verzichten: sie bringen die Mordgedanken hervor, ohne die es kein Mensch auch nur einen Tag aushielte in dieser Hölle aus Lärm, Gestank und Gangsterei. *Gerd Bergfleth*

Schlager umsäumen wie frivole musikalische Papiergirlanden unseren Lebenslauf. Auch wenn wir diese aufdringlichen Bastarde der Musen hassen wollten – wir entgehen ihnen nicht. Sie dringen tückisch in die Ritzen unseres Bewußtseins ein. Das Radio, der Leierkastenmann, die Unterhaltungsorchester in den Cafes, die Klavierbetaster in den Bars, die Kurkapellen in den Badeorten sorgen schon dafür, daß wir jeweils mit den minderen Gesängen der Saison berieselt werden. *Friedrich Luft*

Ich finde, daß ein wackerer Moralpolizist alle Hände voll zu tun hätte, wenn er unter den Volksliedern der modernen Neuzeit ausmistete. Wenn doch ne Fee

geflogen käm und ne Puderquaste nähm! Und jeder kennt mich und nennt mich die strebsame Lou, weil ich noch flottre Kundschaft hab als du. Der Portier verstohlen lacht, begrüßt er öfters mich in einer Nacht, und auch das Stubenmädchen schreit: Alles ist bereit, bitte einzutreten! Und was bei der Gattin dir noch nie gelingt, los wirst du die Surrogattin unbedingt. Immer sieht puppig aus solche Fee, im Dekollete und Negligee, und wenn in der Lieb du noch so müd, bei ihr da kriegst du Appetit. Triffst du sie mal in flagranti, brauchst du dich nicht duellieren. Wenn du nicht kannst, laß mich mal.
Und nur die Bananen sind hochanständig. *Hans Reimann*

Sourdine

Es ist kein undankbareres Geschäft auf der Welt, als einem Virtuosen auf der Posaune mitten in seinem Konzert eine Sourdine zu überreichen (fagottähnliches Holzblasinstrument). *Georg Friedrich Rebmann*

Techno

Das Schlimmste am Techno: Nicht nur das Simple, Kunstlose, nicht einmal das Sektenhafte der Massenbewegung. Aber diese *lahmarschige* Musik, die sich mit schnellen Beats zu übertünchen sucht. *Helmut Krausser*

Virtuosentum

Je weniger ich jetzt öffentlich spiele, desto mehr wird mir das ganze mechanische Virtuosentum verhaßt. Die Konzertkompositionen als: Etüden von Henselt, Phantasien von Thalberg, Liszt usw. sind mir ganz zuwider geworden … Alles das kann keinen dauernden Genuß schaffen. *Clara Schumann*

Zukunftsmusik

Die Musik ist ein Gegenstand, der unter dem Landvolke viele Narren macht. Ein Schneidergeselle ist mir bekannt, der weiß von nichts, als in seiner Art von Musik zu sprechen; ist sonst niemand da, so spricht er darüber mit sich allein und an jedem Abend nimmt er seine Ziehharmonika zur Hand und macht Zukunftsmusik bis in die späte Nacht hinein. *Peter Rosegger*

All die Ungegorenheit, der Schwindel, all die Eitelkeit, all die Selbstbespiegelung all die Trägheit, der Zukunft zuzuschieben, was man selbst leisten müßte, all die Hohlheit und Salbaderei der ästhetischen Schwätzer – wie schön faßt sich das alles in dem einen Wort »Zukunftsmusik« zusammen.

Ludwig Bischoff

Wider die Architektur

Jeder Städtebewohner weiß, daß die Architektur, im Gegensatz zur Poesie, eine terroristische Kunst ist. *Hans Magnus Enzensberger*

Die gleichen grauen vielstöckigen Mietskasernen reihen sich einförmig aneinander, wo immer der Bildungsmensch seine ›segenbringende‹ Tätigkeit entfaltet. *Ludwig Klages*

Und so sehen wir denn mit einer Charakterlosigkeit, gegen welche sogar die doch nur in einem Style fühlende Zopfzeit hoch dasteht, wirkliche heute für eine Kirche den gothischen Styl, morgen für ein Theater den griechischen Styl, für einen Palast den byzantinischen Styl gewählt, oder etwa auch umgekehrt, so daß man fast ebenso gut vorher um den Styl losen könnte. *Heinrich Hübsch*

Betonhallen
Die Konstruktion von Betonhallen läßt kalt. *Georg Kaiser*

Hotelarchitektur
Dann wird hineingerauscht in die falsche Marmorpracht!
In die vergoldete Barbarei!
Überall Pfeiler, die nichts zu tragen haben, Malachitsäulen, die wie die Spargel aus den Parketten gen Himmel schießen, kein Mensch weiß, wozu! Vielleicht, um ein Loch durch den Plafond zu stoßen? Um dann im ersten Stock als Sitzgelegenheit zu enden?!
Überall Stuck in wüsten Tortenverzierungen; an der Decke so täuschend, daß man meint, jeden Augenblick müßte einem der Schlagrahm auf den Kopf klatschen – an der Wand ein gemalter Frühling aus Blech. *Sir Galahad*

Städtebau
Das Antlitz der Festländer verwandelt sich allgemach in *ein* mit Landwirtschaft durchsetztes Chicago. *Ludwig Klages*

Wider die Photographie und den Film

Dem Adler, der Mensch heißt, einen photographischen Kasten statt der Augen einzusetzen und dieser Maschine zuzumuten, gen Himmel zu fliegen, ist einfach lächerlich. *Karl Stauffer-Bern*

Liest man die deutschen Produktionsankündigungen für die kommende Saison, dann kann einem schlecht werden. Die Minderwertigkeit ist stabilisiert. Es ist schwer, sich mit der Filmerei dieses Landes noch ernsthaft und kritisch zu beschäftigen.　　　　　　　　　　　　　　　　　　　　　*Axel Eggebrecht*

Kinos

Aber über das deutsche Volk ist der idiotische Irrsinn der zahllosen Kabaretts, Coupletkneipen, Animierdielen, verhängt. Kein Geschmacksrat erbarmt sich des Kinos, langweilige und verlogene Filme verbietend; so darf das Kinozeros auch weiterhin den Geschmack zertrampeln, die Volksseele verkitschen. Man will nicht zur Besinnung kommen, sucht im Höllenlärm des Vergnügens, der zeittötenden Unterhaltung, Selbstvergessenheit, Opium, Lethe. Das Rülpsen und Schnarchen der Biertrinker übertönt die schwachen Atemzüge des Geistes.

Albert Ehrenstein

Tonfilm

Kunstkonserve ohne Vitamine　　　　　*Fritz Ritter von Herzmanowsky-Orlando*

Trickfilm

Die Trickfilme waren einmal Exponenten der Phantasie gegen den Rationalismus. Sie ließen den durch ihre Technik elektrisierten Tieren und Dingen zugleich Gerechtigkeit widerfahren, indem sie den Verstümmelten ein zweites Leben verliehen. Heute bestätigen sie bloß noch den Sieg der technologischen Vernunft über die Wahrheit ...　　　　　　　　　　　*Theodor W. Adorno*

Wider das Theater

Beim Theater kann Ihnen ein einziger Lump den ganzen Weg zum Publikum verstellen. Die Operettenleute jetzt: wie sie huschen und zischeln und Ränke schmieden, um den Volksstückdichter nicht aufkommen zu lassen! Was es beim Theater für Trugschleicherei gibt, davon haben Sie keine Ahnung.

Ludwig Anzengruber

Ich hasse das Theater nicht, aber ein schlechtes Theater ist das jämmerlichste Ding, nicht nur unter der Sonne, sondern auch unter den Abendlichtern.

Johann Gottfried Herder

Eine Art des Vergnügens, vor welchem man die jungen Leute durchaus warnen muß, ist das Theater. Durch die entsittlichenden Einflüsse des Theaterbesuchs wird jedes Jahr eine unberechenbar große Anzahl von jungen Männern in ihren moralischen Grundsätzen erschüttert und in Laster und Sünde gestürzt. Einmal sagte Dr. Lyman Beecher in einer Ansprache, die er vor einer großen Versammlung von jungen Leuten hielt: »Wenn jemand ein prompteres Beförderungsmittel für die Sünder zur Hölle ausfindig machen könnte, als das Theater, so dürfte er sich mit Recht ein Patent für diese höllische Geschicklichkeit ausfertigen lassen.« Es ist vielleicht zu hoffen, daß das Theater in sechzig oder siebzig Jahren einer Reinigung unterzogen und auf einen höheren Standpunkt erhoben sein wird.   *Sylvanus Stall*

Viel Theater und Kunstbesuch sollst du nicht treiben, derlei verflacht den Menschen.   *Peter Rosegger*

Die Berliner Theaterkunst rennt kurzbeinig und geschäftig neben der Zeit her: manchmal kommt sie ein wenig außer Atem und schnappt gierig – wonach? Nach dem angeblichen Rhythmus der Zeit. Statt des Geistes der Zeit frißt sie ihre Abfälle und schleudert sie im Jazztakt in die Zeit zurück.   *Artur Michel*

Die heutige Theaterlandschaft wird von einer Clique untalentierter Stückeschreiber beherrscht, die einen Pakt mit minderbemittelten Rezensenten geschlossen hat. Jede Form von Qualität kommt diesem Arbeitsplatz-Erhaltungssystem als Bedrohung vor.   *Helmut Krausser*

Volksbühnen
Nichts Greulicheres gibt es als die Schiller-Theaterei und jene Volksbühnen, wo die Kunst braven Arbeitern zu Aschingerpreisen serviert wird, Brötchen und Papierserviette gratis.   *Victor Auburtin*

Theaterdirektoren
Komische Käuze, diese Theaterdirektoren hierzulande! Sie wollen und wollen es nicht wahrhaben, daß man aus Dreck keine Konfitüren herstellen kann. Sie bauen großartige Theaterräume, statten die Bühne mit allen Errungenschaften der Technik aus, halten goldbetreßtes Personal, ernähren ganze Kohorten von Spielern und Spielleitern, verpulvern das bißchen Geld, das ihnen noch übrig bleibt, für Pressenotizen und Lichtreklame, und nur Eines können die Schlauberger nicht begreifen: daß das Pferd vor allem Hafer braucht. Dann wundern sie sich, wenn das Geschäft nicht geht. Harmloses Publikum sitzt zwei Stunden mit rührender Geduld da und läßt die abgestandensten Späßchen einer vorsintflutlichen Theatermache über sich ergehen: und während dieser ganzen zwei Stunden hört man genau zwei Mal eine einsame Lache im Zuschauerraum, die sich dann vor sich selbst zu schämen beginnt.   *Oscar Blum*

Dramatiker

So sind die Kerle. Sie finden einmal einen aparten Gedanken–: dann muß es ein Drama werden.

Egmont Seyerlen

Der dramatische Schriftsteller ist ein Nachttischspiegel, der dem Parterre das Parterre noch einmal darstellt.

Jean Paul

Auch die dramatische Dichtkunst fällt unter den Tisch: Ich habe es oft gesagt und werde es noch oft wiederholen, die causa finalis der Welt- und Menschenhändel ist die dramatische Dichtkunst. Denn das Zeug ist sonst zu absolut nichts zu gebrauchen.

Johann Wolfgang Goethe

Der gefallsüchtige Dichter muß im Schweiße seines Angesichts neue Schreckensfiguren und neue Übel herausbrüten. So ist es dahin gekommen, daß unser heutiges Theaterpublikum schon ziemlich vertraut ist mit Brudermord, Vatermord, Inzest u.s.w. … Wenn das so fort geht, werden die Poeten des zwanzigsten Jahrhunderts ihre dramatischen Stoffe aus der japanischen Geschichte nehmen müssen, und alle dortigen Exekutionsarten und Selbstmorde, Spießen, Pfählen, Bauchaufschlitzen u.s.w. zur allgemeinen Erbauung auf die Bühne bringen.

Heinrich Heine

Schauspieler

Schauspielertum ist Exhibitionismus, die Frau ist eine Totalexhibition, der Mann eine sehr partielle, urkomische. Es ist der Beruf der Frau, eine Schauspielerin zu sein (wenn sie nicht Mutter ist); Schauspieler sein ist fast unnatürlich, meist lächerlich. Wer diese Dinge anders sieht, ist prüde, verlogen, pseudoreligiös, er trägt die Scheuklappen der europäischen Unwissenheit, blindlings und naiv für den Alltagsgebrauch mißverstandener Klassikerweisheit.

Albert Ehrenstein

Experimentelles Drama

Neulich hab ich doch tatsächlich ein Theaterstück mit 2 Schlüssen gesehen: ›such Dir einen aus‹! Das find' ich hahnebüchen: diese ElfenbeinthurmSitzer sollen gefälligst nich ihre Faulheit an uns auslassen.

Arno Schmidt

Theaterkritiker

Es gibt auf Seiten der Leute, die in Deutschland Theater professionell beurteilen, eine mindestens so große Krise wie auf der Bühne. Weil sie es selbst beim Theater nicht schafften, haben sie nun gegenüber allem, was da passiert, den totalen Degout. Das ist zum Teil eine Altersfrage: Die sind nämlich auch alle fuffzig. Menschen in diesem Alter sind nicht besonders ansehnlich – schauen Sie mich an – , die haben ihre ganz besonderen Schwierigkeiten und stilisieren diese extrem. Genauso läuft das in der deutschen Theaterkritik: Die langweilen sich alle zu Tode und kippen das auf Feuilletonseiten aus. *Peter Stein*

Die Tageszeitungen liefern allmonatlich Besprechereien der einzelnen orts-ansässigen Varietés. Diese Besprechereien zeichnen sich dadurch aus, daß sie, einander gleichend wie die Rücken von Heinrichs Manns gesammelten Werken, nicht den mindesten Wert haben, da sie sämtliche Leistungen über ein und die-selbe Hutschnur loben, lediglich als Äquivalent der laufenden Inserate-Aufträ-ge angesehen werden und den Lokalredaktionen Vorwand bilden zu mehrstün-digem Amüsemang, das allerdings dadurch getrübt wird, daß immer und ewig die nämlichen Phrasen zu neuem Brei verrührt sein wollen.

Hans Reimann

Kleines Abscheu-ABC der Zeitungen, Illustrierten und der Presse

Abonnent
Abonnenten sind nicht so leicht zu vertreiben. Es ist zum Staunen, was so ein Abonnent vertragt. *Johann Nestroy*

anonyme Zuschriften
Leser, was denkst, wenn ich dir sage, daß es Menschen gibt, die mich unaufhör-lich mit pasquillantischen Briefen wie mit giftigen Pfeilen verfolgen und mich das Porto vor diese Briefe noch bezahlen lassen? – Die mit Höllenfreuden aus-sprengen, es wäre mir ein sehr unangenehmer äußerst schimpflicher Zufall begegnet? – Die nicht einen einzigen Brief mit ihrem Namen bezeichnen, weil sie, als Kinder der Finsternis, das Licht scheuen? –

Christian Friedrich Daniel Schubart

Feuilleton
Keine zehn Pferde würden mich dazu bringen, noch ein Feuilleton zu schrei-ben. *Victor Auburtin*

Illustrierte
Manche Dichter langweilen mich per se – wie alle Illustrierten durch die bunte Bank. *Friedrich Luft*

Illustrierte: die Pest unserer Zeit! Blödsinnige Bilder mit noch läppischerem Text: es gibt nichts Verächtlicheres als Journalisten, die ihren Beruf lieben.

Arno Schmidt

Journalismus

Wir leiden unter Journalisten: Wichtern und Stänkerern, die sich als Dichter und Denker gebärden, unter Sophisten, die sich als Propheten ausschreien, unter als Erlösern etablierten Profitjuden. Kritikastern, in immer gerührtere Bewunderung ihrer Perücken versunken, lassen kein gutes Haar an Anderen, die eigenes haben. Affen vorm Spiegel. Ihr Wappen ist in der Kilianskapelle zu Wertheim zu sehn: ein Aff bespiegelt sich hingebungsvoll, sehnsüchtig den Hintern.

Von wem red ich? Von dem Gesindel, das, wenn es nicht grad Zeitungen liest, sie abschreibt. Es sind Reklamehelden, Statthalter Fatzkes auf Erden. Diese affigen Snobs haben blaublütigen Afters das goldene Kalb des Adels angebetet, jetzt verehren sie – ob sie nun in den Spiegel blicken oder nicht – plebejisch sich: ein papiernes Schwein.

Albert Ehrenstein

Die Quintessenz des Journalismus: in keinem Satz ein Wort, auf das man den Schreiber festlegen könnte.

Carl Sternheim

Komplimentarius

Eine Zeitung sieht aus wie die andere; da machen sie dir beständig vor den großen Herren Knicks, lassen kein Geburtstags-, Namens- oder Vermählungsfest vergehen, ohne mit dem Hütlein unter dem Arm in der demütigsten Stellung sich im Vorsaale der Großen einzufinden und sie im niedrigsten Gratulantentone zu komplimentieren. Alles in der Welt, nur kein Komplimentarius.

Christian Friedrich Daniel Schubart

Presse

Was ist gegen diese Pressverschwörung zu machen? Oh, unsere Polizei ist, man sage was man will, noch immer ein viel liberaleres Institut als unsere Presse! Es ist – hilf Himmel! Ich weiß wirklich keinen andern Ausdruck für sie – es ist die reine Scheiße!

Ferdinand Lassalle

Welche Bedeutung kann man der Presse zugestehn, wie sie jetzt ist, mit ihrem täglichen Aufwand von Lunge, um zu schreien, zu übertäuben, zu erregen, zu erschrecken? Ist sie mehr als der permanente blinde Lärm, der die Ohren und Sinne nach einer falschen Richtung ablenkt?

Friedrich Nietzsche

Der Krieg geht so lange durch die Presse, bis er ausbricht.

Max Reis

Zeitschriften

Die Zeitschriften sind die Schlafmittel des Urteils. Um die abgelegte Trockenheit ihres Themas noch zu erfrischen, verrühren sie es mit dem kalten Schwall ihrer Soupcons, daß es dich auftreibe wie Hefe und gärend süß werde wie Bärme. Wird dann noch jeder Begriff zu einer Pille geschlirrt und gedreht und das Ganze mit einer gestohlenen Überzeugung wie mit der heißen Kraft eines Stärkemehls durchquetscht – wer kann dann noch ehrlich sein, wenn der süße Duft dieses Weddingcakes der Verlogenheit seine Nüstern verwirrt ...?!

Jürgen von der Wense

Zeitung

Weg mit dem ganzen Plunder von Zeitungen; ist doch nichts drin, das der Mühe lohnt! Was die Kerls da für närrische Grimassen machen, bis sie ihr Blättchen voll schmieren! Da ist des Katzenbuckelns, des Komplimentierens, des Räsonierens, der Widersprüche, der Mordgeschichten, der Lügen, der schalen Fazetien, aus einem alten Vademekum geropft, kein Ende. Pu-

Christian Friedrich Daniel Schubart

Wir leben in einer merkwürdigen Zeitung! *Kurt Tucholsky*

Im Übrigen will ich auch keine Zeitungen mehr lesen. Es ist ja doch Alles Lüge und Unsinn und Blech. *Detlev von Liliencron*

Seit ich keine Zeitung mehr lese, bin ich ordentlich wohler und geistesfreier. Man kümmert sich doch nur um das, was andere tun und treiben, und versäumt, was einem zunächst obliegt. *Johann Wolfgang Goethe*

Darum können Zeitungen so sehr schaden, weil sie den Geist so unsäglich dezentrieren, recht eigentlich zerstreuen. *Christian Morgenstern*

Ich habe mir die Zeitungen vom vorigen Jahre binden lassen; es ist unbeschreiblich, was für eine Lektüre dieses ist: 50 Teile falsche Hoffnung, 47 Teile falsche Prophezeiung und 3 Teile Wahrheit. Diese Lektüre hat mir die Zeitungen von diesem Jahre sehr herabgesetzt, denn ich denke: Was diese sind, das waren jene auch. *Georg Christoph Lichtenberg*

Wider die Naturwissenschaften

Ebenso steht es mit jenem Glauben, mit dem sich jetzt so viele materialistische Naturforscher zufrieden geben, dem Glauben an eine Welt, welche im menschlichen Denken, in menschlichen Wertbegriffen ihr Äquivalent und Maß haben soll, an eine »Welt der Wahrheit«, der man mit Hilfe unsrer viereckigen kleinen Menschenvernunft letztgültig beizukommen vermöchte – wie? wollen wir uns wirklich dergestalt das Dasein zu einer Rechenknechts-Übung und Stubenhockerei für Mathematiker herabwürdigen lassen? Man soll es vor allem nicht seines vieldeutigen Charakters entkleiden wollen: das fordert der gute Geschmack, meine Herren, der Geschmack der Ehrfurcht vor allem, was über euren Horizont geht! Daß allein eine Welt-Interpretation im Rechte sei, bei der ihr zu Rechte besteht, bei der wissenschaftlich in eurem Sinne (– ihr meint eigentlich mechanistisch?) geforscht und fortgearbeitet werden kann, eine solche, die Zählen, Rechnen, Wägen, Sehen und Greifen und nichts weiter zuläßt, das ist eine Plumpheit und Naivität, gesetzt daß es keine Geisteskrankheit, kein Idiotismus ist.   *Friedrich Nietzsche*

Wider die Chemie
Von den vielen Rätseln, welche das Ungesundsein der Luft uns aufgibt, hat uns die Chemie noch keines gelöst; sie hat uns nur so viel gelehrt, daß wir gar vieles nicht wissen.   *Alexander von Humboldt*

Wider den Darwinismus
Was allen Darwinismus peinlich macht, ist diese selbstverständliche Unterschiebung menschlicher Motive: als ob ein Rudel schäumender, jagender, spielender, liebender Damhirsche ein ›Verein zur Fruktifizierung von Urwäldern‹ wäre.
Heinrich Fischer

Wider die Physik
Das bekannte, ewige Unterschlüpfen der Damenkleider unter den Stuhlfuß des Nachbars ist nur ein kleiner, zierlich pikanter Spaß des teufelbesessenen Objekts, doch interessant als allein schon hinreichend, unsere dumme Physik zu stürzen, denn wer könnte so etwas mechanisch erklären?
Friedrich Theodor Vischer

Wider die Relativitätstheorie
Ein Ergebnis der Akademikerzusammenkunft in Leipzig: Die Einstein-Theorie, für welche von jüdischer Seite soviel Propaganda gemacht wurde, kam am 17. Oktober, vormittags, zur Besprechung und wurde mangels genügender Beweise mit überwältigender Mehrheit abgelehnt.
Völkischer Beobachter, 21. 10. 1922

Wider die Mathematik

Die Mathematik ist eine Feme. Sie bildet das Totengericht. Ehre die Geister, aber halte sie dir vom Leibe.
Jürgen von der Wense

Der Mathematiker ist ein trauriger Gesell.
Martin Luther

Wir Menschen haben eine Mathematik geschaffen und werden zur Strafe dafür mathematisch behandelt. Deshalb fühlen wir uns, wenn wir ein bestimmtes Jahrzehnt unsres Lebens erreicht haben, gewohnterweise alt. Vielleicht würde es uns anders ergehen, wenn wir nicht zählten, sondern einfach lebten, aufnähmen und ausschieden. Wir sterben an der Einteilung; durch sie wird alles Leben vorschriftsmäßig und kommt nie recht hoch.
Eduard Saenger

Eine lächerliche Sache überhaupt, diese Mathematik an den Schulen. Für die meisten wertlos, ein abseitiges Gedankenspiel, eine Qual, weil ohne Anschauung, ohne Ziel, ohne Bindung mit einem Leben.
Alfred Döblin

Die Mathematik vermag kein Vorurteil wegzuheben, sie kann den Eigensinn nicht lindern, den Parteigeist nicht beschwichtigen, nichts von allem Sittlichen vermag sie.
Johann Wolfgang Goethe

Die Mathematiker sind eine Art Franzosen; redet man zu ihnen, so übersetzen sie es in ihre Sprache, und dann ist es alsobald ganz etwas anderes.
Johann Wolfgang Goethe

Addition

Ich hasse die Addition und die Niedertracht.
Hugo Ball

Arithmetik

Menschen, die das arithmetische Organ haben, können sich in solche, denen es fehlt, gar nicht genügend versetzen. Es ist nicht bloß, daß man notdürftig nur noch addieren kann; nein, man hat sich so oft verrechnet, daß man dem ganz Gewissen, dem Ausgemachten nicht traut. Wenn ich irgendeine Amtsrechnung prüfen soll: ich weiß wohl, daß zweimal zwei vier ist; aber könnte es denn nicht ausnahmsweise einmal, zum Beispiel heute Vormittag, fünf sein? Ein Jammerstand des Bewußtseins, ein tiefinneres Unglück und Elend.
Friedrich Theodor Vischer

Zahlen

Die Zahlen sind alle falsch.
Detlev von Liliencron

Wir haben alles auf Zahlen gebracht,
Aus unsrer Vernunft ein Rechenexempel gemacht,
Ist Gott ein Punkt, so ist er kein Zylinder,
Steht ihr auf dem Kopf, so sitzt ihr nicht auf dem ...   *Karl Marx*

So ist der Geist des Superlativs stets auf Neues bedacht und unruhig, nicht in jener odysseischen Bewegung, in der die Heimkehr nach Ithaka und zu Penelope enthalten ist, sondern in der ahasverischen, die verzweifelt kein Ende findet. Dies ist ja auch das furchtbare und langweilige an der Zahl, daß sie keine Grenze kennt, und die Steigerung verrät sich auch darin als eine im besonderen unserer Zeit zugeordnetes Mittel, daß eine ähnliche Unruhe die meisten unserer Lebensbezirke erfüllt. Die Massen der Menschen und Güter werden immer größer (die Qualität natürlich – als ontologische Feindin der Quantität – immer geringer), die Planungen werden gewaltiger, die Fahrzeuge schneller usw.

Gerhard Nebel

Null
Gewiß, eine Null ist eine Null – da gibt's keine Hilfe. Aber tausend Nullen, die außerstande sind, eine positive Zahl zu gebären, nichts anderes als nichts seien – das glaube, wer mag. Eine multiplizierte Dummheit wird allmählich borniert, und die multiplizierte Borniertheit bläht sich, platzt und wird katastrophal. Nicht immer ist das Ergebnis dieser Katastrophe gleich Null; und darin eben zeigt sich die Philosophie der Null.   *Martin Kessel*

O warum kam die Null auf diese Welt! So viele Völker lebten ohne sie.

Claire Goll

Logarithmentafel
Brecht Logarhitmentafeln, brecht entzwei!   *Claire Goll*

Wider das Lesen und die Bücher

Bücher, Zitate, schöne Stellen, gehaltvolle Sentenzen und genüsslich ausgebreitete Anekdoten: »Der Gebildete ist in dieser Beziehung ein Vielfraß und hamstert, hamstert mehr, als er je verschlingen kann. Durch die literarische Küche aller Nationen schmatzt er sich durch; er würde an dem vielen Zeug, das er zu sich nimmt, ersticken, wäre nicht das Vergessen, dieser segensvolle Schlusseffekt aller Hirnperistaltik.« Und wenn das ». . . die Masse der Schieber, die flüssigen Epiker, die Rülpser des Anekdotenschleims, die psychologischen Stauer von Mittelstandsvorfällen . . .« verabfaßt hätte, wie sie Gottfried Benn wirken sah?

Besser wär's da gar nicht lesen, sonst ärgert sich ja der Herbert Achternbusch: »Am liebsten würde ich in ein Buch schreiben: Wer dies gelesen hat, ist mir zu nahe getreten.« Oder auch Peter Handke: »Der Nachteil bei großer Literatur ist, daß jedes Arschloch sich damit identifizieren kann.« Man versteht die Frage von Karl Kraus: »Warum schreibt mancher?« Und seine Antwort: »Weil er nicht genug Charakter hat, nicht zu schreiben.« Johannes Mario Simmel wußte auch irgendwie um die Problematik: »Ich schreibe nicht für die Ewigkeit. Dieses elitäre Getue scheißt mich an.«

.

Was ist ein Sachbuch? Hans Weigel definiert: »Ein Buch, das um Erfolg zu haben, den Stoff, den es vermittelt, möglichst unwissenschaftlich und oberflächlich verarbeiten muß.« Wie steht es denn mit unpolitischen Büchern? »'Jedes gute Buch',so Seume 'müsse näher oder entfernter politisch sein' Ein Buch, das dieses nicht ist, ist sehr überflüssig oder gar schlecht . . .« (Kurt Hiller)

Bei Sauereien umfährt man am besten mit Theodor Haecker: »Es gibt heute Schriftsteller, die sich gebärden, als hätten sie zum allererstenmal etwa die Sexualität in der Welt entdeckt, nicht als Dichter oder Denker, dann wäre ja alles schön und gut in der Ordnung, sondern eben einfach als Tiere. Ja, aber wenn sonst nichts, sehe ich mir doch lieber einen Kater oder einen Hengst an als den wörtlich ins Literarische übersetzten Brunstkampf geiler Mannsbilder.«

.

Die Wissenschaft hat in Gestalt von Egon Friedell über die Literaturwissenschaft herausgefunden, daß die »Germanistik ungebildet ist in der umfassendsten Bedeutung des Wortes.« Denn: »Ihre indiskrete, unfeine Art, dem Dichter auf den Leib zu rücken, seine Taschen nach Briefen und Zettelchen zu durchstöbern, die Intimitäten verraten könnten; ihre ebenso taktlosen wie ungeschickten Versuche, seine psychologischen Mysterien zu enträtseln; ihr roher Materialismus der »Materialien«, der Anbetung positiver Zahlen und Fakten; ihre plumpe, schematisierende, sektiererhafte Methodik; ihr vollkommener Mangel an persönlicher Weltanschauung, aus der heraus sie seine andere persönliche Welt verstehen könnte; die Zufälligkeit ihrer Themenwahl, die bei ihr von dem brutalen Gesetz der momentanen akademischen Nachfrage bestimmt wird; ihr fast durchweg barbarisches Deutsch und ihr Hang für die ausgemünzte, gangbare Phrase; ihre völlige Unwissenheit auf allen nichtgermanistischen Gbieten;, verbunden mit dem Parvenüstolz und Dünkel auf ihrem Fachgebiet; dies alles macht die Germanistik und Literaturwissenschaft zu einer ebenso lächerlichen wie furchtbaren Attacke gegen die Bildung.« Jawohl! Deshalb peilte Ludwig Marcuse ein rasches Ende dieser Leute an: »Man sollte neun Zehntel aller Literaturhistoriker hängen.«

■

Und was für einen Sinn haben eigentlich Buchkritiker? Alfred Polgars Antwort: »Ihren einzig unbestreitbar guten Sinn hat die Buchkritik für den Buchkritiker. Sie gibt ihm Gelegenheit, durch Feststellen von anderer Minderwertigkeiten seinen eignen Minderwertigkeitskummer zu besänftigen und in der Verdunklung fremden Geistes das Licht des eigenen leuchten zu lassen.«

■

Die Verleger sind jedenfalls laut Alfred Döblin auch keine angenehmen Zeitgenossen: »Der Verleger schielt mit einem Auge nach dem Schriftsteller, mit dem andern nach dem Publikum. Aber das dritte Auge, das Auge der Weisheit, blickt unbeirrt ins Portemonnaie.« Wahrscheinlich stecken sie hinter den von Döblin gehaßten Bücherabteilungen: »In so einem Warenhaus ist mir nichts unsympathisch als die Bücherabteilung; diese Abteilung zwischen Nachttöpfen und Brennscheren ist mir ein zu gewaltiger Zynismus der Handelsherren.«

■

Halt! Wo bleibt der Roman? »Ist etwas, das zu lang ist«, (Ernst Jandl), weshalb es wohl schon im Kindervers heißt: »Was Belletrist, was Musen, schert euch zu den Tungusen!« Das Schlußwort hat Ludwig Marcuse : »Nachruf auf manchen Schriftsteller: Friede seiner Masche.«

Lesen
… heißt, seine Gedanken von einem Andern am Gängelbande führen lassen. – Die allermeisten Bücher sind bloß gut zu zeigen, wie toll man sich verlaufen könnte, wenn man sich vom Andern leiten ließe.   *Arthur Schopenhauer*

Wir lesen jeden Dreck. Wir lesen: amtliche Bekanntmachungen am Rande des Parkes, Parteiaufrufe, Vereinsbestimmungen, Liedertexte von Schlagern, Reklame, Reklame, Reklame. Wir lesen amtliche Anzeigen vor Rathäusern, Bekanntmachungen am Schwarzen Brett, Mietsnachrichten in fremden Wohnhäusern, Betriebsvorschriften in Garagen, Ankündigungen, Steuerformulare, ganze Litfaßsäulen, alle Postwurfsendungen, bedrucktes Einwickelpapier. Wir lesen alles. Wir lesen jeden Dreck.   *Friedrich Luft*

Der Bibliothekar, der liest, ist verloren.   *Richard Mummendey*

Lesen heißt mit einem fremden Kopfe, statt des eigenen denken.

Arthur Schopenhauer

Das viele Lesen ist dem Denken schädlich. Die größten Denker, die mir vorgekommen sind, waren gerade unter allen den Gelehrten, die ich kennen gelernt, die, die am wenigsten gelesen hatten ... Das viele Lesen hat uns eine gelehrte Barbarei zugezogen. *Georg Christoph Lichtenberg*

Das Viellesen aus Unterhaltung halte ich für sehr verderblich. *Peter Rosegger*

Ja, das bloße Lesen ohne Nachdenken hilft nichts. *Abraham a Sancta Clara*

Manchen Menschen würden Weihnachtskataloge, Zeitungsannoncen, und zu Mundwassern, Seife, Thermosflaschen, Petroleumöfen usw. beigepackte Erklärungen und Referate als lebenslängliche Lektüre völlig genügen.

Christian Morgenstern

Das viele Lesen nimmt dem Geist alle Elastizität ... und es ist, um keine eigenen Gedanken zu haben, das sicherste Mittel, daß man in jeder freien Minute sogleich ein Buch zur Hand nehme. Diese Praxis ist der Grund, warum die Gelehrsamkeit die meisten Menschen noch geistloser und einfältiger macht als sie schon von Natur sind. *Arthur Schopenhauer*

Bücher und Literatur
Wer sich beständig ausschlußweise mit den Büchern beschäftigt, ist für das praktische Leben schon halb verloren. *Johann Gottfried Seume*

Die Literatur aber – daß Gott erbarm! Ich wünschte, ich brauchte von ihr nichts zu hören und nichts zu sehen. Sie widert mich an, wie eine Speise, an der man sich übersättigt hat. *Friedrich Spielhagen*

Offenbar hat's unsere gedruckte Literatur darauf angelegt, den armen menschlichen Geist völlig zu verwirren und ihm alle Nüchternheit, Kraft und Zeit zu einer stillen und edlen Selbstbildung zu rauben. Selbst in der Gesellschaft sind die menschlichen Stimmen verhallet; Romane sprechen und Journale.

Johann Gottfried Herder

Die Literaturgeschichte ist der Katalog eines Kabinetts von Mißgeburten. Schweinsleder ist der Spiritus, in dem sie sich am längsten halten. *Arthur Schopenhauer*
Unreife Bücher sind weit gefährlicher als unreife Kartoffeln; schlechte Bücher verderblicher als ungesundes Fleisch. *Friedrich Ludwig Jahn*

Nicht die Weisheit, die in Schulen brütet,
Nicht Gelahrtheit, die der Moder hütet,
Nicht ins Reich der Phantasie verschlagen,
Sondern von der Wirklichkeit getragen;
Nicht im Bücherlabyrinth verirret,
Vom Geschrei der Theorie verwirret,
Setzend ihre Kunst an Hirngespinste,
Lesender Zerstreuung zum Gewinnste,
Überreizte Nerven überreizend,
Nach dem Lächeln stumpfer Sinne geizend,
Der Entmannung schlaffe Muskeln kitzelnd,
Heil'gen- oder Ritterbilder schnitzelnd,
Nicht ein ekles Spiel für Müßiggänger
Sollen singen ihrem Volk die Sänger.

Friedrich Rückert

Das Schreiben ist eine böse körperliche Arbeit.

Theodor Storm

Himmel laß mich nur kein Buch von Büchern schreiben.

Georg Christoph Lichtenberg

Literatur ist eine der Erscheinungen der Langeweile.

Albert Ehrenstein

Nennen Sie mir einen anständigen Schriftsteller, der gern geschrieben hätte: lieber zeitlebens Scheiße schippen!

Arno Schmidt

Nichts langweiliger als Zustimmung ... O doch: eines ist noch langweiliger: Bücher zu schreiben.

Richard von Schaukal

Beim Schreiben ist die Nässe der Tinte, und daß man nicht schon etwas anderes hat erfinden können, ein heilloser Umstand. Tags hundertmal ein Fließblatt einlegen! Darüber vergißt man die besten Gedanken.

Friedrich Theodor Vischer

Alles Papier zu glatt; macht mich nervös, wenn die Feder so rutscht; Spannen in der Herzgrube. Ich liege in einem Ameisenhaufen. Tinte auch klebrig. Und verschüttet, zwei wichtige Seiten im Buch zum Teufel! Drei Blätter zernagt mir des Hausbesitzers junger Hund, sonst liebenswürdig. Alles fällt. Tisch wackelt. Schreibunterlage will sich nicht flach legen. Es ist nicht anders, es muß Teufel geben.

Friedrich Theodor Vischer

Dickes Schwindel-Papier, das so tut als ob. Ist aber weich und bauschig wie Löschpapier, bläht das Buch auf, täuscht wer weiß was vor.

Kurt Tucholsky

Kleiner Satzspiegel: falsche verstandne Lehren vom Rand und von Breiten- und Höhen-Proportionen haben dazu geführt, daß der Text bei manchen Büchern wie eine einsame Briefmarke im weißen Meer dasteht. Pompöser, dickpappiger Einband – innen Kapitalüberschriften auf besonderm Blatt; jeder Aphorismus fängt auf einer neuen Seite an – der Text wird wie ein Strudel auseinandergezogen.   *Kurt Tucholsky*

Buchschmuck – Des Schnörkels Welt langweilte sich zu Tode.
Da ging sie hin und ward als – Buchschmuck Mode.   *Christian Morgenstern*

Wider einzelne Gattungen, Werke und literarische Mittel

Almanache
Die Kunst, wie jede andre Form des höhern, geistigen Lebens, muß das Allgemeine zur Grundlage haben, muß von ihm getragen und gehoben sein, wenn sie Bedeutungsvolles zutage fördern und aufs Ganze zurückwirken soll; was könnte sie aber dann noch Großes hervorbringen, wenn ihr der weltgeschichtliche Boden fehlte, aus dem sie ihre beste und kräftigste Nahrung zieht? Oder ist es z. B. diese Almanachspoesie des Tages, dieses lyrische Getändel und Geklingel, diese aus allen Weltgegenden zusammenbeschworne hohle Bilderwelt, sind es etwa diese mystisch-romantischen Schauer und Verzückungen und diese krassen Schicksals-Deliquenten-Tragödien, worin sich ein Allgemeines und Substanzielles erkennen und genießen, und welches das Ganze in seinem Gange beleben und erfrischen könnte?   *Georg Friedrich Daumer*

Da liegen 3 Musenalmanache vor mir. Hätt' ich Liscows Geisel, so würd' ich diesen poetischen Unfug rügen. 'S ist doch schrecklich!
                                        Christian Friedrich Daniel Schubart

Anekdote
Die Anekdote ist die Unkunst des Vermischten, stets tendenziös und moralisch, denn die Pointe ist immer willkürlich.   *Carl Einstein*

Biographien
Drei Stufen sind, was Lebensbeschreibungen berühmter Männer angeht, zu unterscheiden – (und eine vierte, ideale, die aber nie erreicht wird):
Am Anfang kann zweierlei stehen; entweder entschließt sich der Arme – es ist nur zu oft eine Geldfrage für den alt = Veralteten! – eine mild = verlogene Selbstbio zu verzapfen: FOUQUÉ salbadert, gerührt & verblasen; Karl MAY lügt, wer hätte es anders erwartet, auch hier wieder; und GOETHE schneid't

345

brav auf, wie er schon als Büblein = klein die Literatur ringsum so treffend beurteilt habe, (dabei ist ja nichts ergetzlicher, als die altersfreche Unfehlbarkeit mit seinen feurigen Jünglingsbriefen zu konfrontieren, wo er fast immer das Gegenteil gesagt hat). Es gibt hier noch eine andere gleichwertige ›Lösung‹: kluge Witwen halten vita = ähnliches gleichsam auf Vorrat, und brechen, nach dem Exitus ihres Groß = Autors, damit unverzüglich aus dem Hinterhalt hervor, (was natürlich seufzend = verzeihlich ist: Ach, wir Armen!); mit anderen Worten, Gebilde à la Caroline Herder entstehen, oder, sei's drum, Alma Mahler. Das ›oder‹ dieser ersten Stufe heißt ›autorisierte Biografie‹ – und prompt hält sich der Kenner den Bauch vor Lachen! Denn ihm ist das scharmante Wörtlein ›autorisiert‹ ja mit nichten identisch mit ›höchster Verläßlichkeit‹; im Gegenteil weiß er, daß es, wenn je dann jetzt & hier, edelweißig idolwärts geht.

Arno Schmidt

Kaiser Gustav der Heizbare; Fürstenberg;
der Herzbesitzer von Heidelberg;
Frau Neppach, Einstein und Lindberghs Sohn
und vom Landgericht III der Justizrat Cohn-
sie alle bekommen ihre Biographie
(mit Bild auf dem Umschlag) – jetzt oder nie!
Heute so dick wie ein Lexikon,
und morgen spricht kein Aas mehr davon.　　　　*Kurt Tucholsky*

Duden
Der Duden ist ein Kompendium der Inkompetenz und der Fälschung! Heute: Abgesehen davon, daß ›Philtrum‹ in der Bedeutung von Aphrodisiakum völlig fehlt, ließ mich der Plural von Inkubus (richtig: Incubus) blass werden: INKUBEN! Das ist wirklich so lächerlich, daß man nur noch schreien kann. Ch., selbst Ch., war am Telefon meiner Meinung. Ich werde jedenfalls Incubi schreiben, wie es sich gehört. Scheiß c-zu-k-Verschiebung. Ich würde lieber in Cassel wohnen und ins Closett kotzen.　　　　*Helmut Krausser*

Epigramme
Und Epigramme ohne Witz, sind eben keine Epigramme, keine Giftpfeile, sondern einfach Jauche.　　　　*Detlev von Liliencron*

Essayisten
… das ist ihre Arbeit: Banalitäten aufzupusten wie die Kinderballons. Stich mit der Nadel der Vernunft hinein, und es bleibt ein runzliges Häufchen schlechter Grammatik.　　　　*Kurt Tucholsky*

Frauenliteratur
Frauenliteratur? Was soll das sein? Davon habe ich noch nie etwas gehört!

Marcel Reich-Ranicki

Was mich betrifft, so gebe ich offen zu, daß ich das Beste, was ich vom Leben weiß, von Frauen erfahren habe, aber niemals aus ihren Büchern. Die Frauenliteratur hat dem Manne nichts Neues über das Weib gesagt. Sie hat vielmehr etwas Unkünstlerisches in das Schrifttum gebracht, indem sie den Wert des Bekenntnisses so maßlos überschätzte. Das Bekenntnis ist nur wertvoll, wenn in dem Bekenntnisakt selbst eine überzeugende Gebärde liegt; seine Privatnöte mitteilen, hat nicht einmal den Wert eines menschlichen Dokuments. Die Gebärde erhebt das Bekenntnis bereits in die Nähe des Kunstwerks, und damit wird unmöglich, daß ein Roman zwar künstlerisch wertlos, aber als Bekenntnis irgendwie wichtig ist. Die Gebärde der sich literarisch formulierenden Frau überzeugt aber fast niemals; so hübsch auch hie und da ein weibliches Buch anmutet, noch besser wäre immer gewesen, die Verfasserin hätte einem klugen Knaben oder liebenswerten Mädchen das Leben geschenkt.

Oscar A. H. Schmitz

Heimweh-Dichtung
Die Dichtung des organisierten Heimwehs ist durchaus epigonenhaft, sie gleicht kitschigen Geschenkartikeln, die man sich mitnimmt, weil es nun einmal so Brauch ist.

Johannes R. Becher

Hexameter
Der französische Hexameter, dieses gereimte Rülpsen, ist mir wahrhaft ein Abscheu.

Heinrich Heine

Im Hexameter knirscht des Fallbeils ächzende Winde,
Im Penatameter drauf saust es geschmeidig herab.

Helmut Krausser

Indianergeschichten
Indianergeschichten wirken schädigend, weil sie die Einbildungskraft des Kindes zu sehr aufregen.

Arthur Gutmann

Kriminalroman
Ich schätze den ›Kriminalroman‹ als solchen nicht. Nicht seine alberne Voraussetzung, daß Morde geschähen, um aufgeklärt zu werden; nicht seine bescheiden=allwissenden ›Regulatoren‹, (und noch minder die liebenswürdig = halballwissenden, die ›auch mal Fehler begehen‹ – wenn man für geniale Kombinationen auf Fußspur=Basis anfällig ist, sollte man gleich Karl May

lesen, der macht das viel netter.) Und auch den neuerdings beliebt gewordenen Aufputz goutiere ich nicht, wo die Mörder vorher schwermütig über Rembrandt=Bilder dozieren, oder sich gegenseitig vergammelte Psychologica auftischen; (aber vielleicht bedeutet das ja ein Einlenken in die rechtere Bahn?). In seiner bisher gängigen Gestalt jedenfalls ist mir der ›Kriminalroman‹ eine lächerlich einseitige, und ergo zur Drittrangigkeit verurteilte Literaturform.

Arno Schmidt

Lyrik
Ein über Kohlenfeuer gewärmtes Ragout von Phantasie und Wirklichkeit.

Christian August Vulpius

Pferdehandel und (zuweilen natürlich nur) Sitzen mit Zigeunern, Bauern usw. in den Wald- und Wegkneipen steht mir höher als »Versemachen«. Dies Versemachen scheint mir überhaupt recht ordinär zu sein.

Detlev von Liliencron

Daß einer sich an seinen Schreibtisch setzt oder sich im Bette neben einer zuckenden Kerzenflamme aufrichtet, um mit einer Stahlfeder oder mit einem Taschencrayon auf ein Stück Papier, auf einen Briefumschlag ein Gedicht zu schreiben, sei es nun eine tastende Mitteilung oder eine absichtliche Verschleierung seiner Gefühle oder Gedanken, das scheint mir »an sich« belanglos. Es gibt Menschen, die hierin etwas Merkwürdiges erblicken zu müssen meinen; sie tun mir leid.

Richard von Schaukal

Was soll überhaupt die ganze Lyrik? Ich finde und fand nie etwas Blödsinnigeres, namentlich in Teutschland. Der Lyrik gilt mein ewiger Spott, namentlich voran meinen eigenen Schundgedichten. Jeder Kesselflicker und Straßenkehrer ist mir lieber.

Detlev von Liliencron

Einer, der von der Poesie lebt, hat das Gleichgewicht verloren und eine übergroße Gänseleber, sie mag noch so gut schmecken, setzt doch immer eine kranke Gans voraus.

Clemens Brentano

Nicht, daß ich selbst ›Dichter‹ werden wollte – ich mag weder Lyrik noch Lyriker übermäßig leiden; die Leutchen machen sich's, meiner Ansicht nach, etwas zu leicht.

Arno Schmidt

Memoiren
Überall im Land sitzen Generäle. Die Republik zahlt ihnen eine pompöse Pension. Sie kaufen sich damit die Memoiren ihrer Kollegen und fabrizieren ihre

eigenen Memoiren, in denen sie der Republik eins versetzen. Die Republik zahlt es. *Liliput*

Unter den Schäden, welche die Sintflut von Büchern anrichtet, womit unser Weltteil jährlich überschwemmt wird, ist einer nicht der geringsten, daß die wirklich nützlichen, die hin und wieder auf dem weiten Ozean der Büchergelehrsamkeit schwimmen, übersehen werden und das Schicksal der Hinfälligkeit mit der übrigen Spreu tragen müssen. *Immanuel Kant*

Poesie
Das, was wir Poesie nennen, können wir nicht brauchen. *Anselm Feuerbach*

Der Teufel hole die ganze Poesie, die die Menschen von anderen abzieht, und sie inwendig mit der Betteltapezerei ihrer eigenen Würde und Hoheit ausmeubliert. *Johann Heinrich Merck*

Polemik
Manche polemische Lektüre erinnert mich unwillkürlich an ein widerwärtiges Gezänk in einem kleinen Lazarett in Krakau, wobei ich mich als zufälliger Zuschauer befand, und wo entsetzlich anzuhören war, wie die Kranken sich einander ihre Gebrechen spottend vorrechneten, wie ausgedörrte Schwindsüchtige den aufgeschwollenen Wassersüchtling verhöhnten, wie der eine lachte über den Nasenkrebs des andern und dieser wieder über Maulsperre und Augenverdrehung seiner Nachbarn, bis am Ende die Fiebertollen nackt aus den Betten sprangen und den andern Kranken die Decken und Laken von den wunden Leibern rissen und nichts als scheußliches Elend und Verstümmelung zu sehen war.
Heinrich Heine

Randglossen
Ich bin ein Idiot, daß ich solches Blech aufschreibe. Erwachsene Personen, die vorliegendes Buch (in der Hoffnung, eine ihren unterleiblichen Instinkten frönende Lektüre vorzufinden) der Leihbibliothek entnommen haben, seien aber freundlich darauf hingewiesen, daß etwaige, ihnen bereits in den Fingerspitzen juckende, auf das Wort »Idiot« bezügliche Randglossen als Zeichen unerhörter Inferiorität zu unterdrücken sind. *Hans Reimann*

Reisebeschreibung
Eine Sammlung von Anekdoten, kleinen Raisonnements, flüchtigen Bemerkungen, Polizei- und statistischen Nachrichten aus den Berichten der Gastwirte und Lohnlakeien gesammelt, mit aufgefangenen Belegen, ohne Wichtigkeit, allenfalls mit etlichen Kupfer- und Notentafeln versehen, an einen Buchhändler

verhandelt, gedruckt, und der Welt zur Schau gestellt.

Christian August Vulpius

Nichts langweiligeres auf dieser Erde als die Lektüre einer italienischen Reisebeschreibung.

Heinrich Heine

Reportagen
Einmal hieß alles, was da kreucht und fleucht, »nervös«, dann »fin de siècle«, dann »Übermensch«, dann hatten sie es mit den »Hemmungen«, und heute haben sie es mit der Reportahsche, welches Wort man immer so schreiben sollte. Lieber Egon Erwin Kisch, was haben Sie da angerichtet! Sie sind wenigstens ein Reporter und ein sehr guter dazu – aber was nennt sich heute nur alles »Reportage«. Es ist völlig lächerlich.

Kurt Tucholsky

Reportage-Roman
Der richtige Reportage-Roman ist im Präsens geschrieben und so lang wie ein mittelkräftiger Bandwurm.

Kurt Tucholsky

Rezeptprosa
Man geht nicht mehr mit Nietzsche-Zitaten als Übermensch ins Bett, um als verdüsterter Strindberg-Büßer wieder in die Pantoffeln zu fahren. Heute sind wir auf dem Wege, den Schwafel von Seelenproblematik durch den medizinischen zu ersetzen. Diese schreibenden Herren Doktoren sind gewiß tüchtige und gewissenhafte Rezeptverfasser, und ihr langweiliger Stil läßt unbedingt an ihre handwerkliche Zuverlässigkeit glauben. Man kann ihnen blind die Nase anvertrauen, aber unterhalb des Magens hört ihre Zuständigkeit auf.

Lucius Schierling

Ritterbuch
Ein abgeschmacktes Buch voll Märchen, welche übermenschliche Taten und Tugenden aufstellen.

Christian August Vulpius

Ritter-, Räuber- und Gespenstergeschichten
Amerika, du hast es besser
Als unser Kontinent, das alte,
Hast keine verfallenen Schlösser
Und keine Basalte.
Dich stört nicht im Innern,
Zu lebendiger Zeit,
Unnützes Erinnern
Und vergeblicher Streit.
// Benutzt die Gegenwart mit Glück!

Und wenn nun eure Kinder dichten,
Bewahre sie ein gut Geschick
Vor Ritter-, Räuber- und Gespenstergeschichten.   *Johann Wolfgang Goethe*

Roman
Jeder Roman ist ein bloßes Kapitel aus der Pathologie des Geistes.

Arthur Schopenhauer

In den Häusern achtbarer Leute liegen Bücher aus, deren Wirkung der Vernichtung der leiblichen Lebenskraft gleichkommt, denn diese Wirkung ist ebenso schlimm wie Masturbation oder Onanie, sie unterscheiden sich nur dem Grade nach. Selbstbefleckung kann man nämlich mit den Gedanken treiben, ohne die mechanischen Prozesse am Körper auszuführen, aber die Folgen sind für Körper, Geist und Seele dieselben. In den Romanen ist es beinahe ausnahmslos auf die Erregung erotischer und sinnlicher Gefühle abgesehen, so daß man gut tut, als Regel aufzustellen: keinem jungen Mann, keinem jungen Mädchen darf vor ihrem fünfundzwanzigsten Lebensjahre das Lesen eines Romans erlaubt werden.   *Albert Gutmann*

Wie überhaupt bei uns jede kleine Geschichte gern »Roman« genannt wird – die Kerle sind ja größenwahnsinnig.   *Kurt Tucholsky*

Wenn man spät abends an meinem nachbarlichen Wirtshause vorbeigeht, so kann einer am Küchenfenster – auch wenn er nicht zufleiß horcht – die Köchin schluchzen hören. Sie liest einen Roman und weint über das Mißgeschick des Helden. Der Arme »derbarmt ihr halt gar a so«. – Dieselbe Köchin sagt am nächsten Morgen zum vor Angst kreischenden Huhn: »Geh, Hennderl, sei nit so sentamental!« und hackt ihm den Kragen ab. – Ich ärgere mich über die durchaus ungesunde Empfindungsweise dieser Person, die das erdichtete Wesen bemitleidet und das wirkliche, fühlende umbringt. Und bin es doch selber, der den Roman geschrieben hat und der das Huhn verzehrt.   *Peter Rosegger*

Leider ist es durch die rastlosen Bemühungen unsrer Schreibseligen, mit unermüdlicher Eile, jede Messe mit den verwahrlosesten, mißgestaltetsten Ausgeburten eines verbrannten Gehirns und einer ebenso ausschweifenden als unreinen Phantasie, oder mit den langweiligen Werken wie sie sind, seyn können, oder seyn sollten, überströmenden Roman=fabrikanten dahin gekommen, daß fast jeder Leser, der ästhetisch richtiges Gefühl und gebildeten Verstand besitzt, von der Ankündigung eines neuen Produktes, welches das Aushängeschild Roman führt, mehr abgeschreckt als angezogen wird. Je seltener mit jedem Jahr die edlen Erzeugnisse werden, welche für Kopf und Herz gleich reinen verheißen und ihn beyden in gleichem Maaße gewähren – je ungewöhnlicher auf dem fast unabsehbar weiten Felde der sogenannten schönen Litteratur von Kunstwerken im edelsten Sinne des Wortes ist; je mehr wird es Pflicht des unbefangenen Beurtheilers, auf eines dieser wenigen, das *ganz vorzüglich* auf jenen ehrenvollen Namen Anspruch hat, aufmerksam zu machen, damit es nicht unter dem Wuste seiner unwürdigen Mitbewerber übersehen, flüchtig durchlaufen und dann zurückgelegt werde, um armseligsten Ephemeren Platz zu machen. Wenn je ein Roman von diesem Schicksale, das jetzt so sehr an der Tagesordnung ist, eine ehrenvolle Ausnahme zu machen verdient, so ist es der vorliegende gewiß. – Nicht müßige Stutzer und arbeitsscheue Weiblein – dieses Alltags-Publikum der Deutschen und Franz. Romane gewöhnlichen Schlages – sind es, für die der geistreiche Urheber von Lottchens Geschichte schrieb; – nein: Jeder, welchem es um die trefflichste, mannigfachste Unterhaltung, so wie um herzandringende, durch ihre anspruchslose Kunstlosigkeit unwiderstehlich anziehende Belehrung im lieblichsten anmuthigsten Gewande zu thun ist, wird seine Erwartung aufs angenehmste erfüllt, – das Weib von höherer ästhetischer Bildung – sie weit übertroffen finden.

Anzeige zum einem Buch von Johann Thimoteus Hermes

Wäre meine Zeit nicht so sehr beschränkt gewesen, so würde ich in Naumburg einen Mann besucht haben, der unter den Verderbern des deutschen Geschmacks wohl eine der Hauptstellen einnimmt. Es ist dies der Verfasser des »Erasmus Schleicher«, des »Deutschen Alcibiades«, und einer Menge anderer, unserm leselustigen Publikum sattsam bekannter Romane. Es tut einem weh, wenn man einen Funken Genie so gewaltsam ersticken sieht, denn wenn Herr Cramer seine Talente ausgebildet hätte, statt ihnen gewaltsam eine falsche Richtung zu geben, so hätte er vielleicht mit der Zeit die Reihe guter Schriftsteller vermehren und ein edleres Publikum finden können als sein gegewärtiges ist, auf dessen Befehl er eben nicht Ursache hat, stolz zu sein.

Es ist ein gar trauriges Symptom für Deutschlands Kultur, daß Crameriaden oder gar Vulpiaden noch Leser und Käufer finden, indes die bessern Werke stehen bleiben. Will man sehen, welcher ekelhafte Unsinn noch seine Liebhaber trifft, so lese man die Vorrede zum braunen Robert.

Welche Sprache! Welche Unwahrscheinlichkeiten! Welche ekelhaft gesuchten Namen! Welche Kraftiraden, die nichts sagen, wenn man sie ruhig auflöst! Und wie konnte Herr Superintendent Ewald im »Erasmus Schleicher« eine getreue Schilderung der Hofsitten zu entdecken glauben? Da komme endlich die echte Kritik auf und tadle und bessere!

Georg Friedrich Rebmann

Romane mit männlichen Verliebten

Es ist den Romanschreibern nicht zu vergeben, wenn sie das männliche Geschlecht, das zur tiefen, stillen Betrachtung geschaffen ist, sich unter das weibliche demütigen lassen, das doch zur Sanftmut und zu süßen anziehenden Reizen gebildet ist. Die Erfahrung bestätiget es zwar täglich, daß unsere Verliebten männlichen Geschlechts Toren genug sind, um ihren freyen Willen der Willkür ihres geliebten Gegenstandes zu opfern. Aber muß darum ihrem falschen Wahn noch Weihrauch gestreuet werden? Müssen ihre Handlungen noch durch Beyspiele gerechtfertigt werden. Oder muß es denen, die noch unerfahren sind, durch Muster zur Nachahmung süß gemacht werden?

Der anonyme Autor des Romans Karl und Julie 1778

Romanhelden

Ich habe etwas gegen Kitsch, und ich finde, der fleckenfreie, über alle Widrigkeiten siegreiche Held, von dem ich a priori weiß, daß ihn nichts Menschliches, Allzumenschliches gefährden kann, wirkt einfach kitschig, wie der edle Graf in der Plüschsofaecke der Frau Courths-Mahler.   *Fritz Selbmann*

Romane, empfindsame

Ein einziges empfindelndes Duodezbändchen bringt mehr fehlerhafte Dispositionen in die junge Seele, als ganze Folianten, voll der lautersten Vernunft, wieder ausglätten könen.   *Johann Heinrich Campe*

Am fruchtbarsten waren die Romanschreiber. Anfangs nannte man einen Roman ein Buch, in welchem die Sitten guter und böser Menschen aus verschiedenen Ständen, so, wie sie in der wirklichen Welt beschaffen zu seyn pflegen, durch Erzählung und lebhafte Darstellung ihres Betragens, in erdichteten, aber wahrscheinlichen, doch nicht immer alltäglichen Begebenheiten, zum Beispiele, zur Warnung und überhaupt zur Vermehrung der Menschenkenntnis, geschildert wurden. [...] Allein bald waren ihnen die gewöhnlichen, wirklichen, oder möglichen Begebenheiten zu gemein, und mit Wahrheit dargestellte Menschen zu alltäglich. Da schafften die Herren Romanschreiber für ihr Publicum eine neue Welt, arbeiteten ins Wunderbare hinein, stellten Ideale von Menschen dar, wie sie nun freylich der Schöpfer nicht zu liefern im Stande ist, und ließen ihre Helden die unerwartetsten, unerhörtesten Schicksale, Freuden und Leiden erleben. [...] Nun schrieben die Herren Büchermacher nur klägliche, rührende Geschichten; alles jammerte, empfindelte, seufzte. Diese empfindsame Periode griff die Nerven gewaltig an; jedermann klagte über Kränklichkeit und Vapeurs, beschwor seinen Freund, ihm einen Dolch in das Herz zu stoßen.

Adolph Franz Friedrich Freiherr von Knigge

Empfindsam schreiben heißen die Herren immer von Zärtlichkeit, Freundschaft und Menschenliebe reden. Ihr Schöpse, hätte ich bald gesagt. Was ihr schreibt, ist uns nicht sowohl verhaßt als euer ewiges Fiedeln auf einer und derselben Saite. *Georg Christoph Lichtenberg*

Sexualliteratur

Man liest diese Bücher mit dem gleichen Vergnügen wie eine Dissertation über gestörte Abdominalfunktionen. Die Herren Autoren sind feste Charaktere mit bohlendicken Prinzipien; es gelingt ihnen mühelos, auch den leisesten Hauch von Grazie fernzuhalten, um nicht in den Geruch von Lüsternheit zu kommen. Wenn sie auch auf Hunderten von Seiten immer wieder den einen Moment behandeln, immer nur den einen Moment – lüstern sind sie nicht, und es wird ihnen nicht eine Sekunde mulmig. Und ob sie auch die erregendsten Vorgänger schildern, niemals verläßt sie der launetötende akademische Ernst. Es ist, als ob ein ungeschickter Feuerwerker seine Raketen mit nassen Pfoten abbrennen will. *Lucius Schierling*

In unserer Zeit wird viel über Sexualität geschrieben – weit mehr als nötig ist. *Peter Rosegger*

Tagebuch

Tagebücher sind keineswegs besonders ehrlich. Aus Gründen der Selbsterhaltung, also zeitlebens, sind nahezu alle Menschen gewohnt, mit sich selbst im Ton innig-ausführlicher Verlogenheit zu verkehren …
Also gleich die Dusche drauf: das TB ist, neben dem süchtig = breiten Briefeschreiben, die beliebte Äußerungsform des lebenslänglichen Dilettanten; und das Beste, was es bewirken kann der periodische Entschluß: es zu verbrennen! *Arno Schmidt*

Tagebuch ist großer Dreck! Immer! Wer nichts kann, kann Tagebuch. *Marcel Reich-Ranicki*

Wider einzelne Epochen

Avantgarde

Die Avantgarde war, von wenigen Großen abgesehen, zu lange eine Kolonie von Künstlern, die aus ihrer Mittelmäßigkeit in die Unüberprüfbarkeit geflohen sind. Sie haben Stäbe ohne Maßeinheit gesetzt, wollten nicht mehr Beste sein, nur Erste. Das krampfhafte Originalitätsprinzip unseres Jahrhunderts hat zu starken Qualitätsverlusten geführt. Jetzt, im Manierismus, wird Tradition

zum Schlüsselwort. Alle Mätzchen sind durchprobiert. Avantgarde ist Mund-
geruch. *Helmut Krausser*

Naturalismus

Mit eurem Naturalismus! Die ihr Hinz und Kunz vor
Hinz und Kunz hinstellt, daß Hinz und Kunz gerührt in
Hinz und Kunz sich wiedersieht und tiefernst ruft: O
Hinz, o Kunz, ja, ja, so sind wir nun einmal! –
So ist das Leben, Hinz! Ja, ja, das Schicksal, Kunz!
Oh, über Uns! – o Hinz, ergeht es Dir wie Mir? – Daß
wir, o Kunz, Uns eigentlich erst jetzt erkannt? Das ist's,
das ist's! O Hinz, Wir wußten's ja gar nicht, was in Uns
steckte! – O welch große, tiefe Kunzt! *Christian Morgenstern*

Romantik

Als man aber entdeckte, daß eine Propaganda von Pfaffen und Junkern, die sich
gegen die religiöse und politische Freiheit Europas verschworen, die Hand im
Spiele hatte, daß es eigentlich der Jesuitismus war, welcher mit den süßen Tönen
der Romantik die deutsche Jugend so verderblich zu verlocken wußte, wie einst
der fabelhafte Rattenfänger die Kinder von Hameln: da entstand großer Unmut
und auflodernder Zorn unter den Freunden der Geistesfreiheit und des Protestantismus in Deutschland. *Heinrich Heine*

Symbolismus

Der Symbolismus ist nicht eine verfeinerte Kunstanschauung, sondern ein
Rückschlag in eine niedrigere. *Professor Gustav Krüger*

Wider Autoren und das Schriftstellerdasein

Es ist nichts erbärmlicher als ein schales, leeres Buch, worin sich noch überdem
der Autor selbst in Person schlecht und schlechter als sein Buch zeigt. Aber
noch trauriger ist es anzusehen, wenn sich der Autor eines guten Buchs, es sey
in demselben selbst oder im bürgerlichen und literarischen Leben, platt, flach,
elend und unter dem Wert seines Buchs zeigt. Tut dieses gar ein großer Autor
oder ein Genie, so möchte das ganze hohe Geisterreich in Klage und Jammer-
geschrei ausbrechen. Da sich Fälle der ersten Art nun täglich – und der dritten
wohl auch zu Zeiten ereignen, so muß der Charakter in der literarischen Welt
eben so selten, als in der politischen, und gleich schwer zu erhalten sein. Der
Autor, der wie ein Mann wirken will, muß nicht allein hoch von sich denken,
seinen Charakter so durchführen, wie er ihn einmal angegeben hat, er muß auch
gleich, fest und unverwundbar vor dem Publikum stehen bleiben; – tut er dieses, so zieht er es zu sich hinauf; tut er es nicht, so zieht ihn, sey er auch noch

so groß, der schlechteste Geselle eben dieses Publikums noch tiefer zu sich herunter als er sich selbst gestellt hat. *Friedrich Maximilian Klinger*

Die Damen können sich kaum einen Dichter vorstellen ohne lange Locken. Schmachtgesicht, tellergroße Augen, düsteres Wesen usw. Und nun tritt ihnen ein kleiner untersetzter Mensch entgegen, mit dicken Burgunderbacken und einem Bierbrauer-, Rittmeister- und Gutsbesitzergesicht. Es ist geradezu mein Stolz, daß ich immer für einen Fettwarenhändler gehalten werde! Entsetzlich wär's für mich, sähe ich aus wie ein Dichter.
Detlev von Liliencron

Täglich sitzt er im Cafe
unter Zeitungspfaffen.
Glaubt ihr, dieser Mann wird je
etwas Großes schaffen? *Christian Morgenstern*

Es ist wahr, diese Sommervögler haben uns schon manches Wort angesteckt..., das Wort Freidenker haben sie geschändet, das Wort *fort* in *Esprit fort* haben sie bis zum *Esprit foible* verdreht, unsere meisten schönen Geister sind abscheulich häßliche Geister, und die meisten unserer sogenannten witzigen Schriftsteller haben keinen Funken von Witz. *Georg Christoph Lichtenberg*

Die kindischen Dichter mit ihrem Glück, mit ihrer Liebe, mit ihrer Weibestreue, mit ihrer Mutterliebe! Es gibt kein Glück, es gibt keine Treue, es gibt nicht einmal Mutterliebe. *Robert Hamerling*

Hunderte von Dichtern werfe ich in die Ecke, und nur äußerst wenige kann ich vertragen. *Detlev von Liliencron*

Ich verfluche und verdamme in die Hölle, daß ich Dichter bin. Mein Gott, für einen einzigen Gefechtstag gäbe ich meinen ganzen Dichterquark.
Detlev von Liliencron

Kleine Autoren, die sich mit kleinen Rezensenten herumbeißen, sehen aus wie Bettelleute, die sich lausen. *Jean Paul*

Und im Sozialismus ist der von den Stürmen des gesellschaftlichen Lebens abgeschirmte Schriftsteller, der den Kopf nicht aus dem Wolkenkuckucksheim und den Allerwertesten nicht aus dem Schreibtischsessel herausbekommt, ein fauler Witz. *Walther Victor*

Der Menschheitsdichter liebt vornehmlich lange und tiefe Worte, hohle, hochtrabende Sätze und unverständliche Phrasen. Seine trockenen rauhen Verse bilden einen Sprachschwulst von zwölf Silben, die mit Sagen geschmückt und mit Symbolen ausgeputzt sind. Hier ist ein Muster seines Stils:

Wir Arbeiter, die wir symbolisch sind, nichts mehr.
Wir arbeiten solid am Werk der Welt gar schwer.
Palingenesisch ist das Werk, das sozial ...
Die Woge, die uns hebt, ist vorsehend zumal.

Fragt ihn nicht, was dieses schreckliche, verworrene Geschwätz bedeutet – er weiß es selber nicht. Er wird jedoch behaupten, daß seine noch unverstandenen Verse für die Weltrevolution bestimmt sind. Der Menschheitsdichter bekennt sich zu keinem sozialen, religiösen oder philosophischen System; er gibt weder dem Katholizismus noch dem Protestantismus noch dem Eklektizismus noch dem Saint-Simonismus noch dem Fourierismus noch dem Owenismus noch irgendetwas zu, was einer Anhäufung von vernünftigen Gedanken ähnlich sein könnte. Er ist Menschheitsdichter – das sagt alles. Er ist der langweiligste Dichter.

Sylvius

Brütet nicht jedes Original grade sein Gegenteil aus, den Nachahmer und Affen, und sitzt daher nicht in den deutschen und kritischen Wäldern der gemeine Affe, der Schweineschwanzaffe, der Hundskopf, der weiße Bartaffe, der schwarze, der mit dem flügelähnlichen Bart, der Hutaffe, der blau- und weißmäulige, der Gibbon, unzählige Paviane und noch mehrere Meerkatzen?

Jean Paul

Der dumme Adelsstolz einer Gräfin, die mit nasegerümpftem Gesicht in ihrem Wagen durch die Menge fährt – ist mir nicht so abscheulich, wie dieser wahnwitzige politische Hochmut der »jungen Dichter«. *Detlev von Liliencron*

Unter hundert heute landläufigen Schriftstellern kann kaum einer Deutsch. Sie machen Fehler wie die Buben in der ersten Gymnasialklasse und *merken es nicht*. Sie merken es nicht einmal bei anderen: ein Zeichen, daß ihre »stilistischen Ohren« verstopft sind. Aber es braucht einer nur seine Worte einige Jahre hindurch anders zu stellen, als es die Syntax gebieterisch fordert: er imponiert, zumal da ihn die andern »Verbrecher aus verlorener Ehre« darum preisen.

Richard von Schaukal

Viel lieber säße ich auf Lebenszeit im Zuchthaus, Einzelhaft, als daß ich Dichter wäre! Erst muß man Jahrzehnte hungern; dann wird man, wenn man endlich bekannt geworden ist, von Tausenden von Dichtern u. andern Teutschen überfallen. Mit Dolchen u. Messern angefallen. Man läßt mir kaum noch Zeit, für mich selbst etwas arbeiten zu dürfen. Korrespondenz, Bitten jeder Art, Manuskripte (!!), Büchersendungen!!!! (tägl., gerechter Gott, 3-4 Bücher). Wenn ich die alle lesen müßte, brauchte ich über 12 000 Jahre dazu! Ewiger Besuch, ewige Störung! Schon hatte ich meinen Tag von 24 Stunden auf 240 Stunden geschraubt; jetzt will ich's mit 2400 Stunden für den Tag versuchen. Ich verfluche diesen ganzen Dichterkram bis zum äußersten. Er verbittert mir aufs gründlichste mein Leben. *Detlev von Liliencron*

Die Erbärmlichkeit der Deutschen, mit denen sie ihre paar (gegen die Millionen der schrecklichen Dilettanten) wirklichen Dichter behandeln, empört mich immer von Neuem. Immer nur die Modedichter sind es, die gelesen werden, diese saft- und kraftlosen Kerls. Der Deutsche – mir unerklärlich eigentlich – begeistert sich für Abstracta. *Detlev von Liliencron*

Wenn ich nur die Dichter, die die Wiesen einen Blumenteppich, die den Rasen rasender Weise ein schwellendes grünes Samtkissen nennen – wenn ich nur die drei Stund lang barfuß herumjagen könnt' in der so vielfältig und zugleich einfältig angeverselten Landnatur – ich gebet was drum. *Johann Nestroy*

Die Menschen sind die eitelsten unter allen Kreaturen, und die Poeten sind die eitelsten unter allen Menschen. Wer die Eitelkeit eines Poeten beleidigt, begeht daher ein doppeltes Majestätsverbrechen. *Heinrich Heine*

Es ist etwas Jämmerliches um einen Lyriker ohne Liebe. Was helfen da Mai und Nachtigallen und Mondscheinnächte. Trauriger Zustand. *Christian Morgenstern*

Parteidichter – Auf der Zinne der Partei flattern sie mit lahmen Schwingen, heis'ren Kehlen, platten Füßen – viel Geschrei und wenig Wolle.

Heinrich Heine

Wider den Literaturbetrieb

Bibliotheken
Man sollte die Bibliotheken verbrennen und nur noch gelten lassen, was jeder auswendig weiß. *Hugo Ball*

Buchmesse
Wahrnehmenmüssen unangenehmer Entitäten. Man muß sich manchmal nur vorstellen, daß jedes freundliche Nicken den Fall eines Beiles symbolisiert, schon steht man das würdevoller durch. Diese komatösen Waschlappen! Diese

hirntoten Bauchredner! Alle diese Arschlöcher aus Hinteranalphabethlehem. Gäbe der Großorden ungewöhnlicher Sterblicher ein Festessen nur für Mitglieder, die kämen, glaub' ich, alle, fühlten sich stillschweigend eingeladen, nur um gleich großkotzig am Aperitif herumzukritteln. *Helmut Krausser*

Geschwätz

Die Schwatz-Atmosphäre schafft keine Literatur, sondern vertreibt sie.
Johannes R. Becher

Honorare

Der Moment, wo der arme Autor, erschöpft von seiner Arbeit, mit seinem Manuskript anlangt, um es schnell gedruckt zu sehen, ist eben der Punkt, wo der Verleger ruhig mit der Flinte auf dem Anstand steht und das unglückliche Wild mit der Honorarfrage verschrotet. *Heinrich Heine*

Kritiker und die Kritik

Gewöhnlich, ein Mann, der es nicht leiden kann, daß jemand etwas Gutes geschrieben hat, welcher nicht sein oder seiner Sekte Freund ist.
Christian August Vulpius

… boshafte, federfeile, geistige impotente Schreiberknechte … *Peter Rosegger*

Wenn man Schuster wird, muß man sein Handwerk können. Wird man ein Schneider, braucht man seine Lehrzeit ebenso, dergleichen der Baumeister, der Advokat, der Arzt, sogar der Richter. Nur der Kritiker und der Politiker müssen nichts gelernt haben, nichts wissen, nichts können. Sie fallen vom Himmel und zersitzen mit ihrem dummen Hintern die Werte der Welt.
Albert Drach

Kritiker sind wie Fußballschiedsrichter. Sie können nur durch Fehlentscheidungen berühmt werden. Im Gegensatz zu Fußballschiedsrichtern können Kritiker aber keine Spiele entscheiden, allerhöchstens in den unteren Ligen.
Helmut Krausser

Man könnte von Eunuchen sprechen, die einen Mann verhöhnen, weil er ein buckliges Kind gezeugt hat. *Heinrich Heine*

Über Kritiker ist zu sagen, daß niemand leichter köpft als jene, die keinen Kopf haben. *Friedrich Dürrenmatt*

Verrisse, nur, um als Kritiker ins Gespräch gebracht zu werden. Schmeißfliegen im Bernsteinmantel – Geschmeiß, das sich zynisch seine Geworfenheit beruft.

Zahme Variationen des Kulturattentäters. Kultivierte Herostrate.

Helmut Krausser

Es wäre schon reizvoll, einmal Front zu machen ... und zu sagen, schaut her, hier sind wir, und wo wäre denn die Literatur, die besser ist? Den Feuilleton-Trotteln, die den Ausverkauf der deutschen und europäischen Literaturidentität betreiben, einmal deutlich sagen, daß ihr verehrtes Amerika den Zenit seiner Literatur seit 1930 überschritten hat und daß der Dreck, der von dort unseren Verlagsidioten für horrendes Geld (und auf unsere Kosten) eingekauft wird, den Besseren von uns grad bis zum Knöchel reicht.

Michael Kleeberg (Brief an Helmut Krausser September 1996)

Wenn deine Dichtung, deine Schrift dem Kenner nicht gefällt,
So ist es schon ein böses Zeichen;
Doch wenn sie gar des Narren Lob erhält,
So ist es Zeit, sie auszustreichen.

Christian Fürchtegott Gellert

Das gemäkel der unberufnen critikaster ist nichts als lächerliche macht-sprüche, oder kleinmüthige klagen, die bey den einen nur die beschränktheit ihrer einsichten, bey den andern nur den ohnmächtigen willen zu chicanieren verathen.

Ignatz Aurelius Fessler

Dazu kam, daß mich eine Art der Critik wirklich verdroß. Ich meine die, welche mir beständig vorwirft, weder ein Dichter noch ein Gelehrter zu seyn. Hätte ich nur im entferntesten eine solche Prätension gezeigt, so hätten diese Critiker recht. Da mir aber im Traum dies nie eingefallen ist, so ist der Vorwurf ebenso absurd, als wenn man das Veilchen verachten wollte, weil es keine Eiche ist.

Fürst Pückler-Muskau

Sammelt mal ein paar Dutzend Buchbesprechungen aus Zeitschriften und Zeitungen, und ihr werdet staunen, wieviel überflüssiges, minderwertiges, bockledernes Zeug angepriesen wird! Oft stimmen die Rezensenten einen Hymnus an, damit sie sich nicht mit dem Verlag, und ebensooft, um sich nicht mit dem betreffenden Schriftstellerkollegen zu zerkriegen, denn man weiß nie, ob und wie man sie noch brauchen kann. Im allgemeinen flickt der Kritiker lediglich solchen Autoren etwas am Zeug, die dem Kritiker oder einem seiner Freunde etwas am Zeuge geflickt haben.

Hans Reimann

Kritik, Kritik! verdammtes Wort!
Ich hab' es lange schon im Magen;
Und diesen Journalistensport
Kann oft der Zehnte nicht vertragen.

//Allein das liebe Publikum
Ist nun mal so daran gewöhnt,
Als ob ein Evangelium
Ihm aus der Zeitung Spalten tönt;
Als ob daraus sich jeder hole
die litterarische Parole.
//Man wagt kein Urteil im Salon,
bevor nicht über das Problema
Hier Segen sprach das Feuilleton,
Dort ein vernichtend Anathema.
Dann aber weiß man schon genug
Vom neu erschienen Romane;
Und vom Theater spricht man klug
Und schwört zu seines Blättchens Fahne.   *Julius Wolff*

Es ist mir bei Gott jetzt toute la meme chose, ob ein Engel oder ein Teufel mich
kritisiert.
Ich komme allmählich zu der Überzeugung, daß alle diese kleinen, meistens
höchst erbärmlichen – ob gut oder böse geschrieben – Kritiken durchaus nichts
nützen.   *Detlev von Liliencron*

Wie viel Talent, sah man, wurde hier durch die läppischen Bewunderungen läp-
pischer Beurteiler zerstört! Wie viel nichtsnutziger Schwindel als Genialität hin-
gestellt!   *Arnold Zweig*

Das beständige Loben macht dem Publikum einen Autor langweilig. Das heißt
chemisch: einen Autor auf warmem Wege auflösen.   *Ludwig Anzengruber*

Lorbeerkranz
Dann kam der Schluß: Man setzte mir auf meinen dicken, beschränkten Bier-
brauerschädel einen Lorbeerkranz. Ich bringe ihn mit, um ihn um Heinrich von
Kleistens Bild zu hängen. Solche Ovationen, Sie wissen es, sind mir unbeschreiblich ekelhaft.   *Detlev von Liliencron*

Literaturbetrieb
Sie kennen ja unsere Deutschen in literarischer Beziehung. Neid, Haß und Miß-
gunst sind eben unausrottbare Raubtiere. Deshalb nicht nur der ewige Krieg
zwischen Völkern und landsmänischen »Brüdern«, sondern auch in den einzelnen »Branchen«, besonders in der »Branche« der edlen »teutschen Tichter-
zunft«. So ist es!   *Detlev von Liliencron*

Das Geheimnis des literarischen Erfolges, heute wie gestern, ist in der göttlichen Gnade des Blindseins verborgen. Wer sich sehenden Auges, ein Flämmchen oder eine Flamme im Herzen dem Steilhang nähert, der auf den Gipfel des Erfolgsplateaus hinaufführt, wo in Klubsesseln die Stargötter der Literatur thronen, der bemerkt näherkommend ein entsetzliches Gewimmel. Das steigt und krabbelt, das windet und klimmt, das schleimt und schleicht sich empor in dicht verfilzten Cliquenschwaden, mit Beißern und Hauern versehen die robustern Gestalten, die schwächlichern mit einer Giftsdrüse in der Gesäßgegend, die periodisch die Ätzsäure kleinlicher Polemiken, Denunziationen und schwefliger Hintertriebenheiten absondert. Es stinkt und qualmt und schwelt das schlüpfrige Berggelände von Neid- und Haßwolken. Das einzige, was man deutlicher unterscheiden kann, ist die Tatsache, daß sie alle, die sich da, oft aus vielen Wunden blutend, hinaufschieben, auf jeden Fall den Untermann auf den Kopf treten. *Manfred Georg*

Literaturcafe
Wortwarenladen, wo es gurrt und murrt:
Des Hauses Echo, das hier Ego schreit:
Der Literat oder die Eitelkeit:
Das fürbaß schwatzende Gehirn Hans Wurst.

Es redet stets und muß beisammen sitzen.
Ist hier einer, der Zorn empfand und schrie!
Ihr richtet lieber Worte ab zu Witzen
Und äfft die Hölle mit Analgesie. *Paul Boldt*

Literaturzeitschriften
Poetische Blätter sind Tattersalls für die Sonntagsreiter ihres Pegasus, des lammfrommen Mietsgaules der Lyrik verfertigenden Konfektionsbranche.
Peter Hille

Menschen, die nie etwas von Voß oder Stollberg gelesen, lesen jetzo deren Streitblätter, und wieder die Blätter anderer darüber. Die erbärmlichste Leserklasse! Hast du eine Schrift recht gelesen und aufgefaßt: so ist dir alles fremde Geschreibsel darüber entbehrlich. *Jean Paul*

Die Zeitschriften sind freilich nur die Pißecken der Literatur. *Heinrich Heine*

Nichtliteraten
»Literat« – wissen Sie denn nicht, Kollega, daß dies der Racheschrei Derer ist, die nicht schreiben können (so, wie »Rationalist!« Derer ist, die nicht denken können)? *Kurt Hiller*

Publikum

Wer dem Publikum dient, ist ein armes Tier;
Er quält sich ab, niemand bedankt sich dafür. *Johann Wolfgang Goethe*

Das schwatzende Publikum ist wie eine Herd' Schwein'.

Johann Wolfgang Goethe

Tief und ernstlich denkende Menschen haben gegen das Publikum einen bösen Stand. *Johann Wolfgang Goethe*

Nun zieh ich mit meinem Schmierentheater von Ort zu Ort (oft nur einen Tag) und muß (Alles leider contractlich) jeden Abend 3 Minuten (drei Min.) vorlesen. Das Publikum, diese Bestie, encanaillire ich dermaßen, daß ich bei Auf- und Zurücktritt nicht mal mehr um 100stel Centim. meinen Kopf beuge.

Detlev von Liliencron

Leider ist's ja dahin gekommen, daß der größte Theil des rechtlichen Lesepublikums Rüdengebell und Roßgetrampel, nebst der Sprache des niedrigsten Pöbels hören, und volle Humpen, und taumelndeTroßbuben vor sich sehen muß, um sich unterhalten zu wähnen. *Karl Friedrich Benkowitz*

Ein feiges Publikum aber erzeugt endlich notwendig eine unverschämte Literatur. *Franz Grillparzer*

Da beklagt man sich, daß in der Erzählung das Epische verlorengegangen sei. Das Epische, du lieber Gott! Wo sind denn die Leute, die das Epische vertragen können? Das Lesefutter muß wie Schweinefutter stets kurz zerhackt sein. Ist einmal ein ganzer Halm dabei von der Wurzel bis zur Ähre, ein ordentlich gegliederter und behaglich hingelegter Sprachsatz, oder eine Begebenheit in ruhiger und lückenloser Ausführlichkeit dargestellt – da spucken sie, das ist ihnen zu langweilig. – *Peter Rosegger*

Ich hasse die lesenden Müßiggänger *Friedrich Nietzsche*

Raubdrucke

Wenn ihr aber die Waren verfälscht! Wenn ihr uns statt eines korrekt gedruckten Buchs einen verstümmelten, mit tausend Druckfehlern gebrandmarkten Nachdruck liefert? Wie da? – Vergleichen Sie einmal die nachgedruckten Leiden des jungen Werthers mit dem Originaldrucke! – Welch elendes Papier, elende Lettern und abscheuliche Druckfehler verunstalten das Werk! Werden nicht unsere Damen und Süßlinge, die kaum anfangen, deutsch zu buchstabieren,

erschrecken, wenn sie dies ihnen mit so vielem Recht angepriesene herrliche ·
Werk in die Hände nehmen – sie, die von jeher gewohnt sind, den Mann nach
dem Rocke und das Buch nach seinem typographischen Werte zu beurteilen?

Christian Friedrich Daniel Schubart

Schriftstellerwelt

Neid herrscht natürlich auch im Offizierscorps, aber doch nicht im Entferntesten ein solcher Neid und Neidhaß wie in der geehrten Schriftstellerwelt. Im
Ganzen ist es eine unendlich ruppige Bande. Von Kameradschaft keine Spur.

Detlev von Liliencron

Übersetzer

Übersetzer sind als geschäftige Kuppler anzusehen, die uns eine halbverschlei-
erte Schöne als höchst liebenswürdig anpreisen; sie erregen eine unwiderstehli-
che Sehnsucht nach dem Original.

Johann Wolfgang Goethe

Wer nicht selbst erfinderisch genug oder zu verzagt ist, sich auf die Autorenschaft zu begeben, der begnügt sich mit Übersetzen. Buben, die kaum die ersten
Stunden der englischen und italienischen Sprache überstanden haben, wagen
sich keck an die ersten Werke dieser Nationen … Unter den Arbeiten solcher
Menschen findet man natürlich das elendeste Zeug und Einfälle realisiert, die
nur eindringende Hungersnot oder unausweichbarer Drang zur Autorenschaft
zu rechtfertigen vermögen.

Georg Friedrich Rebmann

Beiseite: was sich da neuerdings in der Übersetzerei, wie überhaupt in der Literatur, an Frauen breit macht, das ist wenig heiter. Diese fatalen Dilettantinnen,
mit ihrem »Das kann ich auch!« und »Sie verdient sich auf die Weise noch ein
paar Groschen dazu«, sind eine wirkliche Landplage geworden.

Kurt Tucholsky

Verleger

Rücksichtslose Erwerbsgier der Verleger hinderte unser Volk, selbst in der tiefsten Erniedrigung, seinen Ruf in der Welt, seine geistige und künstlerische
Bedeutung wiederzuerlangen. Der deutsche Verlegerstand sieht seine Geister
mit Kälte zugrunde gehen.

Herbert Eulenburg

Verleger sind keine Menschen. Sie tun nur so.

Kurt Tucholsky

Man muß an Napoleon mit Sympathie denken: Er hat einen deutschen Verleger
erschießen lassen.

Alexander Roda Roda

Für und wider das Ende

Ach, es ist Zeit, daß ein Ende werde! *Friedrich Theodor Vischer*

Alles geht zu Grund! Alles geht in die Brüche! Alles ist umsonst geschrieben!
Alles ist falsch gesehn und berichtet. *Oskar Panizza*

Und über alles das, Krittler, bedenke das Ende.
Christian Friedrich Daniel Schubart

Alles nimmt ein ekles Ende. *Alfred Lichtenstein*

Heute kann nur leben, wer an kein Happy-End mehr glaubt. *Ernst Jünger*

Mich hat der liebe Gott als Erstes, ganz Allererstes erschaffen – Euch schuf er
ganz zuletzt, na, ihr seid auch danach. *Jakob Haringer*

Gewöhnlich geht's am Ende scharf. *Johann Wolfgang Goethe*

Vorbei! Ein dummes Wort. Warum vorbei? *Johann Wolfgang Goethe*

Ich fürchte, diese Gesamtnichtsnutzigkeit hat nun ihr Ende erreicht und eine
Katastrophe kann nicht ausbleiben. *Oskar Panizza*

Die Freude darüber, daß es nun aus ist, empfindet man am Ende im vollen
Maße. *Novalis*

Der letzte Abscheu-Husten

Leute, wir folgen jetzt endlich F. Th. Vischer und seiner Mahnung: »Es ist Zeit, zum Schluß zu eilen, sonst geraten wir ins trostlos Unendliche.« Auf Michael Ende hat niemand mehr Lust, und ein Nachwort gegen das Nachwort kommt nun auch nicht mehr in Frage. Als ob immer noch nicht alles gesagt wäre. »Grieneisen, das ist das Letzte.« So soll ein Berliner Bestattungsunternehmen für sich geworben haben. Schön wäre es, man würde einmal sagen: ›Dagegen!‹ Das ist das Allerletzte!«

Epilog

Am ende alles scheissdreck

die kunst ist ein scheissdreck
die wissenschaft ist ein scheissdreck
die philosophie ist ein scheissdreck
die religion ist ein scheissdreck
die politik ist ein scheissdreck
der staat ist ein scheissdreck
die gemeinschaft ist ein scheissdreck
das mitleid ist ein scheissdreck
die roheit ist ein scheissdreck
die erziehung ist ein scheissdreck
die liebe ist ein scheissdreck
der stolz ist ein scheissdreck
die treue ist ein scheissdreck
die ehre ist ein scheissdreck
die untreue ist ein scheissdreck
die erotik ist ein scheissdreck
die sexualität ist ein scheissdreck
die freundschaft ist ein scheissdreck
die hoffnung ist ein scheissdreck
die verzweiflung ist ein scheissdreck
die angst ist ein scheissdreck
der mut ist ein scheissdreck
die ökonomie ist ein scheissdreck
das chaos ist ein scheissdreck
die natur ist ein scheissdreck
die erkenntnis ist ein scheissdreck
der zorn ist ein scheissdreck
der gleichmut ist ein scheissdreck
das schöne ist ein scheissdreck
die hässlichkeit ist ein scheissdreck
die stille ist ein scheissdreck
die gleichgültigkeit ist ein scheissdreck
jedes urteil ist ein scheissdreck
der verzicht ist ein scheissdreck
das verlangen ist ein scheissdreck

geben ist ein scheissdreck
nehmen ist ein scheissdreck
gehen ist ein scheissdreck
bleiben ist ein scheissdreck
hören ist ein scheissdreck
sehen ist ein scheissdreck
der genuss ist ein scheissdreck
die gefühle sind ein scheissdreck
denken ist ein scheissdreck
die eitelkeit ist ein scheissdreck
der luxus ist scheissdreck
die armut ist scheissdreck
der idealismus ist ein scheissdreck
der materialismus ist ein scheissdreck
die dummheit ist ein scheissdreck
die faulheit ist ein scheissdreck
der fleiss ist ein scheissdreck
der ehrgeiz ist ein scheissdreck
das holz ist ein scheissdreck
die elektrizität ist ein scheissdreck
die anziehungskraft der erde ist ein scheissdreck
jede anziehungskraft ist ein scheissdreck
das planetensystem ist ein scheissdreck
das schaltjahr ist ein scheissdreck
die menschlichen bedürfnisse sind ein scheissdreck
das vergnügen ist ein scheissdreck
das extrem ist ein scheissdreck
das mittelmass ist ein scheissdreck
das leben ist ein scheissdreck
der tod ist ein scheissdreck
der tag ist ein scheissdreck
die nacht ist ein scheissdreck
die arbeit ist ein scheissdreck
die illusion ist ein scheissdreck
der individualismus ist ein scheissdreck
der gesunde menschenverstand ist ein scheissdreck
der verstand ist ein scheissdreck
der freie wille ist ein scheissdreck
das schicksal ist ein scheissdreck
die vernunft ist ein scheissdreck
das unterbewusstsein ist ein scheissdreck

die ethik ist ein scheissdreck
keine ethik ist auch ein scheissdreck
(...)

Konrad Bayer

Konrad Bayer
konrad bayer war offensichtlich ein scheissdreck.

Benjamin Kammerloher

»Höre endlich auf!« rief Zarathustra, »Mich ekelt lange schon deiner Rede und deiner Art!«

Alphabetisches Register
verabscheuungsfähiger Begriffe

(kursivierte Stickworte finden sich in den Kapiteleinleitungen, normale als Stichwort im Haupttext)

383